EXPERTS
ET EXPERTISES JUDICIAIRES
CIVILES ET PÉNALES

DANS LA MÊME COLLECTION

CONTRÔLES DE L'ENTREPRISE 2024|25
Taquet F., Baranez C., Taquet N.

AGENT IMMOBILIER 2024|25, 22e éd.
Moyse J.-M.

MARCHAND DE BIENS 2023|24, 14e éd.
Cruvelier E., Delesalle T.

ENTREPRISE INDIVIDUELLE 2023|24, 14e éd.
Legrand V.

DIVORCE 2022|23, 23e éd.
Daste A.

PERMIS DE CONSTRUIRE 2021|22, 3e éd.
Boulisset Ph., Cardi S., Consalvi S., Thielé R.

RÉPARATION DU PRÉJUDICE CORPOREL 2021|22, 3e éd.
Mor G., Clerc-renaud L.

DANS LA COLLECTION DELMAS EXPRESS

LA MÉDIATION 2025|26, 2e éd.
Féral-Schuhl Ch., Jaudel M.

PROCÉDURE ÉCRITE DEVANT LE TRIBUNAL JUDICIAIRE 2025|26
Redon M.

PROCÉDURES D'APPEL 2025|26, 3e éd.
Lhermitte Ch.

LOCATION MODE D'EMPLOI 2024|25, 17e éd.
Rouquet Y.

SOCIÉTÉ CIVILE IMMOBILIÈRE MODE D'EMPLOI 2022|23, 3e éd.
Frances-Dehors C., Porcheron S.

MICRO-ENTREPRENEUR AUTO-ENTREPRENEUR 2021|22, 5e éd.
Delpech X.

SERVICE RELATIONS CLIENTS
+33 (0)1 83 10 10 10
src@lefebvre-dalloz.fr

Cet ouvrage est paginé
de I à XXIV et de 1 à 286

ISBN 978 2 247 18943 4
Dépôt légal
avril 2025

Delmas est une collection
des Éditions Dalloz
Tour Lefebvre Dalloz
CS 90358
10, place des Vosges
Courbevoie
92072 Paris La Défense Cedex
www.lefebvre-dalloz.fr

Une collection d'ouvrages pratiques de droit et de gestion sur la vie privée, professionnelle et publique, l'Encyclopédie Delmas est une collection des Éditions Dalloz.

Créée en 1955 par Francis Lemeunier aux Éditions Jacques Delmas et Cie, la Collection « Encyclopédie Delmas pour la vie des affaires – Ce qu'il vous faut savoir » ® a une présentation inédite déposée à titre de modèle et de marque de fabrique en France et à l'étranger.

ENCYCLOPÉDIE DELMAS

Experts et expertises judiciaires civiles et pénales

Statut • Désignation • Missions
rémunération • Exploitation
des rapports d'expertise

Dix-neuvième
édition
2025

Sylvie Ménotti

éditions Delmas

L'AUTEURE

Sylvie Ménotti, conseillère honoraire à la Cour de cassation, a, au cours de sa carrière, présidé le service des expertises du tribunal judiciaire de Paris, puis le service des experts de la cour d'appel de Reims, gérant l'inscription, la réinscription et la discipline des experts judiciaires. Elle assure la formation d'experts judiciaires par le biais de conférences données auprès de différentes compagnies d'experts judiciaires et de cours délivrés en vue de l'obtention de diplômes universitaires de formation à l'expertise.

Les dix-huit premières éditions ont été l'œuvre de Monsieur Jacques Boulez sous le titre *Expertises judiciaires*.

Préface

« Je jure d'apporter mon concours à la justice, d'accomplir ma mission, de faire mon rapport, et de donner mon avis en mon honneur et en ma conscience » : la formule, sacramentelle, de la prestation de serment de l'expert judiciaire[1] donne pleinement la mesure de l'*engagement* constant auquel se voue le technicien au service de l'institution judiciaire et de l'œuvre de justice.

L'ouvrage de Mme Sylvie Ménotti, conseillère honoraire à la chambre criminelle de la Cour de cassation, accessible et remarquablement pédagogique, en est la défense et l'illustration.

Il donne à voir, avec clarté et force, l'importance considérable de l'expertise dans tous les contentieux, qu'ils soient de droit civil ou de droit pénal.

Cet engagement ne saurait étonner, puisque le terme même d'« expert » plonge ses racines dans le latin *expertus*, qui désigne une personne aguerrie, éprouvée, rompue à la tâche.

C'est bien parce que le juge ne peut prétendre à l'omniscience que l'expertise apparaît de plus en plus nécessaire à la qualité de la décision, surtout si l'on considère la complexité des questions à résoudre[2]. En sa qualité de collaborateur occasionnel du service public de la justice, il revient à l'expert, désigné par le magistrat, d'exposer, sur un problème de fait, un avis impartial, motivé et éclairé, soumis à un débat contradictoire, qui permettra au juge d'appliquer le droit. Même si elle ne lie pas le juge, comme le rappelle l'article 246 du code de procédure civile, l'expertise constitue la mesure d'instruction mise à sa disposition afin de recueillir les renseignements techniques dont il a besoin pour prendre sa décision. Elle fait de l'expert, tiers détenteur d'un savoir spécialisé et utile, un acteur indispensable de l'administration de la preuve, qui repousse chaque jour l'état d'incertitude du magistrat sur une difficulté particulière.

On l'aura compris, l'identité de l'expert repose sur le beau mot de *technicité*, sur lequel insistait déjà le Doyen Carbonnier[3]. De celle-ci dépend certes la confiance à l'égard de l'avis, qui sera rendu avec conscience, objectivité et impartialité, selon l'article 237 du code de procédure civile. Toutefois, l'apport d'une *compétence* et d'une *expérience* au processus judiciaire ne saurait suffire s'il ne se doublait pas d'une solide connaissance des règles de droit qui régissent le déroulement de l'expertise. Là réside l'exigence singulière de la fonction d'expert, indissociable de sa bonne foi et de sa loyauté, et dont rend foncièrement compte cet ouvrage en concentrant son analyse sur les décisions rendues par la Cour de cassation.

1. Le texte du serment est retranscrit à l'article 22 du décret n° 2004-1463 du 23 décembre 2004, relatif aux experts judiciaires.
2. La nomenclature des experts judiciaires fixée à l'article 1er du décret n° 2004-1463 du 23 décembre 2004 a été réformée par l'arrêté du 5 décembre 2022, portant création d'une nouvelle branche (I.) dédiée à l'environnement.
3. Jean Carbonnier, *Droit civil (Introduction, Les personnes, La famille, l'enfant, le couple)*, Puf « Quadrige », 2004, 1496 pages, spécialement : pages 179, 185 et 186.

Que nul n'entre dans la justice s'il est dépourvu du sens éthique de son action, pourrait-on dire. Aussi le récent décret du 16 juin 2023[1] impose-t-il dorénavant aux candidats à l'inscription sur une liste de justifier d'une formation juridique à l'expertise (article 2, 9°, du décret du 23 décembre 2004, modifié). Tout ceci vient compléter l'obligation statutaire, pour le postulant à une réinscription, de faire valoir, auprès du procureur de la République, une connaissance fine des règles procédurales qui gouvernent son activité (article 10, 2°, du décret du 23 décembre 2004, modifié).

Le lecteur aura également la satisfaction d'élargir sa compréhension de la spécificité du modèle français à la faveur des quelques observations consacrées par l'auteur au droit comparé.

D'évidence, les qualités attendues de l'expert ne peuvent plus s'envisager au plan simplement national, ainsi qu'en témoigne l'article 4-1 du décret du 23 décembre 2004, dans sa version remaniée, inspiré par l'arrêt *Peñarroja* de la Cour de Luxembourg du 17 mars 2011[2], qui indique que l'aptitude des candidats à l'inscription sur les listes s'évalue en tenant compte des compétences qu'il aurait acquises, le cas échéant, dans un État membre de l'Union européenne autre que la France.

Or, et c'est le propre des excellents guides pratiques que d'être inspirants, on ne peut que souhaiter, en refermant le livre de Mme Sylvie Ménotti, l'approfondissement d'un espace européen de justice. L'amélioration de l'efficacité du processus judiciaire ne pourra faire fi d'une harmonisation des pratiques et de la construction de règles communes sur l'expertise au sein des États européens. Il est vrai qu'il n'existe pas aujourd'hui de principe de reconnaissance mutuelle des rapports d'expertise entre les pays de l'Union, alors même que la libre circulation des personnes ainsi que l'intensification des échanges économiques d'ordre transfrontalier ont eu pour conséquence une augmentation significative des litiges mettant aux prises les ressortissants de nationalités différentes. Quoi qu'il en soit, les lignes directrices sur le rôle des experts nommés par un tribunal dans les procédures judiciaires des États membres du Conseil de l'Europe, adoptées par la CEPEJ en décembre 2014, complétées, en 2021, par les lignes directrices SATURN révisées pour la gestion du temps judiciaire, de même que le guide des bonnes pratiques de l'expertise judiciaire civile dans l'Union européenne, publié en 2015, ne sont que les pierres d'attente sur lesquelles s'inscrit la promesse d'évolutions ultérieures, propices à un plus grand consensus sur la notion d'expert judiciaire. Celui-ci serait un facteur déterminant du droit à un procès équitable tel que défini par l'article 6 de la Convention européenne des droits de l'homme.

Mais de telles considérations relèvent encore de la prospective. Gageons pour l'heure que ce livre, qui présente toutes les caractéristiques d'un ouvrage de référence, sera catalyseur de vocations. Je ne peux qu'en recommander vivement la lecture instructive.

Christophe SOULARD,
Premier président de la Cour de cassation.

1. Décret n° 2023-468 du 16 juin 2023.
2. CJUE, 17 mars 2011, C-373/09 et C-373/09, *Peñarroja*, JOUE C 139/07, 7 mai 2011.

Avant propos

Cet ouvrage vise à faire un exposé complet, à la fois pratique et juridique, de tous les sujets liés au statut des experts judiciaires et au déroulement des expertises civiles et pénales.

À ce titre, il est susceptible d'intéresser un large public, à savoir tous les professionnels qui participent aux opérations d'expertise : je veux parler **des experts judiciaires et des avocats** dont le contentieux les conduits à défendre leurs clients lors des opérations d'expertise (notamment les avocats spécialistes en droit de la construction, en matière de dommages corporels ou de responsabilité médicale ou encore en matière de baux commerciaux), lesquels trouveront, dans cet ouvrage, toutes les informations nécessaires aux règles de procédure applicables aux expertises civiles (titre 02) et pénales (titre 03), des plus simples (résultant des textes eux-mêmes), aux plus complexes et parfois méconnues (issues des arrêts de la Cour de cassation).

Chaque problème étant assorti des références jurisprudentielles utiles, cet ouvrage s'adresse aussi aux **juges chargés du service du contrôle des expertises des tribunaux judiciaires**, qui sont appelés à régler les incidents de toute nature et de toute importance auxquels peuvent donner lieu les opérations d'expertise (chap. 025), voire aux **juges d'instruction** (chap. 031). Ce livre est également destiné aux **magistrats du siège et du parquet responsables du service des experts de chaque cour d'appel**, en charge de l'inscription et de la réinscription des experts judiciaires sur les listes annuelles et de la discipline qui leur est applicable : eux aussi y trouveront de nombreuses décisions rendues en la matière par la deuxième chambre civile de la Cour de cassation qui traite ce contentieux particulier (titre 01).

Enfin, ce livre pourra être également utile aux **candidats à l'inscription sur les listes d'experts judiciaires**, dès lors que ceux-ci doivent désormais justifier, **lors de leur demande initiale**, du suivi d'une formation à l'expertise judiciaire et d'une bonne connaissance de l'organisation des juridictions, de leur environnement institutionnel, de leurs intervenants, du vocabulaire juridique et des règles de procédure applicables : j'ai prévu, à l'intention des candidats experts dont le domaine de compétence est étranger au milieu judiciaire, une annexe spécifique comportant une synthèse des informations relatives à l'organisation judiciaire et au vocabulaire qui lui est propre et qu'ils ne peuvent ignorer.

Pour répondre aux attentes des uns et des autres, cet ouvrage adopte une méthodologie consistant, pour chaque question traitée, à affirmer le plus simplement possible la règle applicable et à expliciter celle-ci par les textes et les décisions de jurisprudence qui la fondent : cette façon de procéder permet à la fois d'aller à l'essentiel, tout en permettant un approfondissement des connaissances par l'exposé des sources sur lesquelles elles s'appuient.

S'agissant des décisions de justice mentionnées, j'ai fait le choix de ne citer **que des arrêts de la Cour de cassation** (à l'exclusion de toute décision de juridictions du fond), au sujet desquels certains points doivent être précisés :

– pour chaque arrêt mentionné, je n'ai cité que l'extrait le plus « parlant » au regard du problème posé, extrait qui en dit souvent plus précisément que les commentaires qui peuvent en être faits puisque les magistrats de la Cour de cassation « pèsent » chaque mot utilisé et que l'interprétation des décisions n'admet aucune approximation ; par ailleurs, les extraits choisis ont été sélectionnés pour être le plus court possible, afin de ne pas en brouiller la compréhension par le rappel de la position des parties (qui figurent classiquement dans les décisions de la Cour de cassation et qu'un malentendu peut d'ailleurs conduire à interpréter comme la position de la Cour) ;

– pour permettre une lecture utile de ces arrêts, je précise que la motivation de la Cour de cassation peut s'exprimer de deux manières différentes :

• soit la Cour de cassation livre sa position de manière explicite, en introduction ou en conclusion de son raisonnement, ce qui en facilite la compréhension,

• soit elle se contente de valider ou d'invalider la position de la juridiction dont elle examine la décision, laquelle doit être alors reprise pour que soit bien compris le positionnement de la haute juridiction ;

– enfin, je signale que si la Cour de cassation exerce son contrôle sur les décisions rendues par les juges du fond, ce contrôle peut être plus ou moins important en fonction de la matière traitée :

• dans certains cas, la Cour de cassation n'exerce qu'un contrôle léger, ce qui signifie qu'elle ne censure les décisions qu'en cas d'excès de pouvoir, c'est-à-dire lorsque les juges ont commis une erreur de droit importante qualifiée d'erreur manifeste d'appréciation ; il en résulte que les parties ont alors une chance limitée de voir leur recours couronné de succès ; il en va précisément ainsi des recours formés contre les décisions refusant d'inscrire ou de réinscrire un expert sur une liste de cour d'appel ou sur la liste nationale,

• il peut même arriver que la Cour de cassation décide que certaines questions relèvent du pouvoir souverain/discrétionnaire des juges du fond, de sorte qu'elle n'exerce alors aucun contrôle sur la question soumise, laissant les juges du fond statuer librement ; pour prendre un exemple lié aux expertises, la Cour de cassation estime que la faculté d'ordonner ou de refuser une mesure d'instruction (notamment une expertise) relève du pouvoir discrétionnaire des juges du fond.

Seront traités, dans l'ouvrage, les thèmes suivants :

– **un premier titre abordera les questions liées au statut de l'expert** : obligations déontologiques, protection du titre, conditions d'inscription et de réinscription des experts ; s'il importe que les candidats à l'inscription connaissent les conditions auxquelles ils doivent satisfaire, il est indispensable que les experts déjà inscrits aient également conscience des conditions nécessaires à leur réinscription et, pour les plus âgés, des règles applicables à l'obtention de l'honorariat et au statut particulier qui s'y attache ;

– les deuxième et troisième titres traiteront des règles de procédure régissant les expertises civiles d'une part, les expertises pénales d'autre part (dont certaines règles sont spécifiques), le tout abordé sous un angle chronologique, qui permettra aux experts de se poser les « bonnes questions » au « bon moment », aux avocats d'avoir conscience des pouvoirs de l'expert, de ses limites, de ses contraintes et, en matière civile lorsque l'expertise est ordonnée en référé (ce qui est le cas le plus souvent), de l'éventuelle nécessité de saisir le juge du contrôle des expertises en cas de difficultés persistantes, et à ce dernier de disposer d'éléments jurisprudentiels quant aux solutions susceptibles d'être apportées à telle ou telle difficulté ; à l'intention des candidats à l'inscription sur les listes d'experts, je veux souligner qu'un excellent professionnel dans son domaine d'activité peut n'être qu'un piètre expert judiciaire s'il méconnaît la procédure applicable, multiplie les erreurs procédurales et rend finalement un rapport qui, bien que contenant un avis éclairé au plan technique, est truffé de « causes de nullité » susceptibles de réduire à néant le travail accompli : outre les conséquences fâcheuses en résultant pour la réputation de l'expert, la méconnaissance des règles en la matière porte préjudice à l'institution judiciaire tout entière, du fait des délais et des coûts résultant de l'annulation d'un rapport d'expertise ; il est donc fondamental que l'expert sache faire preuve d'un « savoir », et même d'un « savoir-faire » dans le traitement des questions qu'il a à résoudre ;

– **dans un dernier titre, seront traitées les questions liées à la responsabilité disciplinaire, civile et pénale de l'expert.**

Il s'agit donc d'un ouvrage qui réunit l'ensemble des informations nécessaires et précises pour évoluer avec aisance dans le monde de l'expertise judiciaire et des règles procédurales qui trouvent à s'y appliquer.

Être expert judiciaire suppose un engagement personnel réel, mais tous les bons experts judiciaires vous le diront : cet engagement est source de grandes satisfactions intellectuelles et humaines pour ceux qui choisissent de s'y investir.

Chacun doit évoluer avec assurance à la place qui est la sienne, qu'il s'agisse de l'expert, de l'avocat ou du juge, ce que l'on peut résumer par la formule suivante :

« Vous pouvez douter du vent, mais ne vous mettez jamais en situation de douter de vos ailes ! »

C'est là tout l'objectif de cet ouvrage qui, je l'espère, apportera à chacun une réponse à ses attentes.

À Orianne, Aline, Alya, Lina, Manel et ... Carlos.

Sommaire

Table des matières

TITRE

01

L'établissement des listes d'experts judiciaires

01.00 **Division.** Après un rappel d'éléments concernant le statut des experts judiciaires (chap. 011), nous verrons que ceux-ci se sont organisés par le biais de la création de compagnies (chap. 012), mono ou pluridisciplinaires, puis nous traiterons de la gestion des listes d'experts judiciaires par les cours d'appel et la Cour de cassation (chap. 013 et 014), de l'inscription et de la réinscription des experts judiciaires jusqu'au retrait et à l'honorariat susceptible d'être accordé à certains d'entre eux (chap. 015).

Statut de l'expert judiciaire

CHAPITRE 011

011.00 Division. L'expert judiciaire dispose d'un statut régi par les textes (sect. 1) et est défini par la jurisprudence comme un « collaborateur occasionnel du service public de la justice » (sect. 2). S'il est tenu à des obligations statutaires, il bénéficie, en contrepartie, de certains avantages (sect. 3), parmi lesquels la protection de son titre (sect. 4).

SECTION 1 Textes régissant le statut de l'expert

011.11 Loi et décret. Les règles régissant le statut des experts judiciaires et les modalités d'inscription sur les listes d'experts judiciaires sont les suivantes :

– la loi n° 71-498 du 29 juin 1971 relative aux experts judiciaires ;

– le décret n° 2004-1463 du 23 décembre 2004 relatif aux experts judiciaires, portant abrogation du décret précédent du 31 décembre 1974.

Ces textes ont été grandement modifiés au fil des années et, à cet égard, il convient de noter que le décret du 23 décembre 2004 a fait l'objet de nouvelles modifications résultant du décret n° 2023-468 du 16 juin 2023, applicable à compter du 1er janvier 2024, dont nous soulignerons les apports au cours de l'exposé.

SECTION 2 L'expert judiciaire, « collaborateur occasionnel du service public de la justice »

011.20 Plan. Après avoir écarté plusieurs qualités qui ne peuvent s'appliquer à l'expert judiciaire (§ 1), nous verrons que c'est finalement celle de « collaborateur occasionnel du service public de la justice » qui a été retenue (§ 2).

§ 1 Qualités écartées

011.31 L'expert judiciaire n'exerce pas une profession. Un technicien, quelle que soit sa spécialité, ne peut avoir pour objectif de consacrer son activité professionnelle à la seule réalisation d'expertises judiciaires. D'ailleurs, ne peut être inscrite en qualité d'expert judiciaire une personne morale « qui se donnerait pour objet principal ou accessoire l'exécution de missions d'expertise » (Décr. n° 2004-1463, 23 déc. 2004 relatif aux experts judiciaires, *JO* 30 déc. n° 63, art. 3, al. 8).

La raison en est simple : les juges souhaitent disposer des services d'un professionnel qui dispose d'un métier lui offrant un « ancrage » dans les problématiques liées à sa spécialité, activité professionnelle qui constitue un gage de compétence et d'une approche pragmatique et actualisée des questions à traiter.

La Cour de cassation a eu l'occasion de rappeler que l'expert judiciaire n'exerce pas une profession :

> **Civ. 2e, 4 juill. 2007, no 07-12.078,** *Bull.* no 196, sommaire : « Les dispositions de la loi no 46-942 du 7 mai 1946, qui ont pour objet de protéger l'exercice de la profession de géomètres-experts, ne sont pas applicables à l'expert judiciaire, désigné par le juge qui exécute un mandat de justice et n'exerce pas, ce faisant, une profession. »

Au demeurant, on notera :

– que l'expert judiciaire ne fait partie d'aucun ordre professionnel, comme c'est le cas pour certaines professions, tels les avocats, les médecins, les vétérinaires, les architectes, les experts-comptables... ;

– que si l'expert judiciaire est soumis à un contrôle disciplinaire, celui-ci ne s'exerce pas par le biais de ses pairs, mais par l'autorité judiciaire elle-même.

011.32 L'expert judiciaire n'est pas un prestataire de services. Les prestations de l'expert judiciaire ne font pas l'objet d'un « marché » et l'expert judiciaire n'est pas soumis aux règles de la concurrence ; de même, il ne souscrit aucun contrat avec le service public de la justice.

011.33 L'expert n'est pas un auxiliaire de justice. L'expert n'est pas un auxiliaire de justice au sens de l'article 47, alinéa 1 du code de procédure civile :

> **Civ. 2e, 7 mai 1980, no 78-15.382,** *Bull.* no 98, sommaire : « L'expert judiciaire n'est pas un auxiliaire de justice au sens de l'article 47 du nouveau code de procédure civile. »

À cet égard, il ne faut pas se méprendre sur la portée d'un autre arrêt de la Cour de cassation ayant qualifié l'expert « d'auxiliaire de justice » dans des circonstances très particulières, puisque ce terme a été utilisé uniquement pour signifier que l'expert judiciaire n'a pas qualité pour former tierce opposition à la décision de récusation dont il est l'objet :

> **Civ. 2e, 24 juin 2004, no 02-10.200,** *Bull.* no 314 ; *D.* 2004. 2011 ; *RTD civ.* 2004. 555, obs. R. Perrot : « Mais attendu que l'expert, qui est commis par le juge pour l'éclairer sur une question de fait, est un auxiliaire de justice qui, de ce fait, n'est pas un tiers et n'a pas qualité pour former tierce opposition à la décision de récusation dont il est l'objet ; que, par ce motif de pur droit, substitué à ceux critiqués par le pourvoi, l'arrêt se trouve légalement justifié ; »

§ 2
Qualité retenue

011.41 L'expert judiciaire, « collaborateur occasionnel du service public de la justice ». Un consensus s'est dégagé pour qualifier l'expert judiciaire de « collaborateur occasionnel du service public de la justice », à la suite d'un arrêt du Conseil d'État connu sous le nom d'Aragon (CE 26 févr. 1971, *Aragon*, req. no 77459, *Lebon*).

Le Conseil d'État avait été saisi de la demande d'un expert judiciaire tendant à obtenir, de l'État, le règlement d'honoraires qu'il n'avait pu recouvrer auprès de la société, partie au procès tenue au paiement, du fait de la faillite de celle-ci.

La haute juridiction a alors retenu que l'expert avait « participé au fonctionnement du service public de la justice administrative », sans que, pour autant d'ailleurs, elle ait validé le paiement des honoraires impayés par l'État, en indiquant que « sous réserve de l'application par le tribunal administratif, au plus tard dans son jugement mettant fin au litige principal, des dispositions du 2e alinéa de ce même article 62 qui permettent au tribunal de compenser les dépens en tout ou en partie en raison des circonstances de l'affaire, l'expert ne peut obtenir le paiement de ses honoraires que de la partie qui a succombé ».

Nous verrons que ce statut est important au regard de la question de la responsabilité civile de l'expert judiciaire (v. ss no 042.52).

SECTION 3
Obligations statutaires de l'expert judiciaire

011.50 Plan. En dehors des obligations faites à l'expert judiciaire de respecter les règles de procédure propres à chaque type d'expertise (civile et pénale), il est tenu par certaines obligations spécifiques, telles l'obligation de rendre compte annuellement de ses activités expertales (§ 1) et de suivre une formation continue à l'expertise (§ 2), ainsi que par l'obligation générale de probité et d'honneur (§ 3).

§ 1
Obligation de rendre compte annuellement de ses activités expertales

011.61 Compte rendu annuel des activités expertales. L'expert judiciaire doit adresser, chaque année avant le 1er mars, à la juridiction auprès de laquelle il est inscrit (cour d'appel et/ou Cour de cassation), un rapport d'activité faisant état du « nombre de rapports qu'il a déposés au cours de l'année précédente ainsi que, pour chacune des expertises en cours, la date de la décision qui l'a commis, la désignation de la juridiction qui a rendu cette décision et le délai imparti pour le dépôt du rapport » (Décr. nº 2004-1463, 23 déc. 2004, art. 23, al. 1er).

Cela permet de vérifier l'ancienneté des affaires confiées à l'expert judiciaire et le respect, par celui-ci, des délais imposés. Il convient de rappeler que cet envoi doit être spontané et que l'expert ne doit pas attendre une éventuelle lettre de relance pour le faire.

§ 2
Obligation de suivre une formation continue

011.71 Formation continue indispensable. L'article 23 du décret du 23 décembre 2004, prévoit que l'expert doit indiquer, dans son rapport d'activité annuel, « les formations suivies dans l'année écoulée en mentionnant les organismes qui les ont dispensées » (décr. nº 2004-1463, 23 déc. 2004, art. 23, al. 1er). Les experts en justifient par la production d'attestations qui leur sont délivrées, notamment par les compagnies d'experts dont beaucoup assurent des missions de formation et des colloques permettant un échange de vues sur les pratiques expertales.

Le suivi de ces formations est pris en compte lors de chaque demande de réinscription et la deuxième chambre civile de la Cour de cassation attache une importance particulière à cet aspect, puisqu'elle valide les refus de réinscription fondés sur une absence de formation :

> **Civ. 2e, 11 avr. 2019, nº 19-60.022,** NP : « Attendu que M. X fait valoir qu'il a manqué de temps pour suivre ces formations, qu'il les avait suivies lors de son inscription initiale et qu'il s'engage pour l'avenir à reprendre ces formations ; Mais attendu que c'est par des motifs exempts d'erreur manifeste d'appréciation que l'assemblée générale a décidé de ne pas réinscrire M. X sur la liste des experts judiciaires de la cour d'appel ; »

011.72 Formation continue indispensable quelle que soit la spécialité de l'expert. Cette obligation de formation continue s'impose à tous les experts judiciaires, y compris aux traducteurs-interprètes, quand bien même ceux-ci reçoivent des missions très différentes de celles dévolues aux autres experts judiciaires et si certains traducteurs-interprètes ont fait plaider, par le passé, qu'ils en étaient dispensés du fait précisément de la spécificité de leurs interventions :

> **Civ. 2e, 27 juin 2013, nº 13-60.007,** *Bull.* nº 145 ; *AJDI* 2014. 294, obs. H. Heugas-Darraspen : « Attendu qu'à l'appui de son recours M. X fait valoir que le traducteur-interprète doit être fidèle au texte ou au discours original et que la maîtrise de la procédure est l'affaire du magistrat, de l'avocat ou du policier ; qu'en outre, les professionnels de haut niveau peuvent se former de leur propre initiative sans participer à des sessions de formation ; Mais attendu que l'article 10, 2°, du décret du 23 décembre 2004, prévoit que la demande de réinscription doit être assortie de tous documents permettant d'évaluer la connaissance acquise par le candidat des principes directeurs du procès civil et des règles de procédure applicables aux mesures d'instruction confiées à un technicien ainsi que les formations qu'il a suivies dans ces domaines ; que ce texte ne prévoit pas d'exception en ce qui concerne les interprètes-traducteurs ; que M. X reconnaissant n'avoir pas suivi de telles formations, c'est sans commettre d'erreur manifeste d'appréciation que l'assemblée générale des magistrats du siège de la cour d'appel a décidé de ne pas le réinscrire ; »

§ 3
Obligation d'avoir un comportement conforme à la probité et à l'honneur

011.81 Obligation de probité résultant de la loi. L'expert judiciaire est tenu d'avoir un comportement conforme à la probité et à l'honneur et doit veiller à s'abstenir de commettre « toute contravention aux lois et règlements relatifs à sa profession ou à sa mission d'expert, tout manquement à la probité ou à l'honneur, même se rapportant à des faits étrangers aux missions qui lui ont été confiées » (L. nº 71-498, 29 juin 1971, art. 6-2, al.1) ; tout manquement à cette obligation expose l'expert à des poursuites disciplinaires, sans préjudice d'éventuelles poursuites pénales.

Nous traiterons dans un chapitre spécial (v. ss nos 042.60 s.), des comportements de l'expert judiciaire susceptibles de remettre en cause son inscription sur les listes des cours d'appel et de la Cour de cassation, que ces comportements soient intervenus lors de l'exécution d'une mission d'expertise ou en dehors de celle-ci.

SECTION 4
Droits statutaires de l'expert judiciaire

011.90 Plan. Si les experts judiciaires ont des obligations, ils bénéficient, en contrepartie, de droits spécifiques liés à la protection de leur titre (§ 1) et à la mission qui leur est dévolue (§ 2).

§ 1
Protection du titre d'expert judiciaire

011.101 Un titre protégé. L'expert judiciaire bénéficie d'un titre protégé (L. n° 71-498, 29 juin 1971, art. 3) :

– les experts inscrits sur une liste de cour d'appel peuvent se dire « expert près la cour d'appel de… » (et non pas « près le tribunal judiciaire de… » puisque ce sont les cours d'appel qui dressent les listes d'experts judiciaires) ;

– les experts inscrits, en outre, sur la liste nationale peuvent prétendre au titre spécifique « d'expert agréé par la Cour de cassation » ;

– enfin, les experts qui ont obtenu l'honorariat doivent faire suivre leur titre de la mention « honoraire ».

011.102 Sanctions encourues en cas d'usage sans droit du titre. L'usage abusif du titre d'expert judiciaire est sanctionné pénalement :

> **L. n° 71-498, 29 juin 1971, art. 4 :**
> Toute personne, autre que celles mentionnées à l'article 3, qui aura fait usage de l'une des dénominations visées à cet article, sera punie des peines prévues aux articles 433-14 et 433-17 du nouveau code pénal.
> Sera puni des mêmes peines celui qui aura fait usage d'une dénomination présentant une ressemblance de nature à causer une méprise dans l'esprit du public avec les dénominations visées à l'article 3.
> Sera puni des mêmes peines l'expert, admis à l'honorariat, qui aura omis de faire suivre son titre par le terme « honoraire ».

À cet égard, précisons que les articles 433-14 et 433-17 du code pénal prévoient une peine maximum d'un an d'emprisonnement et de 15 000 euros d'amende.

La chambre criminelle a rappelé que cette usurpation de titre est constituée quand bien même le professionnel aurait agi sans intention de tromper ses interlocuteurs :

> **Crim. 27 mars 1996, n° 95-83.081,** *Bull.* n° 141, sommaire : « L'élément moral du délit d'usurpation du titre, tel celui d'expert judiciaire, n'exige pas une intention spéciale de tromperie et est caractérisé par l'utilisation, en connaissance de cause, d'un titre dont le prévenu n'est pas titulaire ou d'une dénomination voisine pouvant susciter une confusion avec ce titre dans l'esprit du public. »

011.103 Cas du professionnel mandaté ponctuellement par l'institution judiciaire mais ne figurant sur aucune liste d'experts judiciaires. La chambre criminelle a eu l'occasion de condamner, pour usurpation du titre d'expert judiciaire, un technicien qui avait été désigné ponctuellement par l'institution judiciaire mais ne figurait sur aucune liste d'experts judiciaires :

> **Crim. 24 oct. 2018, n° 17-82.413,** NP : « Attendu que, pour déclarer M. X coupable des délits d'usurpation de titre et d'escroquerie et le condamner à indemniser les préjudices subis par les parties civiles constituées, l'arrêt retient d'une part qu'il a revendiqué à l'audience une qualité d'expert en bâtiment, y compris judiciaire qui serait justifiée par une expérience passée de missions ponctuellement confiées par un tribunal d'instance, non démontrée, et que selon les déclarations de tous les plaignants et de M. Y co-mis en cause, il invoquait expressément la qualité d'expert judiciaire inscrit sur la liste de la cour d'appel de Douai, d'autre part que cette fausse qualité d'expert judiciaire était destinée à inspirer la confiance, au soutien de manœuvres frauduleuses… ; Attendu qu'en l'état de ces énonciations, la cour d'appel a, sans insuffisance ni contradiction, caractérisé, en tous leurs éléments, les infractions d'usurpation de titre et d'escroquerie dont elle a déclaré le prévenu coupable ; »

Il convient donc de retenir que ne peuvent se dire experts judiciaires ceux qui ont effectué ponctuellement des missions d'expertises judiciaires, mais ne figurent pas sur les listes établies par l'autorité judiciaire.

§ 2
Qualité de « citoyen protégé » de l'expert judiciaire victime de certaines infractions au cours de l'accomplissement de ses missions

011.111 Répression plus sévère pour certaines infractions commises au préjudice d'un expert judiciaire dans l'accomplissement de sa mission. Lorsque l'expert judiciaire est victime d'un outrage au cours de son expertise, l'auteur des propos encourt une sanction aggravée du fait que la victime est considérée comme un citoyen temporairement chargé d'un service public :

> **Crim. 17 avr. 1980, n° 79-93.420,** *Bull.* n° 110, sommaire : « L'expert judiciaire, qui a rempli la mission fixée par l'ordonnance d'un juge d'instruction, doit, à l'occasion de son expertise, être considéré comme un citoyen temporairement chargé d'un service public, et l'outrage qui lui a été fait à la suite et en raison de ses travaux tombe sous le coup de l'article R. 40-2° du code pénal. »

Il en irait de même si l'expert judiciaire était diffamé ou injurié dans l'exercice de ses fonctions d'expert judiciaire et qu'il entendait diligenter des poursuites sur le fondement de la loi du 29 juillet 1881 sur la liberté de la presse qui, contrairement à ce que peut laisser penser cet intitulé, ne s'applique pas seulement aux propos tenus dans les médias.

CHAPITRE 012

Compagnies d'experts judiciaires

012.00 Division. Dès lors qu'il existe des experts judiciaires en toutes matières (sect. 1), ceux-ci se sont regroupés au sein de compagnies d'experts judiciaires (sect. 2), lesquelles ont la faculté de se fédérer au plan national en devenant membre du Conseil national des compagnies d'experts de justice (CNCEJ) (sect. 3).

SECTION 1
Domaine de compétence variée des experts judiciaires

012.11 Domaine de compétence très variée des experts judiciaires. Les experts judiciaires inscrits sur les listes de cour d'appel sont très nombreux et exercent dans des domaines les plus variés, de manière à répondre à tous les besoins susceptibles d'être exprimés par les magistrats, en fonction de la nature des litiges qui leur sont soumis.

Les experts judiciaires les plus sollicités sont ceux qui exercent dans le domaine du bâtiment et de la santé, mais il existe bien d'autres professionnels dont les compétences sont indispensables à l'institution judiciaire, ainsi qu'en témoigne la nomenclature des experts judiciaires qui figure en annexe de l'ouvrage et qui constitue la liste de toutes les spécialités et sous-spécialités répertoriées par la chancellerie (v. ss no 052.03).

012.12 Qualité d'expert judiciaire accordée à des personnes physiques ou morales. La consultation des listes d'experts établies par les cours d'appel démontre que la qualité d'expert judiciaire est accordée le plus souvent à des personnes physiques, mais peut l'être aussi à des personnes morales, puisque le décret no 2004-1463 du 23 décembre 2004 prévoit, en son article 3, les conditions à remplir par ces dernières.

SECTION 2
Regroupement des experts judiciaires en compagnies

012.21 Distinction des compagnies nationales ou régionales, mono ou pluridisciplinaires. Les experts judiciaires ont la possibilité d'adhérer à une ou plusieurs compagnies d'experts judiciaires.

Il existe des compagnies nationales et des compagnies régionales d'experts judiciaires :

– les compagnies nationales ont vocation à regrouper des experts judiciaires d'une même spécialité quelle que soit leur localisation géographique sur le territoire français (ex. : la compagnie nationale des experts médecins de justice – CNEMJ –, la compagnie nationale des experts judiciaires en gestion d'entreprise...) ;

– les compagnies régionales sont créées auprès de cours d'appel (ex. : la compagnie des experts en immobilier commercial et d'entreprise près la cour d'appel de Paris – CEICE –, la compagnie régionale des experts de justice géomètres-experts près la cour d'appel d'Aix-en-Provence...).

Les compagnies d'experts peuvent être pluridisciplinaires ou non :

– lorsqu'elles sont créées auprès de cour d'appel de taille moyenne, les compagnies d'experts sont souvent pluridisciplinaires (ex. : la compagnie des experts près la cour d'appel de Reims) ;

– en revanche, on trouve, auprès des cours d'appel de grande taille, des compagnies régionales réunissant des experts d'une même spécialité ou de spécialités proches (ex. : la compagnie des experts en bijouterie, joaillerie, orfèvrerie, horlogerie près la cour d'appel de Paris).

012.22 Adhésion facultative mais utile des experts. L'adhésion à une compagnie d'experts est facultative et requiert le paiement d'une cotisation. Elle présente néanmoins plusieurs avantages :

- les compagnies organisent, au profit de leurs membres, des actions de formation continue sous forme de conférences ou de colloques, et remettent à leurs participants des attestations que ceux-ci peuvent produire pour justifier du suivi de leur formation continue ; à cet égard, je souligne qu'il importe que les responsables de compagnies veillent à ce que la liste d'émargement qu'elles tiennent à cette occasion corresponde bien aux experts effectivement présents lors de la formation, du début à la fin de la manifestation : il en va évidemment de leur crédibilité ;
- certaines compagnies mettent en place un système de tutorat ou de parrainage à l'intention des experts nouvellement inscrits, lesquels peuvent ainsi trouver un soutien auprès de leurs pairs plus expérimentés ;
- les compagnies d'experts sont susceptibles de proposer à leur membre la souscription de contrats d'assurance professionnelle de groupe à des tarifs attractifs ;
- la plupart des compagnies publient un annuaire répertoriant l'ensemble de leurs membres (experts judiciaires en activité ou honoraires), avec mention de leurs spécialités (détaillées souvent de manière plus précise que celles figurant sur les listes de cour d'appel) et leurs coordonnées complètes (importantes pour les experts honoraires qui, comme nous le verrons, ne figurent plus sur les listes de cour d'appel).

SECTION 3
Regroupement des compagnies d'experts judiciaires au sein du Conseil national des compagnies d'experts de justice (CNCEJ)

012.31 Regroupement des compagnies d'experts au sein du Conseil national des compagnies d'experts de justice (CNCEJ). Le CNCEJ a vocation à fédérer l'ensemble des compagnies d'experts qui souhaitent y adhérer : plus de 90 compagnies d'experts de justice, nationales ou régionales, pluri ou mono disciplinaires, ainsi que 2 unions de compagnies qui ont été créées pour réunir, à un niveau intermédiaire, les nombreuses compagnies d'experts judiciaires :

- l'Union des compagnies d'experts près la cour d'appel de Paris (UCECAP qui regroupe 22 compagnies d'experts judiciaires) ;
- l'Union des compagnies d'experts près la cour d'appel d'Aix-en-Provence (UCECAAP qui regroupe 17 compagnies d'experts judiciaires).

Ce faisant, il représente plus de 10 000 experts judiciaires.

012.32 Rôle de représentation des experts de justice au plan national. Le CNCEJ intervient sur plusieurs plans.

Il organise des manifestations à l'intention des experts judiciaires, et en particulier, un colloque annuel en partenariat avec le Conseil national des barreaux (CNB), manifestation qui réunit, sur un thème donné, des magistrats, des experts judiciaires de toutes spécialités et des avocats, lesquels peuvent ainsi échanger sur leurs pratiques respectives.

Le CNCEJ constitue un interlocuteur privilégié du ministère de la Justice concernant la question du statut des experts judiciaires. C'est ainsi qu'à la suite d'un partenariat entre la Chancellerie, le CNCEJ et le CNB, est née la plate-forme informatique OPALEXE, permettant une gestion dématérialisée des expertises judiciaires civiles. Les experts judiciaires, qui adhèrent à ce système, reçoivent une carte à puce, valable 36 mois pour le prix d'environ 180 euros HT, laquelle leur permet d'accéder à la plate-forme de dématérialisation des expertises civiles et de signer électroniquement tous types de documents, plus spécifiquement, le rapport d'expertise qu'ils peuvent envoyer aux tribunaux utilisant la Procédure pénale numérique (PPN).

Experts et avocats peuvent ainsi communiquer par messagerie sécurisée, tant pour l'envoi des convocations, que pour leurs échanges ; de même, les documents utiles à l'expertise peuvent être ainsi versés dans le dossier numérique.

Principes applicables à l'établissement des listes d'experts judiciaires

CHAPITRE 013

013.00 Division. Dès lors que l'institution judiciaire entend maîtriser les listes d'experts judiciaires (sect. 1), celles-ci sont dressées par chacune des 36 cours d'appel, la Cour de cassation ayant en charge, de son côté, l'établissement d'une liste nationale (sect. 2). Il convient donc de rappeler les principes qui régissent l'établissement de ces listes (sect. 3 à 8).

SECTION 1

Maîtrise des listes d'experts par l'institution judiciaire

013.11 Établissement des listes d'experts par les juridictions. En France, l'institution judiciaire dispose de la maîtrise totale de ses listes d'experts, ce qui n'est pas le cas dans certains pays voisins dont les magistrats utilisent les listes d'experts dressées par des organismes professionnels. Pour ma part, j'estime particulièrement pertinent le système français qui donne aux cours d'appel, et donc aux magistrats, la faculté d'inscrire ou non tel ou tel professionnel, puisqu'ils sont les mieux placés pour connaître les besoins en experts des juridictions de leur ressort, ainsi que les qualités requises pour obtenir des expertises de qualité.

013.12 Fonctionnement général des listes d'experts. Le système mis en place se caractérise par les spécificités suivantes, rappelées tant par la loi nº 71-498 du 29 juin 1971 modifiée, que par le décret nº 2004-1463 du 23 décembre 2004 modifié :

- existence d'une liste d'experts dressée par chaque cour d'appel, soit 36 listes, ainsi qu'une liste nationale établie par la Cour de cassation ;
- inscription, pour une même période, sur une seule liste de cour d'appel, mais possibilité d'une inscription à la fois sur une liste de cour d'appel et sur la liste nationale ;
- possibilité de candidater autant de fois que voulu ;
- caractère temporaire de chaque inscription conduisant les experts inscrits à demander leur réinscription au terme de chaque période considérée.

SECTION 2

Coexistence des listes de cour d'appel et d'une liste nationale dressée par la Cour de cassation

013.21 Établissement des listes d'experts à partir d'une nomenclature. La coexistence des listes dressées par chaque cour d'appel et de la liste nationale établie par la Cour de cassation est prévue par la loi (L. nº 71-498, 29 juin 1971, art. 2). Ces listes d'experts judiciaires « sont dressées conformément à une nomenclature établie par arrêté du garde des Sceaux, ministre de la Justice » (Décr. nº 2004-1463, 23 déc. 2004, art. 1, al. 2), laquelle permet de répertorier les experts par spécialités et sous-spécialités, dans des rubriques prédéfinies : cette nomenclature a été modifiée par un arrêté du 5 décembre 2022 (v. annexe, s[s] n° 052.03).

013.22 Actualisation annuelle des listes d'experts judiciaires. Les listes d'experts judiciaires sont actualisées au début de chaque année (décr. n° 2004-1463, 23 déc. 2004, art. 1, al. 1), puisque de nombreux événements peuvent en modifier le contenu, à savoir :

- l'inscription de nouveaux experts ;
- le refus de réinscription d'experts dont le « mandat » est arrivé à son terme ;
- le transfert d'experts d'une liste de cour d'appel à une autre ;
- le retrait de la liste des experts pour ceux qui, notamment, ont atteint la limite d'âge, quand bien même ils auraient obtenu l'honorariat.

013.23 Mise à disposition au public des listes d'experts judiciaires. Les listes d'experts judiciaires sont tenues à la disposition du public, y compris de manière dématérialisée sur les sites des cours d'appel et de la Cour de cassation puisqu'il est prévu que « La liste des experts dressée par une cour d'appel est tenue à la disposition du public dans les locaux du greffe de la cour ainsi que dans ceux des tribunaux judiciaires, des tribunaux de commerce et des conseils de prud'hommes du ressort de la cour. La liste nationale est adressée à toutes les cours d'appel ainsi qu'à tous les tribunaux judiciaires, tribunaux de commerce et conseils de prud'hommes. Elle est tenue à la disposition du public dans les locaux du greffe de la Cour de cassation et dans ceux des juridictions précitées » (Décr. n° 2004-1463, 23 déc. 2004, art. 21).

SECTION 3
Limitation de l'inscription d'un expert sur une seule liste de cour d'appel

013.31 Règle prévue par le décret. Il n'est pas possible d'être inscrit concomitamment, au titre d'une même année, sur plusieurs listes de cour d'appel, mais il reste possible d'être inscrit à la fois sur une liste de cour d'appel et sur la liste nationale, dès lors que cette dernière inscription constitue la reconnaissance de la notoriété acquise par un expert figurant sur une liste de cour d'appel (Décr. n° 2004-1463, 23 déc. 2004, art. 5).

013.32 Règle rappelée par la jurisprudence. La Cour de cassation a eu l'occasion de rejeter la demande d'inscription d'un expert qui demandait son inscription sur une liste de cour d'appel, alors même qu'il figurait encore sur une autre liste de cour d'appel mais craignait de ne pas y être réinscrit :

> **Civ. 2e, 16 mai 2013, n° 12-60.589,** NP (demande d'inscription d'un l'expert sur la cour d'appel de Paris à une date à laquelle il figure encore sur la liste de la cour d'appel Versailles) : « Mais attendu qu'il résulte des pièces du dossier que ce n'est que sur sollicitation du service des expertises de la cour d'appel de Paris que Mme X a fait connaître le 24 octobre 2012 sa possible non-réinscription sur la liste des experts d'une autre cour d'appel ; que c'est dès lors, sans commettre d'erreur manifeste d'appréciation, que l'assemblée générale a retenue que Mme X ne répondait pas aux conditions fixées par les articles 2 à 6 du décret du 23 décembre 2004 ; »

SECTION 4
Caractère illimité du nombre de présentations

013.41 Nombre illimité de présentation pour une même candidature. Un candidat qui n'a pas obtenu son inscription sur une liste de cour d'appel peut réitérer sa demande les années suivantes autant de fois qu'il le souhaite dès lors que les textes ne prévoient aucun nombre maximum de présentations. Toutefois, s'il peut paraître utile de représenter sa candidature lorsque certaines ont échoué (puisque nous verrons qu'une candidature peut échouer, non pas en raison de l'insuffisance des qualités du candidat, mais parce qu'il œuvre dans une spécialité déjà largement pourvue sur la liste et dont la cour d'appel n'a pas besoin au moment où il présente sa demande), il semble assez vain d'aller au-delà de cinq présentations en l'absence de modification substantielle de la situation de l'expert.

SECTION 5
Caractère temporaire de l'inscription

013.51 Suppression du système antérieur d'inscription à vie sur les listes. Autrefois, les experts qui obtenaient leur inscription à titre probatoire (laquelle ne durait qu'un an) restaient inscrits à vie ou, du moins, jusqu'à l'âge limite de leur exercice, sauf retrait de leur part ou sanction disciplinaire de radiation, dès lors que la loi n° 71-498 du 29 juin 1971 indiquait que « l'expert déjà inscrit sur une des listes... n'a pas à renouveler chaque année sa demande d'inscription ». Un tel système aboutissait à une véritable sclérose des listes d'experts, encombrées par des professionnels bénéficiant du titre d'expert judiciaire, mais n'acceptant que peu d'expertises et, ce faisant, manquant de connaissances et d'expérience en matière de procédure.

Il a fallu attendre la loi nº 2004-30 du 11 février 2004 pour que ce problème soit corrigé et que l'inscription probatoire soit fixée à 2 ans, puis chaque réinscription ultérieure à 5 ans.

Enfin, la loi nº 2010-1609 du 22 décembre 2010 a porté la durée de la période probatoire à 3 ans, de manière à permettre aux nouveaux experts de faire leurs preuves sur un temps suffisamment long au regard de la durée moyenne d'une affaire avec expertise qui était, à l'époque, d'environ 20 mois.

Au demeurant, le décret prévoit aujourd'hui que « les demandes d'inscription sur les listes d'experts judiciaires sont examinées en tenant compte... de l'intérêt qu'ils (les demandeurs à l'inscription) manifestent pour la collaboration au service public de la justice » (Décr. nº 2004-1463, 23 déc. 2004, art. 4-1), ce qui est une manière de stigmatiser les demandes d'inscription qui ne seraient fondées que sur le souhait d'obtenir le titre d'expert judiciaire sans en déployer l'activité.

013.52 Durée limitée de l'inscription. Il a donc été mis fin, fort opportunément, à cette inscription à vie :

– pour les listes de cour d'appel, l'inscription initiale dite probatoire dure 3 ans, puis chaque réinscription 5 ans ;

– s'agissant de la liste nationale, l'inscription et chaque réinscription sont d'une durée de 7 ans (cette durée avait été omise par erreur lors d'une réforme, mais elle a été réintégrée par la loi du 18 novembre 2016).

SECTION 6
Nécessité de motiver toute décision de refus d'inscription ou de réinscription

013.61 Nécessité de motiver toute décision de refus d'inscription ou de réinscription. Autrefois, la Cour de cassation n'imposait aucune motivation s'agissant des décisions de refus d'inscription au regard de la nature particulière de cette décision qui était considérée comme un « quasi-acte » d'administration judiciaire :

> **Civ. 2e, 21 sept. 2006, nº 05-21.978,** *Bull* nº 239, sommaire : « Aucune disposition de la loi du 29 juin 1971, dans sa rédaction issue de la loi du 11 février 2004, ou du décret du 23 décembre 2004 pris pour son application, n'impose la motivation des décisions de refus d'inscription initiale en qualité d'expert, à titre probatoire... »
>
> Dans le même sens : Civ. 2e, 9 nov. 2006, nº 06-11.399, *Bull* nº 312 et Civ. 2e, 17 avril 2008, nº 07-21.334, *Bull* nº 239.

Mais cette position n'était plus possible après la motivation figurant dans la décision rendue par la Cour de justice de l'Union européenne le 17 mars 2011 dans l'affaire dite *Penarroja* (v. ss nº 014.283), de sorte que la loi nº 2012-409 du 27 mars 2012 a remédié à cette situation en imposant la motivation, tant pour les refus de réinscription que pour les refus d'inscription, de sorte qu'aujourd'hui, il est prévu que « la décision de refus d'inscription ou de réinscription sur l'une des listes... est motivée » (L. nº 71-498, 29 juin 1971, art. 2, IV).

Immédiatement après cette réforme législative, la Cour de cassation en a tiré les conséquences en annulant toute décision de l'assemblée générale de cour d'appel non motivée, dès lors qu'elle ne permet pas au candidat ou à l'expert d'apprécier la pertinence du refus qui lui est opposé :

> **Civ. 2e, 29 sept. 2011, nº 09-10.445,** *Bull.* nº 177 ; *D.* 2011. 2411 ; *AJDI* 2012. 440 : « Attendu que la décision attaquée, qui n'est pas motivée, ne met pas M. X en mesure de connaître les raisons pour lesquelles sa demande a été rejetée et d'exercer un recours effectif devant la Cour de cassation, permettant de vérifier que sa qualification acquise et reconnue dans un autre État membre en qualité de traducteur assermenté a été dûment prise en compte ; »
>
> Dans le même sens : Civ. 2e, 12 juill. 2012, nº 12-60.002, *Bull* nº 131.
>
> **Civ. 2e, 16 mai 2013, nº 13-60.047,** *Bull* nº 92, sommaire : « Il résulte de l'article 2, IV, de la loi du 29 juin 1971 relative aux experts judiciaires telle que modifiée par la loi nº 2012-409 du 27 mars 2012, que la décision de refus d'inscription d'un expert sur une liste d'experts judiciaires doit être motivée. »
>
> **Civ. 2e, 16 juin 2022, nº 21-60.193,** NP : « 5. Pour rejeter la demande de Mme X, l'assemblée générale des magistrats du siège de la cour d'appel se borne à indiquer que la candidate ne remplit pas les conditions du texte applicable. 6. En statuant ainsi, l'assemblée générale des magistrats du siège, qui n'a pas mis l'intéressée en mesure de connaître les rai-

sons pour lesquelles sa demande a été rejetée et d'exercer un recours effectif devant la Cour de cassation, a méconnu le texte susvisé. »

013.62 Nécessité de faire figurer cette motivation dans la décision elle-même. La motivation doit figurer dans la décision elle-même et ne saurait être remplacée par des informations délivrées dans la lettre de notification accompagnant celle-ci :

> **Civ. 2e, 16 mai 2013, no 12-60.632,** *Bull* no 91, *AJDI* 2014. 151, obs. H. Heugas-Darraspen, sommaire : « Il résulte de l'article 2, IV, de la loi du 29 juin 1971 relative aux experts judiciaires telle que modifiée par la loi no 2012-409 du 27 mars 2012, que la décision de refus d'inscription d'un expert sur une liste d'experts judiciaires doit être motivée et que les mentions de la lettre de notification de la décision ne peuvent suppléer l'absence de motivation dans le procès-verbal de l'assemblée générale. »
>
> **Civ. 2e, 6 juill. 2023, no 23-60.039,** NP : « 4. Il résulte de ce texte que la décision de refus d'inscription d'un expert sur la liste dressée par une cour d'appel doit être motivée. 5. Le procès-verbal de l'assemblée générale ayant refusé la demande d'inscription de M. X ne comporte aucune motivation et les mentions figurant sur la lettre de notification de la décision ne peuvent y suppléer. 6. La décision de cette assemblée générale doit donc être annulée en ce qui concerne M. X. »

À cet égard, il convient de noter, à l'adresse des services des experts des cours d'appel chargés de dresser le procès-verbal de l'assemblée générale, que, lorsqu'ils optent pour une présentation sous forme de tableau mentionnant, en regard du nom de chaque candidat, un code correspondant aux différents motifs de rejet, ils doivent prendre soin de faire figurer, dans le procès-verbal lui-même, la signification desdits codes, sous peine de censure :

> **Civ. 2e, 15 juin 2023, no 23-60.065,** P : « La décision de refus d'inscription d'un expert sur la liste dressée par une cour d'appel doit être motivée. Le procès-verbal d'assemblée générale rejetant la demande d'inscription d'un candidat, en ce qu'il se réfère à un motif formulé sous la forme d'un code, sans autre indication, ne comporte aucune motivation et les mentions figurant sur la lettre de notification de la décision ne peuvent suppléer cette absence de motivation. »

SECTION 7

Notification de la décision relative à l'inscription ou à la réinscription

013.71 Notification par tout moyen conférant date certaine. La décision prise doit évidemment être notifiée par « tout moyen conférant date certaine à sa réception » (Décr. no 2004-1463, 23 déc. 2004, art. 19 ; mod. par décr. no 2023-219, 28 mars 2023, art. 1).

013.72 Libellé de la notification sans incidence sur la validité de la décision. Les modalités de notification ne peuvent remettre en cause la validité de la décision notifiée, comme l'a jugé la deuxième chambre civile de la Cour de cassation :

> **Civ. 2e, 1er sept. 2016, no 16-60.063,** NP (erreur sur le libellé de l'identité du candidat) : « Mais attendu que seules les décisions prises par l'autorité chargée de l'établissement des listes d'experts judiciaires pouvant donner lieu à recours, les modalités de leur notification sont sans incidence sur leur validité ; »

SECTION 8

Recours contre le refus d'inscription ou de réinscription

013.80 Plan. Le recours formé contre un refus d'inscription ou de réinscription doit satisfaire à certaines exigences de délai et de forme (§ 1) et est soumis à la Cour de cassation (§ 2).

§ 1
Exigences auxquelles doit répondre le recours

013.91 Conditions de recevabilité du recours. Le recours n'est recevable que s'il satisfait à plusieurs exigences (Décr. no 2004-1463, 23 déc. 2004, art. 20, al. 2) :

- être motivé ;
- être formé dans le mois de la notification de la décision contestée ;
- être adressé au greffe de la Cour de cassation soit par lettre recommandée avec accusé de réception, soit par déclaration.

013.92 Motivation du recours. La motivation du recours ne peut consister en une contestation de principe et doit être explicitée. La deuxième chambre civile l'a rappelé à plusieurs reprises :

> **Civ. 2e, 7 juill. 2022, no 22-60.058,** NP : « 3. Mme X, qui se borne à déplorer deux erreurs matérielles affectant le courrier de notification de la décision de rejet, ne formule aucun grief à l'encontre de celle-ci. 4. Le recours n'est, dès lors, pas recevable. »
>
> **Civ. 2e, 21 sept. 2023, no 23-60.070,** NP : « 2. Mme X a formé un recours contre la décision du 9 novembre 2022, par laquelle l'assemblée générale des magistrats du siège de la cour d'appel de Colmar a rejeté sa demande de réinscription sur la liste des experts judiciaires de cette cour d'appel. 3. Mme X, qui se borne à indiquer qu'elle aurait souhaité pouvoir continuer d'être à la disposition des institutions judiciaires françaises, ne formule aucun grief à l'encontre de la décision. 4. Le recours n'est, dès lors, pas recevable. »

Elle estime, en outre, qu'il n'est pas possible de motiver ce recours après l'expiration du délai de recours :

> **Civ. 2e, 6 juill. 2023, no 23-60.035,** NP : « 3. M. X... sollicite par son recours son inscription sur la liste nationale des experts judiciaires, sans formuler de grief à l'encontre de la décision de l'assemblée générale de la cour d'appel de Versailles. 4. Les griefs formulés le 24 mars 2023 par M. X en réponse à l'avis l'informant du moyen relevé d'office ne peuvent être pris en compte faute d'avoir été présentés dans le délai de recours qui expirait le 23 janvier 2023. 5. Le recours n'est, dès lors, pas recevable. »

013.93 Délai du recours. Le délai d'un mois expire le jour du mois suivant portant le même quantième :

> **Civ. 2e, 26 nov. 2020, no 20-60.054,** NP ; *AJDI* 2022. 456, obs. H. Heugas-Darraspen : « Vu les articles 20 du décret no 2004-1463 du 23 décembre 2004 et 641, alinéa 2, du code de procédure civile : 1. Il résulte du premier de ces textes que le recours contre une décision portant refus de réinscription sur une liste d'experts judiciaires doit être formé, à peine d'irrecevabilité, par déclaration au greffe de la Cour de cassation ou par lettre recommandée avec demande d'avis de réception adressée à ce greffe, dans le délai d'un mois suivant la notification de la décision. Selon le second, ce délai expire le jour du mois suivant qui porte le même quantième que le jour de la notification. 2. Mme X a formé un recours contre la décision du 13 novembre 2019, par laquelle l'assemblée générale des magistrats du siège de la cour d'appel de Paris a rejeté sa demande de réinscription sur la liste des experts judiciaires de cette cour d'appel, qui lui a été notifiée, le 16 décembre 2019, par une lettre recommandée avec demande d'avis de réception mentionnant le délai dans lequel le recours devait être exercé. 3. Ce recours, formé par pli recommandé remis aux services postaux le 17 janvier 2020, alors que le délai imparti à cet effet, calculé conformément aux dispositions de l'article 641, alinéa 2, du code de procédure civile, expirait le jeudi 16 janvier 2020 à minuit, n'est pas recevable. »

013.94 Destinataire du recours. Le recours doit être formé auprès du greffe de la Cour de cassation et est irrecevable s'il est déposé auprès du greffe de la cour d'appel qui a rendu la décision (il convient d'être attentif à cette particularité dès lors que les recours se font généralement auprès de la juridiction qui a rendu la décision attaquée) :

> **Civ. 2e, 26 juin 2014, no 14-60.115,** NP : « Attendu que Mme X a sollicité son inscription initiale sur la liste des experts judiciaires de la cour d'appel de Reims ; que, par décision du 14 novembre 2013, l'assemblée générale des magistrats du siège de cette cour d'appel a rejeté sa demande ; Attendu que Mme X, à qui la décision avait été notifiée par une lettre spécifiant les modalités de recours, a formé un recours contre cette décision par lettre recommandée avec accusé de réception envoyée à l'adresse de la cour d'appel de Reims ; D'où il suit que le recours n'est pas recevable ; »
>
> Civ. 2e, 7 juill. 2022, no 22-60.067, NP : « 3. Ce recours, s'il a été effectué dans le délai imparti, a été formé par une lettre recommandée adressée à la cour d'appel de Rouen, et non selon l'une des modalités prévues, déclaration au greffe de la Cour de cassation ou lettre recommandée avec demande d'avis de réception adressée au greffe de cette Cour, mentionnées dans la lettre de notification de la décision contestée. 4. Le recours n'est, dès lors, pas recevable. »

013.95 Forme du recours. Le recours ne peut être formé par télécopie :

> **Civ. 2e, 13 mai 2015, no 15-60.055,** NP : « Attendu que M. X a formé un recours contre cette décision par télécopie ; D'où il suit que ce recours n'est pas recevable ; »

§ 2
Examen du recours par la Cour de cassation

013.101 Compétence de la Cour de cassation. Tous les recours formés en matière d'inscription et de réinscription d'expert (mais également contre les décisions de reclassement ou de retrait) sont portés devant la Cour de cassation et, plus précisément, devant la deuxième chambre civile (Décr. n° 2004-1463, art. 20, mod. par décr. n° 2023-219, 28 mars 2023, art. 1 ; COJ, art. R. 411-5).

On notera qu'il en va de même, s'agissant des demandes d'inscription ou de réinscription sur la liste nationale, des décisions prises par le bureau de la Cour de cassation.

013.102 Nature du recours exercé devant la Cour de cassation. Bien que le recours soit formé devant la Cour de cassation, il ne s'agit pas d'un pourvoi en cassation :

> **Civ. 2e, 21 sept. 2006, n° 05-21.978,** *Bull.* n° 239 : « Le recours devant la Cour de cassation prévu par l'article 20 du décret du 23 décembre 2004 n'étant pas un pourvoi en cassation, les dispositions de l'article 973 du nouveau code de procédure civile ne sont pas applicables et ce recours peut être exercé sans la représentation par un avocat au Conseil d'État et à la Cour de cassation qui n'est imposée par aucun texte »

Il en résulte que ce recours peut être exercé sans nécessité de solliciter les services d'un avocat aux conseils (obligatoire lorsque l'on forme un pourvoi en cassation en matière civile), et qu'en cas de censure, la Cour de cassation ne « casse » pas la décision avec possibilité de renvoi devant une autre cour d'appel (comme elle peut le faire lorsqu'elle est saisie d'un véritable pourvoi) :

> **Civ. 2e, 14 juin 2007, n° 07-10.118,** *Bull* n° 162, *D.* 2007. 1883 : « D'une part, le recours devant la Cour de cassation prévu par l'article 20 du décret du 23 décembre 2004 n'étant pas un pourvoi en cassation pouvant entraîner la cassation de la décision objet du recours, les dispositions des articles 626 du nouveau code de procédure civile et L. 131-4 du code de l'organisation judiciaire ne sont pas applicables. »

Toutefois, on notera que l'assemblée générale d'une cour d'appel, dont la décision de rejet d'inscription ou de réinscription a été censurée, ne pourra à nouveau rejeter cette demande pour les mêmes motifs, en l'absence de modification de la situation de l'expert :

> **Civ. 2e, 17 juin 2021, n° 20-60.054,** P ; *AJDI* 2022. 456, obs. H. Heugas-Darraspen : « L'autorité de chose jugée qui s'attache à l'arrêt par lequel la Cour de cassation statuant sur le recours formé contre une décision de rejet d'une demande d'inscription ou de réinscription sur une liste d'experts judiciaires, annule cette décision pour erreur manifeste d'appréciation, fait obstacle à ce que, en l'absence de modification de la situation de droit ou de fait, l'autorité chargée de l'établissement de cette liste reprenne la même décision pour un motif identique à celui qui a ainsi été censuré. »

013.103 Nature du contrôle exercé par la Cour de cassation. Il importe de noter qu'en cette matière, la deuxième chambre civile n'exerce qu'un contrôle dit léger sur les motifs du refus d'inscription ou de réinscription des assemblées générales des magistrats du siège des cours d'appel : elle ne censure les décisions de l'assemblée générale des cours d'appel que lorsque celles-ci sont entachées d'une erreur manifeste d'appréciation.

Les candidats ayant vu leur demande d'inscription rejetée et les experts ayant échoué dans leur demande de réinscription doivent donc savoir que leur recours a, de ce fait, des chances limitées d'aboutir.

Gestion des listes d'experts

CHAPITRE 014

014.00 **Division.** Nous étudierons d'abord la gestion des listes d'experts par les cours d'appel (sect. 1), avant d'aborder celle de la liste nationale par la Cour de cassation (sect. 2).

SECTION 1
Gestion des listes d'experts des cours d'appel

014.10 **Plan.** Les listes de cour d'appel comportent des personnes physiques et des personnes morales (§ 1), qui doivent satisfaire d'une part, à des conditions objectives (§ 2) et d'autre part, à des conditions soumises à l'appréciation de l'assemblée générale des magistrats du siège de la cour d'appel concernée (§ 3). Chaque candidat doit déposer un dossier explicitant sa demande (§ 4), laquelle sera instruite par le parquet (§ 5), avant d'être soumise, s'agissant des demandes de réinscription, à la commission prévue à cet effet (§ 6), puis, dans tous les cas, à l'examen de l'assemblée générale des magistrats du siège de la cour d'appel (§ 7). Les experts nouvellement inscrits doivent alors prêter serment (§ 8). Nous examinerons enfin la durée d'inscription sur les listes (§ 9), les modalités de transfert d'une liste de cour d'appel à une autre, avant d'aborder la question, relativement marginale, du reclassement des experts inscrits dans une rubrique de la nomenclature ayant été modifiée (§ 10).

§ 1
Possibilité d'inscription et de réinscription de personnes physiques ou de personnes morales

014.20 **Plan.** Les candidats à l'inscription ou à la réinscription peuvent être des personnes physiques (A) ou des personnes morales (B).

A.
Inscription des personnes physiques

014.31 **Texte.** Les conditions d'inscription des personnes physiques sont énumérées par le décret qu'il convient de rappeler *in extenso* :

> **Décr. nº 2004-1463, 23 déc. 2004, art. 2 ;** mod. par décr. nº 2023-468, 16 juin 2023, art. 2 :
>
> Une personne physique ne peut être inscrite ou réinscrite sur une liste d'experts que si elle réunit les conditions suivantes :
>
> 1° N'avoir pas été l'auteur de faits contraires à l'honneur, à la probité et aux bonnes mœurs ;
>
> 2° N'avoir pas été l'auteur de faits ayant donné lieu à une sanction disciplinaire ou administrative de destitution, radiation, révocation, de retrait d'agrément ou d'autorisation ;
>
> 3° N'avoir pas été frappé de faillite personnelle ou d'une autre sanction en application du titre II du livre VI du code de commerce ;
>
> 4° Exercer ou avoir exercé pendant un temps suffisant une profession ou une activité en rapport avec sa spécialité ;
>
> 5° Exercer ou avoir exercé cette profession ou cette activité dans des conditions conférant une qualification suffisante ;
>
> 6° N'exercer aucune activité incompatible avec l'indépendance nécessaire à l'exercice de missions judiciaires d'expertise ;
>
> 7° Sous réserve des dispositions de l'article 18, être âgé de moins de 72 ans ;
>
> 8° Pour les candidats à l'inscription ou à la réinscription sur une liste dressée par une cour d'appel, dans une rubrique autre que la traduction, exercer son activité professionnelle principale dans le ressort de cette cour ou, pour ceux qui n'exercent plus d'activité professionnelle, y avoir sa résidence ;

9° Pour les candidats à l'inscription sur une liste dressée par une cour d'appel, justifier d'une formation à l'expertise.

L'essentiel des experts inscrits sur les listes de cour d'appel sont des personnes physiques.

B.
Inscription des personnes morales

014.41 **Texte.** Les personnes morales peuvent être inscrites dans les conditions prévues par l'article 3 du décret du 23 décembre 2004 :

Décr. nº 2004-1463, 23 déc. 2004, art. 3 ; mod. par décr. nº 2023-468, 16 juin 2023, art. 3 :

En vue de l'inscription d'une personne morale sur une liste d'experts, il doit être justifié :

1° Que les dirigeants remplissent les conditions prévues aux 1°, 2°, 3°, 6° et 9° de l'article 2 ;

2° Que la personne morale exerce une activité depuis un temps et dans des conditions lui ayant conféré une suffisante qualification par rapport à la spécialité dans laquelle elle sollicite son inscription ;

3° Que cette activité n'est pas incompatible avec l'indépendance nécessaire à l'exercice de missions judiciaires d'expertise ;

4° Que la personne morale dispose des moyens techniques et du personnel qualifié approprié ;

5° Pour l'inscription sur une liste dressée par une cour d'appel, dans une rubrique autre que la traduction, qu'elle a son siège social, une succursale ou un établissement technique en rapport avec sa spécialité, dans le ressort de la cour d'appel.

En outre, il y a lieu à la production des statuts et à l'indication du nom de chacune des personnes détenant une fraction d'au moins 10 % du capital social.

Une personne morale qui se donnerait pour objet principal ou accessoire l'exécution de missions d'expertise ne peut être admise sur une liste d'experts.

Toutefois, les dispositions de l'alinéa précédent ne font pas obstacle à l'inscription sur une liste d'experts d'une personne morale ayant pour objet de réaliser des expertises médico-légales ou des examens, recherches et analyses d'identification par empreintes génétiques conformément aux dispositions du décret nº 97-109 du 6 février 1997 relatif aux conditions d'agrément des personnes habilitées à procéder à des identifications par empreintes génétiques dans le cadre d'une procédure judiciaire.

En pratique, l'inscription des personnes morales est beaucoup plus rare que celle des personnes physiques.

§ 2
Conditions objectives d'inscription ou de réinscription

014.50 **Plan.** Les conditions objectives peuvent tenir à l'âge du candidat (A) ou à son honorabilité (B).

A.
Conditions d'âge

014.61 **Age minimum.** Il n'y a pas d'âge minimum pour être inscrit sur une liste d'experts judiciaires. Toutefois, le jeune âge du candidat à l'inscription pourra conduire au rejet de sa candidature pour « insuffisance d'expérience », puisque l'expérience est, comme nous le verrons, une condition soumise à l'appréciation des juges (v. s[s] nº 014.111).

014.62 **Age maximum.** En revanche, il y a un âge maximum pour être inscrit ou réinscrit sur une liste de cour d'appel : depuis le décret nº 2023-468 du 16 juin 2023, applicable à compter du 1er janvier 2024, il est fixé à 72 ans, alors qu'il était auparavant de 70 ans (Décr. nº 2004-1463, 23 déc. 2004, art. 2, 7º).

À cet égard, il convient de préciser :

– qu'il faut prendre en compte l'âge de l'intéressé au 1er janvier de l'année suivant sa demande d'inscription ou de réinscription : c'est ainsi que, lorsque l'âge limite était fixé à 70 ans, il a été jugé qu'un expert, né le 5 mai 1949 et atteignant ses 70 ans le 5 mai 2019, était recevable à déposer une demande pour une inscription à compter de janvier 2019 (demande à formaliser avant le 1er mars 2018) :

Civ. 2e, 6 juin 2019, nº 19-60.008, P ; *D.* 2019. 1234 ; *AJDI* 2020. 125, obs. H. Heugas-Darraspen : « Attendu qu'une personne physique ne peut être inscrite ou réinscrite sur une liste d'experts judiciaires dressée par une cour d'appel si elle est âgée de plus de 70 ans ; que cette condition s'apprécie au 1er janvier de l'année suivant celle de présentation de la demande ; Attendu que M. X a sollicité son inscription initiale sur la liste des experts judiciaires de la cour d'appel de Fort-de-France ; que par décision du 28 novembre 2018, l'assemblée générale des magistrats du siège de cette cour d'appel a rejeté sa demande ; que M. X a formé un recours contre cette décision ; Attendu que pour rejeter sa demande, l'assemblée générale des magistrats du siège de la cour d'appel retient que le candidat est atteint par la limite d'âge ; Qu'en statuant ainsi, alors que M. X, né le 5 mai 1949, n'aurait pas atteint l'âge de 70 ans au 1er janvier 2019, l'assemblée générale des magistrats du siège a méconnu le texte susvisé ; »

– que l'expert inscrit ou réinscrit avant ses 72 ans restera expert judiciaire pendant toute la durée de son mandat, sans qu'il soit possible de prononcer son retrait de la liste à compter du jour où il aura atteint ses 72 ans, ainsi qu'il résulte de la décision d'annulation suivante :

Civ. 2e, 23 sept. 2010, no 10-60.094, P ; *AJDI* 2011. 382, obs. H. Heugas-Darraspen : « Attendu que M. X, expert réinscrit sur la liste des experts judiciaires de la cour d'appel de Versailles le 6 novembre 2007, pour une durée de 5 ans, a formé un recours contre la décision de l'assemblée générale des magistrats du siège de cette cour d'appel du 10 novembre 2009 qui avait procédé à son retrait de la liste ; Attendu que cette décision est motivée par la circonstance que l'expert avait atteint la limite d'âge fixée par l'article 2 du décret no 2004-1463 du 23 décembre 2004 ; Attendu, cependant, que M. X, qui est né le 1er janvier 1939, n'avait pas atteint l'âge de 70 ans lorsque son inscription a fait l'objet d'un renouvellement pour 5 années ; »

– qu'il résulte de ces règles conjuguées qu'un expert, âgé de 71 ans et 364 jours au 1er janvier de l'année suivant sa demande et obtenant sa réinscription pour 5 ans pourra rester expert jusqu'à presque 77 ans.

B.
Conditions d'honorabilité

014.71 Absence de faillite personnelle ou d'interdiction de gérer. La deuxième chambre civile a validé le refus d'inscription d'un candidat condamné à une interdiction de gérer :

Civ. 2e, 15 mai 2014, no 14-60.024, NP : « Mais attendu que M. X, qui ne conteste pas la matérialité du grief tenant à l'interdiction de gérer, ne prétend pas que cette sanction n'ait pas été prise en application du titre II du livre VI du code de commerce ; que par ce seul motif, abstraction faite du motif justement critiqué tenant à l'implication du candidat dans le département, l'assemblée générale des magistrats du siège a pu rejeter la demande d'inscription. »

014.72 Absence de sanction disciplinaire ou administrative de destitution, radiation, révocation, retrait d'agrément ou d'autorisation. Il a été jugé qu'un blâme ne suffit pas à faire obstacle à une inscription :

Civ. 2e, 16 sept. 2021, no 21-60.078, NP : « 27. Pour rejeter sa demande d'inscription, l'assemblée générale énonce, d'une part, que les conditions de moralité requises ne sont pas réunies en raison de l'existence d'une sanction disciplinaire devenue définitive prononcée contre Mme X consistant en un blâme... 28. En statuant ainsi, sans préciser quels faits contraires à l'honneur, à la probité ou aux bonnes mœurs étaient reprochés à Mme X, et alors, d'une part, que le prononcé d'un blâme ne caractérise pas, en lui-même, la commission par celui qu'il sanctionne de faits contraires à l'honneur, à la probité ou aux bonnes mœurs, d'autre part, que le blâme ne figure pas au nombre des sanctions disciplinaires ou administratives qui, en application de l'article 2, 2°, du décret du 23 décembre 2004, font obstacle à l'inscription sur une liste d'experts, enfin, qu'en signant la déclaration sur l'honneur figurant dans le formulaire d'inscription, Mme X n'était l'auteur d'aucune affirmation inexacte, l'assemblée générale a entaché sa décision d'une erreur manifeste d'appréciation. »

014.73 Absence de commission de faits contraires à l'honneur, à la probité et aux bonnes mœurs. La deuxième chambre civile de la Cour de cassation a validé le refus d'inscription d'un candidat condamné par un tribunal correctionnel pour un délit (dont la nature n'est pas précisée dans l'arrêt) :

Civ. 2e, 17 mai 2018, no 18-60.045, NP : « que par décision du 22 novembre 2017 contre laquelle il a formé un recours, l'assemblée générale des magistrats du siège de cette cour d'appel a rejeté sa demande, au vu de l'enquête de moralité, au vu de la condamnation pénale prononcée à son encontre par le tribunal correctionnel de B le 28 mai 2009 ; ... Mais attendu...que c'est par des motifs exempts d'erreur manifeste d'appréciation que l'assemblée générale a décidé de ne pas inscrire M. X sur la liste des experts judiciaires de la cour d'appel ; »

À cet égard, il importe peu qu'il y ait eu effacement, ou non, de la condamnation pénale :

Civ. 2e, 5 nov. 2020, no 20-60.067, NP : « 2. Par décision du 15 novembre 2019, contre laquelle Mme X a formé un recours, l'assemblée générale des magistrats du siège de cette cour d'appel a rejeté sa demande au motif que la candidate ne remplissait pas la condition de probité et de moralité prévue par l'article 2,1°, du décret du 23 décembre 2004, l'enquête de moralité ayant fait apparaître qu'elle avait proféré de graves accusations contre ses voisins en leur imputant des infractions à caractère sexuel et qu'entendue par les services de police, elle n'avait pu avancer aucun élément précis de nature à étayer les faits dénoncés... 4. Il résulte des dispositions de l'article 2, 1°, du décret du 23 décembre 2004 que l'absence ou l'effacement d'une condamnation pénale est sans incidence sur l'appréciation des conditions de probité et d'honneur requises du candidat à l'inscription sur une liste d'experts judiciaires. »

Mais l'exigence de probité va plus loin, puisque la Cour de cassation a validé le refus d'inscription d'un expert médecin, non pas en raison du blâme dont il avait fait l'objet par le Conseil de l'ordre (lequel ne pouvait faire obstacle à son inscription), mais pour avoir faussement affirmé, dans son dossier de candidature, n'avoir jamais fait l'objet de sanction disciplinaire, manifestant ainsi un manque de probité intellectuelle de nature à faire obstacle à la confiance que pouvait lui accorder l'institution judiciaire :

Civ. 2e, 26 juin 2014, no 14-60.066, NP : « que par délibération du 6 novembre 2013, notifiée le 17 janvier 2014, contre laquelle il a formé un recours le 30 janvier 2014, l'assemblée générale des magistrats du siège de cette cour d'appel a refusé sa réinscription au motif que M. X a fait l'objet, le 20 juillet 2012, d'un blâme de la part du Conseil de l'ordre des médecins pour manquement à la déontologie, ayant par ailleurs attesté sur l'honneur dans son dossier de demande de réinscription, le 5 février 2013, qu'il n'avait jamais été l'auteur de faits ayant donné lieu à sanction disciplinaire, affirmation de nature à induire la cour d'appel en erreur, cette absence de sincérité portant atteinte à la probité intellectuelle de l'expert et constituant un comportement contraire à l'article 2 du décret du 23 décembre 2004 ; Attendu que M. X fait valoir que l'article 2 précité ne vise que les personnes ayant fait l'objet de certaines sanctions disciplinaires, parmi lesquelles ne se trouve pas le blâme dont il a fait l'objet ; qu'il soutient que compte tenu du libellé de la question posée par la cour d'appel dans le formulaire de déclaration sur l'honneur, il ne pouvait que répondre négativement, sans manquer à l'honneur et en toute bonne foi ; Mais attendu que c'est par des motifs exempts d'erreur manifeste d'appréciation au regard des éléments du dossier que l'assemblée générale a décidé de ne pas inscrire M. X sur la liste des experts judiciaires de la cour d'appel ; »

§ 3
Conditions d'inscription et de réinscription donnant lieu à appréciation

014.80 Plan. Les conditions donnant lieu à appréciation ne sont pas les mêmes selon que la demande concerne une demande d'inscription (A) ou de réinscription (B), mais nous verrons qu'il existe quelques impératifs communs (C). Nous évoquerons également le cas particulier de l'expert qui n'a plus d'activité professionnelle (D).

A.
Conditions propres aux demandes d'inscription

014.90 Plan. Les conditions d'inscription tiennent à la qualification (1) et à l'expérience du candidat (2), ainsi qu'à la formation à l'expertise qu'il a suivie en vue de son inscription (3).

1.
Exigence d'une qualification suffisante

014.101 Qualification attestée par des diplômes. La qualification professionnelle peut résulter de diplômes ou d'une reconnaissance spécifique dans le domaine d'activité du candidat à l'inscription. On notera que, depuis le décret du 24 décembre 2012, sont prises en compte les qualifications et expérience professionnelle des candidats, « y compris les compétences acquises dans un État membre de l'Union européenne autre que la France » (Décr. 2004-1463, 23 déc. 2004, art. 4-1, a ; mod. par décr. no 2012-1451, 24 déc. 2012, art. 10).

014.102 Contrôle de la Cour de cassation. Autrefois, la Cour de cassation estimait que l'appréciation des qualités professionnelles des candidats échappait à son contrôle, de sorte qu'elle laissait les cours d'appel libres de les estimer :

Civ. 2e, 8 juill. 2004, no 04-11-291, NP : « que par décision de l'assemblée générale des magistrats de cette cour d'appel en date du 14 novembre 2003, il n'a pas été inscrit ; qu'il a formé le recours prévu à l'article 34 du décret précité ; Attendu que M. X soutient qu'il présente les qualifications professionnelles nécessaires ; Mais attendu que l'appréciation des qualités professionnelles du candidat à l'inscription sur la liste des experts judiciaires, échappe au contrôle de la Cour de cassation ; »

Mais désormais, la deuxième chambre civile exerce un contrôle dit léger sur ce point et ne censure la décision de l'assemblée générale des magistrats du siège des cours d'appel que si elle est entachée d'une « erreur manifeste d'appréciation », ce qui est très rare, comme en témoignent les décisions suivantes :

Civ. 2e, 6 juin 2013, no 12-60.629, NP : « Attendu que M. X fait valoir qu'il fait partie de plusieurs comités de lecture et conseils scientifiques, que ses compétences sont reconnues tant sur le plan national qu'international et qu'il a été nommé professeur des universités praticien hospitalier dans un centre hospitalier et à la faculté de médecine de A ; Mais attendu que c'est par des motifs exempts d'erreur manifeste d'appréciation que l'assemblée générale a décidé de ne pas inscrire M. X sur la liste des experts judiciaires de la cour d'appel ; »

Civ. 2e, 23 juin 2016, no 16-60.041, NP : « que, par décision du 13 novembre 2015 contre laquelle elle a formé un recours, l'assemblée générale des magistrats du siège de cette cour d'appel a refusé son inscription au motif que l'intéressée ne justifiait pas de diplôme suffisant ou adapté pour satisfaire aux qualifications requises d'un expert judiciaire dans la rubrique sollicitée ; Attendu qu'à l'appui de son recours, Mme X fait état de ses diplômes et indique qu'elle exerce une activité professionnelle de consultante des pays de l'Est et d'interprète depuis le 22 décembre 2014, ajoutant qu'elle a déjà travaillé pour le tribunal de grande instance de Troyes et qu'il y a un besoin concernant les traducteurs/interprètes en langues rares comme le géorgien ou le kurde ; Mais attendu que c'est par des motifs exempts d'erreur manifeste d'appréciation au regard des éléments du dossier que l'assemblée générale a décidé de ne pas inscrire Mme X sur la liste des experts judiciaires de la cour d'appel ; »

Civ. 2e, 15 juin 2023, no 23-60.003, NP : « 5. C'est par des motifs exempts d'erreur manifeste d'appréciation que l'assemblée générale, statuant au vu des pièces produites par Mme X, a décidé de ne pas l'inscrire sur la liste des experts judiciaires de la cour d'appel. »

2.
Exigence d'une expérience professionnelle suffisante

014.111 Expérience nécessitant un certain âge. L'expérience est un élément essentiel pour réaliser de bonnes expertises, afin d'être en mesure d'appréhender techniquement, juridiquement et humainement les termes d'un contentieux.

Dans ce contexte, les demandes d'inscription de candidat de moins de 30 ans ont, en général, peu de chance d'aboutir.

014.112 Contrôle de la Cour de cassation. La Cour de cassation invalide rarement des rejets d'inscription pour expérience insuffisante. Toutefois, on trouve un arrêt de la deuxième chambre civile ayant censuré une décision d'assemblée générale de cour d'appel qui avait retenu, à tort, l'insuffisance d'expérience d'un candidat traducteur-interprète :

Civ. 2e, 5 sept. 2019, no 19-60.129, NP : « Attendu que pour rejeter sa demande, l'assemblée générale des magistrats du siège de la cour d'appel retient qu'au regard des articles 2, 4° et 5°, ainsi que 4-1 du décret no 2004-1463 du 23 décembre 2004, l'intéressée, exerçant la profession d'auditeur financier, ne justifie d'aucune expérience en matière d'interprétariat ; Qu'en se déterminant ainsi, alors que Mme X, qui sollicitait son inscription dans la seule rubrique traduction, alléguait, d'une part, avoir cessé sa profession d'auditeur financier en décembre 2017 et d'autre part, exercer depuis lors exclusivement une activité de traducteur et être inscrite depuis juillet 2017 en qualité de traductrice assermentée auprès du tribunal de Sarrebruck en Allemagne, l'assemblée générale des magistrats du siège a méconnu le texte susvisé ; »

3.
Exigence d'une formation préalable à l'expertise

014.121 Formation indispensable. Si, autrefois, le suivi d'une formation à l'expertise par le candidat à l'inscription était seulement souhaitable, cette formation préalable est aujourd'hui impérativement requise par le texte depuis le décret du 16 juin 2023, applicable à compter du 1er janvier 2024 (Décr. no 2004-1463, 23 déc. 2004, art. 2, 9° ; mod. par décr. no 2023-468, 16 juin 2023, art. 2).

014.122 Formation dispensée par un organisme compétent. Le candidat devra donc justifier du suivi de cette formation. À cet égard, il est conseillé aux experts de se montrer très vigilant quant à la qualité des formations proposées : en effet, s'il existe plusieurs diplômes universitaires de formation à l'expertise qui présentent toutes garanties de qualité, on a vu fleurir de nombreux organismes privés dont certains proposent des formations très coûteuses, mais de faible qualité.

Au demeurant, il est conseillé aux candidats de fournir, lors de leur demande d'inscription, toute précision sur la nature et les coordonnées de l'organisme formateur, le programme de formation suivi, avec précision du nombre d'heures dispensées, voire de la qualité des intervenants formateurs, toutes informations qui permettront aux magistrats d'en apprécier le sérieux et la pertinence.

014.123 Formation ne garantissant pas l'inscription. Certains organismes de formation peu scrupuleux laissent accroire qu'il suffit de suivre leur formation pour devenir expert judiciaire : c'est parfaitement inexact puisque seule l'autorité judiciaire peut inscrire un candidat sur les listes d'experts et que le suivi d'une formation ne garantit aucunement cette inscription, si coûteuse soit-elle (le titre d'expert ne s'achète pas...). En effet, le suivi d'une formation à l'expertise ne constitue que l'un des nombreux éléments pris en compte pour apprécier l'opportunité d'inscrire tel ou tel candidat.

B.
Conditions propres aux réinscriptions

014.130 Plan. Les experts déjà inscrits peuvent être réinscrits dès lors qu'ils justifient avoir satisfait à leurs obligations lors de la période précédente d'inscription.

1.
Exigence du respect de l'obligation de rendre compte annuellement de son activité expertale

014.141 Caractère indispensable du compte rendu annuel d'activité expertale. Au titre de ses obligations statutaires, l'expert judiciaire doit rendre compte à la cour d'appel, chaque année avant le 31 mars, de son activité expertale lors de l'année écoulée (v. s^s n° 011.61). Ainsi, le dossier de demande de réinscription de l'expert doit comporter trois rapports annuels s'il était inscrit à titre probatoire, cinq rapports annuels s'il était déjà en période de réinscription.

Selon la deuxième chambre civile, le manquement à cette obligation justifie la non-réinscription de l'expert sur les listes :

> **Civ. 2e, 4 juin 2009, n° 09-12.398,** NP : « Mais attendu que c'est sans commettre d'erreur manifeste d'appréciation que l'assemblée générale, qui a constaté, sans être contredite, que Mme X n'avait pas déposé de rapports d'activité malgré un rappel récent et n'avait pas suivi de formation depuis son inscription, a décidé de ne pas réinscrire celle-ci sur la liste des experts judiciaires ; »
>
> **Civ. 2e, 26 juin 2014, n° 14-60.114,** NP : « Attendu que l'assemblée générale des magistrats du siège de la cour d'appel de Reims, réunie le 14 novembre 2013, a rejeté la demande de réinscription de M. X sur la liste des experts judiciaires dressée par cette cour d'appel, en raison du manquement de ce dernier aux obligations prévues à l'article 23 du décret n° 2004-1463 du 23 décembre 2004, en particulier à celle de dépôt annuel du rapport d'activité défini à cette disposition, mais aussi à l'obligation de célérité ; que M. X a formé un recours ; Attendu que M. X fait valoir qu'il a eu à connaître de dossiers complexes qui ne lui ont pas permis d'accomplir ses missions dans les délais fixés et qu'il a communiqué par courriel son rapport d'activité pour l'année 2012 au nouveau magistrat chargé du suivi des expertises ; Mais attendu que c'est par des motifs exempts d'erreur manifeste d'appréciation que l'assemblée générale, statuant au vu des éléments du dossier, a décidé de ne pas le réinscrire sur la liste des experts judiciaires de la cour d'appel ; »

2.
Exigence d'une expérience expertale et d'une connaissance des règles de procédure

014.151 Textes. Cette exigence est fondamentale puisqu'il a déjà été dit que l'on peut être un très bon professionnel dans sa spécialité, mais rendre des rapports d'expertise inexploitables si les règles de procédure n'ont pas été respectées. Au demeurant, cette prescription est prévue tant par la loi que par le décret :

> **L. n° 71-498, 29 juin 1971 relative aux experts judiciaires, art. 2, II :**
>
> II. ... À l'issue de cette période probatoire et sur présentation d'une nouvelle candidature, l'expert peut être réinscrit pour une durée de 5 années, après avis motivé d'une commission associant des représentants des juridictions et des experts. À cette fin sont évaluées l'expérience de l'intéressé et la connaissance qu'il a acquise des principes directeurs du procès et des règles de procédure applicables aux mesures d'instruction confiées à un technicien.

Décr. nº 2004-1463, 23 déc. 2004, art. 10, al. 2. La demande est assortie de tous documents permettant d'évaluer :

1° l'expérience acquise par le candidat, tant dans sa spécialité que dans la pratique de la fonction d'expert depuis sa dernière inscription, notamment tous documents utiles sur les expertises qu'il a réalisées ;

2° la connaissance qu'il a acquise des principes directeurs du procès et des règles de procédure applicables aux mesures d'instruction confiées à un technicien ainsi que les formations qu'il a suivies dans ces domaines.

014.152 Appréciation de la qualité des expertises réalisées lors de la dernière période d'inscription. La demande de réinscription sera examinée au vu du travail expertal réalisé au cours de la dernière période d'inscription de l'expert :

– le nombre d'expertises et le délai d'accomplissement de celles-ci doivent figurer dans les rapports annuels d'activité de l'expert ;

– quant à la qualité des prestations de l'expert, elle peut résulter du témoignage des juges ayant eu à exploiter les rapports déposés par celui-ci, qu'il s'agisse de tribunaux judiciaires, tribunaux de commerce, conseils des prud'hommes, lesquels peuvent d'ailleurs signaler à tout moment au service des experts de la cour d'appel dont ils relèvent, les éventuels incidents et difficultés éprouvées avec tel ou tel expert.

Certains services des expertises de tribunaux judiciaires (chargés du suivi des expertises ordonnées en référé) ont tenté des expériences intéressantes tendant à demander, à chaque juge du fond statuant au vu d'un rapport d'expertise, de remplir une fiche d'évaluation concernant la qualité de l'expertise, fiche conçue très simplement pour être complétée rapidement et renvoyée au service des expertises des tribunaux judiciaires qui peuvent eux-mêmes le transmettre au service des experts de la cour d'appel chargé de la réinscription des experts. Mais certains experts se sont émus du fait que ces informations, qui se voulaient très informelles, n'étaient pas portées à leur connaissance.

En tout état de cause, la Cour de cassation valide les non-réinscriptions d'experts qui :

– ne respectent pas, de manière réitérée, les délais qui leur sont impartis pour déposer leur rapport :

Civ. 2e, 30 avr. 2009, nº 09-10.259, NP : « Attendu que M. X fait valoir notamment que les retards dans la remise de ses rapports concernent moins de 8 % des expertises qui lui ont été confiées, et qu'il s'est beaucoup investi pour réaliser un travail de qualité ; Mais attendu que c'est sans commettre d'erreur manifeste d'appréciation que l'assemblée générale des magistrats du siège, considérant que les délais dans lesquels l'expert rendait ses rapports étaient excessifs, a décidé que celui-ci ne pouvait être réinscrit ; »

Civ. 2e, 6 oct. 2022, nº 22-12.888, NP : « 4. C'est par des motifs exempts d'erreur manifeste d'appréciation que l'assemblée générale, après avoir constaté que Mme X avait reconnu, lors de son audition à l'occasion d'une précédente demande de réinscription, qu'elle n'était plus désignée par les magistrats du siège du tribunal de grande instance de Paris en raison de retards importants dans le rendu de ces rapports, a décidé de ne pas l'inscrire sur la liste des experts judiciaires de la cour d'appel. »

– méconnaissent les règles de procédure applicables à l'expertise :

Civ. 2e, 24 juin 2010, nº 09-72.372, NP : « Mais attendu... 6°/ que c'est sans commettre d'erreur manifeste d'appréciation que l'assemblée générale a retenu que les manquements reprochés à M. X, tels que résumés dans le rapport des juges d'instruction d'octobre 2007, dans l'avis de la commission chargée de la réinscription des experts de la cour d'appel de Riom et résultant des appréciations données au cours de l'assemblée étaient incompatibles avec son maintien sur la liste des experts de la cour d'appel de Riom et démontraient une méconnaissance des règles applicables aux mesures d'instruction qui lui étaient confiées par sa tendance à sortir de sa mission et à ne pas répondre de façon claire aux questions posées ; »

014.153 Exigence du suivi de formations au cours de la dernière période d'inscription. Il sera renvoyé à ce qui a été dit à ce sujet précédemment (v. ss nos 011.71 s.).

3. Exigence d'une honnêteté intellectuelle dans l'accomplissement des missions d'expertise

014.161 Critère tiré de l'honnêteté intellectuelle de l'expert. On verra que l'expert judiciaire a l'obligation de vérifier, en conscience, ses garanties d'impartialité vis-à-vis des parties au litige (à l'égard desquelles il ne doit éprouver ni amitié ni inimitié), voire de l'objet du litige (au sujet duquel il ne doit avoir aucun *a priori*), de sorte qu'il doit s'assurer qu'il n'existe aucune cause de récusation le concernant et, en cas de difficulté, il lui appartient de soumettre celle-ci aux parties et avocats afin de recueillir leurs observations.

Le manquement à cette obligation d'honnêteté intellectuelle de l'expert peut être pris en considération lors de la demande de réinscription, comme en témoigne la décision suivante, même si, en l'espèce, la Cour de cassation a estimé que l'expert judiciaire n'avait commis aucun manquement puisqu'il avait bien informé les parties d'une situation susceptible de mettre en cause son impartialité :

> **Civ. 2e, 28 juin 2012, no 12-60.064,** NP : « Attendu que l'avocat général a relevé que M. X était intervenu dans un litige opposant une commune aux consorts A, en qualité de conseil de ces derniers, alors qu'il avait précédemment réalisé des expertises, en qualité d'expert judiciaire, dans deux litiges similaires opposant ces mêmes personnes à d'autres communes, sans en avertir l'expert et la commune ; qu'elle a retenu qu'en taisant une information susceptible de mettre directement et objectivement en cause son impartialité, M. X n'a pas fait preuve de la loyauté intellectuelle légitimement attendue d'un expert judiciaire, ce qui caractérise un manquement évident au principe de probité ; Qu'en statuant ainsi, alors qu'il résulte d'un échange de courriers que les parties et l'expert judiciaire désigné avaient été informés de la situation, l'assemblée générale a commis une erreur manifeste d'appréciation ; »

C.
Conditions à satisfaire dans tous les cas

014.170 Plan. Toutes les demandes d'inscription et de réinscription conduisent à apprécier les garanties d'indépendance fournies par l'expert (1), ainsi que l'intérêt qu'il porte à sa collaboration au service de la justice (2).

1.
Appréciation des garanties d'indépendance du candidat à l'inscription ou à la réinscription

014.180 Plan. L'exigence de garantie d'indépendance du candidat conduit à examiner le problème de ceux qui réalisent des expertises pour le compte de compagnies d'assurances (a), ceux qui ont pris des positions publiques sur des sujets relevant de leur spécialité (b) et ceux qui exercent une profession susceptible de justifier des interrogations quant à sa compatibilité avec l'activité d'expert judiciaire (d), étant observé qu'en cas de rejet de la candidature, il faut que la décision caractérise clairement l'absence d'indépendance résultant de la situation (d).

a.
Problème de la réalisation d'expertises pour le compte de compagnies d'assurances

014.191 Experts judiciaires réalisant des expertises pour le compte de compagnies d'assurances. La Cour de cassation a jugé que le seul fait de réaliser des expertises pour une compagnie d'assurances ne suffit pas à justifier un refus d'inscription, ce qui paraît assez logique dès lors qu'un candidat à l'inscription ou à la réinscription peut n'exercer qu'une activité résiduelle auprès d'une compagnie d'assurances, insusceptible d'avoir la moindre répercussion sur ses activités expertales judiciaires :

> **Civ. 2e, 16 mai 2013, no 12-60.578,** NP : « Qu'en statuant ainsi, alors que... le fait de réaliser des missions pour des victimes bénéficiaires d'assurance de protection juridique ne constitue pas, en soi, l'exercice d'une activité incompatible avec l'indépendance nécessaire à l'exercice de missions judiciaires d'expertise, l'assemblée générale a violé le texte susvisé ; »
> *NB* : on retrouve ce même type de motivation dans : Civ. 2e, 27 juin 2013, no 12-60.608, *Bull.* no 144 ; Civ. 2e, 15 mai 2014, no 13-60.294, NP ; Civ. 2e, 18 févr. 2016, no 15-60.264, NP.

014.192 Inscription et réinscription remises en cause du fait de l'importance de l'activité expertale auprès d'une compagnie d'assurances. En revanche, lorsqu'un expert judiciaire exerce une partie significative de son activité expertale pour le compte d'une compagnie d'assurances, cet élément est de nature à jeter le doute sur ses garanties d'objectivité et peut conduire à un rejet de la demande d'inscription ou de réinscription :

– c'est ainsi que la deuxième chambre civile a validé un refus d'inscription pour un expert qui consacrait 80 % de son temps à des expertises pour des compagnies d'assurances :

> **Civ. 2e, 27 juin 2013, no 13-60.025,** *Bull.* no 146, sommaire ; *AJDI* 2014. 531, obs. H. Heugas-Darraspen : « Ne commet pas d'erreur manifeste d'appréciation au regard de l'article 2, 6°, du décret no 2004-1463 du 23 décembre 2004, modifié, relatif aux experts judiciaires, l'assemblée générale des magistrats du siège d'une cour d'appel qui refuse la demande de réinscription d'un expert sur les listes

d'experts judiciaires, au motif qu'en consacrant 80 % de son temps à des expertises réalisées pour une société d'assurance, il avait déployé une activité importante et régulière d'expert privé et avait créé entre cette société et lui une relation d'affaires susceptible d'interférer avec son activité d'expert judiciaire. »

– elle a également validé le refus de réinscription d'un expert qui, au cours des 2 années précédant sa demande, avait effectué 150 missions d'assistance à expertise pour des compagnies d'assurances :

Civ. 2e, 11 juill. 2013, no 13-60.020, NP : « Attendu que M. X a sollicité son inscription initiale sur la liste des experts judiciaires de la cour d'appel de Paris dans les rubriques chirurgie orthopédique et traumatologique et en matière de sécurité sociale dans les mêmes spécialités ; que par délibération du 5 novembre 2012, l'assemblée générale des magistrats du siège de cette cour d'appel a refusé son inscription aux motifs qu'il ne présentait pas de garanties d'indépendance suffisantes à l'exercice de missions judiciaires d'expertise en ce qu'il exerçait son activité, en tout ou en partie, pour le compte de compagnies d'assurances ; qu'il a formé un recours contre cette décision ; Attendu que M. X fait valoir que, s'il exerce depuis de nombreuses années une activité expertale auprès de compagnies d'assurances, il constate que cette situation est très fréquente de la part de confrères inscrits sur les listes d'experts judiciaires, que ce motif de rejet lui paraît dénué de logique en ce que, d'une part, il n'a aucun contrat avec les compagnies d'assurances et donc aucun lien de subordination avec elles, d'autre part, sa demande en matière de sécurité sociale est sans rapport avec les compagnies d'assurances ; Mais attendu que c'est sans commettre d'erreur manifeste d'appréciation que l'assemblée générale a retenu, alors que M. X indiquait qu'il avait effectué 150 missions d'assistance à expertise pour des compagnies d'assurances dans les deux dernières années, que cette activité était susceptible d'interférer avec celle d'expert judiciaire ; »

014.193 Nombre admissible d'expertises effectuées pour le compte de compagnies d'assurances. Reste à déterminer le *quantum* admissible d'expertises réalisées par l'expert judiciaire pour le compte de compagnies d'assurances. À cet égard, on retiendra que la deuxième chambre civile a estimé justifié un refus de réinscription pour un expert qui admettait avoir effectué 20 % de ses missions pour des compagnies d'assurances :

Civ. 2e, 23 juin 2016, no 15-80.319 : « Attendu que M. X rappelle, à l'appui de son recours, son parcours professionnel et fait valoir que jamais en 30 ans son honnêteté ni son indépendance n'ont été mises en doute et une quelconque manifestation de favoritisme prouvée, qu'il a signalé que 20 % de ses missions environ étaient confiées par des assureurs, en nombre de mission et non en revenus, qu'une partie de ces missions étaient des arbitrages, une partie des assistances en tant que recours et le reste uniquement en assurance de personnes, domaine dans lequel le tribunal le nomme peu voire pas, qu'il a toujours signé en honneur et conscience la déclaration d'indépendance préalable et qu'il s'est récusé à chaque fois que le plus léger soupçon aurait pu être émis et que le refus ne repose sur aucun fait, aucun reproche étayé, et n'est fondé sur aucun texte porté à sa connaissance ; Mais attendu que c'est par des motifs exempts d'erreur manifeste d'appréciation que l'assemblée générale, qui a procédé à une analyse concrète des rapports existant entre M. X et diverses compagnies d'assurances, a décidé de ne pas le réinscrire sur la liste des experts judiciaires de la cour d'appel ; »

b. Problème des prises de position publiques d'un expert judiciaire dans un domaine relevant de sa compétence

014.201 Affirmations publiques. La Cour de cassation a validé la non-réinscription d'un expert qui avait pris publiquement des positions tranchées sur une question d'ordre médical l'empêchant de réaliser des expertises dans son domaine de compétence :

Civ. 2e, 28 juin 2007, no 07-11.082, NP : « Et attendu que l'assemblée générale des magistrats du siège de la cour d'appel de..., après avoir rappelé que la commission de réinscription ne remettait pas en cause la compétence de l'intéressé, et relevé que M. X n'était plus désigné comme expert judiciaire et avait fait l'objet de demandes de récusations dans tous les dossiers en cours, a, sans commettre d'erreur manifeste d'appréciation, retenu qu'en raison de son engagement personnel sur la question du lien de causalité entre le vaccin contre l'hépatite B et l'apparition de certains cas de sclérose en plaques, M. X n'avait plus l'impartialité, la distance et la sérénité nécessaires pour mener à bien les missions d'expertise qui lui étaient confiées ; qu'elle a ainsi satisfait à l'exigence de motivation

> prévue par l'article 2, IV de la loi du 29 juin 1971, dans sa rédaction issue de l'article 47 de la loi du 11 février 2004 ; »

C'est dire combien les experts doivent être prudents quant aux déclarations et aux écrits qu'ils diffusent dans le public sur des questions relevant de leur spécialité, en particulier quand le sujet traité est polémique.

C. Problème de la compatibilité de certaines fonctions avec l'activité d'expert judiciaire

014.211 Fonctions compatibles avec la qualité d'expert judiciaire. La jurisprudence permet de lister de nombreuses fonctions compatibles avec la qualité d'expert judiciaire :

– le fait de travailler au sein d'un ministère :

> **Civ. 2e, 16 mai 2013, no 12-60.609,** NP : « Qu'en statuant ainsi, alors que le fait de travailler au sein d'un ministère ne constitue pas, en soi, l'exercice d'une activité incompatible avec l'indépendance nécessaire à l'exercice de missions judiciaires d'expertise, l'assemblée générale a violé le texte susvisé ; »

– le fait d'être gendarme :

> **Civ. 2e, 15 mai 2014, no 13-60.333,** NP : « Qu'en statuant ainsi, alors que le fait d'être gendarme ne constitue pas, en soi, l'exercice d'une activité incompatible avec l'indépendance nécessaire à l'exercice de missions judiciaires d'expertise, l'assemblée générale a violé le texte susvisé ; »

On notera toutefois qu'un gendarme en activité devra obtenir l'autorisation de sa hiérarchie pour exercer l'activité d'expert judiciaire à titre accessoire :

> **Civ. 2e, 4 avr. 2024, no 23-60.122,** sommaire, P : « Ne commet pas d'erreur manifeste d'appréciation l'assemblée générale des magistrats du siège d'une cour d'appel qui, statuant sur une demande d'inscription sur la liste des experts judiciaires, rejette la demande d'un candidat militaire de la gendarmerie qui ne justifie pas avoir obtenu, au jour où elle délibère, l'autorisation de sa hiérarchie permettant d'exercer cette activité à titre accessoire. »

– le fait d'être avocat. La question de savoir si un avocat peut être inscrit sur une liste d'experts judiciaires ou être désigné ponctuellement en qualité d'expert judiciaire a beaucoup évolué au fil des années. En effet, il y avait autrefois une incompatibilité entre la qualité d'avocat et celle d'expert judiciaire résultant de l'article 61 du décret no 72-468 du 9 juin 1972 réglementant la profession d'avocat, lequel précisait clairement : « La profession d'avocat est incompatible avec l'inscription... sur une liste d'experts judiciaires ou sur le tableau de l'ordre des experts-comptables et comptables agréées ». La deuxième chambre civile avait d'ailleurs eu l'occasion de le rappeler implicitement par les décisions suivantes :

> **Civ. 2e, 16 mai 2013, no 12-60.591 :** « Qu'en se prononçant ainsi (rejet d'une demande d'inscription) alors que Mme X, ainsi qu'elle l'indiquait dans son dossier de candidature et qu'elle en justifie à l'appui de son recours, n'exerçait plus la profession d'avocat lorsqu'elle a formé sa demande, l'assemblée générale des magistrats du siège de la cour d'appel a commis une erreur manifeste d'appréciation. »

> **Civ. 2e, 11 juill. 2013, no 13-60.085,** NP : « Attendu qu'à l'appui de son recours, Mme M. fait valoir qu'étant soucieuse de répondre à la condition d'indépendance requise des experts judiciaires, elle prend l'engagement de cesser l'exercice de la profession d'avocat si elle devait être inscrite sur la liste des experts judiciaires, la traduction étant la voie professionnelle vers laquelle elle souhaite désormais s'orienter ; mais attendu que c'est sans commettre d'erreur manifeste d'appréciation que l'assemblée générale des magistrats du siège de la cour d'appel, statuant au vu des éléments dont elle disposait au jour de sa décision, a refusé son inscription. »

Mais le décret no 91-1197 du 27 décembre 1991, abrogeant le précédent, ne fait plus mention de cette interdiction de sorte que l'article 6-3.1 du règlement intérieur national de la profession d'avocat prévoit que « l'avocat peut... être investi d'une mission... d'expert, de médiateur, de praticien du droit collaboratif, de liquidateur ou d'exécuteur testamentaire ».

La Cour de cassation a même reconnu aux avocats la possibilité de solliciter leur inscription sur une liste d'experts judiciaires et de l'obtenir dès lors que celle-ci ne pose, par ailleurs, aucune difficulté au regard des exigences d'indépendance :

> **Civ. 2e, 6 sept. 2018, no 17-60.331,** *Bull* no 164, sommaire ; *D.* 2018. 1761 ; *AJDI* 2018. 877 ; *AJDI* 821, point de vue H. Heugas-Darraspen : « L'exercice de la profession d'avocat n'est pas, en soi, incompatible avec l'indépendance nécessaire à l'inscription sur une liste d'experts judiciaires, la condition d'indépendance devant être appréciée au regard de la situation de chaque candidat. »

– le fait d'être un mandataire judiciaire :

> **Civ. 2e, 15 juin 2023, no 23-60.013,** sommaire, P : « L'activité de mandataire judiciaire n'est pas, en soi, incompatible avec l'indépendance nécessaire à l'exercice de missions judiciaires d'expertise dans le respect des dispositions de l'article L. 812-8 du code de commerce. »

– le fait d'être administrateur de copropriété :

> **Civ. 2e, 15 juin 2023, no 23-60.021,** sommaire, P : « L'activité d'administrateur de copropriété ne constitue pas, en soi, l'exercice d'une activité incompatible avec l'indépendance nécessaire à l'exercice de missions judiciaires d'expertise, au sens de l'article 2-6° du décret no 2004-1463 du 23/12/2004. »

– le fait d'avoir exercé des fonctions de magistrat à titre temporaire dans un tribunal de grande instance situé hors du ressort de la cour d'appel dans laquelle l'inscription est demandée :

> **Civ. 2e, 1er oct. 2020, no 19-60.278,** NP : « 5. En se déterminant ainsi (rejet de la demande d'inscription d'une personne ayant exercé la fonction de magistrat à titre temporaire au tribunal de grande instance de Nice), alors que l'exercice des fonctions de magistrat à titre temporaire, dans un tribunal de grande instance hors du ressort de la cour d'appel devant laquelle l'inscription est demandée, n'est pas, en lui-même, incompatible avec l'indépendance nécessaire à l'inscription sur une liste d'experts judiciaires, la condition d'indépendance devant être appréciée au regard de la situation de chaque candidat, l'assemblée générale des magistrats du siège a méconnu le texte susvisé. »

– le fait d'être salarié d'une société entretenant des relations commerciales avec de nombreux clients de la région :

> **Civ. 2e, 16 juin 2022, no 22-60.074,** P : « 9. En statuant ainsi (rejet d'une demande d'inscription d'un salarié d'un grand groupe de la région), alors que le fait d'être salarié d'une société entretenant des relations commerciales avec de nombreux clients ne constitue pas, en soi, l'exercice d'une activité incompatible avec l'indépendance nécessaire à l'exercice de missions judiciaires d'expertise dans la spécialité considérée, l'assemblée générale des magistrats du siège a méconnu le texte susvisé. »

– le fait d'être salarié d'une société de contrôle technique dans le domaine de la construction, s'agissant d'une demande d'inscription dans la rubrique « bâtiment-travaux publics » :

> **Civ. 2e, 25 mai 2023, no 22-60.184,** sommaire, P : « Le fait, pour le candidat à une inscription sur une liste d'experts, d'être salarié d'une société de contrôle technique dans le domaine de la construction ne constitue pas, en soi, l'exercice d'une activité incompatible avec l'indépendance nécessaire à l'exercice de missions judiciaires d'expertise dans les spécialités relevant de la rubrique « bâtiment-travaux publics. »

014.212 Fonctions incompatibles avec la qualité d'expert judiciaire. Les décisions de la Cour de cassation fournissent plusieurs exemples de fonctions incompatibles avec la qualité d'expert judiciaire :

– un juge consulaire au sein d'un tribunal de commerce dépendant du ressort de la cour d'appel dans laquelle il demande son inscription :

> **Civ. 2e, 4 sept. 2014, no 14-60.154,** *Bull.* no 175, sommaire : « L'inscription sur une liste d'experts judiciaires d'une cour d'appel est incompatible avec la fonction de juge consulaire au sein d'un tribunal de commerce du ressort de cette même cour d'appel. »

– un candidat architecte, qui se trouve être partie dans un grand nombre de procédures pendantes devant des juridictions du ressort de la cour d'appel dans laquelle il demande son inscription :

> **Civ. 2e, 13 mai 2015, no 15-60.030 ;** *AJDI* 2015. 526 : « Mais attendu qu'abstraction faite du motif erroné, tiré de l'absence d'avis de l'ordre des architectes, c'est par un motif exempt d'erreur manifeste d'appréciation, tiré des procédures judiciaires auxquels M. X est partie, que l'assemblée générale a décidé de ne pas l'inscrire sur la liste des experts judiciaires de la cour d'appel ; »

d.
Nécessité de caractériser clairement l'absence de garantie d'indépendance du candidat

014.221 Motivation concernant l'absence d'indépendance. La deuxième chambre civile exige que la cour d'appel s'explique précisément sur la difficulté posée par la situation du candidat au regard des exigences d'impartialité requises :

> **Civ. 2e, 19 sept. 2013, no 13-60.100,** NP : « Attendu que pour refuser l'inscription, l'assemblée générale se borne à faire état des conditions d'exercice professionnel de M. X au regard des exigences d'indépendance et d'impartialité subjective incombant à un expert, compte tenu des caractéristiques du contentieux local se rapportant à la spécialité concernée ; Qu'en se déterminant ainsi, sans

préciser en quoi les conditions d'exercice professionnel de M. X seraient incompatibles avec les exigences d'indépendance et d'impartialité subjective incombant à un expert, ne mettant pas celui-ci en mesure de connaître les raisons pour lesquelles sa demande a été rejetée, l'assemblée générale des magistrats du siège n'a pas satisfait aux exigences des textes susvisés ; »

Civ. 2e, 23 juin 2016, no 15-60.332, NP : « Attendu que pour rejeter la demande d'inscription, l'assemblée générale retient que M. X exerce une activité incompatible avec l'indépendance nécessaire à l'exercice des missions d'expertise ; Qu'en se déterminant ainsi, sans expliquer en quoi l'activité du candidat, officier de police britannique à la retraite, était incompatible avec l'indépendance nécessaire à l'exercice de missions judiciaires d'expertise, l'assemblée générale a violé le texte susvisé ; »

Civ. 2e, 7 sept. 2017, no 17-60.075, NP : « Attendu que pour rejeter la demande d'inscription, l'assemblée générale retient que M. X exerce une activité incompatible avec l'indépendance nécessaire à l'exercice des missions d'expertise judiciaire ; Qu'en se déterminant ainsi, sans expliquer en quoi l'activité du candidat était incompatible avec l'indépendance nécessaire à l'exercice de missions judiciaires d'expertise, l'assemblée générale a violé le texte susvisé ; »

2. *Appréciation de l'intérêt porté par le candidat à sa collaboration au service de la justice*

014.231 Raison d'être de cette exigence. Comme il a déjà été dit, cette exigence figure dans le décret et vise à écarter les candidatures d'experts fondées sur la seule volonté d'obtenir le titre d'expert judiciaire, sans aucune intention de réaliser des expertises (Décr. no 2004-1463, 23 déc. 2004, art. 4-1, b).

014.232 Appréciation de cette exigence. Il s'agit là d'un critère délicat à apprécier lors des demandes d'inscription. En revanche, une fois le candidat inscrit, il est aisé d'apprécier sa disponibilité et le soin que chaque expert apporte à toutes les demandes d'expertises, en acceptant celles qui sont difficiles ou celles dont l'enjeu financier est modeste.

D. Cas particulier de l'expert qui n'a plus d'activité professionnelle

014.241 Possibilité d'être inscrit ou maintenu sur une liste d'experts judiciaires. La deuxième chambre civile rappelle que l'absence d'activité professionnelle en cours au moment de la demande ne constitue pas, en soi, un motif suffisant de refus d'inscription ou de réinscription, ce qui est parfaitement logique puisque le texte lui-même prévoit cette hypothèse en indiquant que la demande doit alors être déposée auprès de la cour d'appel dans le ressort de laquelle le candidat a sa résidence :

Civ. 2e, 25 juin 2015, no 15-60.088, P : « Attendu que pour rejeter la demande d'inscription de M. X dans les spécialités assainissement (C-01.05), électricité (C-01.07), hydraulique (C-01.13), réseaux publics (C-01.23) et eau (E-03.03), l'assemblée générale retient que l'expertise judiciaire n'étant pas susceptible de se substituer à une activité professionnelle principale, la demande de M. X, qui a cessé son activité professionnelle et n'a jamais été inscrit sur une liste d'experts de justice, ne peut pas être accueillie favorablement ; Qu'en se déterminant ainsi, alors que la cessation d'activité d'un candidat à l'inscription sur une liste d'experts judiciaires ne constitue pas, en soi, un motif de refus d'inscription, l'assemblée générale des magistrats du siège n'a pas satisfait aux exigences du texte susvisé ; »

Civ. 2e, 15 sept. 2022, no 22-60.070 : « 5. Pour rejeter sa demande d'inscription, l'assemblée générale énonce, tout d'abord, que démissionnaire de son emploi, M. X n'a plus d'activité professionnelle susceptible de justifier de ses compétences techniques et que l'animation d'une association ne peut en tenir lieu. Elle ajoute, ensuite, que du fait de la cessation de son activité professionnelle, il ne démontre pas disposer des moyens adaptés à l'exercice des missions d'expertise judiciaire dans la discipline sollicitée, et, après avoir relevé l'ancienneté des attestations produites, retient que son expérience professionnelle est insuffisante. 6. En statuant ainsi alors que, d'une part, peut être inscrit sur une liste d'experts une personne ayant exercé une profession ou une activité en rapport avec sa spécialité dans des conditions conférant une qualification suffisante, d'autre part, M. X, qui justifiait être toujours gérant associé d'une société ayant pour activité la vente et la réalisation de solutions de géothermie, chauffage et énergies renouvelables, indiquait dans son dossier de candidature avoir quitté son emploi en janvier 2019 et disposer de tous les appareils de mesure et de contrôle, l'assemblée générale a méconnu les textes susvisés et entaché sa décision d'une erreur manifeste d'appréciation. »

014.242 Nécessité de rester opérationnel dans son domaine d'activité. En l'absence d'activité professionnelle lors de sa demande, il importe que le candidat justifie de son expérience et soit encore parfaitement opérationnel dans son domaine d'activité.

§ 4
Modalités de dépôt des dossiers de candidature

014.250 Plan. Après avoir rappelé les textes (A), nous traiterons successivement de la date (B) et du lieu de dépôt de la candidature (C), avant d'aborder la teneur des informations à fournir (D).

A.
Textes

014.261 Règles applicables aux demandes d'inscription et de réinscription. Les demandes d'inscription et de réinscription doivent être déposées avant le 1er mars de chaque année auprès du « procureur de la République près le tribunal judiciaire dans le ressort duquel le candidat exerce son activité professionnelle ou possède sa résidence ou, pour les demandes d'inscription dans la rubrique traduction, au procureur de la République près le tribunal judiciaire du siège de la cour d'appel » (Décr. no 2004-1463, 23 déc. 2004, art. 6, al. 1 pour les demandes d'inscription ; art. 10, al. 1 pour les demandes de réinscription).

B.
Date limite de dépôt de la demande

014.271 Date prise en compte. Pour apprécier la recevabilité de la demande, il convient de prendre en compte la date d'envoi du courrier recommandé avec accusé de réception (et non pas sa date de réception) :

> **Civ. 2e, 9 nov. 2023, no 23-60.072,** NP : « 5. Pour déclarer irrecevable la demande de réinscription de M. X, l'assemblée générale des magistrats du siège de la cour d'appel retient qu'elle a été reçue hors délai, le 3 mars 2022. 6. En statuant ainsi, alors qu'il était justifié de l'expédition du dossier de candidature de M. X le 26 février 2022, par lettre recommandée avec demande d'avis de réception, l'assemblée générale des magistrats du siège a méconnu le texte susvisé. »

014.272 Délai nécessaire à l'instruction et à l'examen du dossier. La date limite fixée au 1er mars de chaque année pour le dépôt des demandes d'inscription et de réinscription qui ont vocation à prendre effet à compter du mois de janvier de l'année suivante s'explique par le temps nécessaire à l'instruction du dossier par le parquet, puis, pour les demandes de réinscription, au délai indispensable à l'examen de la commission de réinscription, et, pour toutes les demandes, à la tenue de l'assemblée générale des magistrats du siège de la cour d'appel.

En pratique et s'agissant des demandes de réinscription des experts, ces derniers doivent donc s'en inquiéter pratiquement un an avant l'expiration de l'inscription en cours. Si quelques cours d'appel ont l'obligeance d'adresser aux experts, en début d'année et avant le 1er mars, une lettre leur rappelant l'expiration de leur inscription en fin d'année, beaucoup ne le font pas et il appartient alors à chaque expert d'être attentif à sa situation et de faire spontanément sa demande de réinscription.

014.273 Conséquence d'un non-respect de la date butoir pour l'expert demandeur à sa réinscription. L'expert qui n'a pas demandé sa réinscription dans les délais :

– ne peut se retrancher derrière un défaut d'information de l'institution judiciaire :

> **Civ. 2e, 16 mai 2019, no 19-60.073,** NP : « Attendu qu'à l'appui de son recours, M. X fait valoir ne pas avoir reçu de lettre lui rappelant la nécessité de se réinscrire et sollicite la bienveillance compte tenu de la longueur de la procédure d'inscription sur la liste d'experts judiciaires ; Mais attendu que l'article 10 du décret du 23 décembre 2004 prévoit que les demandes de réinscription doivent être envoyées au procureur de la République avant le 1er mars de chaque année ; que M. X ne conteste pas ne pas avoir satisfait à cette exigence ; D'où il suit que le grief ne peut être accueilli ; »

– disparaîtra de la liste des experts et, s'il souhaite bénéficier à nouveau de ce statut, devra déposer, l'année suivante, une demande d'inscription initiale, comme s'il n'avait jamais été inscrit.

> **Civ. 2e, 22 mars 2018, no 17-60.326,** NP : « Mais attendu que M. X n'étant plus inscrit sur une liste d'experts judiciaires au moment de sa nouvelle demande, c'est sans encourir le grief que l'assemblée générale des magistrats du siège, appliquant la procédure prévue pour les demandes d'inscription initiale, a statué comme elle l'a fait ; »

C.
Lieu de dépôt de la demande

014.281 Demande des personnes physiques. Si les experts sont inscrits sur une liste existant au niveau de chaque cour d'appel, les candidats à l'inscription ou à la réinscription doivent déposer leur demande auprès du procureur de la République près le tribunal judiciaire dont il relève. Or, en application du 8° de l'article 2 du décret du 23 décembre 2004, les candidats personnes physiques relèvent du ressort de la cour d'appel dans lequel ils exercent leur « activité professionnelle principale » ou, « pour ceux qui n'exercent plus d'activité professionnelle », celui où ils ont leur « résidence » (à l'exception du cas des traducteurs qui bénéficient de règles spécifiques comme nous le verrons ultérieurement).

Il convient d'insister sur le fait que le candidat à l'inscription ou à la réinscription n'a pas d'option : celui qui exerce une activité professionnelle ne peut solliciter son inscription auprès d'une cour d'appel dans le ressort de laquelle il a sa résidence (si celui-ci est différent de son lieu d'activité professionnelle).

La deuxième chambre civile a d'ailleurs statué dans les cas suivants :

- rejet du recours d'un candidat dont une cour d'appel a refusé l'inscription parce qu'il mentionnait, dans son dossier, une activité salariée dans un autre ressort :

> **Civ. 2e, 26 juin 2014, no 14-60.113,** NP : « que par délibération du 14 novembre 2013, l'assemblée générale des magistrats du siège de cette cour d'appel a refusé son inscription au motif qu'il exerçait son activité professionnelle en dehors du ressort de la cour d'appel de Reims ; qu'il a formé un recours contre cette décision ; Attendu que M. X fait valoir que l'assemblée des magistrats a retenu, à tort, le siège social de son employeur à Lille alors qu'il exerce ses fonctions au sein de l'une des agences de son employeur située à Reims, qui constitue le lieu de son établissement principal ; Mais attendu que c'est sans commettre d'erreur manifeste d'appréciation que l'assemblée générale, statuant au vu des indications de M. X, qui avait mentionné exercer une activité salariée au sein de Lille, depuis 2009, a retenu qu'il ne remplissait pas la condition de domiciliation prévue à l'article 2, 8° du décret du 23 décembre 2004 ; »

- rejet du recours d'un candidat dont une cour d'appel a refusé l'inscription parce qu'il n'avait pas son lieu d'activité professionnelle dans le ressort et qu'il avait omis de préciser qu'il avait cessé cette activité professionnelle dans un autre ressort :

> **Civ. 2e, 31 août 2022, no 22-10.294,** NP : « 12. Enfin, M. X, qui sollicitait son inscription dans une rubrique autre que la traduction et qui n'alléguait pas qu'il n'exercerait plus d'activité professionnelle, ne pouvait se prévaloir du lieu de situation de sa résidence personnelle dans une commune dépendant du ressort juridictionnel de la cour d'appel de Versailles. 13. En conséquence, c'est par des motifs exempts d'erreur manifeste d'appréciation que l'assemblée générale, statuant au vu des pièces produites par M. X, qui ne pouvait, devant la Cour de cassation, compléter son dossier en considération de la motivation qu'il critique, a décidé de ne pas l'inscrire sur la liste des experts judiciaires de la cour d'appel. »

014.282 Demande des personnes morales. Les personnes morales disposent d'une plus grande latitude puisqu'en vertu du 5° de l'article 3 du décret no 2004-1463 du 23 décembre 2004, la personne morale relève du ressort de la cour d'appel dans laquelle elle « a son siège social, une succursale ou un établissement technique en rapport avec sa spécialité », exception faite de celle qui demande son inscription dans la rubrique « traduction » pour laquelle il existe une règle spécifique.

014.283 Cas particulier des traducteurs/interprètes. Il n'est fait exception à ces règles que pour les traducteurs-interprètes depuis la décision de la Cour de justice de l'Union européenne du 17 mars 2011, dite affaire *Penarroja* (no C 372/09 et C 373/09) : celle-ci a censuré la décision de la Cour de cassation qui avait validé l'irrecevabilité de la demande, faite auprès de la cour d'appel de Paris, par un traducteur en espagnol/français qui résidait à Barcelone depuis 20 ans ; en effet, la décision européenne a considéré que l'exigence d'une activité ou d'un domicile en France, imposée aux traducteurs, n'était pas conforme au droit de l'Union, au motif que cette « réglementation nationale, qui constitue une restriction à la libre circulation des services, n'instaure pas de modalités de contrôle de nature juridictionnelle effectif de la prise en compte à sa juste valeur de la qualification d'un expert judiciaire traducteur reconnu par les juridictions des autres États membres » (consid. 64).

C'est la raison pour laquelle le texte prévoit désormais une disposition particulière pour les traducteurs-interprètes.

014.284 Transfert de la demande d'un parquet à un autre. Lorsque le candidat adresse sa demande d'inscription à un parquet incompétent qui la retransmet à un autre, l'expert n'a pas besoin de donner son accord au transfert de sa candidature :

> **Civ. 2e, 20 juin 2024, no 24-60.060,** P : « Lorsque le procureur de la République d'un tribunal judiciaire, qui a reçu une demande d'inscription sur une liste d'experts judiciaires, transmet celle-ci, pour compétence, au procureur de la République d'un tribunal judiciaire situé dans le ressort d'une autre cour d'appel, l'assemblée générale des magistrats du siège de cette dernière cour d'appel se trouve saisie de cette demande d'inscription et doit l'examiner sans que le candidat n'ait à confirmer sa demande ou à manifester son accord pour le transfert de sa candidature. »

D.
Contenu du dossier de candidature

014.290 Plan. Les informations à fournir ne sont pas les mêmes selon que la demande concerne une demande d'inscription (1) ou une demande de réinscription (2).

1.
Demande d'inscription

014.301 Texte. Les informations et pièces à produire sont indiquées par le décret :

> **Décr. no 2004-1463, 23 déc. 2004, art. 6, al. 2** :
> La demande est assortie de toutes précisions utiles, notamment des renseignements suivants :
> 1° Indication de la ou des rubriques ainsi que de la ou des spécialités dans lesquelles l'inscription est demandée ;
> 2° Indication des titres ou diplômes du demandeur, de ses travaux scientifiques, techniques et professionnels, des différentes fonctions qu'il a remplies et de la nature de toutes les activités professionnelles qu'il exerce avec, le cas échéant, l'indication du nom et de l'adresse de ses employeurs ;
> 3° Justification de la qualification du demandeur dans sa spécialité ;
> 4° Le cas échéant, indication des moyens et des installations dont le candidat peut disposer.

014.302 Dossier de candidature. Un dossier de candidature peut être retiré auprès des juridictions. Il devra être soigneusement rempli au regard des exigences figurant ci-dessus et comporter tous les justificatifs utiles (diplôme, qualifications, attestations d'employeurs, attestations d'organismes de formation à l'expertise...). Les différentes fonctions exercées par le candidat peuvent être récapitulées dans un CV.

Quand aux moyens et installations dont dispose l'expert, ce dernier aura avantage à préciser s'il bénéficie d'un secrétariat, d'équipements matériels notamment informatiques et d'une salle de réunion.

Enfin, il peut être utile de joindre une lettre de motivation.

014.303 Rubrique(s) sollicitées. Les candidats à l'inscription doivent évidemment préciser leur spécialité et, donc, la ou les rubriques de la nomenclature qu'ils visent :

- cela suppose qu'ils connaissent cette nomenclature (v. annexe, ss no 052.03), laquelle a fait l'objet d'une refonte par un arrêté du 5 décembre 2022 : c'est ainsi, par exemple, qu'une demande d'inscription en astrologie ne pourra aboutir, puisqu'elle ne correspond à aucune rubrique de ladite nomenclature ;
- par ailleurs, il est déconseillé au candidat de solliciter son inscription dans des rubriques multiples : à titre d'exemple, on peut citer les nombreuses rubriques susceptibles d'intéresser les experts « du chiffre » (comptabilité, évaluation d'entreprise et des droits sociaux, finances, gestion d'entreprise, fiscalité, diagnostic d'entreprise), spécialités qui nécessitent des aptitudes différentes qu'il convient d'apprécier avec circonspection.

2.
Demande de réinscription

014.311 Inutilité des justificatifs déjà produits. L'expert qui demande sa réinscription n'a pas besoin de transmettre, à nouveau, les diplômes déjà adressés lors de sa demande d'inscription initiale, sauf s'il a acquis, entre-temps, de nouvelles qualifications :

> **Civ. 2e, 6 oct. oct. 2022, no 22-60.084,** NP : « 9. Pour rejeter la demande de M. X, l'assemblée générale des magistrats du siège de la cour d'appel retient qu'il n'a pas communiqué ses diplômes ce qui ne permet pas de vérifier la réunion des conditions requises par l'article 2 du décret susvisé. 10. En statuant ainsi, alors que le dossier de réinscription ne demandait la transmission que des seuls diplômes acquis depuis la précédente inscription en qualité d'expert judiciaire et que M. X avait indiqué ne pas avoir obtenu de nouveaux diplômes, l'assemblée générale a commis une erreur manifeste d'appréciation. »

014.312 Rubrique(s) sollicitées Les candidats à la réinscription demandent généralement leur réinscription dans la ou les mêmes rubriques que celle(s) concernée(s) par leur inscription précédente. Il est néanmoins possible de demander, à cette occasion, une extension de compétence

§ 5
Instruction du dossier par le procureur de la République du tribunal judiciaire dont relève le candidat

014.320 Plan. Le procureur de la République, qui reçoit les demandes d'inscription ou de réinscription, doit les instruire dans un délai déterminé (A), de manière à fournir à la cour d'appel un dossier le plus complet possible (B).

A.
Délai de traitement du dossier

014.331 Pour les demandes d'inscription, délai imparti au parquet jusqu'à la 2e semaine du mois de septembre. Une fois les dossiers déposés, il appartient au procureur de la République de les instruire au plus tard pour la deuxième semaine du mois de septembre, date à laquelle il doit les transmettre, par la voie hiérarchique, au procureur général de la cour d'appel, lequel les transmettra, à son tour, au premier président de cette même cour d'appel en vue de l'organisation de l'assemblée générale des magistrats du siège de la cour d'appel (Décr. nº 2004-1463, 23 déc. 2004, art. 7).

014.332 Pour les demandes de réinscription, délai imparti au parquet jusqu'au 30 avril. S'agissant des demandes de réinscription, le procureur de la République doit transmettre les dossiers, avant le 1er mai, à la commission chargée d'émettre un avis motivé sur chaque demande (Décr. nº 2004-1463, 23 déc. 2004, art. 11).

B.
Diligences à accomplir

014.341 Mise en état du dossier. Le procureur de la République instruit les dossiers d'inscription et de réinscription (Décr. nº 2004-1463, 23 déc. 2004, art. 7 et 11) :

– il vérifie que le candidat remplit les conditions requises et peut lui demander tout document complémentaire utile ;

– il s'assure de la délivrance du casier judiciaire de l'intéressé ;

– il peut faire réaliser une enquête de voisinage par les services de police ou de gendarmerie (essentiellement pour les demandes d'inscription) et/ou toutes investigations nécessaires.

Notons que, s'agissant des demandes d'inscription, le décret nº 2023-468 du 16 juin 2023, applicable à compter du 1er janvier 2024, lui fait obligation de saisir « pour avis les compagnies d'experts judiciaire ou, à défaut, tout organisme représentatif ». Jusqu'alors, le recueil d'un avis de la part d'experts judiciaires n'était prévu que pour les demandes de réinscription soumises à une commission comportant cinq experts judiciaires expérimentés (v. ss nos 014.350 s.).

014.342 Caractère non indispensable de l'audition des candidats à l'inscription. La Cour de cassation a jugé non indispensable de procéder ou de faire procéder à l'audition des candidats à l'inscription initiale, ce qui, au demeurant, serait irréalisable dans les grandes cours d'appel au regard du nombre important de candidatures et du temps nécessaire à la réalisation d'une telle démarche (fin 2024, la cour d'appel de Paris a dû examiner près de 500 demandes) :

> **Civ. 2e, 4 juin 2015, nº 15-60.073,** NP : « Mais attendu qu'aucune disposition n'exige l'audition du candidat à l'inscription initiale sur une liste d'experts judiciaires ; »

§ 6
Intervention de la commission de réinscription

014.350 Plan. Il importe de rappeler le rôle fondamental de la commission en matière de réinscription (A), avant d'examiner sa composition (B) et la manière dont elle procède pour remettre son avis à l'assemblée générale des magistrats du siège de la cour d'appel (C).

A.
Rôle de la commission de réinscription

014.361 Compétence limitée à l'examen des demandes de réinscription. La commission de réinscription n'intervient que pour les demandes de réinscription et a pour fonction de donner un avis à l'assemblée générale qui statuera *in fine* sur celles-ci.

En revanche, cette commission n'intervient pas pour donner son avis sur les demandes d'inscription. Certains magistrats ont pu regretter cette situation, dès lors que, contrairement aux informations dont ils bénéficient lors des demandes de réinscription du fait des rapports déposés par chaque candidat à la réinscription, ils disposent de fort peu d'informations sur les qualités professionnelles des candidats à l'inscription, si ce n'est celles provenant des candidats eux-mêmes. D'autres ont estimé qu'elle était de nature à éviter des appréciations personnelles trop subjectives.

On notera à cet égard qu'il a été partiellement remédié à cette situation du fait que le procureur de la République, qui procède à l'instruction des dossiers, est désormais tenu de consulter, pour les demandes d'inscription, les compagnies d'experts judiciaires susceptibles d'apporter cet éclairage extérieur.

014.362 Information de la commission. La commission de réinscription dispose de plusieurs sources d'information :

- d'une part, elle est avisée, par le procureur général de la cour d'appel, d'éventuelles sanctions disciplinaires prononcées contre les experts judiciaires du ressort (Décr. nº 2004-1463, 23 déc. 2004, art. 13).

- d'autre part, sont présents au sein de cette commission, un ou plusieurs magistrats du siège désignés par le Premier président de la cour d'appel pour étudier les dossiers et en faire rapport à ladite commission.

En pratique, chaque cour d'appel est dotée d'un service des experts, placé sous l'autorité du Premier président, chargé du traitement des dossiers d'experts judiciaires.

En fonction de la taille de chaque cour d'appel, ce service peut comporter un ou plusieurs magistrats et ce sont eux qui, la plupart du temps, sont désignés par le Premier président pour examiner les dossiers de réinscription et en faire une synthèse auprès de la commission.

014.363 Audition de l'expert dont l'inscription risque de ne pas être renouvelée. Le texte prévoit que le magistrat rapporteur peut entendre l'expert (Décr. nº 2004-1463, 23 déc. 2004, art. 15, al. 4).

Cette disposition est particulièrement utile : en effet, lorsqu'un expert pose problème et risque de ne pas être réinscrit, il faut respecter, à son égard, le principe de la contradiction et le mettre en mesure de s'expliquer sur les griefs qui lui sont faits ; c'est précisément dans cette hypothèse qu'il peut être utile de l'entendre, dès lors qu'au stade de l'assemblée générale, il sera trop tard pour faire jouer le principe de la contradiction.

B. Composition de la commission de réinscription

014.371 Texte. La commission de réinscription comprend 17 membres, nommés pour 3 ans, renouvelables une fois :

> **Décr. nº 2004-1463, 23 déc. 2004, art. 12 :**
> La commission mentionnée à l'article précédent est ainsi composée :
> 1° Un magistrat du siège de la cour d'appel désigné par le premier président, président ;
> 2° Un magistrat du parquet général désigné par le procureur général, rapporteur ;
> 3° 6 magistrats du siège des tribunaux judiciaires du ressort de la cour d'appel désignés par le premier président au vu des propositions des présidents de ces tribunaux. En outre, le président peut désigner, à la demande du rapporteur, un magistrat du siège d'un tribunal judiciaire non représenté ;
> 4° 2 magistrats des parquets des tribunaux judiciaires du ressort de la cour d'appel désignés par le procureur général au vu des propositions des procureurs de la République près ces tribunaux ;
> 5° Un membre des juridictions commerciales du ressort de la cour d'appel désigné par le premier président au vu des propositions des présidents de ces juridictions ;
> 6° Un membre des conseils de prud'hommes du ressort de la cour d'appel désigné par le premier président au vu des propositions des présidents de ces juridictions ;
> 7° 5 experts inscrits sur la liste dans des branches différentes de la nomenclature depuis au moins 5 ans et désignés conjointement par le premier président et le procureur général après avis des compagnies d'experts judiciaires ou d'union de compagnies d'experts judiciaires ou, le cas échéant, de tout organisme représentatif.
> Les membres sont désignés pour un mandat de 3 ans, renouvelable une fois. Lorsque, 6 mois au moins avant l'expiration de son mandat, l'un des membres cesse ses fonctions ou n'est plus inscrit sur la liste des experts pour quelque cause que ce soit, il est remplacé dans les mêmes conditions pour la durée du mandat restant à courir.
> Les membres de la commission siégeant en qualité d'experts ne peuvent pas connaître de leur réinscription sur la liste.
> Le secrétariat de la commission est assuré par un magistrat du procureur général.

014.372 Réunion de différents types d'intervenants.

– L'originalité de cette commission tient au fait qu'elle réunit des intervenants d'horizons divers permettant de recueillir, pour chaque candidat à la réinscription, un avis éclairé de la part de tous ceux qui ont pu connaître de ses activités expertales, de ses mérites et de ses éventuelles difficultés, à savoir :

– huit magistrats représentant les tribunaux judiciaires, tribunaux de commerce et conseils de prud'hommes du ressort, susceptibles de fournir des informations les plus complètes possibles sur la manière de servir de chaque candidat à la réinscription, quel que soit le type de juridictions devant laquelle celui-ci a déposé ses rapports d'expertise ;

– deux magistrats du parquet des tribunaux judiciaires qui ont vocation à recevoir les plaintes des justiciables et sont donc très au fait d'éventuelles plaintes mettant en cause des experts judiciaires ;

– cinq experts judiciaires choisis par les chefs de cour et expérimentés puisqu'inscrits depuis au moins cinq ans dont la présence est utile dès lors qu'ils connaissent souvent bien les experts œuvrant dans leur ressort et peuvent apporter un éclairage moins institutionnel et plus personnel sur les qualités professionnelles et les éventuelles difficultés des candidats au renouvellement.

C. Réunion de la commission de réinscription

014.381 Réunion de la commission avant le 1er septembre de chaque année. La réunion de la commission doit être fixée avant le 1er septembre de chaque année, date à laquelle cette commission doit transmettre son « avis motivé au procureur général qui saisit le premier président de la cour d'appel aux fins d'examen par l'assemblée générale des magistrats du siège de la cour d'appel ou sa commission restreinte ou sa formation restreinte » (Décr. n° 2004-1463, 23 déc. 2004, art. 15, al. 1er).

014.382 Importance de l'avis de la commission. La commission de réinscription joue un rôle important puisqu'elle « examine la situation de chaque candidat au regard des critères d'évaluation énoncés au 2e alinéa du II de l'article 2 de la loi du 29 juin 1971 » et « s'assure que le candidat respecte les obligations qui lui sont imposées et s'en acquitte avec ponctualité ».

Au terme de cet examen, elle « émet un avis motivé sur la candidature ». Elle statue à la majorité de ses membres et, en cas de partage des voix, son président a voix prépondérante (Décr. n° 2004-1463, 23 déc. 2004, art. 14).

Nous verrons que le décret du 16 juin 2023, entré en vigueur le 1er janvier 2024, a donné à l'avis de cette commission un poids particulier lors de la tenue de l'assemblée générale (v. ss n° 014.457).

014.383 Information de l'expert sur l'avis de la commission. L'avis de la commission n'a pas besoin de faire l'objet d'une notification spécifique à l'expert :

> **Civ. 2e, 14 juin 2007, n° 07-11.533,** NP : « Mais attendu, d'une part, qu'aucun texte ne prévoit la communication à l'expert qui a demandé sa réinscription de l'avis défavorable de la commission préalablement à la décision de l'assemblée générale, ou de tout autre document... »

En revanche, cet avis devra être joint à la décision de l'assemblée générale qui, elle, est notifiée à l'expert :

– cette prescription a d'abord été imposée par la jurisprudence de la deuxième chambre civile :

> **Civ. 2e, 21 sept. 2006, n° 06-10.053,** P, sommaire ; *D.* 2006. 2480 : « L'avis rendu par la commission instituée par l'article 2 II de la loi du 29 juin 1971, dans sa rédaction issue de la loi du 11 février 2004, est, selon l'article 15 dernier alinéa du décret du 23 décembre 2004, joint à la décision de réinscription ou de refus de réinscription sur la liste et, selon l'article 19 du même décret, les experts dont l'inscription n'a pas été renouvelée reçoivent notification par lettre recommandée avec demande d'avis de réception de la décision les concernant. »
>
> **Civ. 2e, 19 sept. 2013, n° 13-14.294,** NP : « Attendu qu'il ne résulte pas du dossier que l'avis défavorable de la commission avait été joint à l'extrait du procès-verbal de l'assemblée générale, notifié à M. X ; D'où il suit que la délibération de cette assemblée doit être annulée en ce qui le concerne. »
>
> **Civ. 2e, 23 juin 2016, n° 15-60.349,** NP : « Attendu qu'en l'absence au dossier de la cour d'appel de l'avis de la commission chargée d'examiner les demandes de réinscription d'experts, alors que cette pièce doit être annexée à la délibération motivée de l'assemblée générale des magistrats du siège refusant la réinscription ou à la notification qui est faite de cette décision au candidat, la Cour de cassation n'est pas mise en mesure d'exercer son contrôle sur le motif de refus de réinscription, contesté par la requérante ; »

– cette obligation figure désormais dans le texte qui prévoit que « l'avis rendu par la commission est joint à la décision de réinscription ou de refus de réinscription sur la liste » (Décr. n° 2004-1463, 23 déc. 2004, art. 15, al. 6).

§ 7

Examen de la demande d'inscription ou de réinscription par l'assemblée générale des magistrats du siège de chaque cour d'appel

014.390 Plan. Après avoir rappelé les textes (A) prévoyant l'intervention de l'assemblée générale des magistrats du siège de chaque cour d'appel, nous examinerons son rôle (B), sa composition (C) et ses modalités de déroulement (D).

A.

Textes

014.401 Pluralité des textes donnant mission aux cours d'appel d'établir les listes d'experts judiciaires. Le rôle de chaque cour d'appel dans l'inscription et la réinscription d'experts judiciaires est mis en exergue par plusieurs textes :

– le code de l'organisation judiciaire :

> **COJ, art. R. 312-43 :**
>
> L'assemblée des magistrats du siège de la cour d'appel dresse :
>
> 1° La liste des experts près la cour d'appel dans les conditions prévues par les articles 6 à 16 et 18-2 du décret n° 2004-1463 du 23 décembre 2004 relatif aux experts judiciaires ; ...

– le décret du 23 décembre 2004 régissant le statut des experts judiciaires :

> **Décr. n° 2004-1463, 23 déc. 2004, art. 8 ;** mod. par décr. 2023-468, 16 juin 2023, art. 6 :
>
> L'assemblée générale des magistrats du siège de la cour d'appel dresse la liste des experts au cours de la 1re quinzaine du mois de novembre en tenant compte des besoins des juridictions de son ressort dans la spécialité sollicitée.
>
> À cette fin, le premier président organise préalablement une consultation des tribunaux judiciaires, tribunaux de commerce et conseils de prud'hommes du ressort de la cour d'appel.
>
> Lorsque la cour comporte plus de 3 chambres, l'assemblée générale peut se tenir en commission restreinte telle que prévue au dernier alinéa de l'article R. 312-27 du code de l'organisation judiciaire.
>
> Lorsque la cour comporte plus de 5 chambres, l'assemblée générale peut se réunir en une formation restreinte où sont représentées soit toutes les chambres si elle en comporte 6 soit, si elle en compte davantage, 6 de ses chambres dont, dans ce cas, 4 statuant respectivement en matière civile, commerciale, sociale et pénale. L'assemblée générale des magistrats du siège désigne chaque année les magistrats qui composent cette formation. La formation restreinte est présidée par le premier président ou son délégué.
>
> Le premier président désigne un ou plusieurs magistrats du siège pour exercer les fonctions de rapporteur.
>
> L'assemblée générale se prononce après avoir entendu le magistrat chargé du rapport et le ministère public.

B.

Rôle de l'assemblée générale

014.411 Rôle fondamental de l'assemblée générale. C'est l'assemblée générale qui décide, *in fine*, du sort réservé aux demandes d'inscription et de réinscription.

014.412 Nécessité d'une consultation préalable, par la cour d'appel, des juridictions du ressort. La consultation préalable des juridictions du ressort de la cour d'appel prévue par l'article 8 du décret du 23 décembre 2004 constitue une démarche très utile puisqu'elle permet à la cour d'appel de connaître les besoins en experts judiciaires de chaque juridiction.

Il existe en effet des domaines dans lesquels le besoin d'experts est très grand (ex. : besoin d'experts psychiatres et pédopsychiatres), tandis que, dans d'autres, les rubriques sont déjà largement pourvues.

014.413 Caractère non juridictionnel de la procédure de réinscription. Le caractère non juridictionnel de la procédure de réinscription a été clairement affirmé par la Cour de cassation, ce qui fait obstacle à la communication du dossier à l'intéressé :

> **Civ. 2e, 13 mai 2015, n° 15-60.009,** NP : « Mais attendu qu'aucun texte ne prévoit pour la procédure de réinscription des experts judiciaires, qui ne constitue pas une procédure de nature juridictionnelle, la communication au candidat du dossier d'instruction de sa demande. »

C.
Composition de l'assemblée générale

014.421 Présidence de l'assemblée générale. Comme prévu au décret, l'assemblée générale est présidée par son Premier président ou par le magistrat délégué par lui (Décr. nº 2004-1463, 23 déc. 2004, art. 8).

014.422 Membres de l'assemblée générale. La composition de l'assemblée générale varie en fonction de l'importance de chaque cour d'appel puisqu'il n'est pas envisageable, pour les cours d'appel de grande taille, de réunir l'ensemble des conseillers siégeant dans toutes les chambres : c'est ainsi que pour les cours d'appel comportant de nombreuses chambres, il est prévu la réunion de représentants de chambres ayant des contentieux divers (civil, commercial, social, pénal) afin que puissent être pris en compte les besoins en experts dans les différents types de spécialité (Décr. nº 2004-1463, 23 déc. 2004, art. 8, al. 3 et 4).

014.423 Rôle du ou des magistrats rapporteurs. Selon l'importance de la cour d'appel et le nombre de dossiers à présenter à l'assemblée générale, le Premier président peut désigner un ou plusieurs magistrats chargés des fonctions de rapporteur (Décr. nº 2004-1463, 23 déc. 2004, art. 8, al. 5).

014.424 Membres non délibérants de l'assemblée générale. Notons que ne peuvent participer à la délibération portant sur la réinscription des experts, « les magistrats de la cour d'appel membres de la commission » puisque, ce faisant, ils ont déjà donné leur avis sur l'opportunité de la réinscription (Décr. nº 2004-1463, 23 déc. 2004, art. 15, al. 2).

014.425 Présence d'un membre du greffe. Le directeur de greffe ou son représentant assiste à l'assemblée générale et « consigne sur le registre des délibérations de la juridiction les décisions prises et les avis émis » (COJ, art. R. 312-38).

D.
Tenue de l'assemblée générale

014.430 Plan. Après avoir rappelé la date impérative prévue pour la tenue de l'assemblée générale (1), nous verrons les différentes étapes de son déroulement (2 et 3).

1.
Date de réunion de l'assemblée générale

014.441 Réunion au cours de la première quinzaine du mois d novembre. La date de l'assemblée générale des magistrats du siège de la cour d'appel est fixée par l'article 8 du décret au cours de la première quinzaine du mois de novembre, afin que les décisions prises soient notifiées avant la fin de l'année et que les experts nouvellement inscrits puissent prêter serment en janvier de l'année suivante et recevoir des missions à compter de cette date.

2.
Déroulement de l'assemblée générale

014.451 Examen individuel de chaque candidature. Chaque candidature donne lieu à un examen individuel qui se passe en plusieurs temps, à un rythme plus ou moins rapide selon la difficulté du dossier évoqué :

- la parole est d'abord donnée au conseiller rapporteur pour une synthèse du dossier de candidature, puis aux conseillers qui souhaitent obtenir des précisions ;
- le ministère public est ensuite invité à donner son avis ;
- l'assemblée générale procède enfin au vote dans les conditions prévues par le code de l'organisation judiciaire (COJ, art. R. 312-35), à la majorité et à main levée à moins qu'un vote à bulletin secret ne soit demandé par un membre de l'assemblée

014.452 Examen de la recevabilité des demandes. Avant tout, l'assemblée générale doit vérifier la recevabilité de chaque demande (ex. : la demande a-t-elle été déposée dans les délais ?).

À cet égard, je précise que l'absence de production de certaines pièces telle l'absence de justificatifs concernant la qualification et l'expérience du candidat ne constitue pas un motif d'irrecevabilité de la candidature, mais nécessite un examen au fond du dossier :

> **Civ. 2e, 8 juill. 2021, nº 21-60.081,** NP : « 9. Pour déclarer la demande d'inscription de M. X irrecevable, l'assemblée générale considère qu'en application de l'article 6 du décret susvisé, la demande d'inscription initiale doit être assortie de toutes précisions utiles et comporter un certain nombre de renseignements sur les rubriques et spécialités dans lesquelles l'inscription est demandée, les titres et diplômes du demandeur, ses différentes fonctions et la nature de ses activités professionnelles, la justification de sa qualification, et énonce qu'en l'espèce l'intéressé n'a pas fourni un dossier complet en l'absence de pièces justifiant de ses qualifications et de son expérience. 10. En statuant ainsi, alors que la demande présentée par M. X dans les délais était

recevable et que l'assemblée générale devant en examiner le bien fondé au vu des pièces et justificatifs produits, l'assemblée générale des magistrats du siège a méconnu les textes susvisés. »

014.453 Motifs de rejet des demandes d'inscription. Il est possible de refuser une demande d'inscription dans la ou les rubriques sollicitées pour différents motifs :

- une insuffisance tenant à la qualité du candidat lui-même ;
- une absence de besoin des juridictions du ressort dans la spécialité du candidat, en application de l'article 8 du décret du 23 décembre 2004, dont l'alinéa 1 demande aux juges de tenir compte « des besoins des juridictions du ressort dans la spécialité sollicitée ».

014.454 Contrôle de la Cour de cassation sur le critère tiré de l'absence de besoin dans la rubrique sollicitée. En pratique, l'absence de besoin d'expert dans un domaine de compétence donné est un motif assez fréquent de rejet des candidatures et la deuxième chambre civile ne censure les refus d'inscription pour absence de besoin que lorsque l'assemblée générale a commis une erreur manifeste d'appréciation, ce qui est tout à fait logique puisque les cours d'appel sont seules à pouvoir apprécier leur besoin en fonction, non seulement du nombre d'experts déjà inscrits dans chaque spécialité, mais aussi du nombre d'affaires nécessitant l'intervention de spécialistes dans tel ou tel domaine ; il en résulte que les recours, dont le moyen se propose de contester la réalité de l'absence de besoin, ont peu de chance d'aboutir :

Civ. 2e, 26 juin 2014, no 14-60.091, NP : « que par délibération du 14 novembre 2013, l'assemblée générale des magistrats du siège de cette cour d'appel a décidé de ne pas faire droit à sa demande d'inscription en raison d'une absence de besoins dans cette rubrique et en raison d'une qualification professionnelle insuffisante ; que Mme X a formé un recours contre cette décision ; Attendu que Mme X affirme qu'il n'y a pas lieu de prendre en compte le nombre d'interprètes inscrits sur la liste des experts dans la région puisqu'elle intervient sur toute la France et que les nouvelles pièces qu'elle communique démontrent qu'elle maîtrise parfaitement les langues française, arménienne et russe ; Mais attendu que c'est par des motifs exempts d'erreur manifeste d'appréciation que l'assemblée générale, statuant au vu des éléments du dossier, a décidé de ne pas inscrire Mme X sur la liste des experts judiciaires de la cour d'appel ; »

Civ. 2e, 2 juin 2016, no 16-80.002 : « Attendu que M. X fait valoir, d'une part, que le motif selon lequel les besoins sont suffisamment couverts est erroné dès lors que des experts ont été inscrits dans ses rubriques et spécialités depuis 2013 et qu'il avait lui-même formulé des demandes d'inscription en 2013, 2014, 2015 et 2016, de sorte qu'il y a eu manifestement un acharnement des magistrats à son égard et, d'autre part, qu'effectivement âgé de 67 ans, il continue ses activités professionnelles, rappelant qu'il est expert foncier et agricole, expert en estimation immobilière, expert européen agréé, expert auprès de la cour administrative d'appel de Nancy et des tribunaux administratifs du ressort (agriculture, viticulture) et que ses nombreux donneurs d'ordre continuent de lui accorder leur entière confiance et font appel journellement à ses services ; Mais attendu que c'est par des motifs exempts d'erreur manifeste d'appréciation que l'assemblée générale a décidé de ne pas inscrire M. X sur la liste des experts judiciaires de la cour d'appel ; »

Civ. 2e, 11 avr. 2019, no 18-60.208, NP : « Attendu que Mme X conteste l'absence de besoin en faisant valoir que sur la liste des experts judiciaires pour 2018, il n'y a que 2 experts en traduction de langue anglaise et un en langue chinoise, qui n'est pas domicilié au Mans ; Mais attendu que c'est par des motifs exempts d'erreur manifeste d'appréciation que l'assemblée générale a décidé de ne pas inscrire Mme X sur la liste des experts judiciaires de la cour d'appel ; »

Dans un premier temps, la deuxième chambre censurait les refus d'inscription fondés sur une absence de besoin lorsque la cour d'appel avait inscrit, au cours de la même assemblée générale, d'autres experts dans la même rubrique que celui qu'elle avait éconduit :

Civ. 2e, 20 avr. 2017, no 16-60.362, *Bull.* no 75 : « Attendu que, pour rejeter sa demande, l'assemblée générale des magistrats du siège retient que les besoins dans cette rubrique sont satisfaits ; Qu'en statuant ainsi, alors qu'avaient été inscrits concomitamment deux autres candidats sur la liste des experts judiciaires sous cette même rubrique dont un dans le ressort du tribunal de grande instance de Créteil, l'assemblée générale des magistrats du siège a entaché sa décision d'une erreur manifeste d'appréciation ; »

Civ.2e, 7 juill. 2022, no 22-60.111, NP : « … est entachée d'une erreur manifeste d'appréciation le refus d'inscription d'un candidat sur la liste des experts judiciaires d'une cour d'appel motivé par l'absence de besoin en l'état de l'inscription concomitante d'autres candidats sous la même rubrique »

Pourtant, il paraissait légitime, de la part de l'assemblée générale qui, par exemple, avait besoin de deux experts d'une même spécialité, de retenir les deux meilleures candidatures, avant d'écarter la troisième pour absence de besoin.

On ne peut donc qu'approuver la décision récente de la deuxième chambre civile admettant la possibilité, au cours d'une même assemblée générale, d'inscrire, dans une spécialité, certains experts, puis de rejeter la candidature de techniciens d'une même spécialité en estimant que les besoins des juridictions ont été satisfaits du fait des inscriptions déjà intervenues :

Civ. 2e, 15 juin 2023, no 23-60.031, P : « En application de l'article 8 du décret no 2004-1463 du 23/12/2002 relatif aux experts judiciaires, l'assemblée générale des magistrats du siège d'une cour d'appel, appréciant tant les qualités professionnelles des différents candidats que les besoins des juridictions du ressort, peut, après avoir constaté que ces besoins étaient satisfaits par sa décision d'inscrire un ou plusieurs candidats dans une spécialité, décider de rejeter les autres candidatures présentées sous cette rubrique. »

014.455 Motifs de rejet des demandes de réinscription. Les refus de réinscription ne peuvent être motivés que par les carences de l'expert au cours de sa précédente période d'inscription, et non par une absence de besoin :

Civ. 2e, 30 mars 2023, no 22-60.164, NP : « Vu l'article 8 du décret no 2004-1463 du 23 décembre 2004 ; 4. Ce texte inséré dans une section I de ce décret régissant l'inscription initiale des experts sur la liste et prévoyant que la liste d'experts judiciaires est dressée par la cour d'appel en tenant compte des besoins des juridictions de son ressort, n'est pas applicable à la demande de réinscription présentée par un expert judiciaire.

5. Pour rejeter, par une décision unique les demandes de M. X, l'assemblée générale des magistrats du siège de la cour d'appel... a retenu que le nombre d'experts inscrits suffit à satisfaire aux besoins des juridictions du ressort dans le domaine de la spécialité revendiquée.

6. En statuant ainsi, alors que M. X sollicitait le renouvellement de son inscription sur la liste des experts judiciaires de la cour d'appel pour la rubrique « traduction en néerlandais », l'assemblée générale des magistrats a méconnu le texte susvisé ».

014.456 Nécessité de recueillir les observations de l'expert sur les manquements qui lui sont reprochés. La jurisprudence de la deuxième chambre civile estime que l'expert, dont la réinscription risque d'être refusée en raison de certains griefs, doit pouvoir faire valoir ses observations à un stade ou à un autre de l'examen de sa candidature à la réinscription, comme en témoignent les décisions suivantes :

Civ. 2e, 13 oct. 2005, no 05-10.333, *Bull.* no 248, sommaire ; *D.* 2005. 2628 ; *D.* 2006. 545, obs. P. Julien et N. Fricero : « Les formalités de l'article 16 du décret du 31 décembre 1974, selon lesquelles la non-réinscription d'un expert sur la liste des experts judiciaires ne peut être décidée qu'après que l'intéressé a été invité à fournir ses éventuelles observations au magistrat rapporteur, sont satisfaites dès lors qu'il résulte des pièces du dossier que les observations de l'expert ont été recueillies préalablement à la décision de non-réinscription sur la liste et que le magistrat désigné en qualité de rapporteur a été entendu par l'assemblée générale. »

Civ. 2e, 21 sept. 2006, no 06-10.053, *Bull.* no 246, sommaire ; *D.* 2006. 2480 : « Le refus de réinscription d'un expert sur la liste des experts judiciaires d'une cour d'appel ne peut être décidé qu'après que l'intéressé ait été invité à fournir ses observations soit à la commission instituée par l'article 2 II de la loi du 29 juin 1971, dans sa rédaction issue de la loi du 11 février 2004, ou à l'un de ses membres, soit au magistrat rapporteur. Par suite, doit être annulée la décision de l'AG des magistrats du siège d'une cour d'appel refusant la réinscription d'un expert, dès lors qu'il ne résulte ni des pièces du dossier, ni d'aucune mention du procès-verbal de l'assemblée générale, que l'expert a été appelé à fournir ses observations soit à la commission, ou à l'un de ses membres, soit au magistrat rapporteur, avant la décision de refus de réinscription. »

NB : on retrouve la même motivation dans Civ. 2e, 5 avr. 2007, no 06-20.038, *Bull.* no 81 ; *D.* 2007. 1279.

Civ. 2e, 28 juin 2007, no 07-11.082, NP : « Mais attendu que M. X a été entendu le 8 septembre 2006 par le conseiller rapporteur en application de l'article 15, alinéa 4, du décret du 23 décembre 2004 et a pu s'expliquer sur tous les éléments repris dans l'avis de la commission de réinscription et dans la décision motivée de l'assemblée générale ; »

> **Civ. 2e, 15 mai 2014, no 14-60.006,** NP : « Mais attendu qu'il résulte des pièces du dossier que M. X a pu fournir ses observations au magistrat rapporteur siégeant à l'assemblée générale des magistrats du siège de la cour d'appel, avant la décision de refus de réinscription, de sorte que le principe de la contradiction a été respecté ; »

Afin de respecter le principe de la contradiction, plusieurs méthodes sont envisageables :

– le moment choisi pour recueillir les observations de l'expert peut avoir lieu, soit avant la réunion de la commission si le magistrat rapporteur connaît déjà les difficultés posées par l'expert, soit après cette réunion et avant l'assemblée générale si les objections ont été émises par certains membres de ladite commission ;

– quant aux modalités prévues pour recueillir l'argumentation de l'expert mis en cause, on comprend qu'elle peut se faire par le biais d'une audition, soit par le magistrat rapporteur, soit par la commission elle-même ; la deuxième chambre civile a d'ailleurs eu l'occasion de préciser que la convocation et l'audition de l'expert n'ont pas besoin de satisfaire à une procédure particulière :

> **Civ. 2e, 17 avr. 2008**, no 08-10.833, NP : « Mais attendu que la commission de réinscription des experts peut entendre ou faire entendre le candidat par l'un de ses membres ; que le décret du 23 décembre 2004 ne prévoit aucune procédure particulière pour la convocation et l'audition du candidat ; que le refus d'inscription ne constituant pas une sanction et ne restreignant pas un avantage dont l'attribution constituerait un droit, la procédure de réinscription n'entre pas dans le champ d'application de l'article 6.1 de la Convention de sauvegarde des droits de l'homme et des libertés fondamentales ; »

Toutefois, deux interrogations subsistent :

– que faire dans l'hypothèse où ni le magistrat rapporteur, ni aucun membre de la commission n'émet de réserve quant à la réinscription d'un expert, mais que, lors de l'assemblée générale, l'un des membres formule des objections graves au sujet desquelles l'expert n'aura pas été entendu. Faut-il automatiquement réinscrire l'expert faute de lui avoir permis de s'expliquer ? Pour ma part, je privilégierais cette dernière position au regard du caractère tout à fait fondamental que revêt la nécessité de respecter le principe de la contradiction vis-à-vis de l'expert ;

– par ailleurs, est-il possible, plutôt que de convoquer l'expert et de l'entendre, de recueillir ses observations par écrit après lui avoir adressé un courrier recommandé faisant état des carences qu'on lui reproche ? Il me semble qu'une telle démarche devrait suffire, dès lors qu'elle permet à l'expert de s'expliquer sur les griefs invoqués et, éventuellement, de solliciter son audition. Par ailleurs, elle présente l'avantage de respecter le principe de la contradiction, par une démarche moins lourde qu'une convocation à une audition, laquelle requiert la présence d'un greffier et l'établissement d'un procès-verbal.

014.457 Prise en compte de l'avis favorable de la commission à la réinscription d'un expert judiciaire. Une particularité nouvelle résulte du décret du 16 juin 2023, entré en vigueur le 1er janvier 2024, qui prévoit que, « lorsque la commission a émis un avis favorable sur la candidature, « l'assemblée générale est réputée faire droit à la demande de réinscription sauf si elle décide de se prononcer expressément sur cette demande », auquel cas, « comme en cas d'avis défavorable de la commission, elle se prononce après avoir entendu le magistrat chargé du rapport et le ministère public » (Décr. no 2004-1463, 23 déc. 2004, art. 15, al. 5 ; mod. par décr. no 2023-468, 16 juin 2023).

Cela revient donc à dire que, s'agissant des demandes de réinscription, l'assemblée générale ne statue que sur les dossiers délicats, ce qui est de nature à simplifier les débats.

3.
Décision de l'assemblée générale

014.461 Mentions des magistrats ayant pris part à la délibération. La tenue de l'assemblée générale donne lieu à l'établissement d'un procès-verbal qui doit comporter toutes les précisions nécessaires sur les magistrats ayant pris part à la délibération de l'assemblée générale :

> **Civ. 2e, 7 sept. 2017, no 17-12.954,** NP : « Attendu qu'en rejetant la demande de M. X, sans que les indications figurant au procès-verbal de décision de l'assemblée générale, qui mentionne que le président de la commission, chargé d'examiner les demandes de réinscription, conseiller à la cour d'appel, était présent à l'assemblée générale, ne mettent la Cour de cassation en mesure d'apprécier si ce magistrat a pris part à la délibération sur la demande de réinscription de M. X, l'assemblée générale des magistrats du siège a méconnu le texte susvisé ; »

Civ. 2e, 16 sept. 2021, no 21-60.078, NP : « 20. Selon ce texte, les tribunaux judiciaires, les tribunaux de commerce et les conseils de prud'hommes du ressort de la cour d'appel sont représentés à l'assemblée générale, même si celle-ci siège en commission restreinte ou en formation restreinte, par un de leurs membres qui participe avec voix consultative à l'examen des demandes. Toutefois, le premier président peut dispenser certaines juridictions de se faire représenter, pourvu qu'un membre au moins de chacune des catégories de juridiction siège à l'assemblée générale. 21. Les mentions de la décision de l'assemblée générale des magistrats de la cour d'appel de Paris en date des 1er, 2 et 3 décembre 2021 décidant que Mme X n'était pas inscrite sur la liste des experts judiciaires de cette cour d'appel ne mettent pas la Cour de cassation en mesure de déterminer quels étaient les représentants de chacune des catégories de juridiction appelées à participer, avec voix consultative, présents lors de l'examen de sa demande. 22. La décision de cette assemblée générale doit, dès lors, être annulée en ce qui concerne Mme X. »

014.462 Notification de la décision de l'assemblée générale à l'expert. La décision est notifiée à l'intéressé qui doit disposer :

- de sa motivation (v. ss nos 013.61 et 013.62) ;
- et, s'il s'agit d'une demande de réinscription, de l'avis de la commission (v. ss no 014.383).

014.463 Recours possible. La décision de l'assemblée générale des magistrats du siège de la cour d'appel peut faire l'objet d'un recours devant la Cour de cassation (v. ss nos 013.80 s.).

§ 8
Prestation de serment des experts nouvellement inscrits

014.470 Plan. L'expert judiciaire qui fait l'objet d'une inscription sur une liste de cour d'appel doit prêter serment devant celle-ci (A), sauf impossibilité majeure permettant une simple prestation de serment par écrit (B).

A.
Prestation de serment lors d'une audience solennelle

014.481 Prestation de serment lors d'une audience solennelle devant la cour d'appel. Les experts, inscrits pour la première fois sur une liste de cour d'appel lors de l'assemblée générale de fin d'année, doivent prêter serment au début de l'année suivante lors d'une cérémonie solennelle organisée par chaque cour d'appel, devant laquelle les experts jurent « d'accomplir leur mission, de faire leur rapport et de donner leur avis en leur honneur et conscience » (L. no 71-498, 29 juin 1971, art. 6, al. 1er et décr. no 2004-1463, 23 déc. 2004, art. 22, al. 1).

Pour l'inscription des personnes morales, le serment est prêté par leur représentant, désigné à cet effet (Décr. no 2004-1463, 23 déc. 2004, art. 22, al. 2).

014.482 Contact avec le ou les représentants de compagnies d'experts judiciaires. Cette prestation de serment est souvent l'occasion, pour les experts, d'avoir un premier contact avec l'institution judiciaire et les représentants des compagnies d'experts judiciaires, souvent présents pour accueillir leurs pairs et leur expliquer les avantages qui s'attachent à l'adhésion aux compagnies d'experts.

014.483 Dispense ultérieure de prestation de serment lors de la désignation de l'expert judiciaire. Une fois ce serment prêté, les experts judiciaires n'auront plus besoin de réitérer ce serment à chaque fois qu'ils recevront une mission d'expertise, qu'il s'agisse d'une mission civile ou pénale, ce qui les distingue ainsi des experts nommés « hors listes », c'est-à-dire de ceux qui sont nommés par un juge bien que ne figurant sur aucune liste de cour d'appel et qui, de ce fait, doivent prêter serment à chaque fois qu'ils sont désignés (mais, comme nous le verrons, les désignations d'expert « hors listes » sont rares).

B.
Prestation de serment par écrit

014.491 Prestation de serment par écrit en cas d'empêchement. La prestation de serment peut avoir lieu par écrit en cas d'empêchement (Décr. no 2004-1463, 23 déc. 2004, art. 22, al. 3).

Hormis des cas exceptionnels, il est regrettable qu'un expert ne puisse se rendre disponible pour sa prestation de serment à l'audience, dès lors qu'il a pris un engagement de disponibilité vis-à-vis de l'institution judiciaire, qui trouve à s'exercer, pour la toute première fois, à la date de sa prestation de serment.

§ 9
Durée d'inscription et de réinscription sur une liste de cour d'appel

014.501 Durée initiale d'inscription de 3 ans, puis réinscription pour 5 ans. La durée de l'inscription initiale dite « probatoire », est de 3 ans, puis les réinscriptions se font pour 5 ans (L. nº 71-498, 29 juin 1971, art. 2, II ; décr. nº 2004-1463, 23 déc. 2004, art. 6, al. 1 pour l'inscription initiale et art. 10, al. 1 pour la réinscription).

§ 10
Transfert de l'inscription d'une liste de cour d'appel à une autre et reclassement résultant d'une modification de la nomenclature

014.511 Nécessité de signaler tout changement de situation de l'expert. Il est prévu que « tout changement survenant dans la situation des personnes physiques ou morales ayant sollicité ou obtenu leur inscription sur une liste... doit être porté sans délai à la connaissance du procureur de la République » (Décr. nº 2004-1463, 23 déc. 2004, art. 4).

014.512 Nécessité éventuelle d'un changement de ressort de cour d'appel. Si la modification de la situation professionnelle ou de domicile de l'expert entraîne un changement de ressort de cour d'appel, il doit demander son transfert de la liste sur laquelle il était inscrit sur la liste de la cour d'appel dont il relève après son changement de situation (Décr. nº 2004-1463, 23 déc. 2004, art. 16).

Face à cette demande, la cour d'appel « destinataire » ne peut la rejeter en arguant d'une absence de besoin d'expert dans le domaine de compétence de l'intéressé :

> **Civ. 2ᵉ, 15 mai 2014, nº 13-60.313,** *Bull.* nº 109, sommaire : « La demande d'un expert tendant à sa réinscription sur la liste d'une cour d'appel autre que celle auprès de laquelle il est inscrit, en raison du transfert de son activité principale, n'est, en vertu de l'article 16 du même décret, pas soumise à l'inscription à titre probatoire prévue à la section I, de sorte que cette demande de réinscription ne peut être refusée au motif d'une absence de besoin des juridictions du ressort. »
>
> **Civ. 2ᵉ, 15 juin 2023, nº 23-60.019,** NP : « Vu les articles 8 et 16 du décret nº 2004-1463 du 23 décembre 2004 : 4. Le premier de ces textes, inséré dans une section I relative à l'inscription initiale sur la liste d'experts judiciaires dressée par une cour d'appel et prévoyant que cette liste est dressée en tenant compte des besoins des juridictions du ressort de la cour d'appel, n'est, en vertu du second texte, pas applicable à la demande de réinscription présentée par un expert judiciaire sur la liste d'une cour d'appel autre que celle auprès de laquelle il est inscrit en raison du transfert de son activité principale dans le ressort de la cour d'appel où la réinscription est demandée. 5. Pour rejeter la demande de M. X, l'assemblée générale des magistrats du siège de la cour d'appel retient l'absence de besoins des juridictions du ressort et l'insuffisance des compétences professionnelles et de l'expérience du candidat. 6. En examinant la demande de M. X comme étant formée à titre initial, alors qu'inscrit depuis 2013 sur la liste de la cour d'appel de Papeete dont il avait été retiré, à sa demande, par une ordonnance du premier président de cette cour du 30 juillet 2021 en raison de son déménagement et du transfert de son activité professionnelle principale, cette demande n'était pas soumise à l'inscription à titre probatoire, l'assemblée générale des magistrats du siège, qui devait examiner seulement si M. X avait transféré son lieu d'exercice professionnel principal dans le ressort de la cour d'appel, a méconnu les textes susvisés. 7. La décision de cette assemblée générale doit, dès lors, être annulée en ce qui concerne M. X. »

014.513 Date du transfert d'une liste de cour d'appel à une autre. L'expert qui demande son transfert d'une liste de cour d'appel à une autre sans avoir achevé sa période d'inscription probatoire de 3 ans dans le premier ressort ne peut demander sa réinscription pour 5 ans dans le second ressort :

> **Civ. 2ᵉ, 30 mai 2024, nº 23-60.148,** sommaire, P : « Il résulte de l'article 16 du décret nº 2004-1463 du 23 décembre 2004 que l'expert inscrit sur la liste d'une cour d'appel doit avoir achevé sa période probatoire de trois ans pour pouvoir bénéficier, en cas de transfert de son activité, d'une réinscription pour une durée de cinq ans sans période probatoire préalable sur la liste d'une autre cour d'appel. »

014.514 Modification ou suppression de certaines rubriques de la nomenclature. Ce problème fait l'objet des articles 18-1 à 18-4 du décret du 23 décembre 2004, modifiée par celui du 28 mars 2023.

Il n'est mentionné que pour mémoire, dès lors qu'il s'agit d'une difficulté très limitée dans le temps puisque résultant uniquement d'une modification des textes relatifs aux rubriques prévues par la nomenclature.

SECTION 2
Gestion de la liste nationale par la Cour de cassation

014.520 Division. La gestion de la liste nationale par la Cour de cassation présente certaines spécificités par rapport à celles régissant l'inscription sur les listes de cours d'appel.

§ 1
Conditions d'inscription sur la liste nationale

014.530 Plan. Comme pour l'établissement des listes de cour d'appel, il existe des conditions d'inscription objectives (A) et d'autres soumises à appréciation (B).

A.
Conditions objectives

014.541 Age maximum. L'expert doit être âgé de moins de 72 ans, soit le même âge limite que celui prévu pour les cours d'appel (Décr. n° 2004-1463, 23 déc. 2004, art. 2, 7°).

014.542 Possibilité d'une dérogation. Toutefois, le texte relatif à la liste nationale comporte une particularité, en ce qu'il prévoit une possible dérogation puisqu'il est indiqué : « à titre exceptionnel, le bureau de la Cour de cassation peut inscrire sur la liste nationale un candidat qui ne remplit pas la condition d'âge prévue à l'article 2 (7°) » (Décr. n° 2004-1463, 23 déc. 2004, art. 18, al. 3).

014.543 Limitation de l'octroi de la dérogation. La deuxième chambre civile a eu l'occasion de rappeler que cette dérogation :

– n'est pas applicable aux listes dressées par les cours d'appel (v. s^s n° 014.62) :

> **Civ. 2e, 11 juill. 2013, n° 13-60.063,** *Bull.* n° 159, sommaire : « Aucune disposition ne prévoit la possibilité de déroger à titre exceptionnel à la condition d'âge prévue par l'article 2, 7°, du décret du 23 décembre 2004 relatif aux experts judiciaires pour l'inscription ou la réinscription sur les listes d'experts judiciaires dressées par les cours d'appel. »

– ne peut être accordée concernant la liste nationale qu'à titre tout à fait exceptionnel :

> **Civ. 2e, 22 oct. 2020, n° 20-60.131,** NP : « 3. M. X fait valoir qu'il justifie d'une situation exceptionnelle tenant à ce qu'il exerce à plein temps une activité de chef de service de chirurgie digestive et de pôle spécialités et reste inscrit, jusqu'en 2024 au moins, sur les listes d'experts judiciaires de cours d'appel administratives et judiciaires.
> Réponse de la Cour
> 4. C'est par des motifs exempts d'erreur manifeste d'appréciation que le bureau de la Cour de cassation, constatant le dépassement par le requérant de l'âge limite d'inscription ou de réinscription sur la liste nationale des experts judiciaires, a estimé qu'il ne justifiait d'aucune circonstance exceptionnelle légitimant sa réinscription au-delà de cette limite d'âge. »

014.544 Nécessité d'une inscription sur une liste de cour d'appel pendant au moins 5 ans. L'expert judiciaire qui souhaite être inscrit sur la liste nationale doit justifier soit d'une durée d'inscription d'au moins 5 ans sur une liste de cour d'appel, soit « de compétences reconnues dans un État membre de l'Union européenne autre que la France et acquises notamment par l'exercice dans cet État, pendant une durée qui ne peut être inférieure à cinq ans, d'activités de nature à apporter des informations techniques aux juridictions dans le cadre de leur activité juridictionnelles » (L. n° 71-498, 29 juin 1971, art. 2, III). En effet, la Cour de cassation n'admet, sur sa liste, que des experts expérimentés.

Cette inscription d'au moins 5 ans sur la liste d'une cour d'appel doit être continue et perdurer jusqu'au jour de la demande d'inscription sur la liste nationale :

> **Civ. 2e, 15 sept. 2022, n° 22-60.107** (pour une demande d'inscription sur la liste nationale déposée en 2021, déclarée irrecevable par décision du bureau de la Cour de cassation du 13 décembre 2021, faute de justification d'une inscription depuis au moins 5 ans sur une liste de cour d'appel) : « 4. Il résulte de l'article 2, III, de la loi précitée que la condition d'inscription depuis au moins 5 ans sur une liste dressée par une cour d'appel s'entend d'une durée d'inscription continue au jour de la demande. 5. Il ressort en l'espèce du dossier de sa candidature que M. X, s'il a été inscrit sur la liste des experts judiciaires de la cour de Douai entre le 1er janvier 1992 et 31 décembre 2019, dans la rubrique au titre de laquelle il sollicite son inscription sur la liste nationale, n'a pas été inscrit sur cette même liste de la cour d'appel en 2020, en sorte qu'il ne satisfait pas aux conditions de durée et de continuité d'inscription requises. 6. Par suite, c'est par des motifs exempts d'erreur manifeste d'appréciation que le bureau de la Cour de cassation a décidé de déclarer irrecevable la demande de M. X. »

B.
Conditions soumises à appréciation

014.551 Nécessité d'une notoriété de l'expert au plan national. La notoriété de l'expert au plan national constitue une exigence implicite mais elle est fondamentale : l'expert qui demande son inscription sur la liste nationale doit justifier d'une notoriété dépassant le ressort de la cour d'appel dans laquelle il est inscrit, pour s'étendre à l'ensemble du territoire national.

014.552 Justification de cette notoriété. Cette notoriété peut être établie de différentes façons :

- elle peut résulter de la réalisation, par l'expert, de nombreuses expertises confiées par des juridictions situées en dehors du ressort de la cour d'appel dont il dépend :

> **Civ. 2e, 22 oct. 2020, no 20-60.107,** NP : « 4. Il ressort du dossier de candidature de Mme X qu'il n'est fait état, dans le tableau de son activité expertale exercée au titre de la spécialité "Estimations foncières" pour laquelle elle sollicite son inscription sur la liste nationale, que de trois expertises extérieures au ressort de la cour d'appel de Bourges sur la liste d'experts judiciaires de laquelle elle est inscrite. 5. Par ailleurs, les éléments qu'elle produit aux fins de justifier d'une reconnaissance professionnelle ou d'une notoriété suffisante au plan international concernent une assermentation ainsi qu'un événement intervenu depuis le début de l'année 2020, soit postérieurement à la décision du bureau de la Cour de cassation. 6. Dès lors, c'est par des motifs exempts d'erreur manifeste d'appréciation que le bureau de la Cour de cassation, statuant au vu des pièces produites par Mme X, a décidé de ne pas l'inscrire sur la liste nationale des experts judiciaires. »

- elle peut aussi résulter d'agréments spécifiques étrangers ou internationaux, dont l'expert doit justifier lors de l'examen de la demande par le bureau de la Cour de cassation (et non plus tard lors du recours formé devant la deuxième chambre civile) :

> **Civ. 2e, 22 oct. 2020, no 20-60.117,** NP : « 8. Il ressort des éléments de la procédure que, dans le dossier de sa candidature déposé auprès du procureur général près la Cour de cassation, M. X se bornait à faire état, dans sa lettre en date du 27 février 2019 adressée à celui-ci, d'agréments en qualité d'expert judiciaire "par le Ministère de la Justice de Belgique et par le Parquet Général de Luxembourg", sans pour autant produire à l'occasion de sa demande d'inscription les documents justificatifs destinés à attester de tels agréments, qu'il communique, pour la première fois aujourd'hui, au soutien de son recours. 9. Dès lors, c'est par des motifs exempts d'erreur manifeste d'appréciation que le bureau de la Cour de cassation, statuant au vu des seules pièces produites par M. X, a retenu que sa demande ne satisfaisait pas aux exigences énoncées au III de l'article 2 de la loi du 29 juin 1971 modifiée, et décidé en conséquence de ne pas l'inscrire sur la liste nationale des experts judiciaires. »

§ 2
Dépôt de la demande d'inscription ou de réinscription sur la liste nationale

014.561 Dépôt de la demande au plus tard le 1er mars de chaque année. L'expert inscrit sur une liste de cour d'appel, désireux d'être inscrit sur la liste nationale, doit en faire la demande avant la même date butoir du 1er mars, mais cette fois-ci, auprès du procureur général de la Cour de cassation (Décr. no 2004-1463, 23 déc. 2004, art. 17, al. 1er).

§ 3
Instruction du dossier par le procureur général près la Cour de cassation

014.571 Diligences du procureur général près la Cour de cassation. Le procureur général près la Cour de cassation instruit les demandes d'inscription et de réinscription sur la liste nationale (Décr. no 2004-1463, 23 déc. 2004, art. 17, al. 2).

À ce titre, « il vérifie que la condition de durée d'inscription sur une liste de cour d'appel (5 ans)... est remplie au 1er janvier de l'année suivant celle de la présentation de la demande ».

Puis, il recueille auprès du premier président et du procureur général de la cour d'appel dans le ressort de laquelle l'expert est inscrit, leurs opinions sur la manière de servir de l'expert.

Enfin, il rend rend un avis et transmet le tout au bureau de la Cour de cassation.

§ 4
Examen de la demande d'inscription ou de réinscription par le bureau de la Cour de cassation

014.580 Plan. Les demandes relatives à la liste nationale relèvent de la compétence du bureau de la Cour de cassation (A), dont nous rappelerons la composition (B) et les modalités de traitement des dossiers (C).

A.
Réunion du bureau de la Cour de cassation

014.591 Réunion du bureau de la Cour de cassation au cours de la première quinzaine du mois de décembre. Contrairement aux cours d'appel, l'inscription et la réinscription des experts sur la liste nationale ne relèvent pas de la compétence de l'assemblée générale des magistrats du siège de la Cour de cassation, mais du bureau de la haute juridiction, lequel se réunit au cours de la première quinzaine du mois de décembre (Décr. nº 2004-1463, 23 déc. 2004, art. 18, al. 1er et 2).

B.
Composition du bureau de la Cour de cassation

014.601 Composition habituelle du bureau de la Cour de cassation. Le bureau de la Cour de cassation comporte les deux chefs de Cour (c'est-à-dire le premier président et le procureur général), les sept présidents de chambre, le premier avocat général dont le rang est le plus élevé et les deux premiers avocats généraux désignés par le procureur général (COJ, art. R. 421-2).

014.602 Composition du bureau de la Cour de cassation chargé d'examiner les demandes d'inscription ou de réinscription sur la liste nationale. Lorsque le bureau se réunit pour examiner les demandes d'inscription et de réinscription d'experts sur la liste nationale, il est d'usage que le président de la deuxième chambre civile n'y siège pas, dès lors que c'est cette deuxième chambre civile qui a compétence pour connaître des recours formés en la matière contre les décisions du bureau.

C.
Examen des dossiers par le bureau de la Cour de cassation

014.611 Étude des dossiers. Les dossiers examinés par le bureau de la Cour de cassation sont répartis entre tous les présidents de chambre par spécialités et l'examen s'opère selon un déroulement très semblable à celui des cours d'appel, puisque la parole est d'abord donnée au « rapporteur » du dossier, puis au procureur général qui formule son avis, avant que les membres du bureau ne délibèrent à la majorité (Décr. nº 2004-1463, 23 déc. 2004, art. 18, al. 2).

Les décisions du bureau de la Cour de cassation sont motivées et notifiées à l'intéressé, qui peut, de la même façon que pour les décisions de cours d'appel, former un recours devant la deuxième chambre civile de la Cour de cassation (v. ss nos 013.61 s., 013.71 s. et 013.80 s.).

§ 5
Durée d'inscription et de réinscription sur la liste nationale

014.621 Inscription et réinscription pour sept ans. Les experts inscrits sur la liste nationale le sont pour une durée plus longue que celle applicable aux experts inscrits sur les listes de cour d'appel, puisqu'elle est de sept ans, qu'il s'agisse de la première inscription ou des renouvellements d'inscription (L. nº 71-498, 29 juin 1971, art. 2, III, al. 2).

CHAPITRE 015

Retrait d'une liste d'experts judiciaires, radiation et honorariat

015.00 Division. Si l'honorariat a pour conséquence d'entraîner le retrait de l'expert judiciaire de la liste sur laquelle il était inscrit, il convient de bien distinguer l'octroi de l'honorariat (sect. 3) du prononcé d'une décision de retrait (indépendamment de tout honorariat) (sect. 1) et de la décision de radiation susceptible de viser les experts judiciaires (sect. 2).

SECTION 1
Retrait d'une liste d'experts judiciaires

015.11 Conditions du retrait. Le retrait d'un expert de la liste (L. n° 71-498, 29 juin 1971, art. 5, I) :

- relève d'une décision du Premier président de la cour d'appel ou de la Cour de cassation ;
- ne constitue pas nécessairement une sanction, puisqu'elle peut être prononcée « soit à la demande de l'expert, soit si le retrait est rendu nécessaire par des circonstances telles que l'éloignement prolongé, la maladie ou des infirmités graves et permanentes » ; on notera que le retrait s'impose également lorsque « l'expert ne remplit plus les conditions de résidence ou de lieu d'exercice professionnel exigées pour son inscription ou sa réinscription, ou encore lorsqu'il est frappé de faillite personnelle ou d'une sanction disciplinaire ou administrative faisant obstacle à une inscription ou une réinscription sur une liste d'experts. »

SECTION 2
Radiation d'une liste d'experts judiciaires

015.21 Conditions de la radiation. La radiation peut être prononcée pour deux types de motifs :

- motif sans connotation disciplinaire, en cas d'incapacité légale (L. n° 71-498, 29 juin 1971, art. 5, II, 1°) ;
- motif disciplinaire dont elle constitue la sanction la plus grave (L. n° 71-498, 29 juin 1971, art. 5, II, 2°).

015.22 Effets de la radiation quand l'expert est inscrit à la fois sur une liste de cour d'appel et sur la liste nationale. Il va de soi que la radiation d'un expert figurant sur une liste de cour d'appel entraîne sa radiation de la liste nationale, et *vice-versa*, dès lors que l'inscription sur la liste nationale est subordonnée à l'inscription sur une liste de cour d'appel (décr. n° 2004-1463, 23 déc. 2004, art. 30).

SECTION 3
Honorariat accordé à certains experts judiciaires

015.30 Plan. L'octroi de l'honorariat au profit d'un expert judiciaire est subordonné à certaines conditions (§ 1) et entraîne, pour celui-ci, un statut que l'on peut qualifier d'hybride (§ 2).

§ 1
L'honorariat n'est pas de droit

015.41 Age permettant l'accès à l'honorariat. « Les experts judiciaires peuvent, à leur demande, être admis à l'honorariat lorsqu'ils ont atteint l'âge de 65 ans » (Décr. n° 2004-1463, 23 déc. 2004, art. 33).

015.42 Condition de durée d'inscription pour prétendre à l'honorariat. L'honorariat ne peut être accordé qu'aux experts qui ont été inscrits en qualité d'expert judiciaire pendant de nombreuses années (Décr. n° 2004-1463, 23 déc. 2004, art. 33) :

- 15 ans pour une inscription sur une liste de cour d'appel ;
- 10 ans sur la liste nationale, laquelle suppose elle-même une inscription d'au moins 5 ans sur une liste de cour d'appel.

Par ailleurs, l'obtention de l'honorariat suppose que l'expert n'ait pas démérité en commettant, pendant la durée de ses mandants, des manquements à ses obligations, soit dans le cadre de ses missions, soit même en dehors de celles-ci par des atteintes à la probité.

015.43 Absence de recours contre un refus d'octroi de l'honorariat. C'est une singularité : le refus d'accorder l'honorariat à un expert ne peut faire faire l'objet d'un recours, dès lors qu'une telle décision n'est pas mentionnée au titre de celles qui peuvent être contestées :

> **Civ. 2e, 26 juin 2014, no 14-60.095,** NP : « Attendu que le recours devant la Cour de cassation étant limité aux décisions relatives à l'inscription ou à la réinscription sur les listes visées aux dispositions précitées, en l'absence de liste d'experts honoraires prévue par ces textes, le recours formé par M. X n'est pas recevable ; »

§ 2
L'honorariat donne à l'expert un statut hybride

015.51 Disparition de l'expert honoraire des listes d'experts judiciaires. Les experts honoraires ne figurent plus les listes d'experts judiciaires, en application des textes et de la jurisprudence.

La loi elle-même impose au Premier président de procéder « au retrait de l'expert lorsque celui-ci accède à l'honorariat » (L. no 71-498, 29 juin 1971, art. 5, I, al. 2).

La deuxième chambre civile a elle-même eu l'occasion de rappeler l'absence de liste d'experts honoraires prévue par les textes dans la décision citée ci-dessus (Civ. 2e, 26 juin 2014, no 14-60.095, NP) ;

Enfin, la chambre criminelle en a tiré toutes les conséquences en exigeant, des juges statuant au pénal, que la désignation d'un expert honoraire soit spécialement motivée, comme doit l'être la désignation de tout expert choisi « hors listes » :

> **Crim. 25 juill. 1979, no 79-91.258,** *Bull.* no 253, sommaire : « Un expert honoraire ne figurant sur aucune des listes prévues à l'article 157 du Code de procédure civile ne peut être choisi à titre exceptionnel, que par décision motivée »
>
> **Crim. 13 nov. 2018, no 08-81.446,** *Bull.* no 231 ; *D.* 2008. 3014 ; *AJ pénal* 2009. 137, obs. C. Girault : « Un expert ne figurant plus sur les listes prévues à l'article 157 du code de procédure pénale, même s'il a été admis à l'honorariat, ne peut être choisi à titre exceptionnel que par une décision motivée, faute de quoi la désignation est entachée de nullité. »

C'est la raison pour laquelle la cour d'appel de Paris et de très nombreuses autres cours d'appel ne font pas figurer les experts honoraires parmi les experts en activité, classés selon la nomenclature avec mention de toutes leurs coordonnées (adresse, téléphone, adresse de messagerie), mais mentionnent simplement la liste desdits experts honoraires en fin de document, par ordre alphabétique et sans mention ni de leur spécialité, ni de leurs coordonnées.

Bien évidemment, cela n'empêche pas les magistrats, qui ont apprécié leurs qualités lorsqu'ils étaient encore inscrits, de les désigner sans difficulté puisque le greffe dispose de toutes les informations permettant de les contacter.

015.52 Dispense de prestation de serment des experts honoraires désignés pour réaliser une expertise. Bien que l'expert honoraire ne figure plus sur les listes d'experts judiciaires, il n'est pas nécessaire, lorsqu'il est nommé par un juge, qu'il prête serment, comme c'est le cas pour le choix d'expert « hors listes » ; en effet, l'expert honoraire garde le bénéfice de sa prestation de serment initiale, ainsi qu'il résulte d'une décision de la chambre criminelle :

> **Crim. 20 sept. 2006, no 06-84.741,** *Bull.* no 232 : « Un expert honoraire n'étant nullement délié du serment qu'il a prêté lors de son inscription initiale sur la liste des experts en exercice n'a pas à le renouveler chaque fois qu'il est commis. »

015.53 Date à laquelle s'apprécie la qualité d'honoraire de l'expert judiciaire. La situation de l'expert au regard de l'honorariat s'apprécie au jour de sa désignation, de sorte qu'il importe peu que l'expert inscrit sur une liste n'ait déposé son rapport qu'après être devenu honoraire :

> **Crim. 10 juin 1986, no 86-91.622,** *Bull.* no 200, sommaire : « Lorsque l'expert désigné par le juge d'instruction était inscrit sur les listes prévues par l'article 157 du code de procédure pénale au moment de sa désignation, aucune nullité ne saurait résulter de ce que son rapport soit déposé alors qu'il n'est plus qu'expert honoraire et ne figure plus en qualité d'expert en activité sur les listes précitées. »
>
> Voir aussi : Crim. 25 juill. 1979, no 79-91.258, *Bull.* no 253 ; Crim. 20 sept. 2006, no 06-84.741, *Bull.* no 232.

TITRE

02

L'expertise judiciaire civile

02.00 **Division.** Après quelques propos liminaires sur l'expertise judiciaire civile (chap. 021), nous traiterons des modalités de désignation de l'expert (chap. 022), de ses obligations fondamentales (chap. 023), avant d'aborder la méthodologie applicable à la réalisation d'expertise civile (chap. 024), le règlement des différents problèmes susceptibles de se poser (chap. 025) et les relations entre l'expert et le juge (chap. 026), pour terminer l'exposé par l'expression de l'avis de l'expert (chap. 027), sa rémunération (chap. 028), l'éventuelle saisine des juges du fond et la charge financière finale de l'expertise civile (chap. 029).

Propos liminaires

CHAPITRE

021

021.00 Division. L'expertise judiciaire civile doit être appréhendée dans son contexte spatio-temporel (sect. 1), avant d'être distinguée d'autres mesures expertales (sect. 2).

SECTION 1

Expertise judiciaire civile française et son contexte spatio-temporel

021.10 Division. L'expertise judiciaire française présente des singularités par rapport au système anglo-saxon (§ 1) et a pris une importance considérable au fil des années au détriment de mesures d'instruction plus simples (§ 2).

§ 1

Expertise judiciaire civile française par rapport au système anglo-saxon

021.20 Plan. L'expert judiciaire français présente une double particularité : il est l'expert du juge (A) et il est inscrit sur une liste établie par l'institution judiciaire (B).

A.

L'expert judiciaire français est l'expert du juge

021.31 Avantages du système français. L'expert judiciaire français est « l'expert du juge », contrairement à l'expert anglo-saxon qui est « l'expert d'une partie », chaque partie ayant recours à son propre technicien.

À cet égard, notre système me paraît présenter un double avantage qu'il convient de préserver :

– d'une part, il assure un accès plus égalitaire des parties à un expert de qualité, par rapport au système anglo-saxon qui conduit chaque partie à choisir son expert en fonction de ses capacités financières, d'où des possibles distorsions de compétence et de notoriété ;

– d'autre part, l'intervention de « l'expert du juge » permet de disposer d'une synthèse des avis divergents exprimés au nom des parties, et non pas seulement d'une juxtaposition de ces avis qui, dans le système anglo-saxon, peut laisser le juge en difficulté pour apprécier leurs pertinences respectives.

B.
L'expert judiciaire français est inscrit sur une liste établie par l'institution judiciaire

021.41 Avantage du système français Nous l'avons déjà souligné, l'institution judiciaire française entend avoir la maîtrise totale de ses listes d'experts judiciaires dont l'établissement est confié aux 36 cours d'appel réparties sur le territoire français. Cette démarche paraît saine, dès lors que ce sont les juridictions qui connaissent le mieux leurs besoins en experts dans telle ou telle spécialité, ainsi que les exigences de qualité requises à l'égard de ceux-ci.

Ce faisant, la France se distingue de certains pays voisins (comme la Belgique) qui laissent aux bons soins d'organismes professionnels l'établissement des listes d'experts, sur lesquelles les juges vont chercher les techniciens dont ils ont besoin.

§ 2
Recours grandissant à l'expertise civile et délaissement d'autres mesures d'instruction plus simples

021.50 Plan. La complexification des problèmes techniques soumis aux experts (A) conduit au délaissement des mesures d'instruction les plus simples (B).

A.
Complexification des problèmes techniques soumis aux experts

021.61 Importance croissante de l'expertise. L'expertise est, dans tout procès, un mode de preuve essentiel et, depuis un siècle, on assiste à une double évolution :

– on constate que des contentieux de plus en plus nombreux nécessitent le recours à des expertises en raison de la technicité des difficultés qui se posent (ex. : les problèmes de responsabilité médicale sont plus fréquents qu'autrefois) ;

– on relève également que les demandeurs à l'expertise ont des revendications de plus en plus larges. En matière de construction, par exemple, les parties qui engagent une procédure en raison d'un problème majeur profitent souvent de l'expertise pour soumettre à l'expert des questions de moindre importance qui alourdissent d'autant sa mission, les petits désordres de construction pouvant nécessiter parfois de longues investigations.

B.
Délaissement des mesures d'instruction les plus simples

021.71 Délaissement en décalage avec l'objectif des textes. Alors même que l'article 147 du code de procédure civile invite le juge à « limiter le choix de la mesure à ce qui est suffisant pour la solution du litige, en s'attachant à retenir ce qui est le plus simple et le moins onéreux » et que l'article 263 du même code précise que l'expertise « n'a lieu d'être ordonnée que dans le cas où des constatations ou une consultation ne pourraient suffire à éclairer le juge », force est de constater que les mesures d'instruction ordonnées sont, en très grande majorité, des expertises.

021.72 Rappel des autres mesures. On rappellera en effet que l'expertise ne constitue que l'une des mesures prévues par le législateur puisqu'existent également :

– le constat, visé par les articles 249 à 255 du code de procédure civile, mesure la plus simple, qui consiste, comme son nom l'indique, à faire constater un fait et est confié, le plus souvent, à un commissaire de justice, anciennement dénommé huissier de justice ;

– la consultation, régie par les articles 256 à 262 du code de procédure civile, qui constitue une mesure intermédiaire entre le constat et l'expertise et a pour objet de demander à un technicien de donner son avis sur un problème simple qui ne nécessitera souvent qu'une seule réunion et donnera lieu à un rapport succinct.

SECTION 2
L'expertise judiciaire civile comparée à d'autres mesures

021.80 Division. Quand on parle d'expertise judiciaire civile, chaque mot compte pour définir ladite mesure par rapport à d'autres.

§ 1
Expertise judiciaire et expertise administrative

021.91 Différence des deux ordres de juridiction. L'expertise judiciaire, régie par les articles 263 à 284-1 du code de procédure civile, est ordonnée par une juridiction de l'ordre judiciaire (tribunaux judiciaires, tribunaux de commerce, conseil des prud'hommes, cour d'appel...), tandis que l'expertise administrative, réglementée par les articles R. 621-1 à R. 621-14 du code de justice administrative, est diligentée à la demande d'une juridiction administrative (tribunaux administratifs et cours administratives d'appel).

En réalité, nombre d'experts judiciaires sont également experts près une cour administrative d'appel.

021.92 Rapprochement des règles applicables aux expertises. Si les règles applicables à l'expertise judiciaire civile et à l'expertise administrative tendent à se rapprocher, elles présentent encore quelques différences. La procédure applicable aux expertises administratives ne sera pas abordée dans cet ouvrage.

§ 2
Expertise judiciaire et expertise dite privée ou amiable

021.100 Plan. Après avoir exposé les circonstances susceptibles de conduire une ou plusieurs parties à recourir à une expertise privée (A), nous envisagerons les interrogations que cette pratique peut susciter (B).

A.
Circonstances justifiant le recours à une expertise privée

021.111 Expertise privée à la demande des parties en conflit. Il peut arriver que des parties, bien qu'en conflit, s'entendent sur la désignation d'un technicien : en ce cas, l'expertise sera réalisée contradictoirement, c'est-à-dire en présence des parties concernées.

021.112 Expertise privée à la seule demande d'une partie. L'expertise privée est, la plupart du temps, sollicitée par une seule des parties en cause :

- soit pour recueillir un avis éclairé avant d'engager une procédure ;
- soit pour contrer les conclusions d'une expertise judiciaire.

Dans ces deux cas, l'expertise ne sera pas contradictoire, puisqu'elle est réalisée à l'insu de l'adversaire.

B.
Réalisation, par un expert judiciaire, d'expertises privées

021.121 Sollicitation d'un expert judiciaire pour réaliser une expertise privée. Pour contrer les conclusions d'un expert judiciaire, quoi de mieux que de faire appel à un autre expert judiciaire qui bénéficie, *de facto*, d'une réputation de sérieux ?

À cet égard, deux questions peuvent se poser : un expert judiciaire peut-il accepter de réaliser des expertises privées c'est-à-dire d'agir en qualité d'expert de partie et quelle est la valeur de cette expertise produite dans une instance judiciaire pour contrer l'expertise réalisée à la demande du juge ?

021.122 Un expert judiciaire peut-il accepter de réaliser des expertises privées c'est-à-dire d'agir en qualité d'expert de partie ? Il convient de souligner que la position des experts judiciaires face à cette problématique n'est pas univoque : certains acceptent, d'autres refusent par principe.

Rien n'empêche un expert judiciaire de réaliser des expertises privées, mais ceux qui acceptent de le faire doivent se rappeler que, s'ils ne sont pas tenus, en qualité d'expert de partie, de respecter l'obligation d'impartialité à laquelle ils sont astreints lorsqu'ils sont désignés par une juridiction, ils n'en sont pas moins contraints, du fait de leur statut d'expert judiciaire, au respect d'obligations déontologiques. C'est pourquoi, l'expert judiciaire intervenant en qualité d'expert de partie devra toujours prendre le recul nécessaire face aux doléances de son client sous peine d'altérer sa crédibilité, ce qui ne manquerait pas de lui nuire dans le cadre de son activité expertale judiciaire.

021.123 Quelle est la valeur d'une expertise privée produite dans une instance judiciaire civile pour contrer l'expertise réalisée à la demande du juge ? Le juge ne peut écarter des débats une expertise privée, dès lors que la preuve d'un fait juridique est libre et que l'expertise privée est un moyen de preuve comme un autre, dont le juge doit tenir compte dès lors qu'il a été débattu à l'audience. En revanche, il ne peut trancher un litige en se fondant exclusivement sur cette expertise privée, laquelle doit être corroborée par d'autres éléments du dossier (v. ss no 029.222).

En pratique, l'expertise privée sera d'autant moins susceptible d'influencer l'appréciation du juge que l'expert judiciaire aura correctement fait son travail et aura parfaitement explicité ses conclusions.

§ 3
Expertise civile et expertise pénale

021.130 Plan. On verra ce qui distingue l'expertise civile de l'expertise pénale (A), avant d'aborder un type d'expertise particulier, dite « expertise sur intérêts civils » (B).

A.
Distinction expertise civile et expertise pénale

021.141 Différence de nature entre procès pénal et procès civil. Il existe une différence de nature entre le procès pénal et le procès civil :

– le procès pénal met en cause une faute spécifique qualifiée d'infraction (une contravention, un délit ou un crime) et oppose principalement l'auteur des faits au ministère public (représentant la société), même si la victime peut se constituer partie civile pour réclamer des dommages-intérêts (C. pr. pén., art. 536 pour une constitution de partie civile devant le tribunal de police ; C. pr. pén., art. 418 pour une constitution de partie civile devant le tribunal correctionnel ; C. pr. pén., art. 371 pour une constitution de partie civile devant la cour d'assises) ;

– le procès civil, fondé sur la commission d'une faute, qu'il s'agisse d'une faute qualifiée de quasi-délictuelle (C. civ, art. 1240 et 1382 anc.) ou d'un manquement à une obligation contractuelle (C. civ., art. 1231-1), oppose des particuliers dont les intérêts sont divergents.

021.142 Domaine d'intervention variable de l'expert judiciaire en fonction de son domaine d'activité. Selon son domaine de compétence, l'expert aura à connaître plutôt d'expertises civiles (ex. : les experts intervenant en matière de construction) ou d'expertises pénales (ex. : les experts médecins légistes), voire des deux types d'expertise (ex. : les experts « du chiffre » peuvent être sollicités au civil, notamment pour chiffrer la valeur d'une société dans le cadre de litiges commerciaux, mais peuvent également être requis au pénal, par exemple à l'occasion de poursuites diligentées pour abus de biens sociaux contre le dirigeant d'une société).

Il importe donc que l'expert nommé identifie clairement le cadre de sa désignation (par un juge d'instruction, un juge des référés, une formation de jugement en première instance ou en appel...), afin de déterminer l'interlocuteur qui sera le sien en cas de difficulté.

B.
Cas particulier de l'expertise dite « sur intérêts civils »

021.151 Spécificité de l'expertise sur « intérêts civils ». À ce stade, il convient de signaler l'existence d'un type d'expertise particulier, à savoir l'expertise « sur intérêts civils » : elle concerne la plupart du temps les experts médecins qui sont nommés pour apprécier l'importance des blessures subies par les victimes d'une infraction (ex : blessures involontaires résultant d'un accident, blessures volontaires résultant d'une agression).

L'expert est alors désigné par une juridiction pénale, laquelle s'est prononcée sur la culpabilité et la peine à infliger à l'auteur de l'infraction, ainsi que sur la recevabilité de la demande en paiement de dommages-intérêts, mais ne peut statuer sur les dommages-intérêts à allouer sans avoir obtenu les informations nécessaires par le biais d'une expertise. La particularité tient au fait que l'expert, bien que nommé par une juridiction pénale, devra mener son expertise conformément aux règles du code de procédure civile (C. pr. pén., art. 10, al. 2).

§ 4
Expertise judiciaire civile et autres mesures prévues par des textes spéciaux

021.160 Plan. Ces textes spéciaux concernent les experts-comptables auxquels peuvent être confiées des missions qui ne constituent pas des expertises au sens des articles 143 et suivants du code de procédure civile, telles l'évaluation de la valeur de droits sociaux d'un associé (A), l'estimation d'un prix de vente (B) ou la mission confiée par un juge-commissaire (C).

Nous traiterons succinctement de certaines mesures spécifiques prévues par le code civil et le code de commerce, afin qu'aucune confusion ne puisse être faite avec les règles applicables aux expertises judiciaires civiles « classiques ».

A.
Évaluation de la valeur des droits sociaux d'un associé par un tiers évaluateur (C. civ., art. 1843-4)

021.171 Conditions de désignation du tiers évaluateur. L'article 1843-4 du code civil est un instrument de protection de l'associé lorsque celui-ci doit céder ses parts et qu'un désaccord survient sur le prix de cession. En effet, il permet alors au président du tribunal judiciaire (s'il s'agit d'une société civile) ou du tribunal de commerce (s'il s'agit d'une société commerciale) de désigner un tiers évaluateur pour fixer ce prix de cession.

Le recours à l'article 1843-4 du code civil ne peut avoir lieu que dans certaines conditions que rappelle précisément le texte :

C. civ., art. 1843-4, I :

I. – Dans les cas où la loi renvoie au présent article pour fixer les conditions de prix d'une cession des droits sociaux d'un associé, ou le rachat de ceux-ci par la société, la valeur de ces droits est déterminée, en cas de contestation, par un expert désigné, soit par les parties, soit à défaut d'accord entre elles, par jugement du président du tribunal judiciaire ou du tribunal de commerce compétent, statuant selon la procédure accélérée au fond et sans recours possible.

L'expert ainsi désigné est tenu d'appliquer, lorsqu'elles existent, les règles et modalités de détermination de la valeur prévues par les statuts de la société ou par toute convention liant les parties.

II. – Dans les cas où les statuts prévoient la cession des droits sociaux d'un associé ou le rachat de ces droits par la société sans que leur valeur ne soit ni déterminée ni déterminable, celle-ci est déterminée, en cas de contestation, par un expert désigné dans les conditions du 1er alinéa.

L'expert ainsi désigné est tenu d'appliquer, lorsqu'elles existent, les règles et modalités de détermination de la valeur prévues par toute convention liant les parties.

La fixation de la valeur des droits sociaux par un tiers évaluateur est donc obligatoire dans deux cas.

Elle est nécessaire lorsque la loi commande son application : les cas sont nombreux et ne peuvent être ici listés. Elle s'impose également lorsque les statuts prévoient la cession ou le rachat des droits sociaux d'un associé sans avoir fixé une valeur déterminée ni déterminable.

021.172 Spécificité de l'intervention du juge et du tiers évaluateur. Le juge est ainsi appelé à intervenir lorsque les parties concernées ne sont pas d'accord sur le choix du tiers évaluateur : son seul rôle consiste alors à désigner ce tiers chargé d'évaluer les droits sociaux, sans qu'il puisse moduler sa mission ; de même, le juge ne fixe aucun délai pour la réalisation de cette opération et n'exerce aucun contrôle sur son suivi. Enfin, il ne fixe aucune provision et ne rend, au terme de la mission, aucune ordonnance de taxe fixant la rémunération du tiers évaluateur puisque les honoraires de ce dernier sont définis soit par les statuts, soit par la lettre de mission du tiers évaluateur.

De son côté, le tiers évaluateur est tenu de fixer le prix des parts sociales en fonction des critères définis par les statuts (ou une convention liant les parties à condition que l'associé ait agréé ladite convention) et ce n'est donc qu'en l'absence de règles de valorisation qu'il est libre de mettre en œuvre les critères qu'il juge les plus appropriés.

Ce tiers évaluateur doit fixer la valeur des droits sociaux à la date la plus proche de celle du paiement à défaut de dispositions statutaires prévoyant une autre date :

Com. 8 nov. 2023, no 22-11.766, *D.* 2023. 2005 ; *Rev. sociétés* 2024. 182, note G. Pillet ; *RTD civ.* 2024. 133, obs. P.-Y. Gautier, sommaire : « Il résulte de l'article 1843-4 du code civil qu'en l'absence de dispositions statutaires prévoyant une autre date, la valeur des droits sociaux de l'associé qui se retire doit être déterminée à la date la plus proche de celle à laquelle le remboursement interviendra ou, le cas échéant, est intervenu en application des statuts. »

Il peut se trouver confronté à deux types de situations :

– soit la fixation du prix relève d'éléments qu'il maîtrise : le tiers évaluateur doit alors déterminer le prix de cession et ne peut se contenter de fournir une simple fourchette de prix ou plusieurs valeurs ;

– soit la fixation du prix dépend d'éléments qu'il ne maîtrise pas, telle une question de droit qui relève de la seule compétence du juge, ou un aléa de fait susceptible d'en modifier le prix. Il doit alors fournir au juge plusieurs évaluations correspondant à des interprétations différentes (ceci afin d'éviter des allers-retours inutiles et longs entre l'expert et le juge) ou à des situations de fait différentes :

Com. 17 janv. 2024, no 22-15.897, *D.* 2024. 109 ; *D.* 1832, obs. E. Lamazerolles, J.-M. Moulin et A. Rabreau ; *Rev. sociétés* 2024. 568, note J.-J. Ansault, sommaire : « Il résulte de l'article 1843-4, II, du code civil que si l'expert est tenu d'appliquer, lorsqu'elles existent, les règles et modalités de détermination de la valeur des droits sociaux prévues par toute convention liant les parties, il incombe au juge d'interpréter, s'il y a lieu, la commune intention des parties à la convention. En application de ces principes, l'expert peut, afin de ne pas retarder le cours de ses opérations, retenir différentes évaluations correspondant aux interprétations de la convention respectivement revendiquées par les parties, à charge pour le juge, après avoir procédé à la recherche nécessaire de la commune intention des parties, d'appliquer l'évaluation correspondante, laquelle s'impose alors à lui. »

L'évaluation du tiers estimateur ne constitue pas seulement un avis (comme celui que donne l'expert judiciaire au juge), mais s'impose à la fois au juge et aux parties, de sorte que le juge ne peut, en aucun cas, réviser une valeur qu'il estimerait erronée :

> **Com. 19 avr. 2005, nº 03-11.790,** *Bull.* nº 95 ; *D.* 2005. 1289, obs. A. Lienhard ; *D.* 2950, obs. J.-C. Hallouin et E. Lamazerolles ; *RTD civ.* 2005. 613, obs. P.-Y. Gautier ; *RTD com.* 2005. 537, obs. C. Champaud et D. Danet ; *RTD com.* 2006. 183, obs. B. Bouloc, sommaire : « En se remettant, en cas de désaccord sur le prix de cession de droits sociaux, à l'estimation d'un expert désigné conformément à l'article 1843-4 du code civil, les contractants font de la décision de celui-ci leur loi et, à défaut d'erreur grossière, il n'appartient pas au juge de remettre en cause le caractère définitif de cette décision. L'expert dispose de toute latitude pour procéder à cette estimation selon les critères qu'il juge opportun sans avoir à respecter le principe de la contradiction. »

Il n'y a qu'en cas d'erreur grossière du tiers évaluateur que l'estimation de celui-ci peut être remise en cause ; à titre d'exemple, on peut citer l'erreur grossière résultant du fait, pour l'expert, d'avoir fixé le prix d'un terrain sans tenir compte d'un projet de construction d'un lotissement susceptible d'en modifier l'évaluation ; dans cette situation, l'expert aurait dû fournir au juge deux estimations, l'une prenant en compte la réalisation de ce projet, l'autre non :

> **Com. 11 mai 2023, nº 21-21.027,** *AJDI* 2023. 542 : « 6... Il (l'arrêt de la cour d'appel) ajoute, par motifs propres, que toutes les réserves émises par l'experte dans son rapport montrent que l'élaboration même d'un projet de construction d'un lotissement est conditionnée à une recherche préalable de faisabilité, quand bien même le terrain serait situé en zone constructible, de sorte que l'experte aurait dû, pour éclairer complètement le tribunal, fournir une estimation des actifs de la société dans l'hypothèse où le lotissement ne serait pas construit, et qu'ainsi, l'erreur grossière caractérisée par le tribunal affecte non pas le fond des conclusions de l'experte, mais le point de vue unilatéral qu'elle a adopté malgré l'existence d'éléments concrets commandant de chiffrer la situation alternative de non-construction du lotissement. 7. La cour d'appel, qui n'a pas considéré que le rapport d'expertise était incomplet mais qu'il était entaché d'une erreur grossière, a exactement déduit de ces énonciations et appréciations que les demandes de Mme X tendant à l'adoption des conclusions de ce rapport, à la fixation du montant de ses parts sociales à la valeur retenue par l'experte et à la condamnation de la SCI à lui payer ce montant devaient être rejetées. »

Ces nombreuses spécificités sont totalement contraires aux règles applicables en matière d'expertise civile « classique » ; c'est la raison pour laquelle on ne parle pas de l'intervention d'un expert mais d'un tiers évaluateur. Mais la Cour de cassation a approuvé une cour d'appel qui avait estimé que la mention « rapport d'expertise judiciaire » figurant en en-tête des conclusions du tiers évaluateur constituait « une simple erreur de plume sans influence sur le contenu du rapport » (Com. 26 sept. 2018, nº 15-26.172, NP).

B.
Évaluation d'un prix de vente par un tiers évaluateur (C. civ., art. 1592)

021.181 Spécificité de la mission de l'article 1592 du code civil. L'article 1592 du code civil concerne l'hypothèse dans laquelle une vente est librement conclue entre des parties qui conviennent que le prix sera fixé ultérieurement en fonction de certains critères, avec possibilité de recourir à un tiers évaluateur :

> **C. civ., art. 1592** :
> Il peut cependant être laissé à l'estimation d'un tiers ; si le tiers ne veut ou ne peut faire l'estimation, il n'y a point de vente, sauf estimation par un autre tiers.

Cette estimation se distingue de celle prévue par l'article 1843-4 du code civil pour plusieurs raisons :

– elle n'intervient pas vraiment dans le cadre d'un litige, mais plutôt d'un contrat qu'il convient de compléter ;

– le recours au tiers évaluateur est facultatif ;

– le juge ne peut intervenir que si les parties lui ont confié le soin de désigner le tiers évaluateur.

– le tiers évaluateur est, dans cette hypothèse, le mandataire des parties de sorte qu'il doit respecter leurs directives et que son mandat est irrévocable. Son évaluation a force obligatoire, sauf erreur sur la substance, dol, violences, dépassement du mandat ou erreur grossière.

Là encore, on est très loin des règles applicables en matière d'expertise civile « classique ».

C. Mission confiée à un technicien par le juge-commissaire chargé des procédures collectives (C. com., art. L. 621-9)

021.191 Spécificité de la mission de l'article L. 621-9 du code de commerce. L'article L. 621-9 du code de commerce donne pouvoir au juge-commissaire en charge des procédures de sauvegarde d'entreprise, de désigner un technicien :

> **C. com., art. L. 621-9, al. 2 :**
> Lorsque la désignation d'un technicien est nécessaire, seul le juge-commissaire peut y procéder en vue d'une mission qu'il détermine, sans préjudice de la faculté pour le tribunal prévue à l'article L. 621-4 de désigner un ou plusieurs experts. Les conditions de la rémunération de ce technicien sont fixées par un décret en Conseil d'État.

Mais il a été jugé qu'en cette matière, les règles de l'expertise judiciaire ne sont pas applicables :

> **Com. 24 nov. 1998, nº 94-19.890,** *Bull.* nº 120 :
> « Mais attendu, en premier lieu, qu'après avoir relevé que M. A avait été chargé par le juge-commissaire, dans l'exercice des pouvoirs qui lui sont attribués par application de l'article 14 de la loi du 25 janvier 1985, d'une mission d'évaluation de la valeur de la marque X, la cour d'appel en a exactement déduit que, ne s'agissant pas d'une mesure d'instruction au sens des articles 155 et suivants du nouveau code de procédure civile, M. A n'était pas tenu d'appliquer les règles de forme prévues par ces textes et qu'il n'y avait pas lieu d'écarter des débats ce rapport établi à titre de simple renseignement dès lors qu'il avait été régulièrement communiqué et discuté par les parties ; »

Désignation de l'expert

CHAPITRE
022

022.00 **Division.** Après avoir rappelé que l'expert peut être nommé en référé ou par des juges du fond (sect. 1), nous examinerons en détail la décision qui le désigne (sect. 2).

SECTION 1

Modalités de désignation de l'expert

022.10 **Division.** La désignation de l'expert a généralement lieu en référé (§ 1), mais peut aussi être le fait du juge du fond (§ 2). Dans tous les cas, la décision doit comporter un certain nombre de précisions.

§ 1 Désignation de l'expert en référé

A. Nombre des désignations en référé

022.21 **Statistiques.** Les expertises ordonnées « en référé » sont, de très loin, les plus nombreuses puisqu'elles représentent l'essentiel des expertises.

La décision est rendue par un juge unique, le juge des référés, et prend le nom d'ordonnance, laquelle est définie comme « une décision provisoire rendue à la demande d'une partie, l'autre présente ou appelée, dans les cas où la loi confère à un juge qui n'est pas saisi du principal le pouvoir d'ordonner immédiatement les mesures nécessaires » (C. pr. civ., art. 484) ; elle se distingue d'un jugement qui tranche généralement une question au fond.

B.
Grande latitude accordée au juge pour ordonner ou non l'expertise

022.31 Conditions de désignation d'un expert en référé. L'article 145 du code de procédure civile prévoit qu'une mesure d'instruction peut être ordonnée à la demande de tout intéressé, sur requête ou en référé, « s'il existe un motif légitime de conserver ou d'établir avant tout procès la preuve de faits dont pourrait dépendre la solution d'un litige », ce qui suppose, d'une part, l'absence de toute instance engagée au fond et, d'autre part, la légitimité de la demande d'expertise.

Cet article 145 prévoit donc des règles spécifiques en matière de référé par rapport à l'article 146 du code de procédure civile relatif aux mesures d'instruction ordonnées par un juge du fond :

> **C. pr. civ., art. 146 :**
> Une mesure d'instruction ne peut être ordonnée sur un fait que si la partie qui l'allègue ne dispose pas d'éléments suffisants pour le prouver.
> En aucun cas une mesure d'instruction ne peut être ordonnée en vue de suppléer la carence de la partie dans l'administration de la preuve.

Toutefois, il résulte de la jurisprudence que l'article 146 n'est pas applicable lorsque le juge est saisi en référé sur le fondement de l'article 145 du code de procédure civile :

> **Civ. 2e, 10 mars 2011, no 10-11.732 ;** *Bull.* no 65, sommaire, *RD publ.* 2011, no 06, p. 161, Gabriele Mecarelli : « L'article 146 du code de procédure civile est sans application lorsque le juge est saisi sur le fondement de l'article 145 du même code. La mesure d'instruction sollicitée avant tout procès relève des seules dispositions de ce dernier texte. »

022.32 Cas particulier du référé préventif. Le référé préventif correspond à la procédure de référé à laquelle il est recouru avant la survenance de tout dommage.

À titre d'exemple, on peut citer les expertises suivantes :

– l'expertise ordonnée aux fins d'établir un état des lieux contradictoire non dressé lors de l'entrée en jouissance des preneurs :

> **Civ. 3e, 24 févr. 1999, no 97-15.931,** *Bull.* no 48, sommaire : « Justifie sa décision ordonnant une expertise aux fins d'établissement d'un état des lieux contradictoire la cour d'appel qui, après avoir relevé qu'aucun état des lieux n'avait été établi lors de l'entrée en jouissance des preneurs et que l'expert devait tenter de déterminer les modifications intervenues depuis cette date, constate le conflit opposant les parties et retient souverainement que la mesure d'instruction sollicitée, permettant de conserver la preuve de faits dont pourrait dépendre la solution d'un litige ultérieur, est légitime. »

– l'expertise ordonnée avant le début de travaux de construction susceptible de porter atteinte à la stabilité des immeubles voisins :

> **Civ. 3e, 16 févr. 2022, no 21-11.926,** P, sommaire : « Les règles du code de l'environnement relatives aux travaux effectués à proximité des ouvrages constituant les réseaux souterrains, aériens ou subaquatiques de transport ou de distribution n'excluent pas la possibilité d'engager une procédure de référé préventif sur le fondement de l'article 145 du code de procédure civile. »

C.
Particularité du rôle du juge des référés

022.41 Audiences très chargées du juge des référés. Les audiences de référé comportent un « rôle » (c'est-à-dire une liste d'affaires à examiner) particulièrement chargé, de sorte que le juge des référés dispose de peu de temps pour traiter chaque affaire, choisir l'expert et prévoir sa mission ; les ordonnances de référé comportent donc, très souvent, des missions d'expertise « type », c'est-à-dire de missions prérédigées et standardisés pour chaque type de problème (mission d'évaluation du préjudice corporel, mission en matière de responsabilité médicale, mission en droit de la construction, mission en matière d'expertise automobile, etc.)

Bien évidemment, le juge des référés garde la possibilité d'individualiser chaque mission d'expertise en fonction des difficultés spécifiques d'un dossier et de la demande spéciale d'une partie tendant à faire procéder à certaines investigations. Encore faut-il que l'attention du magistrat soit attirée sur ce point par l'avocat qui représente les parties, ce qui n'est pas toujours le cas du fait des substitutions d'avocats à l'audience, assez fréquentes en référé.

Le juge des référés a donc un rôle difficile, mais essentiel puisque l'on considère qu'une « bonne expertise » requiert préalablement une « bonne mission », c'est-à-dire une mission dont le libellé est parfaitement adapté au problème soumis.

Notons toutefois qu'après le prononcé de l'ordonnance de référé, il sera encore possible aux parties de solliciter, auprès d'un autre juge, une modification de la mission si celle-ci s'avérait inadaptée au problème posé.

022.42 Caractère ponctuel de l'intervention du juge des référés. Une fois l'ordonnance de référé rendue, le juge des référés est dessaisi de l'affaire : ce ne sera donc pas lui qui sera chargé du suivi de l'expertise, lequel relève de la compétence d'un autre magistrat du tribunal judiciaire, appelé « juge chargé du contrôle des expertises » (v. s[s] n° 026.21).

§ 2
Désignation de l'expert par un juge du fond

A.
Caractéristiques de la désignation de l'expert

022.51 Désignation possible de l'expert à tout moment de la procédure. L'expertise peut aussi être ordonnée par un juge du fond, soit en début de procédure, soit à « en tout état de cause » c'est-à-dire à tout moment de celle-ci si le juge estime qu'il manque d'éléments techniques pour rendre sa décision (C. pr. civ., art. 144).

022.52 Caractéristiques de l'expertise ordonnée par le juge du fond. Lorsque l'expertise est ordonnée par un juge du fond, l'expert est alors missionné par un jugement et l'expertise fait alors l'objet d'un suivi, non pas par le juge chargé du contrôle des expertises (qui ne s'occupe que les expertises ordonnées en référé), mais par l'un des juges de la chambre ayant ordonné l'expertise, à savoir, très souvent, le juge de la mise en état (C. pr. civ., art. 789)

Il peut également arriver (mais relativement rarement) que la mesure d'expertise soit ordonnée au stade de l'appel, auquel cas l'expertise est ordonnée par un arrêt et sera suivie par le conseiller de la cour d'appel désigné à cet effet.

B.
Latitude accordée au juge pour ordonner ou non l'expertise

022.61 Appréciation souveraine des juges sur le recours à l'expertise. En tout état de cause, les juges sont souverains pour apprécier le bien-fondé d'une telle demande :

> **Civ. 1re, 6 janv. 1998, n° 95-19.902,** *Bull.* 3 : « Attendu, ensuite, qu'il s'agissait de suppléer non pas la carence de la partie dans l'administration de la preuve, mais l'impossibilité d'établir cette preuve ; que, dès lors, le grief, pris de la violation de l'article 146, alinéa 2, du nouveau code de procédure civile se heurte au pouvoir discrétionnaire des juges du fond d'ordonner ou non une mesure d'instruction ; »
>
> **Civ. 2e, 26 juin 2001, n° 99-21.479 ;** *Bull.* 191, *RDSS* 2001. 785, obs. G. Mémeteau et M. Harichaux : « Mais attendu que les juges du fond, qui ont souverainement apprécié la carence de la clinique à produire des documents de nature à démontrer ses allégations, et à réclamer à son contradicteur tout justificatif de situation en temps utile, ont fait en conséquence à bon droit application des dispositions de l'article 146, alinéa 2, du nouveau code de procédure civile, aux termes desquelles “en aucun cas une mesure d'instruction ne peut être ordonnée en vue de suppléer la carence de la partie dans l'administration de la preuve ; »
>
> **Civ. 2e, 16 déc. 2004, n° 02-15.519 ;** *Bull.* 529, *D.* 2005. 312 : « Et attendu que la cour d'appel, qui appréciait souverainement la valeur des éléments de preuve qui lui était soumis et l'utilité des mesures d'instruction, tout comme l'étendue de la mission de l'expert, n'a pas excédé ses pouvoirs ; »

022.62 Refus d'ordonner une mesure d'expertise. En pratique, il est rare que la demande d'expertise soit rejetée. En témoigne notamment le nombre important d'expertises ordonnées notamment en matière de désordres de construction, en matière d'estimations immobilières et en matière de réparation de préjudice corporel.

Toutefois, la demande peut être rejetée lorsqu'elle repose sur de simples allégations du demandeur, non corroborées par la production de pièces :

> **Civ. 1re, 4 févr. 1981, n° 79-12-908,** *Bull.* n° 43, sommaire : « Applique à bon droit les dispositions de l'article 146, alinéa 2 du nouveau Code de procédure civile aux termes desquels “en aucun cas une mesure d'instruction ne peut être ordonnée en vue de suppléer la carence de la partie dans l'administration de la preuve”, une cour d'appel qui estime souverainement que l'allégation d'une partie ne s'appuie “sur aucun élément précis permettant de lui faire crédit”. »
>
> **Soc. 7 oct. 1982, n° 80-41.427,** *Bull.* n° 540, sommaire : « Le juge du fond, qui estime “que le demandeur n'apporte aucun élément à l'appui de ses allégations, fait à bon droit application en la cause des

dispositions de l'article 146, alinéa 2, du code de procédure civile, aux termes duquel "en aucun cas une mesure d'instruction ne peut être ordonnée en vue de suppléer la carence de la partie dans l'administration de la preuve". »

Civ. 1re, 26 juin 2001, no 99-21.479, *Bull.* no 191 ; *RDSS* 2001. 785, obs. G. Mémeteau et M. Harichaux : « Mais attendu que les juges du fond, qui ont souverainement apprécié la carence de la clinique à produire des documents de nature à démontrer ses allégations, et à réclamer à son contradicteur tout justificatif de situation en temps utile, ont fait en conséquence à bon droit application des dispositions de l'article 146, alinéa 2, du nouveau code de procédure civile, aux termes desquelles "en aucun cas une mesure d'instruction ne peut être ordonnée en vue de suppléer la carence de la partie dans l'administration de la preuve" ; que le moyen n'est pas fondé ; »

De même, les juges peuvent refuser d'ordonner une expertise lorsque le demandeur dispose d'autres moyens pour établir la preuve de ses allégations :

Civ. 1re, 2 mars 2004, no 02-15.211, *Bull.* no 70, sommaire ; *D.* 2004. 1212 ; *AJDI* 2004. 745, obs. M. Olivier ; *AJ fam.* 2004. 286, obs. F. Bicheron ; *RTD civ.* 2004. 485, obs. J. Hauser : « Fait une exacte application de l'article 146, alinéa 2, du nouveau code de procédure civile une cour d'appel qui, pour rejeter une demande de mesure d'expertise formée par des héritiers à l'effet de connaître l'état de santé de leur auteur à la date où il a testé, retient que ceux-ci auraient pu établir l'insanité d'esprit alléguée autrement que par la mesure d'instruction sollicitée. »

022.63 Admission des demandes d'expertise. Il est fait droit à la demande d'expertise :

– lorsque le demandeur à l'expertise rapporte la preuve d'une contrefaçon mais ne peut établir son préjudice que par des pièces détenues par l'adversaire :

Ch. mixte. 6 juill. 1984, no 80-12.965, P, sommaire : « Viole l'article 146, alinéa 2, du nouveau code de procédure civile, la cour d'appel qui, alors que la preuve de la contrefaçon alléguée était rapportée, refuse d'ordonner une expertise aux fins de déterminer l'étendue du préjudice qui ne pouvait être établie que par des recherches de pièces auxquelles les demandeurs ne pouvaient procéder eux-mêmes. »

– lorsque l'administration fiscale, demanderesse à l'expertise, établit la forte probabilité d'une irrégularité, mais ne dispose pas des éléments comptables propres à établir les faits :

Com. 1er mars 1994, no 91-16.751, *Bull.* no 89 ; *D.* 1994. 122 : « Mais attendu qu'après avoir constaté que l'Administration des impôts établissait la forte probabilité d'un transfert de la charge fiscale par assimilation des droits litigieux à la taxe sur la valeur ajoutée et, par référence, aux usages du commerce, l'arrêt relève que cette Administration ne détenait pas les documents comptables propres à établir les faits qu'elle allègue ; que la cour d'appel a pu déduire que l'Administration des impôts, en sollicitant une expertise, n'entendait pas voir suppléer sa carence dans l'Administration de la preuve lui incombant ; »

C. Importance de l'intitulé de la décision nommant l'expert

022.71 Informations résultant de l'intitulé de la décision ordonnant l'expertise. L'expert doit être attentif à l'intitulé de la décision qui le nomme, lequel constitue déjà une information importante quant au contexte de sa désignation, l'avancement de la procédure et l'identification du juge qui constituera son interlocuteur en cas de difficulté.

SECTION 2 Décision nommant l'expert

022.80 Division. Une fois explicitée la structure de toute décision de justice nommant un expert (§ 1), nous verrons que celle-ci prévoit, dans son dispositif, les précisions indispensables au technicien pour organiser ses opérations (§ 2 à 7).

§ 1 Structure de la décision de justice nommant l'expert

022.91 Structure des décisions civiles. À l'intention des candidats experts, je précise que toutes les décisions judiciaires en matière civile répondent à la même structure :

– mentions permettant l'identification du dossier, des parties et des avocats, à savoir l'intitulé de la décision (qui peut être une ordonnance, un jugement ou un arrêt), accompagné de la date de son prononcé, les références d'enregistrement au greffe, ainsi que le nom et l'adresse des parties, demandeurs ou défendeurs, avec la mention et les coordonnées de leurs avocats respectifs

- rappel des faits et de la procédure ;
- prétentions des demandeurs et arguments en défense ;
- motifs de la décision exposant les raisons pour lesquelles le juge a statué dans tel ou tel sens ;
- dispositif de la décision, lequel commence toujours par l'intitulé « Par ces motifs » et résume la décision du juge ;
- nom des magistrats ayant rendu la décision, qui figure soit au début, soit à la fin, avant la signature de celle-ci.

Lorsque la décision ordonne une expertise, l'article 265 du code de procédure civile prévoit les mentions indispensables que l'on retrouve dans le dispositif indiquant le nom et les coordonnées du ou des experts, le libellé de la mission et le délai imparti pour déposer le rapport. Il est aussi indiqué le montant de la consignation tendant à assurer la rémunération de l'expert et la partie qui doit la verser.

En revanche, les ordonnances de référé mandatant un expert ne comportent souvent que peu d'informations sur les faits, les arguments des parties et les motifs, généralement très succincts puisque la défense a souvent peu d'objections à opposer à la demande d'expertise.

§ 2
Nombre d'experts nommés

022.100 Plan. Après avoir rappelé le texte (A), nous verrons qu'en pratique, les juges ne désignent généralement qu'un seul expert (B), réservant le choix d'un collège d'experts aux affaires les plus délicates (C).

A.
Texte

022.111 Désignation d'un ou plusieurs experts. Le texte indique qu'« il n'est désigné qu'une seule personne à titre d'expert à moins que le juge n'estime nécessaire d'en nommer plusieurs » (C. pr. civ., art. 264).

B.
Désignation d'un seul expert dans la très grande majorité des cas

022.121 Motifs conduisant à la désignation d'un seul expert. La plupart du temps, le juge ne désigne qu'un seul expert pour des raisons tenant aux délais et coûts de l'expertise, plus importants lorsqu'est désigné un collège d'experts mais également en raison des difficultés inhérentes au fonctionnement d'un collège d'experts (coordination des actions de chacun, avis divergents, voire mésentente des différents experts) ; au demeurant, lorsque le juge désigne un collège d'experts, il lui est recommandé d'une part, de s'assurer préalablement de ce que les experts nommés travailleront en bonne intelligence et, d'autre part, de désigner parmi eux, un expert coordonnateur qui gérera seul l'aspect administratif et notamment les relations avec le juge.

C.
Possibilité de recourir à la désignation de plusieurs experts

022.131 Désignation de plusieurs experts de spécialités différentes. La désignation de plusieurs experts peut être indispensable ou opportune dans des circonstances particulières.

Tel a pu être le cas, en matière médicale, pour des infections sérielles (c'est-à-dire des infections de même nature affectant un grand nombre de personnes) constatées sur des patients hospitalisés dans un même établissement de soins, résultant de la bactérie Xenopi pour lesquelles les juges ont ordonné, d'une part, des expertises médicales pour apprécier le préjudice corporel des victimes et, d'autre part, des expertises techniques relatives à l'organisation des locaux suspectés d'avoir favorisé la propagation de ladite bactérie.

Il peut s'agir aussi de l'hypothèse d'une panne de machines industrielles pour laquelle il peut être nécessaire d'ordonner à la fois une expertise technique permettant de déceler l'origine de la panne constatée, et une expertise comptable en vue de chiffrer les pertes d'exploitation résultant de ladite panne.

022.132 Désignation de plusieurs experts de même spécialité. On peut désigner plusieurs experts de même spécialité, lorsque l'expertise est délicate et/ou porte sur des enjeux financiers considérables justifiant un double, voire un triple regard d'experts.

022.133 Textes spéciaux prévoyant la désignation de plusieurs experts. Il existe des cas dans lesquels les textes eux-mêmes imposent au juge de désigner plusieurs experts. À titre d'exemple, on peut citer l'article 1678 du code civil concernant la rescision pour lésion dans le prix d'un immeuble de plus de 7/12e, qui précise que celle-ci doit être constatée par trois experts.

§ 3
Choix de l'expert

022.140 Plan. Il convient de distinguer le principe (A) de la pratique (B).

A.
Principe

022.151 Possibilité de désigner toute personne de son choix. Le texte prévoit que « le juge peut commettre toute personne de son choix », de sorte qu'il n'est pas tenu de désigner un expert figurant sur les listes de cour d'appel (C. pr. civ., art. 232).

B.
Pratique

022.161 Choix prioritaire d'un expert figurant sur une liste de cour d'appel. En pratique, les juges choisissent prioritairement des experts figurant sur les listes car l'inscription sur celles-ci. constitue à la fois un gage de compétence technique et l'assurance du respect, par l'expert, des règles déontologiques et procédurales indispensables à la validation de son expertise.

Il n'est recouru à un expert hors listes que dans des cas spécifiques, notamment lorsqu'il n'existe, sur les listes disponibles, aucun expert dans la spécialité recherchée (ex. : recherche d'un expert en art africain d'une période donnée).

Au demeurant, il est parfois fait grief aux juges de désigner plus volontiers des experts judiciaires qu'ils connaissent déjà et dont ils ont pu apprécier la qualité du travail. S'il est vrai que cette façon de procéder se justifie par un souci de sécurité, il peut faire obstacle à la désignation de nouveaux experts qui, de ce fait, ont parfois des difficultés à obtenir des missions et à faire leur preuve. Afin de concilier ces impératifs contraires, il peut être conseillé aux juges de faire appel à de nouveaux experts à l'occasion d'expertises simples et aux compagnies d'experts judiciaires d'organiser des systèmes de tutorat permettant aux experts nouvellement nommés de bénéficier des conseils de techniciens plus expérimentés.

022.162 Contraintes résultant du choix d'un expert hors listes. Lorsque le juge désigne un expert hors listes, deux exigences supplémentaires sont à satisfaire :

- le juge doit motiver spécialement sa décision puisqu'il lui est fait obligation d'exposer « les circonstances qui rendent nécessaire... la désignation en tant qu'expert d'une personne ne figurant pas sur l'un des listes établies en application de l'article 2 de laloin° 71-498 du 29 juin 1971 relative aux experts judiciaires » (C. pr. civ., art. 265, al. 2) ;
- l'expert doit prêter serment :
  - l'expert inscrit sur une liste de cour d'appel, quelle qu'elle soit, n'a pas besoin de prêter serment puisqu'il l'a fait, une fois pour toutes, devant la cour d'appel dont il relevait lors de son inscription ;
  - en revanche, l'expert désigné « hors listes » doit prêter serment à chaque fois qu'il accepte une mission. Toutefois l'absence de prestation de serment n'est sanctionnée par la nullité de l'expertise que si elle a causé un grief :

> **Civ. 1re, 19 oct. 2016, n° 15-25.879,** *Bull.* n° 197, sommaire ; *D.* 2016. 2167 ; *D.* 2017. 470, obs. M. Douchy-Oudot ; *AJ fam.* 2016. 603, obs. J. Casey ; *RTD civ.* 2017. 105, obs. J. Hauser ; *RTD civ.* 108, obs. J. Hauser : « Le défaut de prestation de serment d'un expert ne constitue pas une irrégularité de fond. Il s'agit d'un vice de forme qui ne peut conduire à la nullité des opérations d'expertise, par application de l'article 114, dernier alinéa, du code de procédure civile, que si celui qui l'invoque prouve le grief que lui cause l'irrégularité. »

022.163 Modalités de désignation d'un expert honoraire. Pour rappel (v. ss nos 015.51 et 015.52) :

- les experts honoraires doivent être nommés par une décision spécialement motivée, dès lors qu'ils ne figurent plus sur la liste des experts ;
- les experts honoraires n'ont pas besoin de prêter serment, puisqu'ils conservent le bénéfice du serment qu'ils ont prêté une fois pour toutes devant la cour d'appel au moment où ils ont été nommés expert judiciaire.

§ 4
Mission de l'expert

022.170 Plan. Si le juge apprécie souverainement le contenu de la mission confiée à l'expert (A), il importe que celle-ci soit rédigée en termes clairs et précis (B) et qu'elle concerne un problème technique (C).

A.
La mission de l'expert est souverainement appréciée par le juge

022.181 Mission relevant du pouvoir souverain des juges du fond. La Cour de cassation n'exerce aucun contrôle sur le libellé des missions d'expertise ordonnées par les juges du fond :

> **Civ. 1re, 26 nov. 1980, no 79-13.870,** *Bull.* no 308 : « Et attendu que la seconde branche du moyen, qui critique la mission donnée à l'expert, se heurte au pouvoir souverain reconnu aux juges du fond pour fixer l'étendue de cette mission, qui ne peut être remise en cause devant la Cour de cassation ; »

B. La mission de l'expert doit être rédigée en termes clairs et précis

022.191 Mission à rédiger avec soin. Le libellé de la mission incombe au juge (C. pr. civ., art. 265), lequel doit y apporter un soin particulier puisqu'il est courant de dire « qu'une bonne expertise requiert, avant tout, une bonne mission », c'est-à-dire une mission qui sera à la fois suffisamment précise pour poser à l'expert les bonnes questions, mais suffisamment large pour lui permettre d'aborder toutes les difficultés posées par le litige.

Les juges des référés disposent de diverses « trames », qui ont été élaborées en fonction du type de litiges soumis et peuvent être modifiées pour tenir compte des spécificités de l'affaire (v. ss no 022.41).

022.192 Possibilité de tenir une conférence pour déterminer les termes de la mission. Lorsque le juge hésite sur le contenu de la mission, il peut recourir à la tenue d'une conférence, prévue par la décision afin de « fixer une date à laquelle l'expert et les parties se présenteront devant le juge qui l'a rendue ou devant le juge chargé du contrôle pour que soient précisés la mission et, s'il y a lieu, le calendrier des opérations » (C. pr. civ., art. 266).

Toutefois, c'est une possibilité assez peu utilisée en raison du temps et de la disponibilité qu'elle exige du juge, de l'expert et des parties.

C. La mission de l'expert doit être technique

022.200 Plan. Si l'expertise ne peut porter que sur une question de fait (1), force est de constater que cette prescription peut se révéler d'une application délicate (2).

1. *Texte*

022.211 Expertise portant sur une question de fait. Il est précisé que « le juge peut commettre toute personne de son choix pour l'éclairer… sur une question de fait qui requiert les lumières d'un technicien » (C. pr. civ., art. 232).

L'article 232 du code de procédure civile signifie, en creux, que le juge ne peut déléguer à l'expert une mission qu'il lui appartient de remplir personnellement, notamment en raison des appréciations juridiques qu'elle suppose. La jurisprudence est toutefois relativement contrastée sur ce point, ainsi qu'il résulte des explications figurant ci-après.

Cette exigence est à distinguer de l'interdiction, faite par ailleurs aux experts, de porter des appréciations juridiques, sujet qui sera traité ultérieurement (v. ss no 025.310).

2. *Jurisprudence*

022.221 Missions invalidées. La Cour de cassation a évidemment censuré les missions consistant finalement à demander à l'expert de faire le travail du juge :

– le juge ne peut demander à l'expert de dire si un représentant licencié a droit à une indemnité complémentaire de préavis et à une indemnité de licenciement :

> **Soc. 26 nov. 1969,** *Bull.* no no 641, sommaire : « A violé l'article 302 du code de procédure pénale, la cour d'appel qui donne pour mission à un expert de rechercher si un représentant licencié a droit à l'indemnité complémentaire de préavis et à l'indemnité légale de licenciement prévues par l'ordonnance du 7 juillet 1967. »

– le juge ne peut demander à l'expert d'apprécier la portée d'une convention intervenue entre des propriétaires de terrains :

> **Civ. 3e, 13 nov. 1974, no 73-11.654,** *Bull.* no 415, sommaire : « D'après l'article 302 du code de procédure civile, applicable en l'espèce, l'expertise ordonnée par un jugement ne peut porter que sur des questions purement techniques. Par suite, encourt la cassation l'arrêt qui confie à l'expert designé le soin d'apprécier la portée d'une convention intervenue entre les propriétaires de terrains contigus et notamment la création ou non par cette convention d'une servitude "non *aedificandi*" contestée. »

– le juge ne peut davantage demander à l'expert de dire si le défendeur est redevable de la somme réclamée par le demandeur :

> **Civ. 1re, 8 janv. 1980, no 78-14.956,** *Bull.* no 16, sommaire : « Il résulte de l'article 232 du nouveau code de procédure civile que le juge ne peut recou-

rir à une mesure d'instruction que pour s'éclairer sur une question de fait qui requiert les lumières d'un technicien. Méconnaît cette disposition le juge qui charge un expert de dire si le défendeur est redevable, envers le demandeur, de la somme qui lui est réclamée. »

– le juge ne peut demander à l'expert de dire si une société a exercé son activité en conformité avec la réglementation en vigueur concernant les quotas laitiers :

Civ. 2e, 9 déc. 1997, no 95-10.798, NP : « Vu l'article 232 du nouveau code de procédure civile ; Attendu que le juge ne peut recourir à une mesure d'expertise que pour éclairer une question de fait qui requiert les lumières d'un technicien ; Attendu que la mission donnée à l'expert par le juge des référés et confirmée par la cour d'appel comporte celle de "rechercher et vérifier si X, depuis la mise en vigueur de la législation sur les quotas laitiers, gère en conformité avec la réglementation en vigueur, pour chaque campagne, les quotas laitiers ainsi que la gestion du prélèvement des pénalités et notamment auprès de Y" ; Qu'en demandant ainsi à l'expert de se prononcer sur une question de droit, la cour d'appel a violé le texte susvisé ; »

022.222 Missions validées. En revanche, d'autres missions ont été validées, alors même qu'elles incluaient certains aspects que l'on peut raisonnablement qualifier de « juridiques ».

C'est ainsi que le juge peut demander à l'expert de rechercher la situation d'un terrain au regard de la réglementation administrative :

Civ. 1re, 27 janv. 1998, no 95-19.354 : « Attendu que la société A reproche encore à l'arrêt, d'avoir inclus dans la mission de l'expert la vérification de la compatibilité des travaux qui seraient nécessaires sur l'un ou l'autre des fonds, avec les contraintes administratives grevant le terrain de la société A, non constructible et inclus dans un site inscrit, alors, d'une part, qu'en déléguant à l'expert le pouvoir de vérifier la compatibilité entre les solutions techniques envisageables et les contraintes administratives grevant le fonds de la société A, la cour d'appel a violé l'article 238 du nouveau code de procédure civile ; alors, d'autre part, qu'en statuant de la sorte, bien que le pouvoir délégué à l'expert appartienne aux seules juridictions administratives, la cour d'appel a, au surplus, violé la loi des 16-24 août 1790 ; Mais attendu que la mission de l'expert définie par l'arrêt attaqué, ne comporte que la recherche de la situation du terrain au regard de la réglementation administrative, sous le contrôle du conseiller de la mise en état désigné à cet effet, à l'exclusion de toute appréciation juridique ; »

Par ailleurs, nous verrons qu'en matière pénale, dans laquelle la même exigence s'impose, la chambre criminelle a validé des missions d'expertise qui présentaient incontestablement un volet « juridique » (v. ss no 032.152).

022.223 Cas particulier de certaines missions en matière d'expertises « construction ». Des décisions intéressantes ont été rendues concernant la mission demandant à l'expert d'évaluer et de suivre des travaux.

La Cour de cassation a admis, dans un arrêt certes ancien, la mission consistant à demander à l'expert de surveiller l'exécution de travaux prescrits dans une décision :

Civ. 1re, 5 déc. 1973, no 72-11.931, *Bull.* no 300, sommaire : « En décidant que les travaux prescrits dans le dispositif du jugement, à l'effet de diminuer les troubles de voisinage causés par une industrie, seront exécutés selon les directives et sous la surveillance de l'expert désigné, les juges du fond n'abandonnent pas à ce dernier leur pouvoir de contrôle et ne lui confèrent qu'une mission purement technique. »

En revanche, elle a censuré la mission confiée à l'expert d'évaluer les travaux et d'en régler le coût au fur et à mesure (une telle mission peut d'ailleurs poser problème au regard des garanties d'assurance souscrites par l'expert) :

Civ. 3e, 19 déc. 1983, no 80-16.892, *Bull.* no 268, sommaire : « Aux termes de l'article 232 du nouveau code de procédure civile, le juge peut commettre toute personne de son choix pour l'éclairer par des constatations, par une consultation ou par une expertise sur une question de fait qui requiert les lumières d'un technicien. La cour d'appel qui, ayant retenu la responsabilité d'un architecte dans des désordres, désigne un expert aux fins de "définir, surveiller et évaluer lesdits travaux et pour en régler le coût au fur et à mesure de leur exécution sur mémoires par lui visés des entreprises par lui choisies", délègue ainsi ses pouvoirs à l'expert et viole dès lors le texte susvisé. »

§ 5
Délai imparti par le juge pour accomplir la mission

022.231 Délai fixé très approximativement. Le juge des référés fixe souvent un délai moyen, puisqu'il ne connaît pas précisément, au moment où il statue, les difficultés spécifiques de l'expertise qu'il ordonne et le temps qui sera nécessaire à l'expert pour accomplir sa mission.

À ce stade, il convient juste de souligner que lorsque le délai imparti est insuffisant, l'expert peut en demander la prolongation (v. s^s^ n°s 025.20 s. ; C. pr. civ., art. 239).

En outre, les experts doivent se montrer particulièrement attentifs au respect des délais qui constitue un critère important de fiabilité aux yeux des magistrats.

§ 6
Fixation de la consignation initiale

022.240 Plan. Après avoir rappelé la raison d'être de la consignation initiale (A), nous envisagerons ses modalités de fixation (B) et les conséquences de son versement (C) ou, au contraire, de son défaut de paiement (D).

A.
Raison d'être de la consignation initiale

022.251 Principe d'une consignation initiale. Lorsqu'une expertise civile est ordonnée, le juge prévoit l'obligation, pour l'une des parties, de déposer, au greffe de la juridiction, une somme dont il fixe le montant.

Cette consignation initiale (il pourra y en avoir d'autres dites complémentaires) remplit deux objectifs :

– d'abord, elle permet de vérifier que la demande d'expertise n'est pas fantaisiste, dès lors qu'elle se traduira par une avance de frais faite la plupart du temps par le demandeur à l'expertise ;

– ensuite, elle permet à l'expert d'avoir l'assurance qu'il pourra percevoir, au terme de sa mission, la rémunération qui lui est due (v. s^s^ n°s 028.111 s.), puisque les sommes nécessaires au paiement seront consignées au greffe de la juridiction.

022.252 Absence de consignation initiale lorsque la partie qui aurait dû consigner bénéficie de l'aide juridictionnelle. L'exigence de la consignation initiale ne cède que lorsque la partie, qui aurait dû supporter la consignation, bénéficie de l'aide juridictionnelle :

> **Civ. 2e, 8 juill. 2004, n° 02-19.801,** *Bull.* n° 369, sommaire : « Aux termes de l'article 40 de la loi n° 91-647 du 10 juillet 1991, l'aide juridictionnelle concerne tous les frais afférents aux instances, procédures ou actes pour lesquels elle a été accordée ; le bénéficiaire de l'aide est dispensé, à compter de la demande, du paiement, de l'avance et de la consignation de ces frais ; et les frais occasionnés par les mesures d'instruction sont avancés par l'État. En conséquence, viole ce texte le tribunal qui déboute une partie en retenant qu'elle n'a pas consigné la provision mise à sa charge par la décision de désignation de l'expert, tout en constatant qu'elle est bénéficiaire de l'aide juridictionnelle, ce qui la dispense du paiement de la consignation des frais d'expertise. »

B.
Ordonnance de consignation initiale

022.261 Montant de la consignation initiale. Le montant de la consignation initiale doit être fixé à un montant « aussi proche que possible de la rémunération définitive prévisible » de l'expert (C. pr. civ., art. 269).

Le juge qui ordonne l'expertise fixe le montant de la consignation initiale en fonction du type d'expertise ordonnée, mais ne dispose pratiquement jamais des éléments précis lui permettant d'apprécier le montant prévisible de l'expertise.

C'est ainsi qu'une expertise en responsabilité médicale entraînera une consignation plus élevée qu'une « simple » expertise médicale en réparation du dommage corporel. De même, une expertise en matière de construction s'accompagne généralement d'une consignation se situant dans la fourchette haute, surtout si les dommages allégués affectent un immeuble entier, et non pas une maison individuelle.

022.262 Partie à la charge de laquelle est mise la consignation initiale. De même, le juge « désigne la ou les parties qui devront consigner la provision au greffe de la juridiction dans le délai qu'il détermine » (C. pr. civ., art. 269). La consignation est généralement mise à la charge de la personne qui a le plus intérêt à l'expertise puisqu'à défaut du versement de la consignation, l'expertise n'aura pas lieu. La plupart du temps, il s'agit du demandeur à l'expertise.

Il peut arriver que, face aux difficultés financières avérées de la partie à la charge de laquelle est mise la consignation, le juge accepte de prévoir un échéancier relatif au versement de la consignation. L'expert ne commencera alors ses travaux qu'une fois la dernière échéance versée.

022.263 Possibilité d'accorder à la partie qui doit consigner une « provision *ad litem* ». Lorsque la demande d'expertise paraît particulièrement fondée en raison du caractère non sérieusement contestable de la défaillance invoquée, et qu'il est donc injuste de solliciter du demandeur l'avance des frais nécessaires à la consignation, le juge peut condamner le ou les défendeurs à payer au demandeur une « provision *ad litem* » qui couvrira, notamment, le montant de la consignation (C. pr. civ., art. 809, al. 2).

Notons que l'octroi d'une « provision *ad litem* » n'est aucunement subordonné à l'impécuniosité du demandeur à l'expertise :

> **Civ. 2e, 18 juin 2009, no 08-14.865,** NP : « Attendu, enfin, que l'allocation d'une provision *ad litem* sur le fondement de l'article 809, alinéa 2, du code de procédure civile, n'est pas subordonnée à la preuve de l'impécuniosité de la partie qui en sollicite l'attribution ; »

022.264 Appréciation souveraine des juges du fond quant au montant et à la charge de la consignation initiale. Le montant de la consignation et la charge de celle-ci sont appréciés souverainement par les juges du fond :

> **Civ. 1re, 5 juill. 1989, no 87-15.288,** *Bull.* no 276 : « C'est en vertu de son pouvoir discrétionnaire que le juge met à la charge d'une des parties la provision à valoir sur le montant des frais d'expertise. »

C. Conséquences du versement de la consignation initiale

022.271 Acceptation de la mission. Le versement de la consignation vaut acceptation de la mission par la partie qui consigne :

> **Civ. 2e, 5 oct. 1988, no 87-14.100,** *Bull.* no 186 : « qu'un jugement du tribunal de grande instance a dit cette norme non applicable et a ordonné une expertise non assortie de l'exécution provisoire ; qu'après avoir consigné l'avance sur frais d'expertise et participé à la première réunion, la société a relevé appel de la décision ; (...) Mais attendu que la mesure d'instruction ordonnée par le tribunal reposant sur le préalable du rejet de la fin de non-recevoir opposée par la société, l'arrêt, qui relève que, hors de toute exécution provisoire, ladite société a versé le montant de la consignation au titre des frais d'expertise puis a participé à la première réunion devant l'expert avant de solliciter le renvoi de la seconde et d'interjeter appel, a pu en déduire que ces actes constituaient des actes d'exécution sans réserve d'un jugement non exécutoire ; Et attendu qu'une telle exécution vaut acquiescement aux termes de l'article 410, alinéa 2, du nouveau code de procédure civile sans qu'il y ait lieu de rechercher si la partie qui a exécuté le jugement avait ou non l'intention d'y acquiescer ; »

D. Conséquences du défaut de versement de la consignation initiale

022.280 Plan. Ainsi que le précise le texte, « À défaut de consignation dans le délai et selon les modalités impartis, la désignation de l'expert est caduque (1) à moins que le juge, à la demande d'une des parties se prévalant d'un motif légitime, ne décide un relevé de caducité (2). L'instance est poursuivie sauf à ce qu'il soit tiré toute conséquence de l'abstention ou du refus de consigner » (C. pr. civ., art. 271).

1. *Ordonnance de caducité*

022.291 Conséquence de l'ordonnance de caducité sur l'expertise. Le défaut de versement de la consignation dans les délais prévus conduit le juge à rendre une ordonnance de caducité, qui met à néant l'ordonnance désignant l'expert. Elle est évidemment notifiée à ce dernier qui est concerné au premier chef puisqu'elle le relève de sa mission.

Ainsi, si l'expert a cru devoir commencer ses opérations avant le versement de la consignation, il aura travaillé inutilement.

022.292 Conséquence de l'ordonnance de caducité sur le fond de l'affaire. Le défaut de versement de la consignation par le demandeur permet au juge, saisi au fond, de considérer, en l'absence de tout autre élément de preuve, que le dommage n'est pas établi et qu'il convient de débouter ledit demandeur :

> **Civ. 2e, 11 févr. 2008, no 07-20.857,** *Bull.* no 191, sommaire ; *D.* 2008. 2348 : « Si la renonciation à un droit ne peut résulter que d'actes manifestant sans équivoque la volonté de renoncer, justifie légalement sa décision la cour d'appel qui retient que l'absence de consignation d'une provision d'expertise par la partie à qui incombe la charge de la

> preuve d'un préjudice allégué par elle, a, en l'absence de production d'autres éléments de preuve, jugé que le dommage invoqué n'était pas établi. »

Mais il convient de noter que la partie qui invoque la caducité de l'ordonnance de désignation d'expert ne peut être celui-là même qui a omis de consigner :

> **Civ. 2e, 29 juin 1994, no 92-21.989,** *Bull.* no 176 : « Attendu que, statuant sur la demande en paiement de M. X, l'arrêt retient que l'expertise ordonnée en référé est devenue caduque par application de l'article 271 précité, la société, qui en était seule tenue, n'ayant pas effectué la consignation dans le délai imparti et M. X, qui s'est substitué à elle après l'expiration de ce délai, n'ayant pas été préalablement autorisé par une nouvelle décision de relevé de cette caducité ; Qu'en accueillant ainsi l'exception de caducité soulevée par la société, la cour d'appel a violé le texte susvisé ; »

2.
Ordonnance de relevé de caducité ou de relevé de forclusion

022.301 Possibilité de présenter une demande de relevé de caducité. Lorsque la personne qui devait consigner ne l'a pas fait dans le délai imparti, il lui est encore possible de déposer, auprès du juge, une demande de relevé de caducité, en expliquant les raisons pour lesquelles elle n'a pas été en mesure d'effectuer ce versement comme prévu (C. pr. civ., art. 271).

022.302 Prononcé d'une ordonnance de relevé de caducité ou ordonnance de relevé de forclusion. Le juge ne peut statuer sur la demande de relevé de caducité qu'en respectant le principe de la contradiction :

> **Civ. 2e, 8 févr. 2007, no 06-10.198,** *Bull.* no 24, sommaire ; *D.* 2007. 665 ; *D.* 2336, chron. V. Vigneau ; *AJDI* 2007. 399, obs. H. Heugas-Darraspen : « Le juge chargé du contrôle des expertises qui statue sur une demande de relevé de caducité doit respecter le principe de la contradiction. »

Si le juge accepte le relevé de forclusion (et il le fait souvent dès lors qu'il peut prendre en compte les difficultés financières de l'intéressé lorsque ce dernier en justifie), il rend une ordonnance de relevé de caducité ou ordonnance de relevé de forclusion, par laquelle il fixe un nouveau délai à l'intéressé pour effectuer le versement de ladite consignation. Là encore, cette ordonnance est notifiée à l'expert (C. pr. civ., art. 271).

Mais le relevé de forclusion ne peut être implicite et résulter de l'octroi, à l'expert, d'un délai supplémentaire pour déposer son rapport :

> **Civ. 2e, 22 mai 1995, no 93-15.564,** *Bull.* no 151, sommaire ; *D.* 1996. 404, note F. Ruellan : « À défaut de consignation dans le délai et selon les modalités imparties, la désignation de l'expert est caduque, à moins que le juge, à la demande d'une des parties se prévalant d'un motif légitime, ne décide une prorogation du délai ou un relevé de la caducité Encourt par suite la cassation, l'arrêt qui rejette le moyen tiré de la caducité de la désignation de l'expert, à défaut de consignation dans le délai imparti au demandeur en énonçant que le juge, en accordant à l'expert un délai supplémentaire pour déposer son rapport en vertu de l'article 279 du nouveau code de procédure civile par une ordonnance motivée par le retard dans le versement de la consignation, a prononcé implicitement le relevé de forclusion. »

§ 7
Recours contre la décision ordonnant une expertise

022.310 Plan. L'exercice d'un appel contre l'ordonnance de référé désignant un expert est soumis à l'autorisation préalable du premier président de la cour d'appel (A), à moins que la décision ne tranche une partie du fond (B).

A.
Limitation des recours

022.321 Recours uniquement possible sur autorisation du Premier président de la cour d'appel. Les possibilités de former un recours contre une décision ordonnant l'expertise sont très limitées puisque la décision ordonnant l'expertise ne peut être frappée d'appel « indépendamment du jugement sur le fond » que « sur autorisation du premier président de la cour d'appel s'il est justifié d'un motif grave et légitime », étant observé que « la partie qui veut faire appel saisit le premier président qui statue en la forme des référés » et que « l'assignation doit être délivrée dans le mois de la décision » (C. pr. civ., art. 272).

Il en va de même de la décision qui, non seulement ordonne une expertise, mais alloue également au demandeur à l'expertise une « provision *ad litem* » ; en effet, il s'agit d'une condamnation qui ne présente aucun caractère définitif :

Ch. Mixte. 25 oct. 2004, n° 03-14.219, *Bull.* n° 3 ; *D.* 2005. 757, et les obs., note Y.-M. Serinet ; *RTD civ.* 2005. 187, obs. R. Perrot : « Attendu que l'arrêt a déclaré recevable l'appel interjeté contre ce jugement par la clinique et la compagnie X ; Qu'en statuant ainsi, alors que le jugement se bornant dans son dispositif à ordonner une expertise et le versement d'une provision, ne tranchait pas une partie du principal, ce dont il résultait qu'elle devait déclarer d'office l'appel irrecevable, la cour d'appel a violé les textes susvisés ; »

B.
Recours possible si la décision tranche une partie du fond du litige

022.331 Retour à la règle de droit commun. En revanche, la voie de l'appel est ouverte, sans aucune autorisation spéciale, dès lors que la décision ordonnant l'expertise tranche également une partie du litige (C. pr. civ., art. 544).

CHAPITRE 023

Obligations fondamentales de l'expert

023.00 Division. L'expert judiciaire est tenu à une obligation de disponibilité (sect. 1) et de réactivité (sect. 2) vis-à-vis de l'institution judiciaire, de compétence (sect. 3), d'impartialité (sect. 4) et du respect du principe de la contradiction (sect. 5) dans l'accomplissement de ses missions. Par ailleurs, il ne peut y avoir aucun versement en argent ou en nature entre experts, avocats et parties (sect. 6).

SECTION 1 Disponibilité

023.10 Plan. L'obligation de disponibilité de l'expert judiciaire trouve à s'appliquer à l'occasion de sa désignation (§ 1) et lors de l'accomplissement de ses missions (§ 2).

§ 1 Acceptation des missions

023.21 Obligation pour l'expert d'accepter les missions. L'institution judiciaire n'a pas besoin d'experts qui n'ont sollicité leur inscription que pour pouvoir arguer du titre d'expert judiciaire et qui, une fois le titre acquis, refusent quasi-systématiquement les missions pour des raisons diverses et variées qui ne trompent pas. De même, l'expert judiciaire ne peut accepter ou refuser les missions en fonction de l'intérêt qu'elles présentent à ses yeux, que cet intérêt soit intellectuel ou financier.

En effet, de telles attitudes ne sont pas compatibles avec le fait que l'expert, dont je rappelle qu'il a lui-même sollicité son inscription sur une liste de cour d'appel, prend, vis-à-vis de l'institution judiciaire, un engagement de disponibilité (v. s^s n°s 023.22 s.) étant observé que les cours d'appel sont chargées, par les textes, d'apprécier « l'intérêt qu'ils (les experts) manifestent pour la collaboration au service public de la justice » (Décr. nº 2004-1463, 23 déc. 2004, art. 4-1).

023.22 Sanction des experts qui refusent les missions sans juste motif. Un refus de mission non justifié constitue, d'ailleurs, une faute professionnelle grave, ainsi que l'a jugé la Cour de cassation :

> **Civ. 1re, 1er févr. 2000, nº 97-11.831** : « qu'ensuite, contrairement à ce qu'affirme le moyen, les articles 267 et 268 du nouveau code de procédure civile ne donnent pas à l'expert la possibilité de refuser une mission à sa convenance ; que, comme l'a décidé justement la cour d'appel, l'article 26 du décret du 31 décembre 1974 dispose que commet une faute professionnelle grave l'expert qui n'accepte pas, sans motif légitime, de remplir sa mission ; »

Au demeurant, l'expert qui oppose des refus réitérés de mission, sans motif légitime, risque fort de ne pas obtenir sa réinscription au terme de son « mandat ».

§ 2
Délai d'exécution des missions

023.31 Nécessité de réaliser l'expertise dans un délai raisonnable. Même si l'expert estime que le délai initial prévu par le juge est insuffisant au regard de la difficulté de la mission (délai dont il pourra, compte tenu des circonstances, obtenir la prolongation), il doit s'assurer qu'il sera en mesure d'accomplir celle-ci dans un délai décent au regard de sa charge de travail et des missions d'expertises judiciaires qu'il a d'ores et déjà accepté de réaliser.

023.32 Possibilité prétorienne de mettre certains experts en indisponibilité provisoire. En effet et à l'inverse des experts qui ne sollicitent leur inscription que pour obtenir le titre d'expert judiciaire sans aucune intention de réaliser des expertises judiciaires, il existe aussi des experts qui ne savent pas refuser les missions qui leur sont confiées et finissent par se trouver surchargés au point de ne plus pouvoir respecter aucun des délais imposés.

Pour lutter contre cette situation, certains juges du contrôle des expertises des tribunaux judiciaires adoptent une pratique prétorienne (je l'ai moi-même expérimentée lorsque je présidais le service des expertises de Paris), consistant à indiquer, sur le logiciel dédié à la gestion des expertises, que tel ou tel expert est placé en indisponibilité provisoire, de manière à éviter toute désignation pendant le temps nécessaire à l'apurement de son stock.

Cette indisponibilité provisoire peut également être mentionnée s'agissant d'experts qui éprouvent des difficultés personnelles ponctuelles résultant d'un problème de santé ou de famille.

SECTION 2
Réactivité

023.41 Acceptation ou refus de la mission pour motif légitime. L'expert « doit faire connaître sans délai au juge son acceptation » (ou son refus de mission). (C. pr. civ., art. 267, al. 2).

J'insiste sur l'expression « sans délai » utilisée par le texte, au regard du temps parfois excessif mis par certains experts uniquement pour faire savoir au juge qu'ils acceptent ou refusent la mission.

023.42 Réponse rapide de l'expert à toute sollicitation du juge. Il va de soi qu'indépendamment de la célérité avec laquelle il appartient à l'expert de faire savoir s'il accepte ou refuse la mission, il doit évidemment répondre rapidement aux courriers ou courriels des magistrats.

De même, si l'expert s'aperçoit qu'il n'est finalement pas en mesure de répondre à ses obligations, il importe qu'il en avise le juge très vite, afin que toutes dispositions soient prises pour remédier au problème.

SECTION 3
Compétence pour réaliser l'essentiel de la mission

023.50 Plan. Si l'expert doit accomplir personnellement la mission (§ 1), il est autorisé à recourir ponctuellement aux services d'un tiers dans certaines conditions (§ 2).

§ 1
Accomplissement personnel de la mission par l'expert

023.61 Texte. L'expert est choisi *intuitu personae* par le juge, de sorte que « le technicien, investi de ses pouvoirs par le juge en raison de sa qualification, doit remplir personnellement la mission qui lui est confiée » (C. pr. civ., art. 233).

023.62 Interdiction de toute « sous-traitance » de l'expertise. L'expert nommé ne peut évidemment se décharger de sa mission sur un tiers, quand bien même cette délégation ne serait que partielle et que le tiers délégataire serait plus compétent techniquement que l'expert lui-même.

La Cour de cassation impose donc à la cour d'appel, saisie d'une allégation de « sous-traitance », de rechercher si celle-ci est fondée :

> **Civ. 3. 8 avr. 1999, n° 96-21.897,** *Bull.* n° 89 ; *D.* 1999. 136 ; *AJDI* 1999. 802, obs. M. Olivier : « Attendu que, pour débouter les époux X de leur demande tendant à faire écarter des débats le rapport d'expertise, l'arrêt retient que ce rapport a été soumis au contradictoire des parties qui ont pu en discuter librement et présenter leurs critiques, qu'il n'existe aucune raison pouvant conduire à l'écarter des débats ; Qu'en statuant ainsi, alors que les époux X soutenaient dans leurs conclusions que l'expert s'était adjoint un autre technicien parce qu'il n'était pas compétent pour remplir sa mission, qu'il ne s'agissait pas de sa part d'une consultation ponctuelle d'un spécialiste sur une question déterminée, mais d'une "sous-traitance" de la totalité de l'expertise, la cour d'appel, qui a omis de rechercher, comme il le lui était demandé, si l'expert n'avait pas délégué l'accomplissement de sa mission, n'a pas donné de base légale à sa décision au regard des textes susvisés ; »
>
> **Civ. 3e, 26 nov. 2008, n° 07-20.071,** *Bull.* n° 189 : « Vu l'article 233 du code de procédure civile ; Attendu que, pour déclarer irrecevable la demande de nullité du rapport d'expertise fondée sur le fait que l'expert n'avait pas personnellement rempli la mission qui lui était confiée, l'arrêt retient que Mme X a critiqué ce rapport dans l'assignation du 25 juillet 2002 valant conclusions et qu'elle n'en a pas soulevé la nullité qu'elle n'a invoquée que dans des conclusions communiquées à M. Y le 1er mars 2004 sans les lui avoir notifiées dans les formes prévues par les articles 672 et 673 du code de procédure civile ; Qu'en statuant ainsi, sans rechercher si l'expert avait rempli personnellement la mission qui lui avait été confiée alors que les actes effectués en méconnaissance de l'obligation lui incombant d'accomplir personnellement sa mission ne peuvent valoir opérations d'expertise, la cour d'appel n'a pas donné de base légale à sa décision au regard de ce texte ; »

023.63 Preuve d'une « sous-traitance ». La réalité de la « sous-traitance » invoquée peut être rapportée par tout moyen et, notamment, par les mentions mêmes du rapport :

> **Civ. 2e, 23 oct. 2003, n° 01-15.416,** *Bull.* n° 323 ; *D.* 2003. 2729 ; *AJDI* 2004. 216, obs. H. Heugas-Darraspen : « Mais attendu que la cour d'appel, qui a relevé que le rapport d'expertise portait en son en-tête les noms de M. A et de M. B, tous deux experts agricoles et fonciers et que les recherches et interrogations avaient été pour l'essentiel effectuées à la diligence de M. B qui s'était considéré comme co-expert, de sorte que l'expert M. A avait délégué sa mission à M. B, n'avait pas à effectuer des recherches que ses constatations rendaient inopérantes ; »

023.64 Cas de « sous-traitance » relevés en jurisprudence. La Cour de cassation a eu l'occasion de rappeler qu'un expert ne peut déléguer à un tiers des opérations de mesure qu'il est en état de réaliser lui-même, notamment :

– pour des opérations de mesurage d'une récolte confiées par l'expert à un huissier de justice :

> **Civ. 2e, 19 févr. 1997, n° 95-14.163,** *Bull.* n° 49 ; *AJDI* 1997. 663, obs. D. Talon : « Attendu que pour débouter Mlle X qui demandait la nullité de l'expertise, l'arrêt retient, par motifs adoptés, que, le 7 juillet 1992, M. A, huissier de justice, dont les services avaient été requis par l'expert B, a informé les parties et leurs conseils qu'il procéderait au mesurage, le 08/07 à 14h30, et que la récolte devait, en principe, être effectuée le 09/07 à partir de 13h, qu'il les invitait à se rendre sur place aux dates et heures sus-indiquées, que la récolte a finalement eu lieu le 08/07 dans l'après-midi, que la défenderesse aurait donc pu parfaitement y assister, ayant été convoquée à cette date-là, et que, par ailleurs, M. B n'a nullement délégué ses pouvoirs à M. A, étant donné que ce dernier, officier ministériel, s'est borné à effectuer des mesures en se conformant à des indications très précises fournies par l'expert dans un courrier du 6 juillet 1992 ; Attendu qu'en statuant

ainsi, alors que l'expert ne peut que recueillir l'avis d'un autre technicien et non faire procéder à des opérations qui relèvent de sa mission d'expertise, la cour d'appel a violé le texte susvisé ; »

– pour des opérations de mesurage d'une propriété confiées par l'expert à l'un de ses collaborateurs :

Civ. 2e, 10 juin 2004, no 02-15.129, *Bull.* no 286, sommaire ; *D.* 2004. 2347 : « Dès lors, les opérations de mesurage de propriétés, qui constituent des actes d'exécution à caractère technique inhérents à la mission de l'expert, et comme tels non susceptibles d'être délégués à des collaborateurs comme pourraient l'être des tâches purement matérielles, sont, en l'absence de toute direction, contrôle ou surveillance par celui-ci, effectuées en méconnaissance de son obligation d'accomplir personnellement sa mission ; elles ne peuvent, en conséquence, valoir opérations d'expertise. »

– pour la tenue d'une réunion d'expertise confiée à un tiers, qu'il s'agisse de son épouse ou d'un collaborateur :

Civ. 2e, 27 avr. 2000, no 98-13.361, *Bull.* no 68 ; *D.* 2000. 158 : « Vu l'article 233 du nouveau code de procédure civile ; Attendu que l'expert, investi de ses pouvoirs par le juge, doit remplir personnellement la mission qui lui est confiée ; Attendu, selon l'arrêt confirmatif attaqué, que dans une instance en liquidation-partage des successions de D opposant Mme G aux consorts D, un tribunal de grande instance a ordonné une mesure d'expertise ; qu'après le dépôt du rapport, Mme G, invoquant notamment le fait que des réunions d'expertises avaient été tenues par le conjoint de l'expert, en l'absence de celui-ci, a demandé au tribunal d'annuler l'expertise ; Attendu que pour la débouter de sa demande l'arrêt retient que Mme G n'a pas rapporté la preuve du grief causé par cette irrégularité et n'en a pas même allégué l'existence ; qu'en statuant par ces motifs inopérants dès lors que les actes effectués en méconnaissance de l'obligation incombant à l'expert d'accomplir personnellement sa mission ne pouvaient valoir opérations d'expertise, la cour d'appel a violé le texte susvisé ; »

Civ. 2e, 24 juin 2004, no 02-16.292, NP : « Attendu que pour écarter "l'exception de nullité" du rapport d'expertise fondée sur le fait qu'une des réunions d'expertise avait été conduite par un des collaborateurs de l'expert, qui avait prélevé des échantillons aux fins d'analyse ultérieure par un laboratoire, l'arrêt retient que l'article 175 du nouveau code de procédure civile énonce que la nullité des actes d'exécution relatifs aux mesures d'instruction est soumise aux dispositions qui régissent la nullité des actes de procédure, ce qui renvoie à l'article 112 du même code, selon lequel la nullité de tels actes peut être invoquée au fur et à mesure de leur accomplissement mais qu'elle est couverte si celui qui l'invoque a, postérieurement à l'acte critiqué, fait valoir des défenses au fond ou opposé une fin de non-recevoir sans soulever la nullité ; que la démarche des intimés et intervenants consistant à avoir excipé en premier, l'un, des moyens de fond tiré de sa non-garantie, les autres, de la suspension des poursuites, obéit à une certaine logique mais non aux exigences procédurales ; Qu'en statuant par ces motifs inopérants, alors que la compagnie G faisait valoir que des opérations d'expertise avaient été conduites non par l'expert désigné par la juridiction, mais par l'un de ses collaborateurs non agréé et non désigné, de sorte que les actes effectués en méconnaissance de l'obligation incombant à l'expert d'accomplir personnellement sa mission ne pouvaient valoir opérations d'expertise, la cour d'appel n'a pas donné de base légale à sa décision au regard du texte susvisé ; »

023.65 Vérifications imposées à l'expert avant toute acceptation de mission. C'est la raison pour laquelle l'expert ne doit pas accepter hâtivement la mission sans s'être préalablement assuré qu'il est en mesure d'accomplir l'essentiel de celle-ci personnellement, car, une fois la mission acceptée, il ne pourra ensuite s'en décharger sur un autre expert par une démarche qui s'apparenterait à une « sous-traitance » prohibée de l'expertise.

À titre d'exemple, je peux citer le cas, traité il y a de nombreuses années par le service des expertises de Paris, concernant une mission d'expertise médicale relative aux conditions d'un accouchement, laquelle avait été confiée à un médecin légiste qui, plutôt que de refuser la mission, l'avait accepté puis s'en était ensuite déchargé sur un confrère obstétricien, abusivement sollicité en qualité de « sapiteur ». Au demeurant, il est anormal de devoir payer deux experts pour une mission qui n'a été réalisée que par un seul...

023.66 Conséquences d'une « sous-traitance ». Les conséquences pour l'expertise sont dramatiques puisque l'expertise « sous-traitée » encourt la nullité, sans même qu'il soit besoin de prouver le grief qui en est résulté : en effet, les opérations en cause ne constituent plus, alors, une expertise judiciaire, puisqu'elles ont été réalisées par une personne non désignée par un juge :

> **Civ. 2e, 27 avr. 2000, no 98-13.361,** *Bull.* no 68 ; *D.* 2000. 158 : « Attendu que pour la débouter de sa demande l'arrêt retient que Mme G n'a pas rapporté la preuve du grief causé par cette irrégularité et n'en a pas même allégué l'existence ; qu'en statuant par ces motifs inopérants dès lors que les actes effectués en méconnaissance de l'obligation incombant à l'expert d'accomplir personnellement sa mission ne pouvaient valoir opérations d'expertise, la cour d'appel a violé le texte susvisé ; »
>
> **Civ. 3e, 26 nov. 2008, no 07-20.071,** P, sommaire : « Dès lors qu'un expert ne remplit pas personnellement la mission qui lui est confiée, les actes accomplis en méconnaissance de cette obligation ne peuvent valoir opérations d'expertise. La nullité de ces actes peut donc être demandée en tout état de cause. »

Les conséquences pour l'expert ne sont pas moins graves. En effet, celui-ci encourt des poursuites disciplinaires et, notamment, la radiation des listes en raison de la gravité du manquement en cause :

> **Civ. 1re, 10 avr. 1996, no 95-10.707,** *Bull.* no 174 ; *RTD civ.* 1996. 712, obs. R. Perrot : « que l'interprétation des résultats de ces opérations était effectuée par le laboratoire lui-même, auquel Mme X... subdéléguait sa propre mission ; que le rôle de celle-ci se limitait à recopier le rapport du laboratoire, alors qu'elle attestait, dans les rapports remis aux magistrats mandants, avoir personnellement accompli les opérations qui lui avaient été confiées ; qu'il en a été ainsi pour l'ensemble des affaires figurant sur la liste établie par le laboratoire Y... pour la période s'étendant du 1er janvier 1993 au 7 mars 1994 ; qu'en agissant de la sorte, Mme X..., qui ne peut se prévaloir de sa bonne foi au motif que cette pratique, contraire au caractère personnel de l'expertise et qu'elle savait irrégulière, aurait été tolérée, a gravement manqué à ses obligations ; que, sans qu'il soit nécessaire de recourir à l'expertise, sollicitée à titre subsidiaire, il y a lieu de prononcer à son égard la peine disciplinaire de la radiation ; »

À tout le moins, il risque de ne pas être réinscrit à l'expiration de la durée de son inscription.

§ 2
Possibilité de solliciter l'intervention de tiers dans des conditions précises limitativement énumérées

023.70 Plan. Le législateur a prévu des cas limités et précis dans lesquels l'expert est autorisé à se faire aider par un tiers, qu'il s'agisse d'un collaborateur (A), d'un « sapiteur » (B) ou d'un tiers mandaté pour réaliser une opération ponctuelle que l'expert ne peut réaliser lui-même (C) faute de matériel nécessaire.

A.
Autorisation de recourir aux services d'un collaborateur

023.81 Nature de l'intervention d'un collaborateur. Compte tenu de ce qui a été dit précédemment, il convient de ne pas se méprendre sur l'intervention possible d'un collaborateur de l'expert.

En premier lieu, il est précisé que « l'expert peut se faire assister dans l'accomplissement de sa mission par la personne de son choix, laquelle intervient sous son contrôle et sa responsabilité » (C. pr. civ., art. 278-1), formule qui montre bien que cette intervention se fait sous la direction et la surveillance effectives de l'expert désigné

En second lieu, l'intervention d'un collaborateur de l'expert doit se faire dans la plus grande transparence, puisqu'il est dit que « lorsque l'expert s'est fait assister dans l'accomplissement de sa mission en application de l'article 278-1, le rapport mentionne les noms et qualités des personnes qui ont prêté leur concours » (C. pr. civ., art. 284, al. 4).

C'est précisément parce que l'expert nommé n'avait ni dirigé ni contrôlé le travail de son collaborateur que la Cour de cassation a été conduite à censurer, dans certains cas, l'intervention de ceux-ci. Je recommande donc, pour éviter toute ambiguïté sur ce point, de préciser les actes accomplis par le collaborateur et d'ajouter que ceux-ci ont été accomplis sous la direction et le contrôle de l'expert désigné.

B.
Autorisation de recourir aux services d'un sapiteur

023.91 Concept de sapiteur. On désigne sous le terme de sapiteur, le technicien (expert judiciaire ou non) qui est sollicité par l'expert pour lui donner un avis dans « une spécialité distincte de la sienne » (C. pr. civ., art. 278).

La compétence de l'expert et de son sapiteur dans des domaines différents constitue un élément fondamental. C'est ainsi, par exemple, qu'un médecin orthopédique, commis pour examiner le préjudice corporel d'une personne victime d'un accident de circulation présentant un traumatisme des membres, est autorisé à solliciter les services d'un sapiteur ophtalmologiste si cette même victime a reçu un éclat de verre dans l'œil provenant du bris du pare-brise.

À défaut de cette compétence distincte, l'expert n'a aucune raison de faire appel à un autre spécialiste dont l'intervention s'analyserait en une « sous-traitance ».

Si l'essentiel de la mission relève d'un domaine de compétence qui n'est pas celui de l'expert, quand bien même ce dernier serait compétent pour traiter une partie résiduelle du problème, l'expert doit refuser la mission quitte à devenir le sapiteur de l'expert désigné à titre principal.

023.92 Désignation du sapiteur. Lorsque l'expert nommé à titre principal a besoin de recueillir l'avis d'un sapiteur pour régler une question ponctuelle ne relevant pas de sa compétence, il n'est pas tenu d'en demander l'autorisation au juge (comme cela se fait au pénal).

Toutefois et pour des raisons pratiques tenant à la nécessité de prévoir la somme nécessaire au paiement du sapiteur, l'expert en avertira nécessairement le juge du contrôle des expertises auquel il demandera de rendre une ordonnance prévoyant une « consignation complémentaire » et, sans doute, l'octroi d'une prolongation de délai pour déposer son rapport eu égard au temps nécessaire à la réalisation des opérations du sapiteur.

023.93 Intervention du sapiteur. L'intervention du sapiteur se fait dans les conditions suivantes :

- il n'a pas l'obligation d'effectuer ses opérations en présence de l'expert qui l'a désigné ;
- il est tenu aux mêmes obligations que l'expert lui-même et doit, en particulier, respecter le principe de la contradiction en convoquant les parties et avocats, ainsi qu'en leur permettant de faire valoir leurs observations, auxquelles il devra répondre :

> **Civ. 3e, 4 nov. 1999, no 98-10.694,** P, *AJDI* 1999. 1165 ; *RDI* 2000. 60, obs. P. Malinvaud : « Justifie légalement sa décision refusant d'annuler le rapport d'expertise, qui se fonde sur l'avis d'un "sapiteur" consulté par l'expert, la cour d'appel qui relève que les constatations et les investigations effectuées par ce spécialiste chargé d'assister l'expert, l'ont été à l'occasion de réunions auxquelles toutes les parties ont été conviées, dans le respect du principe de la contradiction, qu'il n'est pas justifié que les dires écrits ou verbaux n'aient pas reçu de réponse et que l'expert judiciaire a supervisé l'ensemble des opérations à l'occasion de réunions contradictoires. »

023.94 Rapport du sapiteur. Au terme de ses opérations, le sapiteur doit rédiger et signer un rapport, distinct de celui de l'expert, lequel sera joint, par ce dernier, à son propre rapport (C. pr. civ., art. 282, al. 3).

C'est là toute la différence entre d'une part, l'intervention d'un sapiteur au côté d'un expert et d'autre part, la désignation d'un collège d'experts qui, eux, ne rédigent qu'un seul rapport co-signé par chacun d'eux quitte, s'ils ne sont pas du même avis, à indiquer chacun leur opinion (C. pr. civ., art. 282, al. 2).

023.95 Rémunération du sapiteur. Au terme de sa mission, le sapiteur sera payé, non pas par la régie du tribunal judiciaire comme l'expert principal, mais par l'expert qui l'a désigné, lequel prélèvera la somme nécessaire sur les fonds qu'il percevra lui-même de la régie.

C.
Autorisation de recourir aux services d'un tiers pour effectuer des actes ponctuels que l'expert ne peut réaliser lui-même

023.101 Possibilité pour l'expert médecin de recourir à un tiers pour effectuer un prélèvement sanguin. La possibilité pour l'expert médecin de recourir à un tiers pour effectuer un prélèvement sanguin résulte de la décision suivante :

> **Civ. 1re, 3 mai 2000, no 98-13.347,** NP : « Mais attendu que, par motifs adoptés, la cour d'appel a exactement décidé que l'expert a la faculté de confier certaines tâches matérielles à ses collaborateurs ou à des personnels qualifiés dès lors que ceux-ci présentent les garanties nécessaires ; qu'elle a relevé que les prélèvements sanguins sur l'enfant, âgé de 2 ans seulement, avaient été réalisés par des infirmières puéricultrices afin de lui éviter tout traumatisme ; qu'elle a constaté que tout risque d'interversion des prélèvements était exclu, d'une part par les conditions matérielles de leur réalisation, d'autre part par les résultats des analyses réalisées sur les deux prélèvements effectués à distance et permet-

> tant d'affirmer que l'enfant était bien celui de Mme X et ne pouvait être celui de M. Y ; »

023.102 Possibilité pour l'expert de recourir à un tiers pour effectuer une opération nécessitant un matériel spécifique dont il ne dispose pas. On peut citer les exemples suivants tirés de la jurisprudence :

– un expert peut confier à un bureau de contrôle l'exécution d'investigations à caractère technique :

> **Civ. 2e, 16 mai 2002 ; no 00-20.050,** *Bull.* no 101 ; *AJDI* 2002. 539 : « Mais attendu que les experts pouvaient confier à la Socotec qui disposait des instruments appropriés, l'exécution d'investigations à caractère technique, sans manquer pour autant à leur obligation de remplir personnellement leur mission et sans méconnaître les exigences du procès équitable ; »

– un expert peut confier à un tiers la réalisation de test en matière de soudure :

> **Civ. 2e, 29 janv. 2004, no 00-12.367,** NP : « Mais attendu que la cour d'appel, analysant les diverses interventions de l'expert, a relevé, sans avoir à procéder à d'autres recherches, que ce dernier, qui avait notamment fait procéder à de nouvelles investigations en matière de soudure, avait conservé l'initiative de la totalité des opérations ; D'où il suit que le moyen n'est pas fondé ; »

Mais attention, en pareils cas, il appartient à l'expert de commenter personnellement les résultats obtenus, l'expert ne pouvant se contenter de renvoyer les parties à la lecture du rapport du tiers qu'il a sollicité :

> **Civ. 2e, 11 janv. 1995, no 93-14.697,** *Bull.* no 11 : « Attendu que pour rejeter l'exception de nullité du rapport d'expertise, l'arrêt énonce qu'il ne peut être fait grief à l'expert d'avoir sollicité l'avis technique du Centre de recherches X compte tenu de la technicité particulière des questions soumises à l'expert et compte tenu des compétences spécifiques de ce centre en la matière et que l'expert s'est livré lui-même à ses propres investigations en présence des parties ainsi qu'il est indiqué tout au long du rapport d'expertise ; Qu'en se déterminant de la sorte, alors qu'il résulte de la production du rapport d'expertise, qu'en ce qui concerne la partie de sa mission relative à la recherche de l'origine des désordres, l'expert s'est borné à renvoyer les parties à la lecture du rapport de centre de recherches X en mentionnant "que la recherche des causes est expliquée et développée" dans ce document "porté en annexe", la cour d'appel a violé le texte susvisé ; »

023.103 Possibilité pour l'expert de recourir à un tiers pour faire procéder à des calculs complexes. Là encore, il appartient à l'expert d'indiquer les coordonnées du tiers auquel il entend recourir, de valider la méthodologie utilisée et de soumettre le tout à la discussion des parties :

> **Civ. 2e, 16 janv. 2003, no 01-03.427,** *Bull.* no 5 ; *D.* 2003. 1403, obs. P. Julien ; *AJDI* 2003. 520, obs. H. Heugas-Darraspen : « Attendu que pour écarter ce moyen, l'arrêt après avoir relevé qu'il résulte du rapport, précis et circonstancié, de l'expert, que celui-ci a personnellement procédé à l'intégralité des calculs et des analyses, selon une méthodologie qu'il a librement choisie, retient que la simple indication, en page 88 du rapport, selon laquelle les calculs effectués auraient été vérifiés et la méthodologie validée par un universitaire dont l'identité n'a pas été fournie, n'est pas de nature à affecter la validité des travaux personnels de l'expert dont les parties ont pu débattre contradictoirement ; Qu'en statuant ainsi, alors que l'expert n'avait pas soumis aux parties, ni annexé à son rapport, l'avis qu'il avait sollicité, afin de permettre à ces dernières d'en débattre contradictoirement, la cour d'appel a violé les textes susvisés ; »

SECTION 4

Impartialité vis-à-vis des parties et de l'objet de l'expertise

023.110 Plan. L'expert est soumis à une exigence d'impartialité (§ 1) au sujet de laquelle il convient de distinguer l'impartialité subjective de l'impartialité objective (§ 2). Si l'expert est présumé impartial (§ 3), il existe des causes de récusation (§ 4) qui ont donné lieu, pour certaines d'entre elles, à des décisions intéressantes de la Cour de cassation (§ 5 à 7).

§ 1
Exigence d'impartialité de l'expert

023.121 Texte. L'exigence d'impartialité de l'expert résulte de l'article 237 du code de procédure civile qui mentionne que « le technicien commis doit accomplir sa mission avec conscience, objectivité et impartialité ».

023.122 Intensité de l'exigence d'impartialité. Certains juristes estiment que l'exigence d'impartialité faite à l'expert est d'une intensité moindre que celle faite au juge et s'apparente plutôt à une obligation de « neutralité ». Mais d'autres considèrent que l'impartialité imposée à l'expert est quasiment la même que celle imposée au juge.

Pour ma part, j'observe que le texte qui prévoit les causes de récusation de l'expert renvoie purement et simplement à celui qui traite des causes de récusation des juges.

§ 2
Distinction entre impartialité objective et impartialité subjective

023.131 Concept d'impartialité subjective. Chacun comprend ce qu'il recouvre puisque la partialité peut se nicher dans le cerveau de l'expert, en raison soit d'une antipathie, soit au contraire, d'une sympathie, voire d'une amitié, vis-à-vis de l'une des parties à l'instance.

L'expert (comme le juge) se doit, avant d'accepter une mission, d'interroger sa conscience sur ses possibles *a priori* susceptibles d'affecter ses appréciations. Mais il est évident que ceux-ci sont indétectables par les tiers puisqu'ils relèvent du for intérieur de chacun et ne peuvent donc faire l'objet d'un quelconque contrôle.

023.132 Concept d'impartialité objective. La Cour européenne des droits de l'Homme s'attache à l'impartialité objective qui, elle, peut être contrôlée puisque la partialité reprochable résulte d'une simple apparence, telle l'existence d'une relation de famille ou de proximité, d'une relation professionnelle, d'une relation amicale notoire ou, au contraire, d'une inimitié notoire.

C'est ainsi qu'un expert, désigné pour effectuer une mission d'expertise concernant son voisin de palier, devra la refuser, quand bien même il ne connaîtrait pas personnellement ledit voisin et n'aurait aucun *a priori* le concernant. En réalité, le seul fait, pour l'expert, d'être le voisin de palier de l'une des parties suffit à faire naître, dans l'esprit de la partie adverse, une suspicion préjudiciable à l'accomplissement de sa mission par l'expert.

§ 3
Présomption d'impartialité de l'expert

023.141 Présomption d'impartialité du juge. Rappelons que le juge est présumé impartial jusqu'à preuve contraire :

Civ. 3e, 11 oct. 2006, no 05-14.309, NP : « Attendu que les époux X font grief à l'arrêt de rejeter leurs demandes, alors, selon le moyen, que l'impartialité du juge figure au rang des exigences d'un procès équitable ; que tout jugement rendu par un tribunal en contradiction avec cette exigence est nul : que la cour d'appel reproche aux époux X un certain comportement procédural, empreint de mauvaise foi, au moyen de simples affirmations tout en niant leur droit fondamental d'intenter un procès à leur adversaire ; d'où il suit que la cour d'appel était de parti pris et qu'en application de l'article 6.1 de la convention européenne de sauvegarde des droits de l'homme et des libertés fondamentales son arrêt doit être annulé ; Mais attendu qu'aucun des termes relevés par le moyen n'est susceptible de mettre en cause l'impartialité du juge, laquelle se présume jusqu'à preuve contraire ; »

Com. 16 oct. 2001, no 98-12.568, P, *D.* 2001. 3273, obs. A. Lienhard ; *D.* 2002. 80, obs. F. Derrida : « Mais attendu que l'impartialité du juge se présume jusqu'à preuve contraire ; que M. X n'ayant pas précisé en quoi la présidence, par le juge-commissaire, de la formation de jugement, justifiait objectivement ses appréhensions sur le défaut d'impartialité de la juridiction, l'arrêt n'encourt pas les griefs du moyen ; »

023.142 Présomption d'impartialité de l'expert judiciaire. Il en va de même pour l'expert judiciaire, de sorte qu'il appartient à la partie qui entend le récuser de prouver l'existence de la cause de récusation alléguée :

Civ. 1re, 23 mai 2006, no 04-12.514, NP : « Attendu, d'une part, que si l'article 341 du nouveau code de procédure civile qui édicte les cas de récusation, n'épuise pas l'exigence d'impartialité requise de tout expert judiciaire laquelle se présume jusqu'à preuve contraire, M. X ne rapporte pas la preuve que les liens d'ordre familial et professionnel par lui allégués et pouvant exister entre l'expert et des personnes proches de Mme Y seraient de nature à porter atteinte à son impartialité ; »

§ 4
Causes de récusation de l'expert

023.150 Plan. Il existe une liste des causes de récusation, dont certaines méritent quelques explications, mais qui, en tout état de cause, n'est pas limitative.

A. Causes de récusation prévues par les textes

023.161 Identité des causes de récusation de l'expert et du juge. Les experts « peuvent être récusés pour les mêmes causes que les juges » et, « S'il s'agit d'une personne morale, la récusation peut viser tant la personne morale elle-même que la ou les personnes physiques agréées par le juge » (C. pr. civ., art. 234, al. 1er).

023.162 Causes de récusation. Il convient donc de se reporter aux textes régissant les causes de récusation des juges prévues par l'article 341 du code de procédure civile, mais renvoyant désormais à l'article L.111-6 du code de l'organisation judiciaire, lequel vise l'existence de liens de famille, d'argent, de subordination, de proximité, d'amitié ou d'inimitié notoire avec l'une des parties :

> **C. pr. civ., art. 341**
>
> Sauf disposition particulière, la récusation d'un juge est admise pour les causes prévues par l'article L. 111-6 du code de l'organisation judiciaire.
>
> **COJ, art. L. 111-6**
>
> Sous réserve de dispositions particulières à certaines juridictions, la récusation d'un juge peut être demandée :
>
> 1° Si lui-même ou son conjoint a un intérêt personnel à la contestation ;
>
> 2° Si lui-même ou son conjoint est créancier, débiteur, héritier présomptif ou donataire de l'une des parties ;
>
> 3° Si lui-même ou son conjoint est parent ou allié de l'une des parties ou de son conjoint jusqu'au quatrième degré inclusivement ;
>
> 4° S'il y a eu ou s'il y a procès entre lui ou son conjoint et l'une des parties ou son conjoint ;
>
> 5° S'il a précédemment connu de l'affaire comme juge ou comme arbitre ou s'il a conseillé l'une des parties ;
>
> 6° Si le juge ou son conjoint est chargé d'administrer les biens de l'une des parties ;
>
> 7° S'il existe un lien de subordination entre le juge ou son conjoint et l'une des parties ou son conjoint ;
>
> 8° S'il y a amitié ou inimitié notoire entre le juge et l'une des parties ;
>
> 9° S'il existe un conflit d'intérêts, au sens de l'article 7-1 de l'ordonnance n° 58-1270 du 22 décembre 1958 portant loi organique relative au statut de la magistrature.
>
> Les magistrats du ministère public, partie jointe, peuvent être récusés dans les mêmes cas.

B. Cas particulier du procès visé par le 4° de l'article L. 111-6, 4° du code de l'organisation judiciaire

023.171 Le procès en cause ne peut être le différend opposant l'expert à une partie à propos de la régularité de la procédure d'expertise. Tel est le cas d'une demande en nullité de l'expertise, formée par une partie :

> **Civ. 2e, 20 déc. 2001, n° 00-17.977,** NP : « Mais attendu que la cour d'appel énonce à bon droit que les conclusions aux fins d'annulation du rapport d'expertise de M. X déposées par la société dans l'instance l'opposant à la A ne créent pas un "procès" au sens de l'article 341-4° du nouveau code de procédure civile entre la société et M. X qui n'a été assigné en intervention forcée, postérieurement à la demande de récusation, qu'à seule fin de lui rendre l'arrêt commun et sans qu'aucune demande ne soit formée contre lui ; »

Il en va de même de la saisine, par une partie, du juge chargé du contrôle des expertises, du juge des référés ou de la cour d'appel :

> **Civ. 2e, 15 nov. 2007, n° 07-10.921,** *Bull.* n° 254 : « Mais attendu que l'expert n'est pas une partie au litige à l'occasion duquel il est désigné en qualité de technicien ; Et attendu qu'ayant relevé que les seuls litiges dont il est justifié sont ceux introduits devant le juge chargé du contrôle des expertises, le juge des référés et la cour d'appel, l'arrêt en a exactement déduit qu'il n'y avait pas eu de procès entre l'expert et les parties ; »

023.172 Le procès en cause ne peut être le différend opposant l'expert à une partie à propos de sa rémunération. Il importe peu que l'une des parties conteste l'ordonnance de taxe :

> **Civ. 2e, 15 déc. 1986, n° 85-17.122,** P, sommaire : « La contestation à laquelle a donné lieu la taxe d'experts dans l'instance au cours de laquelle ils ont été commis ne constitue pas le "procès" dont l'article 341-4° du nouveau code de procédure civile fait état comme cause de récusation. »

023.173 Le cas du procès résultant d'une altercation entre l'expert et l'une des parties à l'occasion des opérations d'expertise. Dans un arrêt de 2005, la Cour de cassation, saisie du cas d'un expert qui avait porté plainte contre une partie qui, au cours d'une réunion d'expertise, s'était jetée sur lui et l'avait mis à terre, a affirmé que constitue une cause de récusation l'existence d'un procès entre l'expert et l'une des parties, que ce procès ait été engagé avant ou après le début des opérations :

> **Civ. 2e, 13 oct. 2005, no 04-10.834,** *Bull.* no 249 ; *D.* 2005. 2630, sommaire : « L'existence d'un procès entre l'expert judiciaire et l'une des parties constitue une cause péremptoire de récusation, sans qu'il y ait lieu de distinguer suivant que le procès a été engagé avant ou après le début des opérations d'expertise, ou selon qu'il puise sa raison d'être dans des faits étrangers ou non au déroulement des opérations. Dès lors viole les articles 341, 4°, du nouveau code de procédure civile, et 6.1 de la Convention européenne de sauvegarde des droits de l'homme et des libertés fondamentales l'arrêt qui rejette une demande de récusation au motif qu'il ne peut être considéré qu'il y a "procès" ou même "inimitié notoire" entre un expert et une partie condamnée pour des faits de violence commis sur cet expert au cours des opérations d'expertise, au sens de l'article 341 du nouveau code de procédure civile, faute pour le demandeur à la récusation d'établir l'existence d'un différend personnel entre l'expert et lui, antérieurement à cet incident, et extérieur aux opérations d'expertise confiées à l'expert. »

Si ce cas de figure concernait le procès intenté par l'expert à l'une des parties, cette décision avait beaucoup ému certains experts judiciaires qui y avaient vu un risque de manipulation consistant, pour la partie qui souhaite se défaire d'un expert peu favorable à sa thèse, à provoquer délibérément un incident avec celui-ci pour s'en prévaloir, ensuite, au soutien d'une demande de récusation.

Mais, s'agissant de procès intentés par l'une des parties à l'expert à raison du comportement de celui-ci lors de l'expertise, la Cour de cassation a rendu des décisions démontrant qu'elle ne se laisse pas abuser par l'existence d'un procès qui serait engagé artificiellement et pour les besoins de la cause d'une partie insatisfaite des conclusions de l'expert :

> **Civ. 3e, 9 oct. 1984, no 83-11.341,** *Bull.* no 163, sommaire : « A légalement justifié sa décision de rejeter la demande en récusation d'expert formée par une partie et fondée sur l'existence d'un procès pénal l'opposant à cet expert, l'arrêt qui, après avoir relevé que la partie avait cité l'expert devant le tribunal de police pour avoir utilisé aux fins de l'expertise une unité de mesure illicite, retient que la demande de récusation trouve son origine non dans ce procès pénal créé artificiellement mais dans l'expertise critiquée dont le procès n'était que la conséquence. »
>
> **Civ. 2e, 6 mai 2010, no 08-21.845,** NP : « Mais attendu qu'ayant relevé, par motifs propres et adoptés, que le procès civil, engagé par M. X contre l'expert plus de 10 mois après sa nomination, au seul motif qu'il se serait abstenu d'intervenir, lors des opérations d'expertise aux mois de mai et juin 2008, pour faire taire son beau-frère qui tenait des propos désobligeants à son endroit, la cour a souverainement retenu que le procès engagé contre l'expert apparaissait créé artificiellement et révélait une intention malicieuse ; »

023.174 Recommandations à l'adresse des experts. Un double conseil peut être donné aux experts :

- il importe que l'expert sache garder, en toutes circonstances et nonobstant l'agressivité de ses interlocuteurs, le plus grand calme, lequel est d'ailleurs de nature à désamorcer certaines velléités ;
- en cas d'incident grave, la plainte pénale d'un expert a toutes les chances de mettre un terme à sa mission, de sorte qu'il est préférable de différer ladite plainte et de privilégier un compte rendu fait au juge chargé du contrôle des expertises, lequel pourra intervenir pour apaiser les tensions (on signalera toutefois que les actions en diffamation ou injure envers une personne dépositaire de l'autorité publique sont soumises à une très courte prescription de trois mois !)

C.
Cas particulier de l'amitié ou de l'inimitié notoire entre l'expert et l'une des parties

023.181 Appréciation souveraine des juges du fond quant à l'existence d'une amitié ou inimitié notoire entre l'expert et l'une des parties. Cette position est parfaitement logique dès lors qu'il s'agit d'une question de pur fait :

> **Civ. 1re, 4 oct. 2000, no 97-14.971,** NP : « Attendu que l'existence de liens d'amitié notoire constitutifs d'une cause de récusation relève de l'appréciation souveraine des juges du fond et échappe dès lors au contrôle de la Cour de cassation ; que le moyen, qui reproche à l'arrêt attaqué (Lyon, 21 févr. 1997) de ne pas avoir, en l'espèce, retenu de tels

liens entre deux personnes, ne peut, dès lors, être accueilli ; »

D.

Caractère non limitatif de l'énumération à laquelle renvoie l'article 341 du code de procédure civile

023.191 Autres causes possibles de récusation. La Cour de cassation a précisé que l'énumération des causes de récusation prévue par l'article 341 du code de procédure civile n'est pas limitative, de sorte que les experts sont invités à la plus grande prudence :

> **Civ. 2e, 5 déc. 2002, no 01-00.224,** *Bull.* no 275 ; *D.* 2003. 2260, et les obs., note A. Penneau : « Selon l'article 6.1 de la Convention européenne de sauvegarde des droits de l'homme et des libertés fondamentales, toute personne a droit à ce que sa cause soit entendue par un tribunal impartial ; que l'exigence d'impartialité doit s'apprécier objectivement. Il s'ensuit que l'article 341 du nouveau code de procédure civile qui prévoit des cas de récusation n'épuise pas nécessairement l'exigence d'impartialité requise de tout expert judiciaire. »
>
> La première chambre civile de la Cour de cassation l'avait déjà dit antérieurement : Civ. 1re, 28 avr. 1998, no 96-11.637, *Bull.* no 155 ; *D.* 1998. 131, *RTD civ.* 1998. 744, obs. R. Perrot.

§ 5

Position de la Cour de cassation sur les difficultés liées à l'impartialité de l'expert

023.200 Plan. On abordera les cas dans lesquels la Cour de cassation a validé une insuffisance d'impartialité (A), avant d'examiner les cas de garanties d'impartialité jugées suffisantes (B) et certaines situations qui peuvent poser problème (C), notamment au regard du contexte dans lequel est ordonnée l'expertise (D et E).

A.

Cas d'insuffisance des garanties d'impartialité de l'expert

023.211 Maintien de liens ayant existé par le passé entre l'expert et une partie. Il y a insuffisance des garanties d'impartialité lorsque l'expert, ancien directeur technique d'une société partie à l'instance, a, malgré son départ en retraite, maintenu des liens avec celle-ci en acceptant de publier un article dans le journal de l'entreprise :

> **Civ. 2e, 5 mai 1993, no 91-19.476,** *Bull.* no 165 : « Mais attendu que les juges d'appel, après avoir relevé que M. X (l'expert) avait été employé par la société Y (l'une des parties) en qualité de directeur technique pendant 25 années, et qu'il avait publié un article dans le magazine A de février 1990, ont fait usage de leur pouvoir souverain en considérant que cette longue collaboration qui n'avait pris fin que par une mise à la retraite, accompagnée de la publication d'un article dans le journal de la société, était de nature à établir entre M. X et l'entreprise, partie à l'expertise en cours, qui l'avait employé, l'existence d'une amitié notoire, seul cas de récusation que les faits étaient susceptibles de caractériser ; »

023.212 Appartenance de l'expert et d'une partie à une même association, accompagnée d'un partage de moyens professionnels. De même, les garanties d'impartialité sont insuffisantes lorsque l'expert partage, avec l'une des parties au procès, l'appartenance à une même association et l'usage de moyens professionnels :

> **Civ. 2e, 5 avr. 2001, no 99-15.689,** NP : « Mais attendu que la cour d'appel, énonçant que la cause de récusation tenant à l'amitié notoire entre l'expert et l'une des parties doit s'entendre comme fondée sur l'existence d'une relation avérée entre l'une et l'autre, a retenu que la seule appartenance de M. X (l'expert) à une "compagnie nationale des experts en diagnostic d'entreprise" présidée par M. Y, ancien dirigeant de la société Z, ne constituait pas une cause de récusation dans la mesure où elle ne traduisait pas un intérêt personnel au litige de la part de l'expert ni un lien de subordination à l'égard de M. Y, mais que le fait, pour M. X (l'expert), de partager avec M. Y l'appartenance à une même association, une communauté de bureaux, de numéros de téléphone, de fax, alors que M. Y (l'expert) reste étroitement lié à la société Z établit la réalité d'une relation avérée entre M. X et la société Z par l'intermédiaire de son ancien dirigeant ; que de ces motifs, dépourvus de contradiction et de caractère dubitatif, la cour d'appel a pu déduire qu'une cause de récusation était caractérisée ; »

023.213 Réalisation, par l'expert, de prestations antérieures pour le compte d'une partie. Enfin, il est évident qu'il y a insuffisance des garanties d'impartialité lorsque l'expert médecin, chargé d'apprécier l'imputabilité d'une maladie à la vaccination contre l'hépatite B, a effectué des prestations pour le compte du laboratoire ayant fourni ledit vaccin :

> **Civ. 2e, 5 déc. 2002, no 01-01.719,** NP : « Mais attendu que la cour d'appel a relevé, sans avoir à procéder à d'autres recherches, que les difficultés techniques pour trouver un expert qualifié étaient indépendantes des causes de récusation et qu'une collaboration s'était instaurée et poursuivie entre la société X et M. Y (l'expert), lequel demeurait créancier de cette société, de sorte qu'elle a pu retenir que l'exigence d'impartialité requise n'était pas satisfaite ; »

B.
Cas de suffisance des garanties d'impartialité de l'expert

023.221 Intervention antérieure de l'expert dans une même affaire. L'expert ne peut voir son impartialité remise en cause du fait qu'il est intervenu antérieurement dans la même affaire. Il s'agit :

– du cas de l'expert qui s'est déjà rendu sur les lieux du litige dans des conditions qui n'ont pas été déterminées :

> **Civ. 2e, 18 mars 1998, no 95-20.180,** NP : « Mais attendu qu'après avoir rappelé les deux causes de récusation invoquées par la société V, l'arrêt relève que le fait que l'expert se serait déjà rendu sur les lieux du litige dans des conditions non définies n'est établi par aucune pièce et énonce à bond droit que ce grief ne constitue pas l'un des cas de récusation prévue par l'article 341 du nouveau code de procédure civile ; Et attendu que l'arrêt retient, par motifs propres et adoptés que la démonstration du grief d'inimitié s'apprécie sur trois témoignages dont la réalité des faits qu'ils rapportent est contestée par l'expert ne peuvent suffire à suspecter ce dernier de partialité ; »

– du cas de l'expert qui est déjà intervenu, dans la même affaire, à la demande du procureur de la République sur le fondement de l'article 77-1 du code de procédure pénale (lequel permet au ministère public d'avoir recours à toutes personnes qualifiées pour faire des constatations ou des examens techniques ou scientifiques) :

> **Civ. 2e, 8 févr. 2006, no 04-12.864,** *Bull.* no 45 ; *D.* 2006. 810 ; *AJDI* 2006. 753, obs. H. Heugas-Darraspensommaire : « Un expert ayant été désigné en référé à la demande des victimes d'un incendie, alors qu'il avait été précédemment requis par un procureur de la République, en application de l'article 77-1 du code de procédure pénale, pour déterminer les causes du sinistre, une cour d'appel énonce exactement, pour rejeter la demande de récusation le concernant, qu'il n'était pas intervenu dans les conditions de l'article 341 5° du nouveau code de procédure civile »

– du cas de l'expert qui est déjà intervenu, dans la même affaire, en qualité de sapiteur :

> **Civ. 2e, 8 mars 2007, no 05-19.966,** NP : « Attendu que pour accueillir la demande et désigner un nouvel expert, l'arrêt, après avoir relevé que M. X était intervenu en qualité de "sapiteur" choisi par le précédent expert et que ses conclusions avaient fait l'objet de critiques, retient qu'il avait précédemment connu de l'affaire en tant que technicien, de sorte que la "contre-expertise" ne pouvait lui être confiée et qu'au vu de l'article 341 5°, la récusation sollicitée devait être ordonnée ; Qu'en statuant ainsi, alors que l'expert ne peut être récusé que s'il a précédemment connu de l'affaire comme juge ou arbitre ou s'il a conseillé l'une des parties, la cour d'appel qui ne caractérise par ailleurs l'existence d'aucun fait de nature à faire naître un doute légitime sur l'impartialité de l'expert, a violé les textes susvisés ; »

023.222 Intervention antérieure de l'expert auprès des mêmes parties. L'expert ne peut voir son impartialité remise en cause du fait qu'il est intervenu antérieurement auprès des mêmes parties, mais dans un autre litige :

> **Civ. 2e, 10 mai 1995, no 93-10.528,** NP : « Mais attendu qu'en retenant que l'intervention antérieure de l'expert dans le litige, n'était pas de nature à faire suspecter son impartialité, la cour d'appel a légalement justifié la décision ; »

023.223 Appartenance de l'expert à un cabinet d'expertise comptable comportant un grand nombre de collaborateurs dont certains ont effectué des prestations pour l'une des parties. L'expert ne peut voir son impartialité remise en cause dans de telles circonstances, dès lors qu'il importe surtout de s'attacher au point de savoir si l'expert est intervenu personnellement auprès de l'une des parties, cliente du cabinet :

> **Com. 5 oct. 2004, no 02-21.545,** NP : « Attendu que pour constater que M. X, expert des époux Y, et ceux-ci ont à juste titre récusé M. A, l'arrêt retient

qu'il n'est pas contesté que ce dernier a fait partie d'une ou de deux sociétés de commissaires aux comptes étant intervenues pour le compte de la société B et pour celui d'autres sociétés satellites et que le fait qu'il ait pu, ne serait-ce que quelques années avant la source du litige, être d'une quelconque façon, subordonnée ou indépendante, lié par quelque moyen que ce soit à l'une des parties n'est pas en harmonie avec l'impartialité objective, exigence première de tout expert ; Attendu qu'en se déterminant ainsi, sans rechercher si M. A avait personnellement entretenu avec la société B ou ses dirigeants des relations de nature à faire naître un doute légitime et actuel sur son impartialité, la cour d'appel n'a pas donné de base légale à sa décision ; »

023.224 Réalisation antérieure par l'expert d'une expertise portant sur le même sujet. La question s'est, en effet, posée de savoir si un même expert peut être désigné dans des expertises dites « sérielles », c'est-à-dire d'expertises ordonnées concomitamment ou non, ayant le même type de cause et un même objet, telles les expertises concernant certains problèmes de santé publique (ex. : les infections articulaires à Mycobacterium xenopi en matière orthopédique, l'utilisation du revêtement hydroxyapatite en matière d'implants dentaires, les difficultés posées par certains implants mammaires, etc.).

En ce cas, le dilemme est le suivant :

- certains soutiennent que l'expert, qui a effectué plusieurs expertises concernant le même problème, a nécessairement un *a priori* lorsqu'on le sollicite pour effectuer le même type d'expertises concernant d'autres victimes ;

- d'autres estiment, au contraire, que l'expert ainsi nommé ne peut se voir reprocher un *a priori* au sens de l'impartialité requise, et qu'au contraire, il présente l'avantage de bien connaître la problématique en cause, laquelle doit conduire à privilégier sa désignation.

La Cour de cassation a tranché la difficulté en estimant possible de nommer, dans un dossier, un expert ayant déjà rendu ses conclusions dans une autre affaire du même type :

Civ. 2e, 22 oct. 2009, nº 07-21.487, *Bull.* nº 247 ; *AJDI* 2010. 327, obs. H. Heugas-Darraspen ; *RDI* 2009. 656, obs. G. Leguay : « Attendu que Mme X fait grief à l'arrêt de la débouter de sa demande de condamnation de l'assureur au paiement d'une certaine somme, outre les intérêts de droit, alors, selon le moyen, que toute personne a droit à ce que sa cause soit entendue équitablement par un tribunal indépendant et impartial ; que cette exigence s'étend nécessairement à l'expert judiciaire ; qu'en l'espèce, compte tenu de l'importance des sommes en jeu, il était légitimement permis de douter de l'impartialité objective de M. X, qui avait été désigné en qualité d'expert judiciaire dans de nombreux dossiers relatifs à des sinistres consécutifs au cyclone Leny, intéressant l'assureur, qui contribuait substantiellement à sa rémunération ; qu'en ne s'assurant pas si, indépendamment de la conduite personnelle de l'expert, ces circonstances particulières ne créaient pas objectivement un doute légitime sur son impartialité, la cour d'appel a privé sa décision de base légale au regard de l'article 6, § 1 de la Convention européenne des droits de l'homme ; Mais attendu que l'arrêt, qui retient que les faits invoqués par Mme X pour soutenir l'existence d'un doute sur l'impartialité de l'expert judiciaire étaient soit non établis, soit justifiés par la compétence du technicien, a fait une appréciation objective de l'exigence d'impartialité requise de l'expert ; »

023.225 Exposé, par l'expert, des avantages d'une solution transactionnelle. L'expert ne peut voir son impartialité remise en cause, au prétexe qu'il a présenté aux parties les avantages d'une solution transactionnelle. C'est heureux si l'on veut que l'expert œuvre intelligemment en vue d'un arrangement amiable entre les parties :

Soc. 9 nov. 2004, nº 02-42.766, NP, sommaire : « Mais attendu que la cour d'appel qui a statué tant sur le fondement des articles 234 et 235, alinéa 2 du nouveau code de procédure civile que de l'article 6-1 de la Convention européenne de sauvegarde des droits de l'homme et des libertés fondamentales a relevé que l'expert n'avait pas manqué à l'obligation d'impartialité à laquelle il était tenu en se bornant à présenter aux deux parties les avantages d'une solution transactionnelle ; qu'elle a, par ces seuls motifs légalement justifié sa décision ; »

023.226 Mise en cause de l'impartialité de l'expert à raison de sa méthodologie et de la teneur de ses conclusions. L'expert ne peut voir son impartialité remise en cause en raison de sa méthodologie et de la teneur de ses conclusions. Il serait en effet trop facile, pour une partie, d'utiliser de tels arguments pour évincer un expert dont les conclusions lui sont défavorables :

Civ. 2e, 9 avr. 2015, no 14-14.434, NP : « Mais attendu qu'après avoir énuméré les agissements de l'expert susceptibles, selon la société X, de faire douter de son impartialité, l'arrêt retient que ces doléances doivent s'analyser en critiques relatives tant à la méthode choisie par l'expert qu'à la teneur de ses premières conclusions, dont aucune n'est définitive dans un dossier qui apparaît d'une particulière complexité, et relèvent de la compétence du juge du fond et qu'aucun élément sérieux n'est fourni quant à l'allégeance de l'expert au Conservatoire national des arts et métiers, établissement qui a validé en 1990 le mémoire d'un ancien salarié de la société Y ayant pour sujet le fonctionnement du matériel litigieux ; Qu'en l'état de ces constatations et énonciations, c'est souverainement que la cour d'appel, qui n'était pas tenue de suivre les parties dans le détail de leur argumentation et qui n'a pas méconnu l'objet du litige en faisant état du lieu de soutenance du mémoire, a retenu qu'aucun élément n'était de nature à faire peser sur l'expert un doute légitime sur son impartialité ; »

En revanche, la méthodologie de l'expert et ses conclusions peuvent évidemment être contestées par des « dires » auxquels le technicien devra répondre en justifiant ses choix.

C.
Cas pouvant poser problème

023.231 Propos virulents de l'expert envers une partie lors de l'accomplissement de sa mission. La Cour de cassation admet une certaine virulence dans les échanges entre l'expert et les parties :

Civ. 2e, 14 juin 2006, no 04-18.250, NP : « Mais attendu que l'arrêt retient, par motifs propres et adoptés, que, si M. X (l'expert) est intervenu pour conseiller une victime de sclérose en plaques, il s'agissait d'une jeune femme vaccinée avec un vaccin produit par la société Y qui n'était pas la même partie défenderesse, que le seul conseil donné par M. X à la victime a consisté à lui voir appliquer une proposition d'indemnisation du secrétariat à la santé, que cette patiente n'était pas partie dans la procédure, que les propos tenus à l'égard de la société et de son conseil étaient manifestement une réaction épidermique résultant d'une mise en cause directe ne remettant en cause ni la compétence, ni la légitimité, ni l'impartialité de l'expert ; Que de ces constatations et énonciations, la cour d'appel a pu en déduire que la cause de récusation prévue par l'article 341-5° du nouveau code de procédure civile n'était pas caractérisée et que l'impartialité de M. X ne pouvait être mise en doute au sens de l'article 6, § 1 de la CEDH ; »

Civ. 2e, 9 juill. 2009, no 08-16.825, NP : « Mais attendu qu'ayant relevé que l'impartialité de l'expert ne pouvait être critiquée sur la base d'un échange verbal traduisant seulement une tension perceptible n'apparaissant pas uniquement imputable à l'expert, la cour d'appel a pu en déduire, dans l'exercice de son pouvoir souverain d'appréciation, que ce fait n'était pas de nature à affecter les constatations techniques sous-tendant les conclusions expertales et décider de ne pas ordonner une nouvelle expertise ; »

Mais ces affaires démontrent, s'il en était besoin, que l'expert doit toujours se montrer prudent dans ses propos, pour ne prêter le flanc à aucune critique.

023.232 Prises de position publiques de l'expert sur le sujet en cause dans son expertise. La Cour de cassation n'a pas jugé contraire à l'exigence d'impartialité les écrits d'ordre général publiés par un expert dans une revue professionnelle :

Civ. 2e, 3 nov. 2005, no 05-13.005, NP : « Mais attendu qu'après avoir relevé, par motifs propres, que les propos d'ordre général imputés à M. X (l'expert) ne concernaient pas directement la société et ne révélaient pas des prises de position incompatibles avec l'impartialité attendue dans l'examen de l'affaire et par motifs adoptés, que les citations extraites par la société des rapports établis par les mêmes experts à l'occasion d'autres procédures la concernant devaient être analysées dans tout leur contexte textuel et que l'exigence de précision et de clarté induisait que le mode d'expression d'un rapport d'expertise pouvait refléter formellement la vivacité, l'âpreté, les difficultés du débat, la cour d'appel, après avoir analysé l'ensemble des éléments de preuve qui lui étaient soumis, a souverainement retenu que la société ne démontrait pas qu'elle était fondée à douter raisonnablement et suffisamment de l'impartialité des experts ; »

Civ. 2e, 9 juin 2015, no 14-13.650, NP : « Mais attendu que l'arrêt retient que la chronique écrite par M. X et publiée dans la revue X, antérieurement à sa désignation, ne fait qu'analyser, en des termes

> dépourvus de caractère menaçant et de visée polémique, certaines conséquences qui pourraient résulter de la jurisprudence de la Cour de cassation pour les sociétés dont les statuts fixent un prix de cession des parts sociales ne correspondant pas à leur valeur économique, sans toutefois exprimer l'opinion que s'il était désigné pour évaluer les droits sociaux dans une société de la grande distribution, M. X privilégierait les intérêts de l'associé qui en demanderait paiement ; qu'il retient encore que la teneur de cet article ne révèle aucun parti pris ni préjugé de la part de M. X dans l'évaluation des droits sociaux de M. Y (associé de la société Z) ; qu'il ajoute que les correspondances adressées par M. X à chacune des parties ainsi qu'au magistrat en charge de la procédure de récusation, aux termes desquelles l'expert se borne à exprimer son avis sur cette procédure, ne comportent pas d'éléments hostiles à la société Z ou de nature à faire craindre un manque d'impartialité envers cette dernière ; qu'en l'état de ces appréciations, la cour d'appel, qui n'était pas tenue de suivre la société Z dans le détail de son argumentation et qui n'avait pas à s'expliquer sur des allégations dépourvues d'offre de preuve ni à effectuer une recherche que ses appréciations rendaient inopérante, a légalement justifié sa décision ; que le moyen n'est pas fondé ; »

En revanche, la deuxième chambre civile a estimé qu'un expert, qui avait pris des positions polémiques sur un vaccin contre l'hépatite B, n'était plus suffisamment impartial pour prendre en charge une expertise portant sur les conséquences d'un tel vaccin sur un patient :

> **Civ. 2e, 6 mai 2004, no 02-16.232 :** « Mais attendu que la cour d'appel, après avoir relevé qu'il ressortait des prises de position publiques de M. X, de surcroît à caractère polémique, que celui-ci avait fait part de son opinion sur l'absence d'études épidémiologiques sérieuses préalables à l'administration systématique de la vaccination contre l'hépatite B, allant jusqu'à émettre l'idée que les personnes vaccinées pouvaient estimer avoir été victimes d'une publicité abusive, a pu considérer que la société Pasteur vaccins était en droit de mettre en cause l'objectivité de M. X, ce qui justifiait sa récusation ; »

On voit ici combien la position des experts judiciaires peut être scrutée par les parties, de sorte qu'ils doivent faire preuve de prudence dans leur expression publique, en particulier lorsque le sujet traité est polémique, sauf pour eux la possibilité de solliciter leur remplacement s'ils viennent à être désignés dans une expertise portant sur le sujet. Il y a là une question de choix que l'expert devra trancher.

D.
Prise en compte du contexte dans le niveau d'exigence d'impartialité

023.241 Prise en compte des difficultés techniques pour trouver un expert. Les juges peuvent éprouver des difficultés à trouver, dans certains domaines spécifiques d'activité, des experts présentant tout à la fois des qualités de compétence et d'indépendance.

Par exemple, pour faire une expertise concernant un accident ferroviaire mettant en cause la SNCF, l'expert commis, à défaut d'avoir travaillé pour la SNCF, aura de forte chance d'avoir eu, dans sa carrière, des rapports étroits avec cette entreprise ; pour autant, n'est-il pas le plus à même d'exprimer un avis technique particulièrement éclairé sur les causes de l'accident ?

De même, on peut citer le cas d'un médecin aux compétences spécialisées très pointues, commis pour apprécier le travail d'un confrère œuvrant dans le même domaine, avec le risque évident que tous deux se connaissent professionnellement : est-ce une raison de se priver d'une compétence technique que l'on ne retrouvera peut-être pas chez un autre professionnel ?

La question est donc simple : n'y a-t-il pas lieu, dans certains cas tout à fait particuliers, de placer les exigences d'impartialité à un moindre degré ?

À cet égard, la Cour de cassation a retenu, dans l'affaire ci-dessous, l'absence d'impartialité d'un expert, après avoir relevé qu'aucune recherche n'avait été effectuée pour en trouver un autre aussi qualifié, de sorte que l'on peut s'interroger sur la position qui aurait été prise si, après recherches, aucun autre expert n'avait pu être trouvé :

> **Civ. 2e, 5 déc. 2002, no 01-01.719,** NP : « Mais attendu que la cour d'appel a relevé, sans avoir à procéder à d'autres recherches, que les difficultés techniques pour trouver un expert qualifié étaient indépendantes des causes de récusation et qu'une collaboration s'était instaurée et poursuivie entre la société S et M. G, lequel demeurait créancier de cette société, de sorte qu'elle a pu retenir que l'exigence d'impartialité requise n'était pas satisfaite ; »

023.242 Prise en compte d'une « proximité locale ». De même, des questions peuvent naître du fait que, dans des villes de taille réduite, l'expert judiciaire, qui est nommé dans une affaire mettant en cause un notable, aura de fortes chances de connaître plus ou moins ce dernier.

« Plus ou moins » : c'est précisément là toute la question qui devra être examinée avec attention pour apprécier si, malgré cette proximité, l'expert commis présente des garanties raisonnables d'impartialité.

023.243 Règlement de ce type de difficultés. Ces exemples démontrent combien il peut être difficile parfois de concilier impartialité et pragmatisme. En cas de doute, il appartient à l'expert d'informer très vite les parties de la difficulté et de recueillir leurs avis sur d'éventuelles objections, afin d'agir en conséquence et de demander éventuellement au juge son remplacement (v. ss no 023.262). On rappellera, en effet, que « si le technicien s'estime récusable, il doit immédiatement le déclarer au juge qui l'a commis ou au juge chargé du contrôle » (C. pr. civ., art. 234 al. 3).

E.

Prise en compte des relations entre l'expert et d'autres intervenants au procès

023.251 Relations d'amitié ou d'inimitié entre l'expert judiciaire et l'avocat d'une partie. Le fait que l'expert connaisse personnellement l'un des avocats d'une partie peut se produire très fréquemment, soit parce que l'expert œuvre dans une grande ville mais dans un domaine spécifique qui est aussi celui de certains avocats (ex : construction, responsabilité médicale, droits d'auteur...), soit parce que l'expert travaille dans une petite ville où tous les notables entretiennent une proximité de bon aloi.

Pour régler la question de l'impartialité de l'expert dans de telles situations, on peut objecter que l'avocat, qui représente son client avec lequel il n'est pas nécessairement en communion de pensée, est, en quelque sorte, « transparent » et que, de ce fait, il importe peu qu'expert et avocat aient des rapports d'amitié ou d'inimitié. Mais cette seule observation n'épuise sans doute pas tous les cas de figure possibles, surtout s'il existe un conflit ouvert et notoire entre l'expert nommé et l'avocat d'une des parties en cause, d'où l'utilité de la jurisprudence consistant à considérer que l'énumération des causes de récusation prévues par les textes (lesquels ne concernent que les relations experts/parties), n'est pas limitative. Cette question concerne aussi l'avocat et ses obligations déontologiques.

En cette matière, comme en d'autres, il faut aussi pouvoir compter sur l'intelligence et le pragmatisme de chacun.

023.252 Relations d'amitié entre l'expert et le juge qui l'a nommé. *A priori*, cet aspect ne devrait pas avoir d'incidence pour les raisons suivantes :

– le juge, contrairement à l'avocat d'une partie qui peut être considéré comme partie prenante « par capillarité », se trouve dans une situation totalement vierge de tout *a priori* ;

– par ailleurs, il est fréquent que le juge privilégie la désignation d'experts qu'il connaît et apprécie pour leur travail, au regard de considérations d'efficacité qu'on ne saurait lui reprocher ; de même, certains experts peuvent nouer, avec des magistrats, des relations privilégiées, sans que soit en cause une quelconque « connivence » (au sens péjoratif du terme).

Toutefois, on verra qu'en matière pénale, un cas s'est posé concernant la très grande proximité d'un juge avec un expert désigné par lui et que la chambre criminelle a rendu une décision nuancée sur ce point (v. ss nos 033.31 et 033.32).

§ 6

Engagement de la procédure de récusation

023.261 Nécessité de récuser l'expert dès la connaissance de la cause de récusation. Le texte prévoit que « la partie qui entend récuser le technicien doit le faire devant le juge qui l'a commis ou devant le juge chargé du contrôle avant le début des opérations ou dès la révélation de la cause de récusation » (C. pr. civ., art. 234, al. 2).

C'est ainsi que la Cour de cassation écarte la récusation lorsqu'elle intervient trop tardivement, *a fortiori* dans la phase finale de l'expertise :

> **Civ. 2e, 5 déc. 2002, no 01-00.791,** *Bull.* no 279, sommaire : « Selon l'article 124 du nouveau code de procédure civile, les fins de non-recevoir doivent être accueillies alors même que l'irrecevabilité ne résulte d'aucune disposition expresse. Dès lors, fait une exacte application du texte précité une cour d'appel, qui, pour déclarer irrecevable une demande tendant à la récusation d'un expert, sur le fondement de l'article 234, alinéa 2 dudit code, relève que les parties n'ont saisi que tardivement le juge chargé du contrôle de l'exécution des mesures d'instruction. »
>
> **Civ. 2e, 15 oct. 2015, no 14-22.932,** NP ; *RDI* 2015. 595, obs. D. Noguéro : « Mais attendu qu'ayant relevé

> que la demande de récusation intervenait alors que l'expertise était en phase finale, pour des motifs déjà examinés par des décisions qui avaient rejeté les demandes de remplacement ou pour des motifs relevant de la compétence des juges du fond, quelques jours seulement après que la société X avait fait assigner les 3 experts en responsabilité, et retenu que cette action était mise en œuvre à la seule fin de se constituer une cause péremptoire de récusation pour contourner les décisions ayant rejeté les demandes de remplacement à de multiples reprises, caractérisant de la sorte une fraude de la société, c'est dans l'exercice de son pouvoir d'appréciation souverain que la cour d'appel a décidé que ce procès ne constituait pas une cause de récusation ; »

De plus fort, la deuxième chambre civile n'admet pas la demande de récusation faite postérieurement au dépôt du rapport d'expertise :

> **Civ. 3e, 20 juin 1979, nº 77-15.348,** *Bull.* nº 139, sommaire : « Une demande en récusation d'expert ne peut être formée après le dépôt du rapport d'expertise. »

023.262 Moyen de contrer les récusations « opportunistes ». S'il peut être légitime de récuser un expert qui aurait scellé des informations importantes au regard des exigences d'impartialité qui lui sont faites, il importe aussi de contrer les demandes de récusations « opportunistes », émanant d'une partie qui réalise, à un moment souvent avancé de l'expertise, que l'opinion de l'expert ne va pas dans son sens et cherche donc à l'évincer avant qu'il ne dépose son rapport d'expertise.

Pour éviter de telles difficultés, je recommande donc aux experts de procéder comme suit :

- lorsque le problème d'impartialité est évident, l'expert doit refuser la mission dès réception de celle-ci ;
- lorsque le problème porte sur une question délicate et plus contestable, l'expert doit aborder le sujet dès la première réunion d'expertise :
  - il doit informer les parties et leurs avocats des grandes lignes de son cursus et, à cette occasion, soumettre d'éventuelles difficultés relatives à une proximité avec l'une des parties (ex. : l'expert médecin commis dans une expertise en responsabilité médicale, doit signaler qu'il a été le professeur du médecin mis en cause) ;
  - l'expert doit alors recueillir les observations de toutes les parties et de leurs avocats sur cette situation : en cas d'objection, il se déportera ou en référera au juge ; mais, dans le cas contraire (ce qui est le plus fréquent), l'expert devra consigner cette absence d'objection par écrit dans une note aux parties ; ainsi, les parties ne pourront plus ultérieurement, lorsque l'expert dévoilera la teneur de son avis, invoquer cette difficulté au soutien d'une demande de récusation, dès lors qu'elle était connue d'eux.

Cette technique se rapproche d'une autre, résultant des recommandations faites par certaines commissions de réflexion (notamment la conférence de consensus tenue en 2007) et certains organismes d'arbitrage, prônant la signature, par l'expert, d'une « déclaration préalable » relative à son cursus. Toutefois, la déclaration formelle que constitue la communication d'un *curriculum vitae* a pu être jugée un peu artificielle par certains juristes, dès lors que l'énumération des fonctions occupées par l'expert peut en dire beaucoup mais rester muette sur des aspects certes secondaires, mais susceptibles d'impacter l'exigence d'impartialité de l'expert.

D'une manière plus générale, je veux dire avec force que l'expert n'a jamais intérêt à taire ce qui le préoccupe et doit s'efforcer d'agir dans la plus grande transparence, tant dans l'intérêt des parties que dans le sien propre, puisque les problèmes risquent fort de surgir, à un moment ou à un autre, et de mettre à mal l'exigence de loyauté de l'expert, qualité indispensable aux relations de confiance entre experts et juges.

§ 7
Conséquences de l'admission de la récusation de l'expert

023.271 Conséquences pour l'expertise. Lorsque la récusation de l'expert est admise, « il est pourvu au remplacement du technicien par le juge qui l'a commis ou par le juge chargé du contrôle », de sorte que l'expertise devra être recommencée par un autre technicien, d'où un supplément de délai et de coût (C. pr. civ., art. 235).

023.272 Conséquences pour l'expert. L'expert en sera affecté au plan de sa réputation et pourra aussi voir sa rémunération réduite ou supprimée. De surcroît, l'expert s'expose à une éventuelle procédure disciplinaire ou, à tout le moins, à une non-réinscription sur la liste des experts judiciaires au terme de son « mandat », pour ne pas avoir fait preuve d'honnêteté intellectuelle.

Enfin sa responsabilité civile pourra être engagée par une partie si celle-ci a subi un préjudice du fait de l'attitude dissimulatrice de l'expert.

SECTION 5

Respect du principe de la contradiction

023.281 Caractère fondamental du principe du respect de la contradiction. Il convient de souligner l'importance et la permanence de l'exigence du principe de la contradiction, aussi dénommé principe du contradictoire (terme que les praticiens ont adopté, mais dont les linguistes contestent le libellé puisqu'il conduit à faire, d'un adjectif, un nom commun).

D'ailleurs, la Cour européenne des droits de l'homme en rappelle fréquemment le caractère fondamental, ainsi qu'en témoigne la décision suivante :

> **CEDH 20 févr. 1996, nº 19075/91,** *Vermeulen/ Belgique* : « 33. Compte tenu donc de l'enjeu pour le requérant de l'instance devant la Cour de cassation et de la nature des conclusions de l'avocat général du Jardin, l'impossibilité pour l'intéressé d'y répondre avant la clôture de l'audience a méconnu son droit à une procédure contradictoire. Celui-ci implique en principe la faculté pour les parties à un procès, pénal ou civil, de prendre connaissance de toutes pièces ou observation présentée au juge, même par un magistrat indépendant, en vue d'influencer sa décision, et de la discuter (notam. *mutatis mutandis*, les arrêts Ruiz-Mateos précité, p. 25, par. 63, *McMichael c/ Royaume-Uni* du 24 févr. 1995, série A nº 307-B, p. 53-54, par. 80, et *Kerojärvi c/ Finlande* du 19 juill. 1995, série A nº 322, p. 16, par. 42). »

023.282 Signification concrète du principe. Le principe de la contradiction signifie que chaque partie doit disposer de tous les éléments et arguments qui lui sont opposés, de manière à être en état d'y répondre très complètement. En d'autres termes, le combat judiciaire ne peut être qu'un « combat à la loyale ».

023.283 Application du principe tant en matière civile qu'en matière pénale. Il en va ainsi, qu'il s'agisse du procès civil ou du procès pénal et, s'agissant du premier, ce principe figure en bonne place dans le code de procédure civile qui proclame que « le juge doit, en toutes circonstances, faire observer et observer lui-même le principe de la contradiction » et « ne peut retenir, dans sa décision, les moyens, les explications et les documents invoqués ou produits par les parties que si celles-ci ont été à même d'en débattre contradictoirement », lui-même ne pouvant fonder sa décision sur les moyens de droit qu'il a relevé d'office sans avoir au préalable invité les parties à présenter leurs observations » (C. pr. civ., art. 16, al. 1er).

023.284 Application du principe à tous les stades de la procédure. Le principe de la contradiction s'impose au juge comme à l'expert, puisqu'il vaut pour tous les stades du déroulement de la procédure et s'applique donc notamment aux opérations d'expertise, comme nous le verrons plus loin dans le détail desdites opérations.

SECTION 6

Absence de tout versement d'argent entre expert, avocats et parties

023.291 Texte. Dès lors que tout paiement en matière d'expertise se fait par le biais de la régie des juridictions, est-il besoin de rappeler qu'aucun versement ne peut être fait directement à l'expert par une partie « sous quelque forme que ce soit » (C. pr. civ., art. 248).

CHAPITRE

024

Méthodologie requise pour la réalisation des opérations d'expertise

024.00 Division. L'expert qui reçoit une mission doit se montrer attentif aux éléments qui lui sont envoyés par le greffe (sect. 1), s'abstenir de toute diligence tant que la consignation n'est pas versée (sect. 2), puis, une fois reçu l'avis de versement de celle-ci, convoquer parties et avocats (sect. 3) et assurer la maîtrise de chaque réunion d'expertise (sect. 4).

SECTION 1

Examen attentif des éléments envoyés par le greffe

024.11 Nature des documents transmis par le greffe. Les documents transmis par le greffe après la désignation de l'expert par le juge sont souvent lapidaires. Ils comportent systématiquement la décision ordonnant l'expertise, mais, si celle-ci est une ordonnance de référé, l'expert risque de n'y trouver que fort peu d'informations sur les éléments factuels objets de l'expertise. Ils peuvent également contenir l'assignation, qui permet d'en savoir un peu plus sur les circonstances de faits ayant conduit à la demande d'expertise.

024.12 Examen de la mission confiée à l'expert. En général, les missions ne se contentent pas de demander à l'expert de caractériser les éléments factuels susceptibles de constituer la faute d'une ou plusieurs parties, mais requièrent aussi, de l'expert, toutes les informations nécessaires :

- sur le préjudice en résultant (nature et évaluation) ;
- sur le lien de causalité entre la faute retenue et ledit préjudice (puisqu'il peut exister des fautes qui n'occasionnent pas de dommage ou qui, du moins, ne sont pas celles qui ont occasionné le préjudice constaté).

Mais l'expert, qui a l'habitude des missions « type » adressées par certaines juridictions, devra prendre le temps de vérifier que le juge n'y a pas inclus, à la marge, des points spécifiques justifiés par la particularité de l'affaire.

024.13 Réflexion de l'expert avant d'accepter la mission. Il importe que l'expert n'accepte pas la mission à la légère, en omettant une lecture attentive des documents transmis, et, à cet égard, je cite volontiers un collègue parisien, non dénué d'humour et plein de bon sens, qui précisait systématiquement, dans chacune des missions d'expertise ordonnées : « premier point de la mission : lire la mission » !

SECTION 2

Absence de toute diligence tant que la consignation initiale n'est pas versée

024.21 Attentisme de l'expert jusqu'à réception de l'avis de versement de la consignation. L'expert ne doit pas commencer ses opérations d'expertise dès sa désignation (sauf octroi de l'aide juridictionnelle au demandeur), mais doit attendre l'information du greffe selon laquelle « les parties ont consigné la provision mise à leur charge, ou le montant de la première échéance dont la consignation a pu être assortie, à moins que le juge ne lui enjoigne d'entreprendre immédiatement ses opérations » (C. pr. civ., art. 267, al. 2).

024.22 Avis de versement de la consignation provenant du greffe. L'avis de versement de la consignation est adressé à l'expert par le greffe de la juridiction (C. pr. civ., art. 270, al. 2).

SECTION 3

Convocation des parties et avocats aux réunions

024.30 Plan. Toute expertise civile requiert la convocation des parties et de leurs avocats (§ 1 et 2), suivant des modalités qui seront précisées (§ 3 à 5).

§ 1

Impossibilité d'exécuter une mission sans convoquer les parties

024.41 Pas d'expertise sans convocation des parties. La Cour de cassation a jugé qu'une expertise ne peut se faire exclusivement « sur pièces » et sans convocation des parties :

> **Civ. 2e, 20 déc. 2001, no 00-10.633,** *Bull.* no 202 ; *D.* 2002. 371, et les obs. : « Attendu que pour rejeter la demande de nullité du rapport d'expertise, l'arrêt retient que l'expert a travaillé sur pièces et a ensuite adressé un pré-rapport aux parties afin qu'elles puissent prendre connaissance de ses travaux et conclusions, de sorte que le principe du contradictoire a été respecté ; Qu'en statuant ainsi, alors que l'expert n'avait pas convoqué les parties, la cour d'appel a violé le texte et principe susvisés ; »

§ 2

Nécessité de convoquer toutes les parties et tous les avocats

024.51 Détermination des parties et avocats à convoquer. L'expert doit convoquer toutes les parties dont le nom figure sur la décision qui l'a nommé, ainsi que leurs avocats respectifs, dont les coordonnées figurent également sur ladite décision.

Si toutes les parties doivent impérativement être convoquées par l'expert, il peut exister des cas dans lesquels la présence d'une partie, représentée par son avocat, n'est pas nécessaire compte tenu de circonstances particulières (ex. : une partie au tempérament sanguin promet d'en découdre avec son adversaire).

En ce cas, l'expert peut contacter l'avocat de cette partie pour lui suggérer de dissuader son client de se rendre à l'expertise dans le souci d'assurer la sérénité des échanges. Mais il va de soi que si cette partie souhaite être présente en personne, elle en a parfaitement le droit.

§ 3
Modalités de convocation

024.61 Convocation à la première réunion. S'agissant des parties, « la convocation est faite par lettre recommandée avec avis de réception », tandis que les avocats « sont avisés par lettre simple », de même que « les parties défaillantes », c'est-à-dire celles qui n'étaient ni présentes ni représentées à l'audience (C. pr. civ., art. 160)

Quelques précisions s'imposent.

La convocation adressée au seul avocat, aux lieu et place de son client, n'est pas régulière.

Par ailleurs, une concertation intervenue entre la chancellerie, le CNB et le CNCEJ a permis la mise en place d'un système informatique dénommé OPALEXE permettant aux experts de convoquer les avocats par courriel grâce à un système sécurisé (v. ss n° 012.32).

L'expert, qui constate l'absence d'une ou plusieurs parties, d'un ou plusieurs avocats doit impérativement vérifier que les personnes absentes ont bien été convoquées. À cet égard, il importe peu que la partie absente n'ait pas retiré sa lettre recommandée, dès lors que cette omission relève de sa seule responsabilité.

L'absence de certaines parties et/ou avocats qui ont été régulièrement convoqués ne fait pas obstacle à la tenue de la réunion (sauf, bien sûr, s'il s'agit d'une expertise médicale et que l'absent se trouve être la victime à examiner).

024.62 Convocation aux éventuelles réunions suivantes. Lorsque l'expert envisage de tenir plusieurs réunions, il lui est recommandé de fixer, au terme de chaque réunion et en présence de toutes les parties, la date de la réunion suivante, afin de s'éviter l'envoi de nouvelles convocations.

Au demeurant, lorsque plusieurs réunions sont prévues, il est d'usage que l'expert adresse aux parties, après chaque réunion, une note comportant un compte rendu de réunion, permettant d'y faire figurer la date de la prochaine rencontre. C'est ce que font classiquement les experts nommés en matière de construction, dont les opérations peuvent durer plusieurs mois, voire plusieurs années : il est alors d'autant plus utile de consigner par écrit l'état d'avancement des opérations d'expertise après chaque réunion et de faire un point sur les éléments en débat, ceux qui ont été traités, ceux qui restent à examiner, ainsi que les pièces utiles et/ou à recevoir.

§ 4
Délai de convocation

024.71 Fixation d'un délai raisonnable entre l'envoi des convocations et la date de réunion. Il appartient à l'expert de convoquer les parties et leurs avocats le plus rapidement possible. Mais il convient de ne pas confondre rapidité et précipitation (sauf cas d'urgence) : en effet, les avocats ont souvent des contraintes d'agenda importantes et il faut laisser à chacun un délai raisonnable pour s'organiser (un délai d'un mois entre la convocation et la réunion apparaît raisonnable).

Certains experts utilisent d'ailleurs des logiciels permettant de recueillir les disponibilités des uns et des autres, avant de fixer la date de réunion. Mais cela constitue une simple facilité offerte par l'expert qui ne saurait être tenu d'utiliser de tels moyens.

§ 5
Renseignements à faire figurer dans la convocation

024.81 Mention d'une présence indispensable. L'expert devra indiquer si la présence de telle ou telle partie est indispensable puisqu'il est prévu que les parties « peuvent se dispenser de s'y rendre si la mesure n'implique pas leur audition personnelle » (C. pr. civ., art. 161, al. 2).

En matière médicale notamment, l'expert devra mentionner la présence indispensable de la personne à examiner.

024.82 Mention des pièces à communiquer au plus vite. L'expert pourra solliciter, dès ce stade, la communication de pièces qu'il sait déjà lui être utiles, même si cette demande n'est pas toujours suivie des effets escomptés puisque les textes indiquent que « le technicien peut demander communication de tous documents aux parties et aux tiers » (C. pr. civ., art. 243) et que « les parties doivent remettre sans délai à l'expert tous les documents que celui-ci estime nécessaire à l'accomplissement de sa mission » (C. pr. civ., art. 275, al. 1).

SECTION 4
Maîtrise de chaque réunion par l'expert

024.90 Plan. La complexité de l'expertise peut conduire à organiser plusieurs réunions (§ 1) mais, si tel est le cas, j'insiste sur l'importance qui s'attache à la toute première réunion (§ 2) au regard des modalités de déroulement de l'expertise. Chaque réunion suppose un *modus operandi* précis de l'expert (§ 3 et 4), étant observé que des développements particuliers seront consacrés au cas de l'expertise médicale (§ 5) et aux réunions organisées en visio-conférence (§ 6).

§ 1
Organisation d'une ou plusieurs réunions ou « accédits »

024.101 Nombre de réunions à prévoir. Le nombre de réunions à prévoir dépend de la difficulté de l'expertise :

- en matière de réparation de préjudice corporel, il suffit souvent d'organiser une seule réunion ;
- en matière de droit de la construction et ainsi que cela a été souligné, il peut être nécessaire d'organiser de très nombreuses réunions, surtout si la construction en cause est un bâtiment d'envergure.

024.102 Maîtrise de chaque réunion par l'expert. Il s'agit de l'impératif le plus difficile à satisfaire pour l'expert, surtout en présence d'un nombre important de participants à l'expertise, voire du comportement parfois imprévisible et difficile de certains d'eux.

024.103 Importance du recours à une méthodologie claire. On ne dira jamais assez combien il importe, pour l'expert, d'avoir une méthodologie très professionnelle et d'en communiquer le mode d'emploi aux parties et aux avocats, afin que chacun puisse s'y retrouver.

§ 2
Importance de la première réunion

024.110 Plan. La toute première réunion d'expertise est importante dès lors qu'elle constitue la prise de contact entre les différents intervenants (A) et qu'elle est l'occasion, pour l'expert, de délivrer certaines informations utiles aux parties (B) et aux avocats (C).

A.
Prise de contact

024.121 Donner le ton. La première réunion d'expertise est importante car elle constitue le premier contact entre l'expert judiciaire, les avocats et les parties : elle donne donc le ton concernant l'autorité de l'expert, un peu comme le premier cours permet aux étudiants d'évaluer leur professeur.

B.
Informations à délivrer aux parties

024.131 Donner les informations nécessaires aux parties. Il est recommandé à l'expert

- de rappeler aux parties présentes qu'il est nommé par le juge et qu'il est donc parfaitement neutre par rapport au problème soumis ;
- d'être attentif à celles qui n'ont pas d'avocat : l'expert ne doit évidemment pas les considérer comme quantité négligeable et devra les rassurer en leur indiquant que la parole leur sera donnée le moment venu pour leur permettre de faire valoir leur position ; l'expert devra aussi faire preuve, à leur égard, d'une certaine pédagogie destinée à leur délivrer des informations qu'elles peuvent ne pas connaître ; il en va ainsi des modalités de communication de pièces et, en particulier, de la précision selon laquelle les parties qui n'ont pas d'avocat doivent, en cas de transmission de pièces à l'expert, en envoyer une copie à leurs adversaires (avocats ou aux parties sans avocat).

C.
Informations à délivrer aux avocats

024.141 Aborder la question de la communication des pièces à l'expert. L'expert peut utilement rappeler que la communication des pièces doit être limitée aux seuls documents utiles à la solution du litige, de sorte que l'avocat, s'il reçoit des documents pléthoriques de son client, doit en faire le tri pour ne transmettre que ceux qui sont pertinents.

Je souligne :

- que la communication des pièces par les avocats doit être « spontanée » et faite « en temps utile », ainsi que le prévoit le Règlement intérieur de la profession d'avocat, de sorte que l'expert ne devrait pas avoir à réitérer des demandes de pièces, ni les recevoir la veille ou le jour même de la réunion d'expertise :

> **RIN, art. 5.1 :**
> L'avocat se conforme aux exigences du procès équitable. Il se comporte loyalement à l'égard de la partie adverse. Il respecte les droits de la défense et le principe du contradictoire.
> La communication mutuelle et complète des moyens de fait des éléments de preuve et des moyens de droit se fait spontanément, en temps utile et par les moyens prévus par les règles de procédure.

- que chaque communication de pièces doit être accompagnée d'un bordereau listant les pièces sous une numérotation en continu en cas de pluralité de bordereaux, comme le prévoit le règlement intérieur national de la profession d'avocat, dont on citera un extrait de l'article 5.5 :

> **RIN, art. 5.5**
> La communication de pièces se fait en original ou en photocopie.
> Les pièces doivent être numérotées, porter le cachet de l'avocat et être accompagnées d'un bordereau daté et signé par l'avocat.
> La communication se fait dans les conditions suivantes :
> – parmi les pièces, celles qui sont en langues étrangères doivent être accompagnées d'une traduction libre ; en cas de contestation, il sera recouru à un traducteur juré ;
> – les moyens de fait et de droit ci-dessus visés peuvent être communiqués sous forme de notice, de conclusion ou de dossier de plaidoirie ;
> – la jurisprudence et la doctrine sont versées aux débats si elles ne sont pas publiées ; si elles sont publiées, les références complètes sont communiquées aux autres avocats.

Ces exigences correspondent à l'intérêt de tous, puisque le travail de chacun, experts, avocats, parties et juges, s'en trouvera facilité par une identification aisée des documents dont il sera fait état. Je recommande donc aux experts de renvoyer à leur expéditeur les pièces fournies « en vrac ».

J'ajoute que la communication dématérialisée a pu, parfois, favoriser certains abus, puisque j'ai en mémoire la transmission, faite par un avocat à un expert, d'un CD-ROM comportant plus de 100 pièces, certes numérotées mais livrées « en vrac » sans aucun intitulé véritablement « parlant » : il n'est pas admissible de laisser ainsi l'expert faire le tri parmi un tel fatras de documents.

024.142 Aborder la question du respect des délais impartis par l'expert. Il importe que l'expert se montre relativement ferme sur le respect des délais impartis s'il veut lui-même être en mesure de satisfaire à la date imposée par le juge pour le dépôt de son rapport.

Il lui est conseillé d'adresser aux avocats (et aux parties sans avocat) un écrit formalisant les délais imposés pour communiquer les pièces ou pour faire valoir leurs observations sur tel ou tel problème.

Par ailleurs, lorsque l'expert sollicite du juge une prolongation de délai, il importe qu'il en explicite les raisons et qu'il envoie, aux parties et à leurs avocats, une copie de son courrier : il aura ainsi fait jouer une parfaite transparence sur les raisons de cette demande de prolongation, chacun devant prendre ses responsabilités à cet égard.

024.143 Aborder éventuellement la question d'un enregistrement des réunions. La première réunion peut être aussi l'occasion de traiter, si nécessaire, la question des enregistrements audio.

Théoriquement, « le juge peut faire établir un enregistrement sonore, visuel ou audio-visuel de tout ou partie des opérations d'instruction auxquelles il procède », ce qui est rarissime (C. pr. civ., art. 174).

L'expert peut lui-même souhaiter procéder à un enregistrement sonore dans le seul but de s'éviter la prise de notes, il doit alors l'annoncer clairement et le faire au vu et au su de tout le monde (les enregistrements clandestins sont susceptibles de donner lieu à des poursuites pénales). L'enregistrement conçu comme un document de travail de l'expert, n'a pas à être communiqué aux parties.

§ 3
Vérification des personnes présentes au début de chaque réunion d'expertise

024.150 Plan. Il appartient à l'expert de vérifier la qualité des participants à l'expertise (A), de faire émarger une liste des personnes présentes (B) et de s'assurer de la communication faite à toutes les parties/avocats des pièces qu'il a lui-même reçues (C).

A.
Vérification de la qualité des participants à l'expertise

024.161 Justification de la qualité des personnes présentes. Les réunions d'expertise ne sont pas publiques (contrairement au principe applicable aux audiences civiles), de sorte que sont seules autorisées à assister aux opérations de l'expert :

– les parties elles-mêmes : l'expert peut demander aux parties qui n'ont pas d'avocat de justifier de leur identité, surtout lors de la première réunion ;

– les avocats des parties : si l'expert ne les connaît pas, ceux-ci doivent pouvoir justifier de leur qualité d'avocat par la présentation de leur carte professionnelle, mais ils n'ont pas besoin de produire un mandat écrit de leur client, dès lors qu'ils ont la qualité de mandataires légaux (C. pr. civ., art. 162) ;

– en revanche, les assistants techniques des parties ou de leur assureur (ex. : médecin-conseil, architecte) doivent produire un mandat écrit si leur mandant n'est pas présent à l'expertise pour attester qu'il valide leur présence (C. pr. civ., art. 161, al. 1er).

024.162 Possible acceptation d'un tiers accompagnant une partie « fragile ». Enfin, Il peut arriver que certaines parties, émotives ou vulnérables, sollicitent la présence d'un proche susceptible de les rassurer, surtout si elles n'ont pas d'avocat (ex. : une personne âgée peut souhaiter être accompagnée par sa fille). Bien que les textes ne prévoient pas une telle présence, l'application du droit n'exclut pas la prise en compte de considérations d'humanité.

L'expert devra alors demander aux autres parties et aux avocats si ceux-ci voient un inconvénient à cette présence et, en l'absence vraisemblable de toute objection, autorisera ce tiers à assister aux opérations d'expertise ; par ailleurs, l'expert devra mentionner, sur la liste de présence, son identité ainsi que l'accord de tous les autres intervenants.

024.163 Présence rarissime du juge. Bien qu'il soit prévu que « le juge chargé du contrôle peut assister aux opérations du technicien » (C. pr. civ., art. 241 al. 1), qu'il peut le faire hors de son ressort (C. pr. civ., art. 156), « sans être assisté par le secrétaire de la juridiction » (C. pr. civ., art. 165) et peut alors consigner les opérations auxquelles il assiste dans un procès-verbal qu'il signe (C. pr. civ., art. 274), la présence du juge est rarissime et ne s'envisage, en pratique, que dans des cas très particuliers, notamment en cas de risque d'incident important entre l'expert, les parties et/ou les avocats.

B.
Émargement de la liste de présence

024.171 Utilité de la liste de présence. La tenue d'une liste de présence pour chaque réunion est indispensable et sera jointe au rapport d'expertise, en annexe.

Cette liste de présence doit être émargée par toutes les parties présentes. Si une personne présente refuse de la signer, il suffira à l'expert d'indiquer, au regard de son nom, « présent(e) mais refuse de signer ». Cela n'empêchera évidemment pas la tenue de la réunion.

C.
Vérification relative à la communication des pièces à toutes les parties

024.181 Obligation de l'expert. L'expert n'a pas à assurer, lui-même, la communication des pièces. En revanche, il lui appartient de vérifier que chaque pièce reçue par lui a bien été communiquée par la partie aux autres, et le manquement à cette obligation a été sanctionné comme constitutif d'une violation du principe de la contradiction :

> **Civ. 2e, 25 mars 1999, no 95-17.740,** NP ; *RTD civ.* 2000. 158, obs. R. Perrot : « Vu l'article 16 du nouveau code de procédure civile ; Attendu, selon l'arrêt attaqué, qu'un arrêt a ordonné une expertise dans l'instance opposant M. X à la SCI Y ; qu'après le dépôt du rapport de l'expert, M. X a demandé à la cour d'appel d'annuler les opérations d'expertise pour méconnaissance du principe de la contradiction, en exposant que l'avocat de la SCI avait adressé à l'expert un dire accompagné de pièces qui n'avaient pas été communiquées à son conseil, et qu'il n'avait reçues qu'après le dépôt du rapport de l'expert ; Attendu que pour écarter cette exception et condamner M. X à payer une certaine somme à la SCI, l'arrêt retient qu'il n'appartenait pas à l'expert de s'assurer que l'avocat de la SCI avait régulièrement communiqué les pièces qu'il lui avait adressées, et que ces pièces, dont l'expert donne la liste dans son rapport, étaient toutes connues de M. X, puisqu'émanant de lui-même, ou annexées à l'acte de vente, ou reçues par lui, et qu'à aucun moment il n'a donc été porté atteinte au principe de la contradiction ; Qu'en statuant ainsi, alors que l'expert, pour respecter ce principe, devait s'assurer que les pièces litigieuses avaient été portées à la connaissance de M. X, la cour d'appel a violé le texte susvisé ; »

024.182 Communication des pièces par les avocats. Le principe d'une communication des pièces aux adversaires ne pose généralement pas de problème lorsqu'elle émane des avocats, dès lors que, comme nous l'avons vu, ceux-ci sont tenus déontologiquement d'y procéder.

024.183 Communication des pièces par les parties sans avocat. En revanche, l'expert veillera spécifiquement à son respect s'agissant des communications de pièces émanant de parties sans avocat, souvent ignorantes des règles applicables en la matière.

§ 4
Attitude de l'expert lors des réunions d'expertise

024.190 Plan. Nombreuses sont les recommandations qui peuvent être faites à l'expert quant à l'attitude à adopter lors de la tenue de chaque réunion d'expertise : fermeté (A), écoute (B, D), dialogue, stratégie (C), absence de toute attitude de proximité (E) ou d'hostilité (F et G) avec les parties et les avocats.

A.
Faire preuve de « fermeté sans fermeture »

024.201 L'expert est le « maître de cérémonie ». L'expert peut évoquer les questions dans l'ordre qui lui paraît le plus approprié à la situation et distribue la parole aux différents intervenants afin que chacun puisse s'exprimer et écouter les doléances des autres.

024.202 L'expert agit avec autorité, tact et mesure. L'expert doit se montrer ferme, sans être autoritaire, se faire respecter sans être condescendant, faire preuve de bienveillance sans se laisser manipuler.

Il doit aussi avoir le souci de maintenir un équilibre entre les parties, notamment lorsque l'une d'elles n'a pas d'avocat, en application de la nécessité de respecter le « principe d'égalité des armes », et de faire preuve d'humanité dans les dossiers où les parties sont légitimes à vivre douloureusement l'épreuve que peut représenter l'expertise.

Il doit enfin tenter d'apaiser les tensions et, en tout cas, ne pas les exacerber.

B.
Faire circuler la parole et veiller à être compris de tous

024.211 Comprendre et être compris. Lors de ses réunions, l'expert judiciaire doit :

- identifier rapidement les points de friction et ceux qui peuvent faire l'objet d'un rapprochement entre les parties ;
- simplifier autant que possible le vocabulaire technique propre à sa matière, de manière à se rendre compréhensible de tous et à favoriser les échanges ;
- veiller à donner à chacun la possibilité d'exposer succinctement sa position, notamment aux parties qui n'ont pas d'avocat, voire aux parties qui sont assistées par un avocat mais qui, grâce à un temps d'explication qu'il conviendra de limiter, pourront exprimer leur frustration. En effet, il ne faut pas minimiser le rôle d'exutoire que joue l'expertise (comme le procès) et le fait que la libre expression des parties peut permettre, ensuite, d'aborder les problèmes avec plus de sérénité ;
- prendre le temps d'écouter et d'analyser chaque doléance, avant de donner un quelconque avis, de manière à ne pas laisser penser que les choses sont jouées d'avance ou que sa position n'a pas été vraiment réfléchie.

C.
Savoir faire preuve de stratégie

024.221 Techniques de communication. L'expert aura avantage à utiliser certaines techniques de communication décrites dans de nombreux ouvrages de psychologie. Il en va ainsi :

- du principe de la progressivité : il est conseillé de toujours engager la discussion sur les points non contentieux, avant de traiter les questions qui fâchent, afin d'instaurer un climat serein ;
- du respect de l'écoute : l'expert doit développer une curiosité pour ce que chaque partie a à lui dire. À cet égard, il importe de faire face à l'interlocuteur et de le regarder sans se laisser distraire, tout en lui donnant des preuves de cette écoute ; il faut aussi savoir écouter sans juger, ni interrompre son interlocuteur, auquel l'expert pourra répondre en fin d'intervention.
- de la technique de l'engagement ou du « pied dans la porte », basée sur le constat suivant : aborder quelqu'un dans la rue pour lui demander un euro ne vous donne qu'assez peu de chance de l'obtenir ; en revanche, vous multipliez considérablement vos chances si, avant de réclamer un euro à votre interlocuteur, vous commencez par lui demander… l'heure ! Moralité de l'histoire : il est important d'obtenir l'adhésion d'une personne sur un point mineur, avant d'aborder une question majeure… ;
- du recours à la reformulation : cette technique a prouvé son efficacité en ce qu'elle présente deux avantages : d'une part, elle permet de clarifier le propos de l'autre, d'autre part, elle rassure l'interlocuteur qui sait qu'il a été bien compris ; l'expert pourra donc y recourir sans modération ;
- de la technique du « parler bas » : elle consiste à prendre le contre-pied d'échanges un peu trop véhéments et à s'exprimer sur un ton plus bas, ce qui contraint l'interlocuteur à plus de modération, ne serait-ce que pour entendre ce qui se dit ; c'est une technique très prisée des enseignants soucieux de rétablir un certain calme dans leur classe, utile aux experts lorsque les échanges se font trop virulents ;
- de la technique inverse du « parler haut » : l'expert devra se garder de toute manifestation de colère, comportement qui est généralement contre-productif ; en revanche et dès lors que l'expert aura fait preuve de calme et de maîtrise, il pourra s'autoriser à élever raisonnablement le ton en signe de protestation.

D.
Aspects psychologiques à prendre en compte

024.231 Énumération. Au-delà de ces techniques, il convient de souligner plusieurs points :

– l'expert devra être attentif, non seulement au contenu des déclarations (les siennes et celles des autres), mais également aux comportements verbaux (ton, volume et rythme de la voix), ainsi qu'à la communication non verbale, qui peut parfois en dire plus long sur l'état d'esprit de chacun ;

– il pourra parfois se trouver confronté à des incompréhensions imputables à des différences culturelles (différence de codes, de systèmes de pensée, de comportements), dont il ne devra tirer aucune conclusion hâtive ;

– l'expert devra également se montrer vigilant vis-à-vis de l'empathie qu'il peut éprouver pour la situation de l'une des parties, afin de ne pas être suspecté de partialité ;

– enfin et ainsi qu'il a été dit, un bon négociateur est celui qui travaille sur la progression, sans viser un résultat immédiat, ce qui invite l'expert à se montrer, dans toute la mesure du possible (mais le possible n'est pas toujours réalisable...), patient et pédagogue.

E.
Exclusion de toute attitude de proximité envers une partie ou un avocat

024.241 Situations prohibées. L'expert doit organiser ses réunions dans un lieu neutre (et non chez l'une des parties ou de son avocat), sauf exception tenant à la nécessité de faire des constatations sur place (ex. : la maison dans laquelle vivent les demandeurs qui se plaignent de malfaçons de construction).

Il est exclu que l'expert arrive, sur le lieu de l'expertise, dans la voiture de l'avocat d'une partie ; de même, je recommande aux avocats et aux experts, qui se connaissent pour s'être déjà rencontrés lors d'expertises antérieures, de bannir tout tutoiement de nature à faire naître une suspicion malsaine dans l'esprit des autres parties.

Enfin, l'expert ne doit, sous aucun prétexte, poursuivre son expertise par un colloque singulier avec certains avocats seulement, ce qui constitue une faute professionnelle :

> **Civ. 1re, 1er juin 1999, no 98-10.988,** *Bull.* no 183 ; *D.* 1999. 192 : « Attendu qu'un médecin expert est tenu de respecter le principe de la contradiction pendant la totalité de ses opérations d'expertise, y compris après la phase de l'examen clinique ; qu'en faisant participer, après cette phase, à sa réflexion le seul médecin qui avait été désigné par l'une des parties, M. X... a commis une faute professionnelle grave au sens de l'article 5 de la loi du 29 juin 1971 ; »

F.
Exclusion de toute attitude d'agressivité envers une partie ou un avocat

024.251 Agressivité prohibée. L'expert veillera à garder, en toutes circonstances, un comportement irréprochable, ce qui ne veut évidemment pas dire qu'il doit tout accepter.

Au demeurant, la Cour de cassation a jugé que la partialité de l'expert ne résulte pas nécessairement d'un échange verbal traduisant seulement une tension perceptible n'apparaissant pas uniquement imputable à l'expert :

> **Civ. 2e, 9 juill. 2009, no 08-16.825,** NP : « Mais attendu qu'ayant relevé que l'impartialité de l'expert ne pouvait être critiquée sur la base d'un échange verbal traduisant seulement une tension perceptible n'apparaissant pas uniquement imputable à l'expert, la cour d'appel a pu en déduire, dans l'exercice de son pouvoir souverain d'appréciation, que ce fait n'était pas de nature à affecter les constatations techniques sous-tendant les conclusions expertales et décider de ne pas ordonner une nouvelle expertise ; »

G.
Prudence vis-à-vis des manifestations d'hostilité, voire d'agressivité d'une partie ou d'un avocat

024.261 Manifestations d'agressivité d'une partie. Lorsque l'agressivité émane d'une partie, l'expert doit avoir conscience que celle-ci exprime, avant tout, un mal-être plutôt qu'une hostilité envers l'expert lui-même : ce dernier aura donc intérêt à rappeler à son interlocuteur qu'il a certes le droit d'être en colère au regard de ce qu'il a vécu (à condition toutefois de rester dans les limites acceptables), mais qu'il importe aussi, dans son propre intérêt, qu'il comprenne bien les enjeux de l'expertise et le fait que l'expert est précisément là pour aider à une bonne compréhension des difficultés soumises.

Lorsqu'au cours d'une réunion d'expertise, la tension est trop forte, l'expert pourra suspendre les opérations pendant quelques minutes, afin de laisser le temps aux parties de s'entretenir avec leur avocat et de s'apaiser.

024.262 Manifestations d'agressivité d'un avocat. Il peut malheureusement arriver que des frictions surviennent, non pas entre l'expert et une partie, mais entre l'expert et l'avocat d'une partie : l'expert peut alors rappeler courtoisement à l'avocat qu'il participe, comme lui, à l'œuvre de justice et est soucieux de faire son travail le plus paisiblement et efficacement possible.

À cet égard, l'expert doit savoir :

– que tout avocat est tenu déontologiquement « d'exercer ses fonctions avec dignité, conscience, indépendance, probité et humanité, dans le respect des termes de son serment », étant précisé par ailleurs qu'« il respecte en outre, dans cet exercice, les principes... de confraternité, de délicatesse, de modération et de courtoisie », comme l'indique le règlement intérieur de la profession d'avocat (RIN, art. 1.3) ;

– que le Conseil national des barreaux (CNB) et le Conseil national des compagnies d'experts de justice (CNCEJ) ont signé, en 2022 une charte (v. annexe, s[s] n° 052.05) : celle-ci rappelle les bonnes pratiques entre avocats et experts et a créé une commission, composée de 6 personnes (3 avocats et 3 experts judiciaires désignés par ces organes respectifs), laquelle se réunit au moins une fois par semestre pour échanger sur « les difficultés rencontrées dans le cadre de l'expertise judiciaire ou administrative, formuler des propositions d'amélioration du déroulement des expertises, dans l'intérêt du justiciable ». Cette commission peut être « saisie par les ordres d'avocats et/ou les compagnies d'experts de justice des différends nés à l'occasion d'une expertise de justice et qui n'auraient pas été résolus au plan local » en vue d'un règlement amiable de ceux-ci.

024.263 Ne jamais répondre à l'agressivité par l'agressivité. En tout état de cause, l'expert évitera de tomber dans le piège consistant, pour une partie, à le pousser à la faute pour en tirer ensuite argument au soutien d'une demande de récusation de l'expert fondée sur sa partialité.

À cet égard, je vous renvoie aux explications déjà fournies au sujet de l'exigence d'impartialité de l'expert (v. s[s] n°s 023.121 s.).

024.264 Saisine du juge dans les cas graves. Lorsqu'un grave conflit survient entre un avocat et un expert susceptible de compromettre la poursuite des opérations d'expertise, ce dernier devra en référer au juge chargé du contrôle des expertises, de manière à ce que ce dernier puisse intervenir pour rappeler les règles, en appeler à la déontologie de chacun et jouer un rôle pacificateur.

Le juge peut aller jusqu'à assister à une réunion d'expertise en vue de « déminer » une situation de crise : cela arrive rarement et c'est heureux au regard de la charge de travail des magistrats. Il peut aussi saisir le parquet ou le bâtonnier de l'Ordre d'éventuelles difficultés persistantes avec un avocat.

§ 5
Cas particulier de l'expertise médicale

024.270 Plan. L'expertise médicale, qui suppose la réalisation d'un examen clinique, requiert l'application de règles spécifiques.

A.
Réalisation de l'expertise médicale en deux temps

024.281 Exposé du problème. Il est d'usage que l'expertise médicale se fasse en deux temps : d'une part, l'examen clinique de la victime, d'autre part, l'exposé des doléances de celle-ci et des objections des défendeurs.

Des débats se sont développés sur le point de savoir si des tiers peuvent assister à l'examen clinique, qu'il s'agisse de l'avocat qui défend les intérêts de la personne à examiner (dont la présence peut être souhaitée par son client), l'avocat de la partie adverse et celle des médecins-conseils.

B.
Problème posé par la présence des avocats lors de l'examen médical

024.291 Difficulté liée au secret professionnel. La première difficulté tient au fait que l'examen clinique de la victime peut donner lieu à la révélation d'informations couvertes par le secret médical, sans aucun lien avec le litige en cause ; en ce cas, l'expert médecin, par ailleurs tenu au secret professionnel, ne doit pas en faire état dans son rapport. Mais quelle serait l'utilité d'une telle interdiction si cette information était finalement connue de l'avocat du fait de sa présence lors de l'examen clinique ?

Certes, cette objection paraît pouvoir être écartée, dès lors que chaque individu peut renoncer au secret professionnel : le meilleur exemple que l'on puisse donner à ce sujet concerne la personne qui demande à son médecin de lui remettre un certificat médical, afin qu'elle-même puisse le remettre à un tiers.

024.292 Difficulté liée au caractère intime de l'examen médical. En revanche, il existe une seconde difficulté résultant du caractère intime que présente tout examen clinique, de sorte que la présence d'un tiers me paraît attentatoire, non pas tant au secret médical, mais plutôt au respect dû à la dignité de la personne examinée.

Or, nul ne peut renoncer juridiquement à sa dignité : en effet, le droit à la dignité humaine est un principe à valeur constitutionnelle et son importance a été rappelée par une décision très connue du Conseil d'État du 27 octobre 1995, dite du « lancer de nains », concernant l'arrêté, pris par le maire de la commune de Morsang-sur-Orge, interdisant une attraction consistant à lancer, le plus loin possible, des nains qui étaient volontaires puisque rémunérés pour y participer : le Conseil d'État a validé cette interdiction aux motifs suivants :

> **CE 27 oct. 1995, req. nº 136727,** *Lebon ; AJDA* 1995. 942 ; *AJDA* 878, chron. J.-H. Stahl et D. Chauvaux ; *AJDA* 2014. 106, chron. M. Franc ; *D.* 1995. 257 ; *RFDA* 1995. 1204, concl. P. Frydman : « Considérant qu'il appartient à l'autorité investie du pouvoir de police municipale de prendre toute mesure pour prévenir une atteinte à l'ordre public ; que le respect de la dignité de la personne humaine est une des composantes de l'ordre public ; que l'autorité investie du pouvoir de police municipale peut, même en l'absence de circonstances locales particulières, interdire une attraction qui porte atteinte au respect de la dignité de la personne humaine ; Considérant que l'attraction de "lancer de nain" consistant à faire lancer un nain par des spectateurs conduit à utiliser comme un projectile une personne affectée d'un handicap physique et présentée comme telle ; que, par son objet même, une telle attraction porte atteinte à la dignité de la personne humaine ; que l'autorité investie du pouvoir de police municipale pouvait, dès lors, l'interdire même en l'absence de circonstances locales particulières et alors même que des mesures de protection avaient été prises pour assurer la sécurité de la personne en cause et que celle-ci se prêtait librement à cette exhibition, contre rémunération ; »

En conséquence, il me semble que la personne examinée ne peut valablement accepter la présence d'un tiers lors de son examen clinique, fusse-t-elle celle de son avocat.

024.293 Conclusion. Pour ma part, je pense que l'examen clinique de la victime doit se faire hors la présence de l'avocat, nonobstant le souhait de sa cliente et d'éventuelles compétences médicales de l'avocat en cause.

Au demeurant, il convient de souligner que, si l'on admet la présence de l'avocat de la victime lors de l'examen clinique de celle-ci, il paraît délicat d'écarter celle des autres avocats (par exemple, l'avocat du médecin mis en cause dans le cadre d'une instance en responsabilité médicale) puisqu'une telle position est susceptible de générer des difficultés au regard du principe d'égalité des armes posé par la Cour européenne des droits de l'homme.

C.

Problème posé par la présence de médecins-conseils lors de l'examen médical

024.301 Cas particulier des médecins-conseils. Pour eux, le problème se pose en des termes différents : en effet, en tant que médecins, ils sont eux-mêmes tenus au secret médical. Par ailleurs, cette même qualité de médecin anéantit l'argument tiré de l'atteinte à la dignité humaine.

En revanche, il me paraît légitime de n'autoriser la présence d'un médecin-conseil lors de l'examen de la victime que si celle-ci a donné son autorisation.

Toutefois, je crois devoir citer une décision de la Cour de cassation, certes ancienne mais dont les motifs paraissent toujours d'actualité, qui a estimé que l'entretien personnel d'un expert avec une personne « incapable » soumise à un examen mental revêt, par sa nature même, un caractère intime, de sorte que les experts ne sont pas tenus d'admettre la présence de conseillers médicaux à son examen clinique :

> **Civ. 1re. 25 avr. 1989, nº 87-19.253,** *Bull.* nº 169 : « Attendu qu'en un premier moyen les consorts X font grief à la cour d'appel d'avoir ainsi statué en énonçant que l'expertise diligentée était régulière alors que leurs conseillers médicaux n'ayant pas été admis à assister à l'examen de Mme X par les médecins experts le principe de la contradiction n'aurait pas été respecté ; ... Mais attendu d'abord que l'entretien personnel que le ou les experts ont avec une personne soumise à un examen mental revêt, par sa nature même, un caractère intime ; ... que dès lors l'arrêt attaqué... a exactement retenu que les experts n'étaient pas tenus d'admettre les conseillers médicaux de l'une des parties à assister à l'examen clinique de l'incapable ; »

D.
Respect du principe de la contradiction résultant du compte rendu précis de l'examen clinique de la victime par l'expert médecin

024.311 Compte rendu de l'examen médical par le médecin expert. Lorsque l'examen clinique se fait par l'expert en l'absence de toute autre personne, le principe de la contradiction doit être assuré par l'expert au cours de la seconde étape de ses opérations, par le compte rendu qu'il fera de ses constatations, de manière à ce qu'un échange puisse se nouer sur la nature et l'importance des préjudices constatés, voire sur l'imputabilité de ceux-ci.

Je précise que l'avocat, qui apprécie librement la nature des arguments qu'il entend invoquer au soutien de la défense de son client, peut alors faire valoir tous types d'arguments, y compris des arguments de nature médicale s'il dispose de connaissances particulières en la matière.

§ 6
Cas particulier de la réunion d'expertise civile en visio-conférence

024.321 Absence de texte écartant la visio-conférence pour les réunions d'expertise civile. Si une décision de la chambre criminelle a exclu la possibilité de réaliser des expertises pénales médicales et psychologiques en visio-conférence (Crim. 22 nov. 2023, n° 22-86.713 ; *D.* 2023. 2087 ; *D.* 2024. 384, chron. L. Ascensi, S. Gillis, B. Joly, O. Violeau, P. Mallard et L. Guerrini ; *AJ pénal* 2024. 49 et les obs. ; v. ss nos 034.21 s.), aucune décision comparable n'a été rendue en matière civile.

024.322 Inopportunité du recours à la visio-conférence pour certaines expertises civiles. Pour autant, le recours à la visio-conférence est à déconseiller, même en matière civile, lorsque l'expertise consiste à procéder à un examen médical, psychiatrique ou psychologique d'une personne, pour lequel le bon sens commande un contact en « présentiel ».

Traitement des difficultés

CHAPITRE 025

SECTION 1
Questions que l'expert doit systématiquement se poser

025.10 Division. L'expert judiciaire devra systématiquement s'interroger sur la suffisance du délai imparti pour accomplir sa mission (§ 1) et celle de la consignation initiale (§ 2) au regard du montant prévisible de l'expertise. Mais il pourra aussi s'avérer nécessaire d'envisager une déconsignation partielle (§ 3) et surtout, de mettre dans la cause des tiers qui n'ont pas encore été appelés à l'instance (§ 4).

§ 1
L'expert pourra-t-il déposer son rapport dans le délai imparti initialement ?

025.20 Plan. Chacun sait que les délais constituent un enjeu majeur en matière de justice. L'expertise judiciaire n'échappe pas à la règle, de sorte que l'expert devra se montrer attentif à cette question.

A.
L'expert doit être attentif aux délais

025.31 Nécessité de respecter les délais impartis. Le recours à l'expertise accroît, à l'évidence, la durée des procédures judiciaires, mais cet allongement ne doit pas être excessif, sous peine d'avoir un effet dissuasif qui pourrait être préjudiciable à la manifestation de la vérité, d'où la nécessité, pour le juge, d'impartir à l'expert des délais (C. pr. civ., art. 241 al. 2) et, pour l'expert, de respecter ceux-ci (C. pr. civ., art. 239).

025.32 Nécessité de respecter un délai raisonnable d'accomplissement de la mission. À cet égard, plusieurs observations s'imposent :

– si l'expertise comporte d'importantes investigations nécessitant de nombreuses réunions, l'expert pourra utilement établir un calendrier le plus précis possible, qu'il s'efforcera de respecter lui-même et de faire respecter par les parties ;

– il est possible que le délai initial imparti à l'expert pour déposer son rapport soit insuffisant au vu de la complexité du dossier (ex. : expertise en matière de construction), puisque, comme cela a déjà été exposé, le juge des référés dispose de peu d'information sur la réelle complexité de l'expertise et fixe souvent un délai « moyen » ; en ce cas, l'expert doit impérativement faire sa demande de prolongation de délai avant l'expiration de celui-ci car les juges apprécient peu le fait d'être confronté à un délai déjà expiré, donc mis devant le fait accompli.

– il importe d'être raisonnable dans les demandes de prolongation de délais : l'expert ne peut exiger des parties et des avocats qu'ils respectent les délais, si lui-même n'est pas en mesure de respecter ceux qui lui sont impartis par le juge ;

– il reste que l'expert peut faire une demande de prolongation de délai pour une raison très légitime (nécessité d'investigations non prévues initialement, difficulté pour obtenir certaines pièces indispensables à l'accomplissement de sa mission) : l'expert doit alors justifier sa demande de prolongation de délai auprès du juge et, si cette demande résulte des carences des parties dans la communication des pièces, il ne doit pas hésiter à le dire clairement au magistrat ; par ailleurs et afin d'assurer une parfaite transparence quant au motif de chaque demande de prolongation de délai faite au juge, il est souhaitable que l'expert adresse aux avocats et parties copie de la demande qu'il formule auprès du juge.

B.
La sanction du non-respect des délais

025.41 Le non-respect des délais n'est pas une cause de nullité de l'expertise. Si le non-respect des délais impartis à l'expert est fâcheux, il n'entraîne pas, pour autant, la nullité de l'expertise :

> **Soc. 5 avr. 1978, nº 76-13.758,** *Bull.* nº 292, sommaire : « Les délais impartis par le décret du 7 janvier 1959 pour procéder aux opérations de l'expertise technique ne sont pas prescrits à peine de nullité. En conséquence la cour d'appel qui observe que le retard apporté à l'examen d'un salarié, victime d'un accident du travail, n'a eu aucune incidence sur ses résultats et donc qu'aucun grief ne s'en est suivi, estime, à bon droit, que l'avis de l'expert s'impose à elle. »
>
> **Soc. 13 déc. 1990, nº 88-16.477,** *Bull.* nº 674 : « Attendu que pour décider que cette expertise ne s'imposerait pas à elle et pour en ordonner une nouvelle, la CA énonce que le délai de cinq jours prescrit par l'article R. 141-4 du Code de la sécurité sociale entre la réception du protocole par l'expert et l'examen de la victime n'aurait pas été respecté ; Attendu cependant que les brefs délais fixés par les articles R. 141-1 et suivant du Code de la sécurité sociale étant seulement indicatifs de l'urgence de la procédure, leur observation, sauf violation des droits de la défense, non invoquée en l'espèce, n'est pas prescrite à peine de nullité ; »

025.42 Le non-respect des délais peut avoir une incidence sur la situation de l'expert. En revanche, le non-respect des délais, par l'expert, peut justifier une réduction de sa rémunération finale :

> **Civ. 2e, 27 avr. 1979, no 77-15.312,** *Bull.* no 124, sommaire : « C'est dans l'exercice de son pouvoir souverain que le président d'une cour d'appel statuant sur le montant de la taxe due à un expert, retient que cet expert avait manqué de célérité et, réduit la taxe fixée par le Président du tribunal. »

Par ailleurs, des délais excessifs de dépôt de rapport, réitérés à l'occasion de plusieurs dossiers, peuvent être retenus au soutien d'un défaut de réinscription sur la liste des experts judiciaires, voire constituer le fondement d'une procédure disciplinaire :

> **Civ. 1re, 20 janv. 1987, no 85-16.631,** *Bull.* no 18 : « Mais attendu qu'après avoir relevé que "même en faisant la part des difficultés inhérentes aux expertises, il ne peut qu'être constaté que le fait même de négligences, de difficultés et d'anormales lenteurs imputables au docteur X est caractérisé dans sa réalité et sa persistance", la cour d'appel a pu estimer qu'un tel comportement "qui aboutit à priver de l'utilité qu'elle devait comporter la désignation d'un expert et à compromettre la marche normale des affaires pénales" était de la part de son auteur, "inscrit sur la liste et tenu de ce fait d'obligations, dont il ne peut méconnaître le caractère essentiel", constitutif d'une faute professionnelle grave au sens des dispositions des articles 5 de la loi du 29 juin 1971 et 26 du décret du 31 décembre 1974 justifiant la radiation qui avait été prononcée par l'assemblée générale de la cour d'appel ; »

§ 2
L'expert estime-t-il que la consignation initiale est suffisante pour couvrir l'ensemble du coût prévisible de l'expertise ?

025.50 Plan. Même si l'exercice peut se révéler difficile, l'expert doit, le plus vite possible, évaluer le montant prévisible de l'expertise (A) afin de formaliser une éventuelle demande de consignation complémentaire (B).

A.
Évaluation du coût prévisible de l'expertise

025.61 Estimation du coût de l'expertise par l'expert. Il a été indiqué que la consignation initiale est souvent chiffrée par le juge des référés à la hâte et sans information précise sur la difficulté réelle de l'expertise en cause, de sorte que l'expert doit être attentif à l'aspect financier et veiller à ce que la somme consignée soit suffisante pour couvrir les frais d'expertise à venir.

Encore faut-il qu'il évalue, le plus rapidement possible, le coût prévisible de l'expertise en fonction de sa difficulté et des investigations éventuelles à prévoir (recours à un sapiteur, nécessité d'examens en laboratoire…).

025.62 Information à donner aux parties. Il importe qu'il en avise les avocats et les parties, puisque ces dernières n'ont pas toujours conscience des débours suscités par leurs demandes et peuvent parfois exprimer des doléances déraisonnables au regard de l'enjeu financier de l'expertise.

B.
Demande de consignation complémentaire en cas d'insuffisance de la consignation initiale

025.71 Demande de consignation complémentaire de l'expert. Il est prévu qu'« en cas d'insuffisance de la provision allouée, l'expert en fait rapport au juge qui peut ordonner la consignation d'une provision complémentaire à la charge de la partie qu'il détermine ». (C. pr. civ., art. 280 al. 2).

La procédure à suivre est la suivante :

- l'expert doit adresser au juge une demande de complément de consignation, accompagnée d'un estimatif le plus détaillé possible et des justificatifs éventuels (ex. : devis d'un examen en laboratoire ou d'un sapiteur) ; il pourra en profiter pour demander au juge une prolongation de délai dès lors que les investigations supplémentaires généreront de nouveau délai d'exécution ;
- il aura soin d'en envoyer une copie aux avocats et aux parties en leur rappelant qu'elles peuvent faire toutes observations auprès du juge chargé du contrôle des experts dans un délai qu'il fixe et qui peut être de l'ordre de quinze jours à un mois ; rares sont les contestations à ce stade mais, si elles existent, sur le principe, sur le montant ou sur la charge de la consignation complémentaire sollicitée, le juge chargé du contrôle des expertises peut organiser une audience pour en débattre.

025.72 Ordonnance de consignation complémentaire du juge. Lorsque le juge fait droit à cette demande de consignation complémentaire, il rend une ordonnance de consignation complémentaire (C. pr. civ., art. 280), mettant le complément de consignation à la charge de la partie qui a le plus intérêt à l'accomplissement desdites investigations complémentaires (souvent le demandeur à l'expertise).

Si le complément de consignation correspond à la nécessité d'effectuer des investigations complémentaires, l'ordonnance peut prévoir automatiquement une prolongation de délai accordé à l'expert pour le dépôt de son rapport.

025.73 Conséquences d'un défaut de versement de la consignation complémentaire. Contrairement à ce qui se passe en cas de défaut de versement de la consignation initiale, le défaut de versement de la consignation complémentaire ne peut entraîner la caducité de l'ordonnance de commission d'expert, qui a déjà trouvé à s'exécuter, ne serait-ce que partiellement.

Le défaut de versement de la consignation complémentaire remet seulement en cause la poursuite des investigations envisagées, dès lors que celles-ci ne sont pas « couvertes » financièrement.

Il est ainsi prévu qu'« à défaut de consignation dans le délai et selon les modalités fixés par le juge, et sauf prolongation de ce délai, l'expert dépose son rapport en l'état », c'est-à-dire remet un rapport correspondant au travail déjà accompli à due concurrence des sommes consignées pour le rémunérer (C. pr. civ., art. 280 al.2) : c'est une situation regrettable, puisque le travail restera ainsi inachevé, mais il n'y a pas d'autre solution que de prendre acte de cet état de fait ; compte tenu de ces conséquences, il est recommandé aux experts d'aviser préalablement le juge de cette situation.

§ 3

L'expert aura-t-il besoin d'une déconsignation partielle ?

025.81 Cas dans lesquels une déconsignation peut être demandée par l'expert. La déconsignation partielle permet à l'expert qui, en principe, est rémunéré uniquement après le dépôt de son rapport d'expertise, d'obtenir « sur justification de l'état d'avancement de ses oprations ... un acompte sur la somme consignée si la complexité de l'affaire le requiert » (C. pr. civ., article 280 al. 1er).

En pratique, ce texte peut être utilisé lorsque l'expert doit lui-même exposer des frais (ex. : pour payer un laboratoire auquel il a demandé des investigations) et qu'il est inéquitable de lui demander d'en faire l'avance sur ses deniers personnels

On notera qu'il s'agit d'une demande à laquelle les experts recourent rarement.

025.82 l'ordonnance d'avance sur frais. L'ordonnance d'avance sur frais autorise la Régie à décaisser immédiatement une partie de la consignation pour la remettre à l'expert.

§ 4

L'expert estime-t-il que toutes les personnes dont la responsabilité est susceptible d'être engagée sont dans la cause ?

025.91 Concept d'opposabilité de l'expertise. Le rapport d'expertise n'est opposable qu'aux parties, c'est-à-dire qu'il ne peut être invoqué que vis-à-vis des personnes qui ont été assignées et sont juridiquement parties dans la cause :

> **Civ. 1re, 7 mars 2000, no 97-20.017,** *Bull.* no 79 ; *D.* 2000. 91 : « Attendu que, pour déclarer opposable à la régie X l'expertise ordonnée en référé à la demande de Mme Y, l'arrêt attaqué énonce que cette société, alertée par l'expert judiciaire, a eu des échanges circonstanciés avec celui-ci au cours de son instruction, qu'elle a eu connaissance de son rapport et a été mise en mesure d'en discuter les termes, au besoin en faisant diligenter une nouvelle expertise ; Qu'en statuant ainsi, alors qu'il ne résultait pas de ses constatations que la Régie X avait été appelée ou représentée aux opérations d'expertise, la cour d'appel a violé le texte ci-dessus ; »
>
> **Civ. 2e, 18 sept. 2003, no 01-17.584,** *Bull.* no 282 ; *D.* 2003. 2548, et les obs. : « Attendu que, pour accueillir le recours en garantie de la société X contre la société Y, l'arrêt retient que si celle-ci n'a pas été présente aux opérations d'expertise, il est constant cependant que le rapport établi le 25 octobre 1997 a été régulièrement versé aux débats et ainsi soumis à la discussion contradictoire des parties ; Qu'en statuant ainsi, alors qu'elle avait fondé sa décision uniquement sur une expertise à laquelle la société Y n'avait été ni appelée ni représentée, et que celle-ci avait expressément soutenu que cette expertise lui était inopposable, la cour d'appel a violé le texte susvisé ; »
>
> **Civ. 2e, 11 déc. 2003, no 02-15.912,** *Bull.* no 379 : « Attendu que pour refuser de faire droit à la contestation du FGVAT et confirmer la décision d'octroi de diverses sommes à Mlle X..., l'arrêt énonce que le FGVAT n'est pas fondé à soutenir que l'expertise n'a pas été effectuée contradictoirement puisque la

> mesure a été ordonnée à un stade où le Fonds n'était pas partie à la procédure, que le juge peut prendre en considération des documents qui n'ont pas été établis contradictoirement dès lors qu'il est constant que la partie adverse a pu en avoir communication et en discuter la valeur et la portée comme c'est le cas en l'espèce ; que l'expertise judiciaire présente toutes les garanties de sérieux ; que l'évaluation des experts en réparation du préjudice corporel correspondait aux troubles constatés ; Qu'en fondant ainsi sa décision uniquement sur une expertise à laquelle le FGVAT n'avait été ni appelé ni représenté, et dont l'inopposabilité avait été expressément soulevée par celui-ci, la cour d'appel a violé le texte susvisé ; »

Il importe donc que soient régulièrement appelés dans la cause tous ceux dont la responsabilité est susceptible d'être retenue.

025.92 Rôle fondamental de l'expert quant aux parties à mettre en cause. Il peut arriver que le demandeur à l'expertise n'assigne que certains des intervenants impliqués :

– ce problème est récurrent en matière d'expertises « construction », lesquelles commencent souvent par l'assignation d'un particulier contre l'entreprise générale mandatée par celui-ci et se poursuivent fréquemment par la mise en cause, par cette entreprise générale, de toutes les entreprises sous-traitantes intervenues dans la construction (couvreur, plombier, cuisiniste...) ;

– de même et en matière de responsabilité médicale, le patient se contentera souvent d'assigner son chirurgien, alors que ce dernier peut lui-même avoir intérêt à assigner l'anesthésiste.

À cet égard, l'expert joue un rôle déterminant puisque c'est lui qui dispose de la compétence nécessaire pour identifier les problèmes et leurs imputabilités. Il doit donc, le plus vite possible, attirer l'attention des parties sur la nécessité d'assigner tel ou tel intervenant non encore partie à la cause.

025.93 Procédure à suivre en cas d'assignation en ordonnance commune. Lorsqu'il est nécessaire d'appeler un tiers dans la cause, la procédure à suivre est la suivante :

– la partie qui y a le plus intérêt fait délivrer une assignation en ordonnance commune ;

– le juge saisi :

• n'est pas obligé de recueillir l'avis de l'expert qui, aux termes de l'article 245, alinéa 3 du code de procédure civile, n'est nécessaire que lorsqu'il est demandé au juge d'étendre la mission de l'expert ou de confier une mission complémentaire à un autre expert :

> **Civ. 2e, 1er juill. 1992, no 91-10.128,** *Bull.* no 189 : « Et attendu que l'arrêt, après avoir exactement relevé qu'il s'agissait seulement, en l'espèce, de déclarer commune l'expertise à la société W, et non d'étendre la mission du technicien, énonce à bon droit que la consultation de l'expert ne s'imposait pas au juge ; »

• statue par une ordonnance qui rend l'expertise initialement ordonnée « commune » aux nouvelles parties, d'où le terme « assignation en ordonnance commune » ;

– l'expert doit, au vu de cette nouvelle décision, reprendre ses opérations en présence de toutes les parties, et notamment des nouvelles parties auxquelles il devra faire un historique pour rendre contradictoires vis-à-vis d'elles, les opérations déjà intervenues.

On comprend donc aisément qu'il faut, le plus rapidement possible, « raccrocher tous les wagons au train de l'expertise ».

SECTION 2
Règlement de difficultés particulières en cours d'expertise

025.100 Division. Au cours de ses opérations, l'expert peut être confronté à des difficultés multiples tenant à la détermination des démarches qu'il peut faire seul (§ 1), au refus opposé par une partie de communiquer une pièce (§ 2), à l'invocation de l'origine déloyale d'une pièce produite (§ 3), à la nécessité de corriger l'étendue de la mission (§ 4), à des objections tenant au dépassement de sa mission par l'expert ou aux appréciations juridiques portées par celui-ci (§ 5). L'expert devra également savoir quelle attitude adopter face à une conciliation totale ou partielle des parties (§ 6), à des parties agressives (§ 7) ou à l'abandon de l'expertise par l'une d'entre elles (§ 8).

§ 1
Quelles sont les opérations que l'expert peut réaliser seul hors la présence des parties et avocats ?

025.110 Plan. L'expert peut agir seul pour certaines expertises qui requièrent un effet de surprise (A). Mais il est également autorisé à accomplir seul certaines opérations, qu'il s'agisse de faire des recherches bibliographiques (B), de prendre possession de documents se trouvant chez un tiers (C), de réaliser certaines analyses (D). Enfin, nous traiterons des conditions dans lesquelles l'expert peut entendre des « sachants » (E).

A.

Réalisation d'opérations nécessitant un effet de surprise

025.121 Cas particulier des expertises en matière acoustique. En matière de problème acoustique, si l'expert annonce sa venue aux parties, il y a de fortes chances qu'il n'ait plus rien à constater.

La Cour de cassation admet donc que, dans des circonstances particulières, l'expert procède aux opérations, sans avoir à convoquer préalablement les parties :

> **Civ. 3e, 14 mars 1978, no 76-14.481,** *Bull.* no 117 : « Attendu qu'il est fait grief a l'arrêt partiellement confirmatif attaqué d'avoir décidé que les opérations d'expertise s'étaient déroulées régulièrement bien qu'une 2e réunion se soit tenue hors la présence et en l'absence de convocation des parties (...) Mais attendu que les juges du second degré ayant relevé que, lors de la 1re réunion contradictoire des parties sur le terrain, l'expert avait visité l'usine et ses annexes en présence du directeur et de l'avocat des sociétés et que chacune des parties avait alors eu l'occasion d'apporter toute documentation et de faire toutes remarques qu'elles estimaient nécessaires pour éclairer les experts, retiennent à bon droit, que, pour la seconde venue de l'expert X sur les lieux en compagnie de l'expert Y, technicien du son, lequel a effectué, à l'aide d'instruments, l'étude des bruits dans les maisons et parties limitrophes de l'usine, la présence des parties n'était plus utile pour les opérations exclusivement scientifiques de l'expert dont la spécificité technique échappait à la compétence des sociétés ou à celles de leurs représentants et conseils, alors surtout, qu'il était nécessaire pour être sûr que l'expert puisse opérer dans des conditions normales de fonctionnement de l'usine, que la direction de l'usine ne fut pas avertie de la venue de l'expert pour éviter qu'elle ne diminuât intentionnellement les bruits de l'entreprise ; Que dès lors la cour d'appel a pu admettre que les opérations d'expertise se sont déroulées normalement sans encourir les griefs du moyen, et que l'arrêt a légalement justifié sa décision ; »
>
> **Civ. 2e, 13 janv. 2005, no 04-12.623,** NP ; *D.* 2005. 2352, obs. B. Mallet-Bricout et N. Reboul-Maupin : « Attendu que la société X et M. Y font grief à l'arrêt d'avoir rejeté leur demande d'annulation d'une expertise judiciaire, alors, selon le moyen, que l'expertise est inopposable à la partie qui n'a pas été appelée ou représentée aux opérations d'expertise ; que la cour d'appel, qui a constaté que les parties n'avaient pas été convoquées aux opérations de mesurage des bruits, n'a pas tiré les conséquences légales de ses constatations et violé ainsi les articles 16 et 160 du nouveau code de procédure civile ; Mais attendu que l'arrêt retient que l'expert avait procédé à une première réunion d'expertise contradictoire sur les lieux et fait connaître dans quelle chambre de l'hôtel il viendrait procéder au mesurage du bruit ; qu'il s'était ensuite rendu sur place pour effectuer les essais acoustiques et en avait informé le même jour M. B ; que si l'expert avait avisé M. D de sa venue afin de pouvoir accéder à la chambre, il avait seul procédé aux essais, sans la présence de M. D et avait ensuite réuni à nouveau les parties pour leur faire connaître les résultats de ses mesures ; que de ces constatations et énonciations, la cour d'appel a pu déduire que l'expert, qui n'était pas tenu de convoquer les parties pour procéder à des investigations de caractère purement matériel, avait mis celles-ci à même de discuter la portée et les résultats de telles investigations » ;

B.

Recherches bibliographiques

025.131 L'expert peut procéder seul aux recherches bibliographiques. Il est évident que l'expert peut, dans le secret de son cabinet, se livrer à toutes les recherches bibliographiques qu'il estime utiles à l'accomplissement de sa mission, dès lors qu'il doit prendre en compte l'état des connaissances, dans son domaine d'activité, au moment où il réalise son expertise.

C.

Recherche de documents chez un tiers

025.141 L'expert peut procéder seul à la recherche de documents chez un tiers. L'expert peut se rendre seul dans divers lieux lui permettant d'obtenir les documents nécessaires :

– il peut se rendre seul dans un cabinet d'expertise comptable :

Civ. 1re, 1er juin 1994, no 91-21.935, *Bull.* no 197 : « Attendu que Mme X reproche à l'arrêt attaqué d'avoir refusé d'ordonner une nouvelle expertise alors que, selon le moyen, en constatant que l'expert, après avoir convoqué les parties à une 1re réunion, s'était rendu seul au cabinet de M. Y, hors la présence de Mme Z ou de son conseil, ni ceux-ci dûment appelés, et en se fondant sur le rapport de cet expert, la cour d'appel a violé les articles 16 et 160 du nouveau code de procédure pénale ; Mais attendu que l'arrêt attaqué constate que si l'expert s'était rendu au cabinet d'expertise comptable, c'était pour obtenir des pièces complémentaires afin de parfaire son analyse ; qu'il relève aussi que l'expert a soumis les résultats de ses investigations à la discussion contradictoire des parties qui en ont eu connaissance dans des conditions leur permettant de les étudier et de les critiquer ; qu'enfin, il retient que Mme X n'a pas, alors, critiqué la manière dont l'expert avait procédé ; que la cour d'appel a pu en déduire que l'expert, qui n'était pas tenu de convoquer les parties pour procéder à ces investigations matérielles, n'a pas violé le principe de la contradiction ; »

– il peut aller seul dans l'étude d'un notaire :

Civ. 1re, 6 janv. 2010, no 08.21-074, NP : « Attendu que l'arrêt relève que si l'expert s'est rendu seul en l'étude du notaire, c'est après avoir pris divers contacts avec les avocats et uniquement pour se faire remettre le testament litigieux ; que la CA a pu en déduire que l'expert, qui n'était pas tenu de convoquer les parties pour procéder à ces investigations matérielles, préalables à la réunion d'expertise, n'a pas violé le principe de la contradiction ; »

– il peut aussi effectuer seul un déplacement dans un tribunal de commerce ou dans un établissement hospitalier (v. ss no 025.142).

025.142 L'expert doit en rendre compte aux parties et avocats. Une fois ses démarches accomplies, l'expert doit impérativement en informer les parties et/ou avocats, rendre compte du résultat de celles-ci et soumettre celui-ci au principe de la contradiction :

Civ. 2e, 18 janv. 2001, no 98-19.958, *Bull.* no 11 ; *D.* 2001. 524, et les obs. ; *AJDI* 2001. 620, obs. H. Heugas-Darraspen : « Attendu que pour débouter Mme X de ses demandes, l'arrêt relève que l'expert a convoqué les parties à une réunion au cours de laquelle celles-ci lui ont remis les pièces de comparaison qu'elles détenaient, qu'il a procédé à l'analyse de ces pièces, hors la présence des parties, en raison de la spécificité de sa technique et qu'il a communiqué son rapport aux parties qui ont pu en débattre contradictoirement ; Qu'en statuant ainsi, alors que l'expert n'avait pas soumis aux parties les résultats des investigations techniques auxquelles il avait procédé hors leur présence, afin de leur permettre d'être éventuellement à même d'en débattre contradictoirement avant le dépôt de son rapport, la cour d'appel a violé les textes susvisés ; »

Civ. 2e, 15 mai 2003, no 01-12.665, *Bull.* no 147 ; *D.* 2003. 1667 : « Attendu que pour débouter M. X de sa demande, l'arrêt relève, d'une part, que l'expert a convoqué les parties à une réunion où il a demandé à M. X de signer et s'est rendu ensuite au tribunal de commerce de Fréjus pour se faire remettre divers documents signés par M. X, d'autre part, que ce dernier a pris connaissance des pièces utilisées pour effectuer la comparaison et avait la possibilité de faire connaître à l'expert ses observations ; Qu'en statuant ainsi, alors que l'expert n'avait pas soumis aux parties les résultats des investigations techniques auxquelles il avait procédé, hors leur présence, afin de leur permettre d'être éventuellement à même d'en débattre contradictoirement avant le dépôt de son rapport, la cour d'appel a violé le texte susvisé ; »

Civ. 2e, 7 avr. 2011, no 10-17.348, NP : « Attendu que pour rejeter la demande du salarié aux fins d'annulation du rapport d'expertise du Dr X, l'arrêt, après avoir relevé que, lors de la consultation de l'original du dossier de M. Y au CHU de Grenoble, l'expert avait constaté que les comptes rendus ne mentionnaient l'existence de lésions qu'au genou droit, alors que la copie du dossier que M. Y lui avait adressée faisait état de lésions "aux genoux" et "aux genoux droit-gauche", retient que cet expert n'avait fait que consulter le dossier que M. Y avait en sa possession, de sorte qu'en l'absence de grief invoqué par ce dernier, le principe du contradictoire n'avait pas été violé ; Qu'en statuant ainsi, alors que l'expert n'avait pas soumis aux parties les résultats des investigations techniques auxquelles il avait procédé hors leur présence, afin de leur permettre d'être éventuellement à même d'en débattre contradictoirement avant le dépôt de son rapport, la cour d'appel a violé les textes susvisés ; »

D. Réalisation de certaines analyses par l'expert

025.151 L'expert peut procéder seul à des analyses. Là encore, l'expert peut procéder seul à des analyses, sous réserve d'en soumettre le résultat au débat contradictoire des parties :

> **Civ. 1re, 8 juin 2004, nº 02-13.379,** NP : « Attendu que dans le cadre d'une action en responsabilité contractuelle intentée contre la société A, vendeur de bouchons de liège à la société B, le vendeur avait demandé aux juges du fond d'écarter des débats, pour violation du principe de la contradiction, un rapport d'expertise déposé le 26 janvier 1991 après que l'expert ait procédé seul à des analyses effectuées après une seule convocation des parties le 29 mai 1991 ; Attendu que pour rejeter la demande, la cour d'appel retient que l'expert pouvait accomplir seul des analyses qui n'étaient que des opérations purement techniques, que les conclusions de l'expert avaient pu être contradictoirement discutées à l'audience et que les parties s'étaient abstenues pendant plusieurs années, alors qu'une expertise se poursuivait sur l'évaluation du préjudice, de critiquer le 1er rapport d'expertise ; Attendu qu'en statuant ainsi alors que l'expert n'avait pas soumis aux parties les résultats de ses investigations techniques auxquelles il avait procédé hors leur présence afin de leur permettre d'être éventuellement à même d'en débattre contradictoirement avant le dépôt de son rapport, la cour d'appel a violé les textes susvisés ; »

D'ailleurs, on observera qu'en certaines matières (ex. : expertise en écriture), le travail essentiel de l'expert se fait alors qu'il est seul dans son cabinet.

E. Audition de « sachants » par l'expert

025.161 L'expert peut procéder à l'audition ou la consultation par écrit de tout « sachant ». On désigne sous le terme « sachant » toute personne susceptible de fournir des renseignements utiles à l'expert.

L'expert « peut recueillir des informations orales ou écrites de toutes personnes, sauf à ce que soient précisés leurs nom, prénoms, demeure et profession ainsi que, s'il y a lieu, leur lien de parenté ou d'alliance avec les parties, de subordination à leur égard, de collaboration ou de communauté d'intérêts avec elles » (C. pr. civ., art. 242, al. 1er).

Il peut le faire soit d'office, soit à la demande des parties mais, dans ce dernier cas, il peut refuser d'y faire droit s'il estime que cela n'est pas nécessaire pour des raisons qu'il se doit d'expliciter.

025.162 L'expert doit recueillir avec précision l'identité des personnes entendues. Cette exigence a été précisée par la jurisprudence :

> **Civ. 2e, 4 juin 1993, nº 91-14.928,** *Bull.* nº 191 : « Vu les articles 16 et 242 du nouveau code de procédure civile ; Attendu que lorsqu'un technicien, judiciairement commis pour procéder à une expertise, recueille des informations orales ou écrites de personnes, il doit préciser leurs nom, prénoms, demeure et profession ainsi que, s'il y a lieu, leur lien de parenté ou d'alliance avec les parties, de subordination à leur égard, de collaboration ou de communauté d'intérêts avec elles ; Attendu que l'expert, dans le second rapport du 18 mai 1988, a procédé à ses estimations, pour le cheptel vif, après examen des transactions relevées dans la comptabilité "d'un marchand de bestiaux" et, pour le matériel agricole, après consultation des mercuriales de machinisme et "d'un concessionnaire de matériel agricole" ; Attendu que, pour entériner les évaluations de cet expert, l'arrêt énonce qu'il ne peut être reproché à l'expert d'avoir commis des erreurs au seul motif qu'il ne s'est pas expliqué en détail sur les sources de ses estimations, alors que Mme X ne fournit aucune contre-évaluations de nature à prouver le caractère erroné des chiffres de l'expert ; Qu'en statuant ainsi, bien que les informations recueillies aient servi à la détermination des estimations proposées par l'expert auquel Mme X reprochait de n'avoir pas précisé l'identité de leurs auteurs afin de pouvoir procéder à toutes les vérifications utiles, la cour d'appel a violé les textes susvisés ; »

025.163 L'expert n'a pas à faire prêter serment à la personne qu'il entend en qualité de « sachant ». Là encore, cela résulte d'une décision de la Cour de cassation :

> **Civ. 1re. 26 déc. 1951,** *Bull.* nº 365 : « Attendu, en effet, que les personnes entendues par l'expert, conformément à la mission à lui conférée, l'ont été en dehors de toute audition de témoins au sens juridique de ce terme ; que les personnes dont il a recueilli les indications n'ont pas eu à prêter serment, formalité essentielle de l'enquête devant le juge de paix ; »

025.164 L'expert doit-il entendre le « sachant » en présence des parties ou celles-ci dûment convoquées ? Conformément au dernier état de la jurisprudence de la Cour de cassation, l'audition d'un « sachant » par l'expert, en l'absence des parties, n'est frappée de nullité que si cette façon de procéder a causé un grief, tel un défaut de respect de la contradiction :

– c'est ainsi que la Cour de cassation se satisfait du compte rendu, fait par l'expert aux parties ou avocats, de l'audition d'un « sachant » réalisée par lui hors leur présence :

> **Civ. 3e, 15 janv. 1976, no 74-13.544,** *Bull.* no 19, sommaire : « Il ne saurait être reproché à une cour d'appel d'avoir refusé de prononcer la nullité d'une expertise en raison de ce que l'expert a entendu les sachants sans convoquer les parties à cette audition dès lors qu'elle relève que l'expert a écrit aux avocats des parties pour leur faire connaître ses conclusions et a pris soin de permettre aux parties et à leurs conseils une discussion des résultats de ses opérations et qu'ainsi le principe de contradiction a été respecté. »

– en revanche, elle estime qu'il y a grief, donc nullité, dès lors que l'expert n'a pas soumis aux parties le résultat des auditions auxquelles il a procédé hors leur présence :

> **Civ. 1re, 19 déc. 1995, no 93-20.822,** *Bull.* no 475 : « Attendu que pour rejeter la contestation, par la société X, du rapport d'expertise déposé dans l'instance l'opposant à la SCP Y au sujet du fonctionnement d'un appareil photocopieur, l'arrêt attaqué énonce que, certes, l'audition d'un tiers en qualité de "sachant" n'a pas eu lieu de façon contradictoire, "bien que communiquée ultérieurement aux deux parties", mais que cette audition n'a revêtu qu'un caractère accessoire dans l'appréciation de l'expert, qui a constaté le mauvais fonctionnement de l'appareil ; Attendu qu'en se déterminant ainsi, alors que les déclarations du tiers entendu par l'expert faisaient état du mauvais fonctionnement d'un appareil du même type, et qu'il incombait, dès lors, à l'expert de porter ces déclarations à la connaissance des parties afin qu'elles soient à même d'en débattre contradictoirement avant le dépôt de son rapport, la cour d'appel n'a pas satisfait aux exigences des textes susvisés ; »
>
> **Civ. 2e, 5 déc. 2002, no 01-10.320,** *Bull.* no 278 : « Attendu que pour débouter la société X de sa demande, l'arrêt retient, d'une part, que l'expert a relaté de façon exhaustive les informations qu'il a recueillies auprès des sachants, d'autre part, que les réponses et documents qui lui ont été fournis sont annexés au rapport, de sorte que les parties ont été en mesure de les discuter ; Qu'en statuant ainsi, alors que l'expert n'avait pas soumis la teneur de ces auditions et documents aux parties afin de leur permettre d'être à même d'en débattre contradictoirement avant le dépôt de son rapport, la cour d'appel a violé les textes susvisés ; »

– *a fortiori*, la Cour de cassation a censuré le fait, pour un expert, de faire valider ses calculs par un universitaire dont il n'a fourni ni l'identité, ni les travaux, empêchant ainsi les parties de discuter utilement de leur fiabilité :

> **Civ. 2e, 16 janv. 2003, no 01-03.427,** *Bull.* no 5 ; *D.* 2003. 1403, obs. P. Julien ; *AJDI* 2003. 520, obs. H. Heugas-Darraspen : « Viole les articles 16 et 282, alinéa 3 du nouveau code de procédure civile, la cour d'appel qui, pour écarter le moyen tiré du non-respect par un expert du principe de la contradiction, après avoir relevé qu'il résultait du rapport précis et circonstancié de l'expert que celui-ci avait personnellement procédé à l'intégralité des calculs et des analyses selon une méthodologie qu'il avait librement choisie, retient que la simple indication selon laquelle les calculs effectués auraient été vérifiés et la méthodologie validée par un universitaire dont l'identité n'a pas été fournie, n'est pas de nature à affecter la validité des travaux personnels de l'expert dont les parties ont pu débattre contradictoirement, alors que l'expert n'avait pas soumis aux parties, ni annexé à son rapport, l'avis qu'il avait sollicité, afin de permettre à ces dernières d'en débattre contradictoirement. »

Pourtant, on peut observer qu'il existe une différence de taille, pour les parties, entre le fait de disposer d'une synthèse, faite par l'expert, de l'audition d'un « sachant », et la possibilité qui leur est donnée d'assister à cette audition et d'interroger ledit « sachant » sur des points auxquels l'expert n'aurait pas pensé ou qu'il n'aurait pas jugé utile d'aborder. C'est pourquoi je ne saurais trop recommander aux experts de procéder à l'audition de « sachants » après avoir invité les parties et avocats à assister à ladite audition.

Je relève d'ailleurs qu'un arrêt de la chambre sociale a écarté l'objection tirée de l'absence des parties et avocats lors de l'audition d'un « sachant », non pas parce que l'expert avait rendu compte de cette audition aux parties, mais parce que cette audition n'avait pas servi de fondement à l'avis rendu par l'expert, de sorte que l'on peut s'interroger sur la solution qui aurait été donnée si l'audition des « sachants » avait constitué un argument au soutien de la position de l'expert :

> **Soc. 22 mars 1979, n° 78-40.050,** *Bull.* n° 270 : « Attendu que, X, gérant du mess de..., licencié le 1er juin 1974, fait grief à l'arrêt attaqué, qui a statué sur le litige l'opposant à ce cercle, d'avoir refusé de constater la nullité d'un rapport d'expertise, bien que l'expert eût procédé à l'audition de sachants sans avoir convoqué les parties, alors que, cette violation des droits de la défense entraînait la nullité de l'intégralité de l'expertise, sans qu'il fût possible de limiter cette nullité à certains de ses éléments ; Mais attendu que, la cour d'appel, après avoir constaté que l'expert, qui avait entendu à deux reprises les parties, avait eu tort d'entendre des sachants en leur absence, a énoncé que X, loin de critiquer les renseignements, ainsi recueillis, en faisait au contraire état, et que de toute façon, il n'en serait pas tenu compte dans la mesure où ils pourraient lui être défavorables ; qu'elle en a déduit, sans violer les droits de la défense, que l'expertise n'en était pas moins valable dans la mesure où elle ne s'appuyait pas sur des renseignements non admis par X ; que le moyen n'est pas fondé ; »

§ 2

Comment l'expert doit-il réagir face au refus d'une partie de communiquer une pièce ?

025.170 Plan. Une partie peut opposer un refus de communiquer une pièce sans explication particulière (A), mais elle peut aussi invoquer, au soutien de ce refus, le caractère secret des informations qu'elle contient (B).

A.

Refus de communiquer une pièce dépourvu de fondement sérieux

025.181 Refus d'un demandeur de communiquer une pièce. Le refus, par une partie, de communiquer une pièce indispensable à l'expertise expose celle-ci au risque de voir trancher le litige au seul vu des éléments soumis au débat contradictoire :

> **Soc. 26 mars 1996, n° 94-43.024,** NP : « Mais attendu, d'abord, qu'ayant relevé que la société, en refusant de communiquer à l'expert des documents qu'elle était en mesure de produire, avait mis obstacle à l'accomplissement de la mission d'expertise, la cour d'appel, tirant les conséquences de ce refus, a tranché, à bon droit, le litige au vu des seuls éléments qui lui étaient soumis et dont elle a apprécié souverainement la valeur et la portée ; »

Dans le cas où la partie défaillante est le demandeur, l'expert se contentera de constater que celui-ci ne justifie pas de ses allégations, ce qui pourra conduire le juge à rejeter purement et simplement sa demande.

025.182 Refus d'un défendeur de communiquer une pièce. Plus délicate est la situation dans laquelle l'expert se heurte à un défaut de production de pièces indispensables à l'expertise émanant d'un défendeur : il lui est alors conseillé de formaliser sa demande par écrit (lettre simple, voire lettre recommandée) et, en cas de difficulté persistante, d'en aviser le juge.

025.183 Possible intervention du juge. En effet, bien souvent, une simple lettre du magistrat suffit à débloquer la situation.

Mais, si tel n'est pas le cas, le magistrat peut organiser une audience sur incident de communication de pièce, au terme de laquelle :

– il entend les parties et leurs avocats sur le problème posé par cette communication de pièce ;

– il apprécie la nécessité de produire ladite pièce aux débats :

> **Civ. 2e, 16 juill. 1979, n° 78-12.487,** *Bull.* n° 220, sommaire : « Il résulte des articles 243 et 275 du nouveau code de procédure civile qu'il appartient au juge chargé du contrôle en cas de difficulté entre une partie et le technicien commis, de déterminer les documents qui doivent être communiqués. Le juge ne peut pas se dessaisir de ce pouvoir entre les mains de l'expert. Encourt donc la cassation la décision qui ordonne au défendeur de remettre aux experts, non seulement des pièces dont la communication faisait l'objet de la difficulté dont les juges étaient saisis, mais aussi "tous autres documents qui leur seraient réclamés". »

– il « peut ordonner la production des documents, s'il y a lieu sous astreinte ou bien, le cas échéant, autoriser l'expert à passer outre ou à déposer son rapport en l'état », à charge pour la juridiction de jugement de « tirer toute conséquence de droit du défaut de communication des documents à l'expert » (C. pr. civ., art. 275, al. 2)

B. Refus de communiquer une pièce fondé sur le caractère secret ou confidentiel de celle-ci

025.190 Plan. Lorsque le refus de communication de pièce est fondé sur le caractère secret ou confidentiel de son contenu, le problème est plus délicat à traiter et dépend du point de savoir si l'on est en présence d'un secret médical (1), d'un secret des affaires (2), d'un secret bancaire (3) ou d'autres secrets professionnels (4) et argument tiré de la confidentialité d'une pièce (5).

1. Secret médical

025.201 Secret médical inopposable au patient et à ses ayants droit. Le secret médical a été institué dans l'intérêt du patient, afin d'éviter la révélation d'informations qui pourraient lui nuire et, ce faisant, porter atteinte à l'équilibre de sa famille, voire à l'ordre social. Rappelons que le secret médical est général et absolu.

En conséquence, le secret médical ne peut être opposé au patient lui-même, lequel est en droit d'obtenir, de son médecin ou de l'établissement de soins dans lequel il est traité, des informations médicales le concernant : toutefois, cet accès peut être subordonné à l'intervention d'un tiers médecin dans certains cas particuliers, ainsi qu'il résulte des dispositions ci-après :

> **CSP, art. L. 1111-7** :
>
> Toute personne a accès à l'ensemble des informations concernant sa santé détenues, à quelque titre que ce soit, par des professionnels de santé, par des établissements de santé par des centres de santé, par des maisons de naissance, par le service de santé des armées ou par l'Institution nationale des invalides qui sont formalisées ou ont fait l'objet d'échanges écrits entre professionnels de santé, notamment des résultats d'examen, comptes rendus de consultation, d'intervention, d'exploration ou d'hospitalisation, des protocoles et prescriptions thérapeutiques mis en œuvre, feuilles de surveillance, correspondances entre professionnels de santé, à l'exception des informations mentionnant qu'elles ont été recueillies auprès de tiers n'intervenant pas dans la prise en charge thérapeutique ou concernant un tel tiers.
>
> Elle peut accéder à ces informations directement ou par l'intermédiaire d'un médecin qu'elle désigne et en obtenir communication, dans des conditions définies par voie réglementaire au plus tard dans les huit jours suivant sa demande et au plus tôt après qu'un délai de réflexion de quarante-huit heures aura été observé. Ce délai est porté à deux mois lorsque les informations médicales datent de plus de cinq ans ou lorsque la commission départementale des soins psychiatriques est saisie en application du 4e alinéa. Lorsque la personne majeure fait l'objet d'une mesure de protection juridique avec représentation relative à la personne, la personne en charge de la mesure a accès à ces informations dans les mêmes conditions. Lorsque la personne majeure fait l'objet d'une mesure de protection juridique avec assistance, la personne chargée de l'assistance peut accéder à ces informations avec le consentement exprès de la personne protégée.
>
> La présence d'une tierce personne lors de la consultation de certaines informations peut être recommandée par le médecin les ayant établies ou en étant dépositaire, pour des motifs tenant aux risques que leur connaissance sans accompagnement ferait courir à la personne concernée. Le refus de cette dernière ne fait pas obstacle à la communication de ces informations.
>
> À titre exceptionnel, la consultation des informations recueillies, dans le cadre d'une admission en soins psychiatriques décidée en application des chapitres II à IV du titre Ier du livre II de la 3e partie du présent code ou ordonnée en application de l'article 706-135 du code de procédure pénale, peut être subordonnée à la présence d'un médecin désigné par le demandeur en cas de risques d'une gravité particulière. En cas de refus du demandeur, la commission départementale des soins psychiatriques est saisie. Son avis s'impose au détenteur des informations comme au demandeur.
>
> Sous réserve de l'opposition prévue aux articles L. 1111-5 et L. 1111-5-1, dans le cas d'une personne mineure, le droit d'accès est exercé par le ou les titulaires de l'autorité parentale. À la demande du mineur, cet accès a lieu par l'intermédiaire d'un médecin.
>
> En cas de décès du malade, l'accès au dossier médical de ce malade des ayants droit, du concubin, du partenaire lié par un pacte civil de solidarité ou du médecin prenant en charge une personne susceptible de faire l'objet d'un examen des caractéristiques génétiques dans les conditions prévues au I de l'article L. 1130-4 s'effectue dans les conditions

prévues aux deux derniers alinéas du V de l'article L. 1110-4.

C'est ainsi qu'il a été jugé que l'assuré a droit à la communication du rapport d'expertise médicale le concernant, dressé à la demande de son assureur :

Civ. 2e, 14 oct. 2021, nº 20-11.980, *Bull*, sommaire : « Viole l'article L. 1111-7 du code de la santé publique et le principe de la contradiction, la cour d'appel qui, au motif que l'assuré n'a pas donné suite à une demande de levée du secret médical, fonde sa décision sur les éléments issus d'une expertise non soumise à la discussion contradictoire des parties, alors qu'à sa demande ou à celle de son conseil, l'assuré devait avoir accès, sans condition préalable, au rapport d'expertise diligenté à la demande de l'assureur, contenant des informations médicales le concernant. »

Dès lors que le secret médical est institué dans l'intérêt du patient, celui-ci peut renoncer à son bénéfice : c'est ainsi qu'après s'être fait remettre un certificat médical par son médecin, le patient peut évidemment le remettre à un tiers.

025.202 Secret médical opposable au juge. Le juge doit respecter le droit au secret médical, ce qui le contraint à obtenir l'accord de la personne concernée pour accéder aux informations médicales la concernant.

C'est ainsi que le juge ne peut charger un expert d'une mission consistant à entendre tous médecins ayant connu du cas de Mme X, parmi lesquels Mme A, médecin psychothérapeute qui avait suivi l'intéressée et tous autres successeurs au titre de ce traitement spécifique, sauf s'il obtient l'accord préalable de Mme X :

Civ. 1re, 11 juin 2009, nº 08-12.742, P, *D.* 2009. 1760 ; *D.* 2714, obs. P. Delebecque, J.-D. Bretzner et T. Vasseur ; *RTD civ.* 2009. 695, obs. J. Hauser : « Le juge civil ne peut, en l'absence de disposition législative spécifique l'y autorisant, ordonner une expertise judiciaire en impartissant à l'expert une mission qui porte atteinte au secret médical sans subordonner l'exécution de cette mission à l'autorisation préalable du patient concerné, sauf à tirer toutes conséquences d'un refus illégitime. »

De même, le magistrat ne peut contraindre un médecin ou un établissement de santé à lui transmettre des informations couvertes par le secret médical, en l'absence d'accord de la personne concernée ou de ses ayants droit (si l'intéressé est décédé) :

Civ. 1re, 15 juin 2004, nº 01-02.338, *Bull.* nº 171 ; *D.* 2004. 2682, note D. Duval-Arnould ; *D.* 2005. 1317, obs. H. Groutel ; *RTD civ.* 2005. 99, obs. J. Hauser ; *RTD civ.* 384, obs. J. Mestre et B. Fages : « Mais attendu que si le juge civil a le pouvoir d'ordonner à un tiers de communiquer à l'expert les documents nécessaires à l'accomplissement de sa mission, il ne peut, en l'absence de disposition législative spécifique, contraindre un médecin à lui transmettre des informations couvertes par le secret lorsque la personne concernée ou ses ayants droit s'y sont opposés ; qu'il appartient alors au juge saisi sur le fond d'apprécier si cette opposition tend à faire respecter un intérêt légitime ou à faire écarter un élément de preuve et d'en tirer toute conséquence quant à l'exécution du contrat d'assurance ; qu'en se déterminant comme elle l'a fait ainsi, la cour d'appel a donc violé les textes susvisés ; »

Civ. 1re, 7 déc. 2004, nº 02-12.539, *Bull.* nº 306 ; *AJDA* 2005. 167 ; *D.* 2005. 339, et les obs. ; *D.* 332, obs. P. Julien et N. Fricero ; *D.* 403, obs. J. Penneau ; *D.* 1317, obs. H. Groutel : « Attendu, cependant, que si le juge civil a le pouvoir d'ordonner à un tiers de communiquer à l'expert les documents nécessaires à l'accomplissement de sa mission, il ne peut, en l'absence de disposition législative spécifique, contraindre un établissement de santé à lui transmettre des informations couvertes par le secret sans l'accord de la personne concernée ou de ses ayants droit, le secret médical constituant un empêchement légitime que l'établissement de santé a la faculté d'invoquer ; qu'il appartient au juge saisi sur le fond d'apprécier, en présence de désaccord de la personne concernée ou de ses ayants droit, si celui-ci tend à faire respecter un intérêt légitime ou à faire écarter un élément de preuve et d'en tirer toute conséquence quant à l'exécution du contrat d'assurance ; qu'en se déterminant ainsi, la cour d'appel a donc violé les textes susvisés ; »

Mais le juge peut autoriser l'expert à prendre connaissance de dossiers médicaux de personnes qui ne sont pas parties à un litige, à condition de prendre toutes mesures efficaces pour éviter la divulgation de l'identité des patients concernés :

Civ. 1re, 18 mars 1997, nº 95-12.576, *Bull.* nº 99 ; *D.* 1997. 315, obs. J. Penneau : « Mais attendu que si les dispositions relatives au secret professionnel font obstacle à ce que l'identité d'un malade soit divulguée sans son consentement, toute partie qui se prétend victime d'un dommage doit pouvoir faire effectivement valoir ses droits en justice ; qu'il appartient alors au juge, lorsqu'une expertise impliquant l'accès à des informations couvertes par le secret médical est nécessaire à la manifestation de la vérité, de prescrire des mesures efficaces pour éviter la divulgation de l'identité des malades ou consultants ; »

025.203 Exceptions. Il existe quelques exceptions au secret médical :

– c'est ainsi que l'article 901 du code civil, qui prévoit que « pour faire une libéralité, il faut être sain d'esprit », permet au médecin d'être relevé du secret médical :

Civ. 1re, 2 mars 2004, no 01-00.333, *Bull.* no 69 ; *D.* 2004. 1125 ; *AJ fam.* 2004. 186, obs. F. Bicheron : « Par l'effet de l'article 901 du code civil qui vaut autorisation au sens de l'ancien article 378 du code pénal applicable en la cause, un médecin est déchargé de son obligation relativement aux faits dont il a eu connaissance dans l'exercice de sa profession et, la finalité du secret professionnel étant la protection du non-professionnel qui les a confiés, leur révélation peut être faite à des experts et à des personnes ayant un intérêt légitime à faire valoir cette protection. »

– l'article 226-14 du code pénal, 2°, 2° *bis*, 3° et 5°, permet aux médecins et professionnels de santé de révéler certaines informations médicales spécifiques :

C. pén., art. 226-14 :

L'article 226-13 (article qui sanctionne la violation du secret professionnel) n'est pas applicable dans les cas où la loi impose ou autorise la révélation du secret. En outre, il n'est pas applicable : ...

2° Au médecin ou à tout autre professionnel de santé qui, avec l'accord de la victime, porte à la connaissance du procureur de la République... les sévices, maltraitances ou privations qu'il a constatés, sur le plan physique ou psychique, dans l'exercice de sa profession et qui lui permettent de présumer que des violences physiques, sexuelles ou psychiques de toute nature ont été commises. Lorsque la victime est un mineur ou une personne qui n'est pas en mesure de se protéger en raison de son âge ou de son incapacité physique ou psychique, son accord n'est pas nécessaire ;

2° *bis* Au médecin ou à tout autre professionnel de santé qui, avec l'accord de la victime, porte à la connaissance du procureur de la République des informations relatives à des faits de placement, de maintien ou d'abus frauduleux d'une personne dans un état de sujétion psychologique ou physique, au sens de l'article 223-15-3 du présent code, lorsqu'il estime en conscience que cette sujétion a pour effet de causer une altération grave de sa santé physique ou mentale ou de conduire cette personne à un acte ou à une abstention qui lui sont gravement préjudiciables. Lorsque la victime est un mineur ou une personne qui n'est pas en mesure de se protéger en raison de son âge ou de son incapacité physique ou psychique, son accord n'est pas nécessaire. En cas d'impossibilité d'obtenir l'accord de la victime, le médecin ou le professionnel de santé doit l'informer du signalement fait au procureur de la République ;

3° Au médecin ou à tout autre professionnel de santé qui porte à la connaissance du procureur de la République une information relative à des violences exercées au sein du couple relevant de l'article 132-80 du présent code, lorsqu'il estime en conscience que ces violences mettent la vie de la victime majeure en danger immédiat et que celle-ci n'est pas en mesure de se protéger en raison de la contrainte morale résultant de l'emprise exercée par l'auteur des violences. Le médecin ou le professionnel de santé doit s'efforcer d'obtenir l'accord de la victime majeure ; en cas d'impossibilité d'obtenir cet accord, il doit l'informer du signalement fait au procureur de la République ; ...

Le signalement aux autorités compétentes effectué dans les conditions prévues au présent article ne peut engager la responsabilité civile, pénale ou disciplinaire de son auteur, sauf s'il est établi qu'il n'a pas agi de bonne foi.

2. Secret des affaires

025.211 Position de la Cour de cassation antérieure à la transposition de la directive européenne. Dès avant la transposition de la directive européenne no 2016/943/UE du 8 juin 2016 par une loi no 2018-670 du 30 juillet 2018 et un décret d'application no 2018-1126 du 11 décembre 2018, la Cour de cassation a invité les juges du fond, devant lesquels était invoqué le secret des affaires faisant obstacle à une mesure d'instruction, à rechercher si ladite mesure était ou non proportionnée aux droits d'établir la preuve d'un acte de concurrence déloyale et à la préservation du secret des affaires, ce qui suppose une mise en balance des intérêts de chacune des parties :

> **Civ. 1re, 22 juin 2017, no 15-27.845,** *Bull.* no 150 ; *D.* 2017. 1370 ; *D.* 2444, obs. Centre de droit de la concurrence Yves Serra ; *Dalloz IP/IT* 2017. 543, obs. O. de Maison Rouge ; *RTD civ.* 2017. 661, obs. H. Barbier : « Attendu que, pour rejeter la demande d'expertise formée par les sociétés A, l'arrêt retient que ni le secret d'affaires ni la circonstance qu'elles soient propriétaires du "fichier clients" constitué par leur agent général ne suffisent à justifier, au regard de la manifestation de la vérité, qu'elles s'opposent à la production en justice d'éléments de preuve que les sociétés B ne peuvent obtenir par leurs propres moyens et qui sont nécessaires à l'appréciation de l'existence et, le cas échéant, de l'ampleur d'un détournement de clientèle permettant de qualifier une concurrence déloyale ; Qu'en se déterminant ainsi, sans rechercher, comme il le lui incombait, si cette mesure d'instruction, confiée à un tiers soumis au secret professionnel, n'était pas proportionnée au droit des sociétés B d'établir la preuve d'actes de concurrence interdite ou déloyale attribués à l'agent général et à la préservation des secrets d'affaires des sociétés A, la cour d'appel n'a pas donné de base légale à sa décision ; »

025.212 Transposition de la directive européenne. Désormais, les informations couvertes par le secret des affaires sont définies par le code de commerce dans les termes suivants :

> **C. com., art. L. 151-1 :**
>
> « Est protégée au titre du secret des affaires toute information répondant aux critères suivants :
>
> 1° Elle n'est pas, en elle-même ou dans la configuration et l'assemblage exacts de ses éléments, généralement connue ou aisément accessible pour les personnes familières de ce type d'informations en raison de leur secteur d'activité ;
>
> 2° Elle revêt une valeur commerciale, effective ou potentielle, du fait de son caractère secret ;
>
> 3° Elle fait l'objet de la part de son détenteur légitime de mesures de protection raisonnables, compte tenu des circonstances, pour en conserver le caractère secret. »

Par ailleurs, lorsqu'au cours d'un procès, une partie souhaite s'opposer à la diffusion d'une pièce qu'elle estime couverte par le secret des affaires, elle doit en faire part au juge en lui livrant les éléments d'information fondant ce secret :

> **C. com., art. R. 153-3 :**
>
> À peine d'irrecevabilité, la partie ou le tiers à la procédure qui invoque la protection du secret des affaires pour une pièce dont la communication ou la production est demandée remet au juge, dans le délai fixé par celui-ci :
>
> 1° La version confidentielle intégrale de cette pièce ;
>
> 2° Une version non confidentielle ou un résumé ;
>
> 3° Un mémoire précisant, pour chaque information ou partie de la pièce en cause, les motifs qui lui confèrent le caractère d'un secret des affaires.

025.213 Attitude du juge face à une objection fondée sur le secret des affaires. Face à cette difficulté, le juge doit d'abord s'interroger sur le point de savoir si les éléments contenus dans la pièce litigieuse sont nécessaires à la solution du litige. Si tel n'est pas le cas, « le juge refuse la communication ou la production de la pièce » (C. com., art. R. 153-5).

En revanche, si cette pièce est nécessaire à la solution du litige, il importe que son contenu puisse être versé aux débats, mais il appartient alors au magistrat de prendre toutes dispositions pour éviter la divulgation des informations secrètes dans le cadre de l'exécution de la mesure d'instruction :

– le juge peut ainsi prendre différentes dispositions pour préserver un éventuel secret des affaires, lesquelles sont prévues par l'article L. 153-1 al. 1 du code de commerce :

> **C. com., art. L. 153-1 al. 1er :**
>
> « 1° Prendre connaissance seul de cette pièce et, s'il l'estime nécessaire, ordonner une expertise et solliciter l'avis, pour chacune des parties, d'une personne habilitée à l'assister ou la représenter, afin de décider s'il y a lieu d'appliquer des mesures de protection prévues au présent article ;
>
> 2° Décider de limiter la communication ou la production de cette pièce à certains de ses éléments, en ordonner la communication ou la production sous une forme de résumé ou en restreindre l'accès, pour chacune des parties, au plus à une personne physique et une personne habilitée à l'assister ou la représenter ;
>
> 3° Décider que les débats auront lieu et que la décision sera prononcée en chambre du conseil ;
>
> 4° Adapter la motivation de sa décision et les modalités de publicité de celle-ci aux nécessités de la protection du secret des affaires. »

– le juge « peut également décider que ces personnes (celles habilitées à assister ou représenter les parties) ne peuvent pas en faire de copie ou de reproduction, sauf accord du détenteur de la pièce » (C. com., art. R. 153-2) ;

– il peut enfin désigner « la ou les personnes pouvant avoir accès à la pièce dans sa version intégrale » (C. com., art. R.153-6).

Dès lors que le juge estime qu'une pièce est couverte par le secret des affaires, totalement ou partiellement, les parties et les avocats qui y ont accès sont eux-mêmes tenus à « une obligation de confidentialité... interdisant toute utilisation ou divulgation des informations qu'elle contient », obligation de confidentialité « qui perdure après l'issue de la procédure » (C. com., art. L. 153-2).

025.214 Sanction des abus de refus de communication de pièces. Mais une partie ne peut abusivement refuser la communication d'une pièce, au prétexte fallacieux qu'elle comporterait des informations couvertes par le secret des affaires : c'est pourquoi les textes ont aussi prévu des sanctions en cas de manœuvres dilatoires :

> **C. com., art. L. 152-8 :**
>
> 1) Toute personne physique ou morale qui agit de manière dilatoire ou abusive sur le fondement du présent chapitre peut être condamnée au paiement d'une amende civile dont le montant ne peut être supérieur à 20 % du montant de la demande de dommages et intérêts. En l'absence de demande de dommages et intérêts, le montant de l'amende civile ne peut excéder 60 000 euros.
>
> 2) L'amende civile peut être prononcée sans préjudice de l'octroi de dommages et intérêts à la partie victime de la procédure dilatoire ou abusive.

Si l'expert se voit opposer un refus de communication de pièces fondé sur le secret des affaires et ne parvient pas à régler la difficulté avec les parties et leurs avocats, il doit saisir le juge qui tranchera le litige en appliquant les règles ci-dessus exposées.

3. Secret bancaire

025.221 Secret bancaire opposé par la banque. Le secret bancaire est destiné à protéger, non pas la banque, mais les clients de celle-ci, de sorte que le secret bancaire ne peut être opposé par ladite banque :

– ni à ses clients :

> **Com. 11 oct. 2011, n° 10-10.490,** *Bull.* n° 153 ; *D.* 2011. 2532, obs. V. Avena-Robardet ; *RTD com.* 2011. 780, obs. D. Legeais, sommaire : « Dès lors que la responsabilité des banquiers présentateur et tiré d'un chèque est recherchée à l'occasion de l'encaissement et du paiement d'un chèque, les règles du secret bancaire ne peuvent être invoquées par le banquier tiré pour s'opposer à la production en *recto-verso* d'une copie de ce chèque, sollicitée par le tireur. »

– ni à la caution ou aux ayants droit de ses clients :

> **Com. 16 déc. 2008, n° 07-19.777,** *Bull.* n° 206 ; *D.* 2009. 784, obs. V. Avena-Robardet, note J. Lasserre Capdeville ; *D.* 2714, obs. P. Delebecque, J.-D. Bretzner et T. Vasseur ; *RD publ.* 2009, n° 05, p. 26, obs. Y. Picod ; *RTD civ.* 2009. 147, obs. P. Crocq, sommaire : « Dès lors qu'il appartient au banquier d'établir l'existence et le montant de la créance dont il réclame le paiement à la caution ou à ses ayants droit, ceux-ci sont en droit d'obtenir la communication par lui des documents concernant le débiteur principal nécessaires à l'administration d'une telle preuve, sans que puisse leur être opposé le secret bancaire. »

025.222 Secret bancaire opposable à la banque. La banque ne peut, de son côté, se voir opposer le secret bancaire dans le cadre d'un contentieux le conduisant à se défendre :

> **Soc. 2 nov. 2005, n° 03-47.446,** NP : « Et attendu qu'elle a exactement décidé que Mme X n'était pas fondée à invoquer une violation, par la société Y, du secret bancaire, ni une atteinte, par elle, à sa vie privée, dès lors que les informations fournies en justice par la banque l'avaient été pour la seule défense de ses intérêts au procès prud'homal et que les investigations auparavant faites sur le compte de l'intéressée étaient justifiées par son obligation de vérifier et de garantir la régularité de toute opération réalisée ; »

4. Autres secrets

025.231 Professionnels pouvant invoquer l'obligation au secret. Parmi les professionnels pouvant invoquer l'obligation au secret, on peut citer notamment :

– les experts-comptables, ainsi qu'en témoigne la décision suivante qui a censuré la communication forcée d'un rapport d'audit et de contrôle établi par une société d'expertise-comptable, utilisé lors d'une instance engagée par l'entreprise en vue d'un licenciement pour faute :

> **Com. 8 févr. 2005, nº 02-11.044,** *Bull.* nº 22 ; *D.* 2005. 774, obs. V. Avena-Robardet ; *RTD civ.* 2005. 384, obs. J. Mestre et B. Fages : « Attendu qu'en statuant ainsi, alors que, quel que soit l'objet de la mission dont il est chargé par contrat, l'expert-comptable est tenu, à un secret professionnel absolu à raison des faits qu'il n'a pu connaître qu'en raison de la profession qu'il exerce, de sorte que la demande contraire à ce principe ne peut être légitime, la cour d'appel a violé les textes susvisés ; »

– les notaires :

> **Civ. 1re, 4 juin 2014, nº 12-21.244,** *Bull.* nº 101 ; *D.* 2014. 1284 ; *D.* 2478, obs. J.-D. Bretzner, A. Aynès et I. Darret-Courgeon ; *AJDI* 2014. 721 ; *RTD civ.* 2014. 658, obs. H. Barbier : « Mais attendu que le droit à la preuve découlant de l'article 6 de la Convention européenne des droits de l'homme ne peut faire échec à l'intangibilité du secret professionnel du notaire, lequel n'en est délié que par la loi, soit qu'elle impose, soit qu'elle autorise la révélation du secret ; qu'ayant exactement retenu que les lettres produites évoquant les relations que leur auteur, M. X, notaire, avait entretenues avec l'acquéreur et son intermédiaire, M. Y, à l'occasion de la préparation des actes de ventes à réméré litigieux, étaient couvertes par le secret professionnel, la cour d'appel a, par ces seuls motifs, légalement justifié sa décision d'écarter ces pièces des débats ; »

5. Confidentialité d'une pièce

025.241 Prise en compte des intérêts en présence. Là encore, les juges, saisis d'une demande de communication de pièces confidentielles ou portant atteinte à la vie privée d'une personne, doivent rechercher si cette communication est proportionnée au regard de la nature du litige en cause :

> **Com. 8 juill. 2020, nº 19-25.065,** NP : « 6. Pour ordonner à la société X de communiquer à la société Y la communication des griefs adressée par la Commission européenne, la liste des pièces venant au soutien de cette communication des griefs et la version non confidentielle des pièces mentionnées aux notes de bas de pages 10 et 11, 18 à 22, et 24 à 45 de la décision, l'arrêt retient que l'ensemble de ces pièces est utile à la société Y afin que celle-ci puisse constituer le dossier lui permettant d'agir en dommages-intérêts, ce à quoi elle prétend légitimement, compte tenu du nombre de camions qu'elle a acquis pendant la durée de l'entente sanctionnée par la Commission européenne. L'arrêt ajoute que la société X, qui connaît les pièces, est la mieux à même d'indiquer en quoi leur confidentialité devrait être préservée, ce qu'elle ne fait pas. 7. En se déterminant ainsi, par la seule référence à l'utilité des pièces et à leur caractère confidentiel à l'égard de la seule société X, sans rechercher, ainsi qu'il lui incombait, si leur communication était proportionnée au regard, d'une part, de la protection du caractère confidentiel des éléments de preuve retenus concernant les tiers à la procédure envisagée par la société Y, d'autre part, de la préservation de l'efficacité du droit de la concurrence mis en œuvre dans la sphère publique, la cour d'appel a privé sa décision de base légale. »
>
> **Soc. 30 sept. 2020, nº 19-12.058 ;** *D.* 2020. 2383, note C. Golhen ; *D.* 2312, obs. S. Vernac et Y. Ferkane ; *D.* 2021. 207, obs. J.-D. Bretzner et A. Aynès ; *JA* 2021, nº 632, p. 38, ét. M. Julien et J.-F. Paulin ; *Dr. soc.* 2021. 14, étude P. Adam ; *RDT* 2020. 753, obs. T. Kahn dit Cohen ; *RDT* 764, obs. C. Lhomond ; *Dalloz IP/IT* 2021. 56, obs. G. Haas et M. Torelli ; *Légipresse* 2020. 528 et les obs. ; *ibid.* 2021. 57, étude G. Loiseau ; Rev. prat. rec. 2021. 31, chron. S. Dorol : « Il résulte des articles 6 et 8 de la Convention de sauvegarde des droits de l'homme et des libertés fondamentales, 9 du code civil et 9 du code de procédure civile, que le droit à la preuve peut justifier la production en justice d'éléments extraits du compte privé Facebook d'un salarié portant atteinte à sa vie privée, à la condition que cette production soit indispensable à l'exercice de ce droit et que l'atteinte soit proportionnée au but poursuivi. »

En cas de difficulté persistante, l'expert n'aura d'autre choix que de se tourner vers le juge.

§ 3 Comment l'expert doit-il réagir face à la contestation d'une pièce fondée sur l'origine déloyale de celle-ci ?

025.250 Plan. Si la jurisprudence a évolué concernant le sort qu'il convient de réserver, au civil, à la production de pièce obtenue par un moyen déloyal (A), l'expert n'a pas à se prononcer sur ce point (B).

A.
Évolutions de la jurisprudence concernant la production d'une pièce obtenue déloyalement

025.261 Jurisprudence antérieure à l'arrêt de l'assemblée plénière du 22 décembre 2023. Antérieurement au 22 décembre 2023, la jurisprudence applicable résultait d'un arrêt de l'assemblée plénière du 7 janvier 2011, lequel avait posé en principe que tout versement aux débats de pièces obtenues déloyalement devait être déclaré irrecevable :

> **Ass. Plén. 7 janv. 2011, nº 09-14.667,** *Bull.* nº 1 ; *D.* 2011. 562, obs. E. Chevrier, note F. Fourment ; *D.* 618, chron. V. Vigneau ; *D.* 2891, obs. P. Delebecque, J.-D. Bretzner et I. Gelbard-Le Dauphin ; *RD publ.* 2011, nº 04, p. 97, obs. N. Fricero ; *RTD civ.* 2011. 127, obs. B. Fages ; *RTD civ.* 383, obs. P. Théry ; *RTD eur.* 2012. 526, obs. F. Zampini : « Vu l'article 9 du code de procédure civile, ensemble l'article 6, § 1 de la Convention de sauvegarde des droits de l'homme et des libertés fondamentales et le principe de loyauté dans l'administration de la preuve ; Attendu que, sauf disposition expresse contraire du code de commerce, les règles du code de procédure civile s'appliquent au contentieux des pratiques anticoncurrentielles relevant de l'Autorité de la concurrence ; que l'enregistrement d'une communication téléphonique réalisé à l'insu de l'auteur des propos tenus constitue un procédé déloyal rendant irrecevable sa production à titre de preuve ; »

Ce faisant, on notera que la jurisprudence des chambres civiles était contraire à celle de la chambre criminelle qui, en application de l'article 427 du code de procédure pénale posant le principe de la liberté de la preuve, estimait déjà que les juges ne pouvaient écarter des débats les preuves obtenues déloyalement par des particuliers (contrairement aux preuves obtenues déloyalement par les policiers et les gendarmes qui, eux, ne peuvent user de subterfuges pour piéger les personnes suspectes) ; en témoigne l'arrêt ci-dessous concernant un salarié qui avait dénoncé les détournements de fonds sociaux commis par son ancien employeur, en produisant des pièces volées à celui-ci :

> **Crim. 27 janv. 2010, nº 09-83.395,** *Bull.* nº 16 ; *D.* 2010. 656 ; *AJ pénal* 2010. 280, ét. J. Lasserre Capdeville ; *Rev. sociétés* 2010. 241, note B. Bouloc ; *RTD com.* 2010. 617, obs. B. Bouloc : « Attendu qu'en cet état, et dès lors qu'aucune disposition légale ne permet aux juges répressifs d'écarter des moyens de preuve remis par un particulier aux services d'enquête, au seul motif qu'ils auraient été obtenus de façon illicite ou déloyale et qu'il leur appartient seulement, en application de l'article 427 du code de procédure pénale, d'en apprécier la valeur probante, après les avoir soumis à la discussion contradictoire, la cour d'appel a justifié sa décision ; »

025.262 Arrêt de l'assemblée plénière du 22 décembre 2023. La Cour de cassation a opéré un revirement de jurisprudence en jugeant :

- qu'il n'y a pas nécessairement lieu d'écarter des débats une preuve obtenue déloyalement ;
- qu'il appartient aux juges du fond de déterminer, en fonction de chaque cas d'espèce, si l'atteinte ainsi portée au principe de loyauté de la preuve est nécessaire et proportionnée aux intérêts défendus dans l'instance, faisant ainsi application du fameux principe de proportionnalité cher à la Cour européenne des droits de l'homme :

> **Ass. Plénière. 22 déc. 2023, nº 20-20.648,** P : « 12. Aussi, il y a lieu de considérer désormais que, dans un procès civil, l'illicéité ou la déloyauté dans l'obtention ou la production d'un moyen de preuve ne conduit pas nécessairement à l'écarter des débats. Le juge doit, lorsque cela lui est demandé, apprécier si une telle preuve porte une atteinte au caractère équitable de la procédure dans son ensemble, en mettant en balance le droit à la preuve et les droits antinomiques en présence, le droit à la preuve pouvant justifier la production d'éléments portant atteinte à d'autres droits à condition que cette production soit indispensable à son exercice et que l'atteinte soit strictement proportionnée au but poursuivi. »

Certains en ont déduit qu'en matière civile, on est passé du « droit de la preuve » à un « droit à la preuve ».

B.
Compétence exclusive du juge pour régler cette question

025.271 La question est rarement invoquée devant l'expert. Les experts sont rarement confrontés à cette difficulté, laquelle est surtout invoquée devant les juges à l'occasion de production aux débats d'une pièce que certaines parties entendent voir écartées en invoquant leur obtention au terme d'un procédé déloyal (ex. : pièce subtilisée ; enregistrement clandestin).

Toutefois, si l'expert se heurte à une telle contestation, il ne peut, en aucun cas, prendre parti, doit se contenter de prendre acte des objections qu'il pourra mentionner dans son rapport et donner son avis sur le contenu de la pièce litigieuse au regard du problème technique qui lui est soumis. En effet, il appartiendra aux parties de formuler leur contestation devant le juge, seul compétent pour statuer sur ce point.

§ 4
Que peut faire l'expert face à un problème relatif à l'étendue de sa mission ?

025.280 Plan. La solution dépend du point de savoir si les parties sont d'accord (A) ou non (B) pour modifier le périmètre de la mission.

A.
Modification du périmètre de la mission de l'expert en cas d'accord des parties

025.291 Possibilité de modifier le périmètre de la mission avec l'accord des parties. En principe, l'expert est tenu de répondre à toutes les questions, mais rien qu'aux questions énoncées dans sa mission. Il peut néanmoins en modifier le périmètre.

En effet, il peut répondre à d'autres questions que celles posées par le juge s'il recueille l'accord écrit des parties (C. pr. civ., art. 238, al. 2).

À l'inverse, il est admis que l'expert a la possibilité de ne pas répondre à certaines questions de la mission à condition, là encore, de recueillir l'accord écrit des parties, afin de ne pas s'exposer à la critique du juge qui pourrait lui reprocher de ne pas avoir rempli complètement sa mission ; il en va ainsi, par exemple, lorsqu'une question est devenue inutile du fait d'un accord partiel intervenu entre les parties.

B.
Modification du périmètre de la mission de l'expert en cas de désaccord des parties

025.301 Indispensable saisine du juge. Lorsque les parties ne sont pas d'accord, il convient d'en référer au juge qui « peut à tout moment accroitre ou restreindre l'étendue des mesures prescrites » (C. pr. civ., art. 149 et 236).

025.302 Diligences du juge. Le juge, saisi d'une demande d'extension de la mission « ne peut, sans avoir préalablement recueilli les observations du technicien commis, étendre la mission de celui-ci ou confier une mission complémentaire à un autre technicien » (C. pr. civ., art. 245, al. 3).

Une fois recueilli l'avis du technicien (à moins que la demande n'émane de celui-ci), le juge peut modifier la mission de l'expert par une décision. S'il s'agit d'une extension de mission, il pourra l'assortir de la fixation d'une consignation complémentaire destinée à couvrir le coût des nouvelles investigations (tout en précisant qu'en cas de défaut de versement de cette consignation complémentaire, l'expert ne devra pas tenir compte de l'extension de mission ainsi ordonnée), et accorder une prolongation de délai pour le dépôt du rapport.

D'une manière générale, il convient de rester vigilant quant aux demandes d'investigations complémentaires, compte tenu du coût et des délais générés par ceux-ci et ce, dans la droite ligne de l'article 147 du code de procédure civile qui fait obligation au juge de s'en tenir « à ce qui est suffisant pour la solution du litige ».

§ 5
Comment l'expert peut-il faire face à la critique tenant au dépassement de sa mission ou à la formulation d'appréciation juridique ?

025.310 Plan. Si les textes interdisent à l'expert de dépasser sa mission et de porter des appréciations juridiques (A), la jurisprudence appréhende avec bienveillance la violation de ces prescriptions (B), étant observé d'ailleurs qu'il importe que l'expert maîtrise les règles juridiques applicables à son domaine de compétence (C).

A.
Texte

025.321 Interdiction faite à l'expert de dépasser sa mission ou de porter des appréciations juridiques. Il est indiqué que l'expert « ne peut répondre à d'autres questions, sauf accord des parties » et « ne doit jamais porter d'appréciations d'ordre juridique » (C. pr. civ., art. 238).

B.
Jurisprudence

025.331 La violation de l'article 238 du code de procédure civile n'entraîne aucune nullité. Si l'expert doit respecter ces prescriptions, la Cour de cassation a jugé, à plusieurs reprises, que leur violation n'entraîne pas la nullité de l'expertise :

Civ. 2e, 16 déc. 1985, no 81-16.593, *Bull.* no 197 : « Vu l'article 238 du nouveau code de procédure civile, ensemble l'article 175 de ce code ; Attendu qu'aucune disposition ne sanctionne de la nullité l'inobservation des obligations imposées par le 1er de ces textes au technicien commis ; Attendu que pour annuler l'expertise de M. A commis par une précédente décision dans l'instance opposant les consorts X à M. Y et mettre à sa charge les frais de son expertise, l'arrêt retient qu'en négligeant l'aspect technique de sa mission pour rechercher des circonstances qu'il ne lui appartenait pas d'apprécier en ce qu'elles aboutissaient à une remise en cause de la chose jugée, l'expert n'a pas satisfait aux obligations qui lui étaient imposées par l'article 238 du nouveau code de procédure civile ; Qu'en statuant ainsi, **la cour d'appel a violé** les textes susvisés ; »

Civ. 1re, 7 juill. 1998, no 97-10.869, P, *D.* 1999. 391, obs. J. Penneau : « Mais attendu qu'aucune disposition ne sanctionne par la nullité l'inobservation des obligations imposées par l'article 238 du code de procédure civile au technicien commis ; que, sans violer ce texte, la cour d'appel, qui a tenu pour surabondantes et dissociables des autres éléments du rapport les appréciations juridiques de l'expert, était fondée à les écarter ; »

Com. 16 nov. 1999, no 96-11.209, NP : « qu'en l'espèce, commis aux fins de "rechercher les circonstances exactes des relations contractuelles entre M. X et Y, l'expert judiciaire ne pouvait donc de son propre chef s'enquérir du fonctionnement du compte bancaire de Z et des relations contractuelles entre ce dernier et Y ; qu'en refusant dès lors de maintenir hors des débats ces constatations étrangères à la mission confiée à l'expert, la cour d'appel a violé les dispositions susvisées ; Mais attendu qu'aucune disposition ne sanctionne de nullité l'inobservation des obligations imposées par l'article 238 du nouveau code de procédure civile au technicien commis ; »

Com. 4 janv. 2003, no 03-17.119, NP : « Mais attendu qu'aucune disposition ne sanctionne de nullité l'inobservation des obligations imposées par les articles 237 (obligation d'impartialité) et 238 (obligation de répondre aux seules questions posées et de ne pas porter d'appréciation juridique) du nouveau code de procédure civile au technicien commis ; que c'est donc sans encourir les griefs du moyen que la cour d'appel a statué comme elle a fait ; »

025.332 Le juge peut seulement priver d'effet l'avis de l'expert excédant sa mission. La seule sanction possible lorsque l'expert dépasse sa mission ou formule un point de vue juridique consiste à écarter ces appréciations comme superfétatoires :

Civ. 3e, 17 juill. 1996, no 95-20.378, *Bull.* no 186 : « Attendu, d'autre part, qu'ayant retenu que M. R avait évalué la valeur du terrain et de la construction en cause, dans une partie de son rapport, dans le respect des principes de sa mission, la CA, qui, n'étant pas saisie d'une demande d'annulation de la clause litigieuse sur le fondement de l'article 35 du décret du 30 septembre 1953, n'avait pas à rechercher si l'application de cette clause faisait échec au droit de renouvellement de la société H, a pu décider qu'il y avait lieu de priver d'effet les propositions de cet expert, seulement en tant qu'elles concernaient un dépassement de sa mission et, constatant le désaccord des experts choisis par les parties, inviter ceux-ci à désigner un 3e expert pour les départager ; »

025.333 Mais le juge peut aussi s'approprier l'avis de l'expert donné en violation de l'article 238 du code de procédure civile. En effet, la Cour de cassation l'a indiqué à plusieurs reprises s'agissant d'un expert qui avait excédé sa mission :

Civ. 3e, 5 mars 2003, no 00-21.931, *Bull.* no 55 ; *D.* 2003. 863, et les obs. : « Mais attendu que les juges du fond sont en droit de s'approprier l'avis de l'expert, même si celui-ci a exprimé une opinion excédant les limites de sa mission ; »

Civ. 3e, 17 oct. 2012, no 10-23.971, *Bull.* no 145 ; *D.* 2012. 2528 : « Attendu, d'autre part, que les juges du fond sont en droit de s'approprier l'avis de l'expert, même si celui-ci a exprimé une opinion excédant les limites de sa mission ; »

C.

Nécessaire connaissance, par l'expert, des règles de droit applicables à son domaine de compétence

025.341 Utilité, pour l'expert, de connaître les règles de droit applicables à sa matière. En réalité, l'interdiction faite à l'expert de porter des appréciations juridiques tient au fait qu'il ne doit évidemment pas se substituer au juge.

Il n'en reste pas moins qu'il est vivement souhaitable que l'expert possède une bonne connaissance d'un certain nombre de règles juridiques :

- d'une part, il doit avoir une parfaite maîtrise des règles de procédures civiles et pénales applicables à l'expertise ;

- d'autre part, il importe qu'il ait une connaissance des règles juridiques applicables à son domaine de spécialité. À titre d'exemple, on peut citer le cas de l'expert médecin commis en matière de responsabilité médicale, auquel il est demandé de dire si son confrère a bien rempli son devoir d'information vis-à-vis du patient : encore faut-il qu'il connaisse la jurisprudence sur l'étendue de l'information à laquelle sont tenus les médecins (qui a varié dans le temps). De même, l'expert commis en matière de construction, auquel on demande de lister les causes de responsabilité décennale, doit connaître la réglementation et la jurisprudence en la matière. On pourrait ainsi multiplier les exemples tant sont nombreux les textes régissant les domaines très variés relevant de la compétence technique des experts judiciaires.

§ 6
Comment l'expert doit-il se comporter face à la conciliation totale ou partielle des parties ?

025.350 Plan. Si l'expert judiciaire ne peut plus recevoir mission de concilier les parties (A), il reste qu'il peut constater leur accord (B). Cet exposé sera l'occasion d'évoquer les difficultés susceptibles de résulter des démarches entreprises par l'expert en vue de concilier les parties et de traiter de la place de l'expert dans les nouvelles techniques de règlement amiable des conflits.

A.
L'expert ne peut plus recevoir mission de concilier les parties

025.361 Interdiction faite au juge de charger l'expert de concilier les parties. Il est prévu que « le juge ne peut donner au technicien mission de conciclier les parties » (C. pr. civ., art. 240).

Tel n'était pas le cas autrefois, puisque l'expert pouvait, au contraire, recevoir une telle mission. Mais le texte a été modifié, notamment parce que les tentatives de conciliation de l'expert étaient devenues un argument permettant d'obtenir des prolongations de délais inconsidérées et souvent injustifiées en l'absence de toute conciliation finale, et que ces abus entraînaient des retards importants dans le dépôt des rapports.

Toutefois, on relèvera que la Cour de cassation n'a pas censuré la mission du juge demandant à l'expert de concilier les parties « si faire se peut » :

> **Civ. 2e, 15 janv. 1975, no 73-13.514,** *Bull.* no 9 : « La mission confiée à un expert, de concilier les parties "si faire se peut" laisse à cet expert le pouvoir d'apprécier discrétionnairement si les circonstances de l'espèce étaient telles qu'il pouvait procéder à une tentative de conciliation. Cette appréciation ne saurait donc donner lieu à pourvoi en cassation. »

025.362 Interdiction surprenante. Aujourd'hui, l'interdiction faite à l'expert de recevoir mission de concilier les parties peut surprendre à un double titre :

- d'abord, il en résulte une différence que l'on ne s'explique guère entre justice judiciaire et justice administrative, puisque le code de justice administrative indique, au contraire, que « la mission confiée à l'expert peut viser à concilier les parties » (CJA, art. R. 621-1) ;

- ensuite, cette interdiction ne paraît guère en phase avec l'air du temps, lequel se caractérise par la volonté de faciliter les modes alternatifs de règlement des différends, dits « MARD », dont l'importance est d'ailleurs matérialisée par le fait qu'ils font désormais l'objet du livre cinquième du code de procédure civile intitulé « La résolution amiable des différents » traitant de la médiation et de la conciliation (titre I) et de la procédure participative (titre II).

B.
L'expert peut constater l'accord des parties

025.371 Autorisation donnée à l'expert de constater la conciliation des parties. Si le juge ne peut pas confier à l'expert la mission de concilier les parties, nombreux sont ceux qui encouragent verbalement les experts judiciaires à le faire...

Au demeurant, l'expert est autorisé à constater cet accord :

- tant en application des textes puisqu'il est prévu que « si les parties viennent à se concilier, l'expert constate que sa mission est devenue sans objet » et « en fait rapport au juge » (C. pr. civ., art. 281) ;

- qu'en vertu de la jurisprudence :

> **Civ. 2e, 21 juill. 1986, no 85-11.107,** Bull. no 131, sommaire : « Si le juge ne peut donner mission à l'expert de concilier les parties, l'expert peut constater l'accord intervenu entre celles-ci sur son avis. »

025.372 Insuffisance du constat par l'expert de l'accord des parties. Le seul constat, fait par l'expert, d'un accord survenu entre les parties ne suffit pas à matérialiser cet accord, lequel doit faire l'objet d'un acte transactionnel :

> **Civ. 1re, 11 mars 2003, no 00-17.532,** *Bull.* no 71 : « Attendu qu'en se déterminant ainsi, sans constater l'existence d'un accord entre les parties, conformément au droit commun de la preuve, la constatation de l'expert étant par elle-même insuffisante à établir celle-ci, la cour d'appel n'a pas donné de base légale à sa décision ; »

C.
Difficultés susceptibles de résulter des démarches entreprises par l'expert en vue de concilier les parties

025.380 Plan. Nous rappellerons les textes applicables en matière de conciliation et de la médiation (1), avant d'examiner le positionnement de l'expert en ces matières (2).

1.
Rappel des modes classiques de règlement amiable des conflits

025.391 Textes applicables. Les modes classiques de règlement amiable des conflits sont la conciliation et la médiation :

> **C. pr. civ., art. 1530 :**
> La médiation et la conciliation conventionnelles régies par le présent titre s'entendent... de tout processus structuré, par lequel deux ou plusieurs parties tentent de parvenir à un accord, en dehors de toute procédure judiciaire en vue de la résolution amiable de leurs différends, avec l'aide d'un tiers choisi par elles qui accomplit sa mission avec impartialité, compétence et diligence.

Conciliation et médiation sont soumises au principe de confidentialité, afin d'assurer une totalité liberté des parties qui ne doivent pas craindre, en cas d'échec des pourparlers, le risque de se voir opposer les déclarations qu'elles ont faites dans le cadre transactionnel (C. pr. civ., art. 1531).

En cas d'accord des parties, « la demande tendant à l'homologation de l'accord issu de la conciliation est présentée au juge par requête de l'ensemble des parties à la conciliation ou de l'une d'elles, avec l'accord exprès des autres » (C. pr. civ., art. 1541).

025.392 Différences entre conciliation et médiation. Ces deux mesures présentent les différences suivantes :

- la conciliation intervient dans un cadre contentieux, alors que la médiation peut être envisagée dans un cadre amiable ;
- le conciliateur, qui intervient en vertu d'une délégation de justice, est bénévole, alors que le médiateur est rémunéré.

2.
Positionnement de l'expert en matière de conciliation

025.401 Temps de l'expertise, moment privilégié pour concilier les parties. Nul ne peut nier que le temps de l'expertise est un moment privilégié pour parvenir à un accord des parties, dès lors qu'elle favorise les échanges entre les personnes concernées et permet à l'expert de leur délivrer des informations utiles, tant sur la durée et le coût prévisible de l'expertise judiciaire (qui peut décourager les parties), que sur les éléments techniques concernant leur litige.

Il convient toutefois de souligner que l'expert ne sera en mesure de fournir aux parties les éléments techniques susceptibles de provoquer leur rapprochement qu'après avoir lui-même acquis une bonne connaissance du dossier, ce qui suppose un certain temps d'étude et de réflexion ; or, ce temps devra être contraint pour ne pas encourir les critiques qui ont justifié l'interdiction faite au juge de confier à l'expert une mission de conciliation.

025.402 Mise en difficulté de l'expert par les confidences reçues des parties si l'accord n'intervient pas. Il peut être périlleux, pour l'expert, de jouer le rôle de conciliateur, puisqu'il devra veiller à ne rien entreprendre qui soit de nature, en cas d'échec du rapprochement envisagé, à l'empêcher de poursuivre ses travaux en toute impartialité : à cet égard, est-il raisonnable de demander à l'expert de recueillir les confidences des parties sur leurs intentions respectives afin de tenter un rapprochement, tout en lui prescrivant, en cas d'échec dudit rapprochement, de faire preuve d'amnésie pour traiter le dossier comme si rien ne s'était passé ?

Notons qu'il paraît encore plus difficile, voire impossible, de cumuler une mission d'expert judiciaire avec un rôle de médiateur, dès lors que ce dernier est autorisé à recevoir séparément les parties et à ne pas dévoiler aux autres le contenu de chaque entretien, ce qui est formellement interdit à l'expert judiciaire qui doit veiller, en toutes circonstances, au respect du principe de la contradiction.

025.403 Règles applicables en matière administrative. Le Conseil d'État a été saisi d'une demande d'avis portant sur la question de savoir si un rapport d'expertise, établi dans le cadre d'un processus de médiation et procédant à une analyse technique et factuelle des prétentions des parties, peut être fourni à un juge du fond à titre d'élément d'information soumis au débat contradictoire.

Le Conseil d'État a rappelé le caractère confidentiel des pourparlers survenus au cours d'une médiation, tout en autorisant le versement aux débats du rapport d'expertise dressé dans ce cadre ; c'est dire combien l'expert devra se montrer vigilant quant aux mentions portées dans ledit rapport :

> **CE, avis 14 nov. 2023, req. nº 475648,** *Lebon ; AJDA* 2023. 2086 ; *D.* 2024. 613, obs. N. Fricero : « 2. En vertu des dispositions de l'article L. 213-2 du code de justice administrative, ne doivent demeurer confidentielles, sauf accord contraire des parties et sous réserve des exceptions prévues par cet article, sans pouvoir être divulguées à des tiers ni invoquées ou produites dans le cadre d'une instance juridictionnelle, que les seules constatations du médiateur et déclarations des parties recueillies au cours de la médiation, c'est-à-dire les actes, documents ou déclarations, émanant du médiateur ou des parties, qui comportent des propositions, demandes ou prises de position formulées en vue de la résolution amiable du litige par la médiation... 5. Dans le cas particulier où le juge administratif ordonne avant dire droit une expertise et où l'expert, conformément à ce que prévoient les dispositions de l'article R. 621-1 du code de justice administrative, se voit confier une mission de médiation, doivent, de même, demeurer confidentiels les documents retraçant les propositions, demandes ou prises de position de l'expert ou des parties, formulées dans le cadre de la mission de médiation en vue de la résolution amiable du litige. Il appartient alors à l'expert, ainsi que le prévoit l'article R.621-1, de remettre à la juridiction un rapport d'expertise ne faisant pas état, sauf accord des parties, des constatations et déclarations ayant eu lieu durant la médiation. »

025.404 Pratique de certains tribunaux judiciaires. Certains tribunaux judiciaires, soucieux de favoriser un rapprochement des parties tout en évitant de mettre l'expert judiciaire dans une situation schizophrénique, ont adopté une pratique innovante consistant, pour le juge, à faire injonction aux parties de rencontrer un médiateur et à procéder à la désignation conjointe dudit médiateur et d'un expert.

L'expert intervient en premier lieu pour procéder à une étude sommaire du dossier et déposer une note technique constituant la base d'une discussion factuelle, Puis le médiateur œuvre, à son tour, en vue du rapprochement des parties sur la base de ladite note technique :

– si un accord est trouvé, l'expert se contente de déposer sa note technique ;

– si aucun accord n'est possible, l'expert reprend ses travaux jusqu'au dépôt d'un rapport d'expertise classique.

Force est donc de constater que la réflexion engagée sur le rôle susceptible d'être joué par les experts judiciaires au cours d'une conciliation ou d'une médiation est donc loin d'être achevée.

D.
Place de l'expert dans les nouvelles techniques de règlement amiable des conflits

025.410 Plan. Les nouvelles techniques de règlement amiable des conflits portent sur la procédure participative (1) et les audiences de règlement amiable dite ARA (2).

1.
Procédure participative

025.421 Textes. La procédure participative est prévue par le livre III, titre XVII du code civil (C. civ., art. 2062 s.) et par le livre cinquième, titre II du code de procédure civile (C. civ., art. 1542 s.), mais elle reste assez méconnue et peu utilisée par les praticiens du droit.

Elle peut intervenir à tout moment de la procédure, mais ne peut se faire que par le biais d'avocats.

025.422 Convention de procédure participative. Les parties à un litige peuvent signer une convention de procédure participative en vue d'œuvrer « conjointement et de bonne foi à la résolution amiable de leur différend » « pour une durée déterminée » (C. civ., art. 2062), convention qui prévoit (C. civ., art. 2063) :

– l'objet du différend, ainsi que les pièces et informations nécessaires à sa résolution ;

– le délai imparti pour mener à bien cette procédure, étant observé que « tant qu'elle est en cours, la convention de procédure participative... rend irrecevable tout recours au juge pour qu'il statue sur le litige » (C. civ., art. 2065, al. 1) ;

- la répartition des frais qui, à défaut, s'opère à parts égales entre les parties.

Cette procédure peut donner lieu à l'établissement d'un ou plusieurs actes contresignés par avocats, dans lesquels les parties peuvent notamment « recourir à un technicien », « désigner un conciliateur de justice ou un médiateur », consigner « les auditions des parties », « les déclarations de toute personne » et « les constatations ou avis donnés par un technicien recueillies ensemble par les avocats » (C. pr. civ., art. 1546-3, al. 2).

025.423 Éventuelle intervention d'un expert judiciaire. C'est ainsi qu'un expert judiciaire peut être appelé à intervenir lors d'une procédure participative.

Il est alors désigné au terme d'un commun accord des parties, lesquelles doivent également s'entendre sur sa mission et sa rémunération (C. pr. civ., art. 1547) et « il ne peut être révoqué que du consentement unanime des parties » (C. pr. civ., art. 1549, al. 2).

L'expert doit « révéler toute circonstance susceptible d'affecter son indépendance afin que les parties en tirent les conséquences qu'elles estiment utiles » (C. pr. civ., art. 1548).

Il « accomplit sa mission avec conscience, diligence et impartialité, dans le respect du principe du contradictoire » (C. pr. civ., art. 1549, al. 2).

Il remet aux parties un rapport, lequel « a valeur de rapport d'expertise judiciaire » (C. pr. civ., art. 1554).

025.424 Issue de la procédure participative. Au terme de cette procédure, plusieurs hypothèses sont envisageables :

- soit la procédure participative permet un accord des parties qui peut être total ou partiel, ce qui caractérise, dans ce dernier cas, un accord sur le désaccord : un tel accord, même partiel, peut être utile car il n'est pas rare de constater que certains litiges prennent, au fil de l'expertise judiciaire, des proportions insoupçonnées du fait de revendications exponentielles des parties ; cet accord total ou partiel peut être homologué par le juge ;

- soit la procédure participation échoue et l'instance se poursuit devant le juge qui statuera donc sur l'entier litige, mais disposera déjà d'un rapport d'expertise dressé contradictoirement.

2. Audiences de règlement amiable (ARA)

025.431 Dispositions prévues par le législateur. Le législateur a instauré des audiences de règlement amiable (ARA) dans le livre II, titre 1er, sous-titre 1er, chapitre IV du code de procédure civile (art.774-1 s.).

En effet, le juge « saisi d'un litige portant sur des droits dont les parties ont la libre disposition peut, à la demande de l'une des parties ou d'office après avoir recueilli leur avis, décider qu'elles seront convoquées à une audience de règlement amiable tenue par un juge qui ne siège pas dans la formation de jugement... », étant observé que « cette décision est une mesure d'administration judiciaire » qui « ne dessaisit pas le juge » (C. pr. civ., art. 774-1, al. 1er).

Les parties ont alors l'assurance de voir leurs droits sauvegardés en cas d'échec de cette procédure, puisque l'audience de règlement amiable se tient « en chambre du conseil, hors la présence du greffe » et que « sauf accord contraire des parties, tout ce qui est dit, écrit ou fait au cours de l'audience de règlement amiable, par le juge et par les parties, est confidentiel » (C. pr. civ., art. 774-3, al. 5 et 6).

Cette audience peut permettre d'aboutir à un accord, total ou partiel, qui est alors constaté par le juge qui « informe le juge saisi du litige qu'il est mis fin à l'audience de règlement amiable et lui transmet, le cas échéant, le procès-verbal d'accord » (C. pr. civ., art. 774-4).

§ 7 Quelle position l'expert doit-il adopter face à l'agressivité d'une partie ou d'un avocat ?

025.441 Cette question a été traitée dans la rubrique consacrée à l'impartialité de l'expert (v. ss nos 023.173 et 023.174).

§ 8 Quelle position l'expert doit-il adopter face à l'abandon de l'expertise par les parties ?

025.451 Abandon exprès ou implicite de l'expertise. Lorsque le demandeur déclare vouloir abandonner l'expertise ou ne se manifeste plus, l'expert doit :

- recueillir la position écrite des autres parties ;

- en aviser le juge pour envisager le dépôt d'un rapport en l'état et présenter une demande de rémunération correspondant au travail effectué jusqu'à l'abandon de l'expertise.

CHAPITRE
026

Relations entre l'expert et le juge

026.00 Division. Après avoir identifié le juge qui constitue son interlocuteur (sect. 1), l'expert pourra le saisir de toute difficulté qu'il ne parviendra pas à surmonter lui-même (sect. 2). À l'inverse et lorsque l'expert s'avère totalement défaillant, le juge peut prendre l'initiative de le remplacer (sect. 3).

SECTION 1

Identification du juge compétent par l'expert

026.10 Plan. Le juge compétent pour assurer le suivi des opérations d'expertise ne sera pas le même selon que l'expert a été nommé en référé (§ 1) ou par la décision d'un juge du fond (§ 2).

§ 1 Cas de l'expert missionné par une ordonnance de référé

026.21 Compétence du juge chargé du contrôle des expertises du tribunal judiciaire. Ainsi que cela a été dit à plusieurs reprises, le juge compétent pour régler les problèmes liés au suivi de l'expertise ordonnée en référé est le juge chargé du contrôle des expertises du tribunal judiciaire.

Cette fonction a d'abord été créée de manière empirique par certains grands tribunaux judiciaires, avant d'être consacrée, aux termes d'un décret du 28 décembre 1998, par un article du code de procédure pénale qui prévoit que « le président de la juridiction peut dans l'intérêt d'une bonne administration de la justice désigner un juge spécialement chargé de contrôler l'exécution des mesures d'instruction confiées à un technicien en application de l'article 232 » (C. pr. civ., art. 155-1).

Il convient de souligner que, si les tribunaux judiciaires de grande taille disposent d'un service chargé du contrôle des expertises composé de juge(s) qui y exercent leur fonction à plein temps et sont donc facilement joignables pour régler les difficultés au quotidien (ex : le service chargé du contrôle des expertises du tribunal judiciaire de Paris), il existe de nombreux cas dans lesquels ces services sont dotés de juges qui exercent parallèlement d'autres activités au sein de la juridiction, d'où une moindre disponibilité dont il ne saurait leur être fait grief.

026.22 Distinction du juge chargé du contrôle des expertises du tribunal judiciaire et du juge chargé du service des experts de la cour d'appel. Le juge chargé du contrôle des expertises ne doit pas être confondu avec le conseiller chargé du service des experts (et non pas des expertises) puisque le premier fait partie du tribunal judiciaire, alors que le second est un magistrat de la cour d'appel chargé, ainsi que cela a déjà été expliqué, des inscriptions et réinscriptions des experts, ainsi que de la discipline qui leur est applicable.

§ 2 Cas de l'expert missionné par une juridiction du fond

026.31 Compétence du magistrat désigné dans la décision. Si des textes particuliers attribuent compétence au juge chargé du contrôle des expertises pour suivre les mesures d'instruction ordonnées en référé, le suivi des expertises ordonnées par une formation de jugement au fond relève de la compétence de celle-ci, laquelle peut confier ce suivi à son juge de la mise en état ou à un juge faisant partie de la composition, désigné dans sa décision.

SECTION 2
Saisine du juge par l'expert

026.41 Texte. Le texte prévoit que « l'expert doit informer le juge de l'avancement de ses opérations et des diligences par lui accomplies » (C. pr. civ., art. 273).

026.42 Pratique. Compte tenu de la charge de travail des magistrats, il importe surtout que l'expert concentre l'information du juge sur les difficultés rencontrées, en particulier sur celles qu'il ne parvient pas à surmonter lui-même (C. pr. civ., art. 167, 168 et 279).

C'est ainsi que l'expert n'a pas besoin d'adresser au juge ses écrits intermédiaires (ex. : comptes rendus de réunion, notes de synthèse, pré-rapport, etc.).

SECTION 3
Remplacement de l'expert défaillant

026.51 Décision de remplacement de l'expert. Il est précisé que « le juge peut..., à la demande des parties ou d'office, remplacer le technicien qui manquerait à ses devoirs, après avoir provoqué ses explications » (C. pr. civ., art. 235, al. 2).

En pareille circonstance, le magistrat doit d'abord recueillir les observations de l'expert ou, du moins, le mettre en état de s'expliquer sur les manquements invoqués (on retrouve ici le principe du respect de la contradiction dont doit également bénéficier l'expert). Puis, il rend une « ordonnance de remplacement de l'expert ».

La Cour de cassation estime que le juge du fond apprécie souverainement la nécessité de remplacer l'expert :

> **Civ. 2e, 15 nov. 2007, no 07-10.921,** *Bull.* no 254, sommaire : « Le juge apprécie souverainement si les manquements reprochés au technicien justifient son remplacement. »

026.52 Absence de recours de l'expert contre la décision de remplacement. Dès lors que l'expert n'est pas partie au procès, il ne dispose d'aucun recours contre la décision ordonnant son remplacement :

> **Soc. 16 juill. 1987, no 85-41.220,** P : « Attendu qu'il est fait grief à la décision attaquée... d'avoir déclaré irrecevable l'appel interjeté par M. X, expert désigné le 27 avril 1983 par le conseil de prud'hommes, remplacé le 16 novembre 1984 à la suite d'une demande formée en application de l'article 235, alinéa 2, du nouveau Code de procédure civile, alors que, selon le pourvoi, aux termes de l'article 490 du nouveau Code de procédure civile, toute ordonnance de référé peut être frappée d'appel à moins qu'elle n'émane du premier président de la cour d'appel ; Mais attendu que M. X, expert, n'étant pas partie devant le conseil de prud'hommes, n'avait pas qualité pour interjeter appel ; »

026.53 Droit de l'expert remplacé d'obtenir la rémunération du travail accompli. L'expert défaillant remplacé au cours de ses opérations a droit à la rémunération du travail qu'il a déjà accompli, étant observé que le juge pourra tenir compte des manquements commis par celui-ci en réduisant la somme allouée :

> **Civ. 2e, 1er févr. 1995, no 93-10.865,** *Bull.* no 37 : « Mais attendu, qu'après avoir exactement retenu qu'il n'appartient pas au juge saisi d'une demande de fixation de la rémunération d'un expert de statuer sur la régularité des opérations d'expertise effectuées par cet expert, le premier président, qui constatait que des opérations avaient été exécutées avant le remplacement de celui-ci a, à bon droit, décidé que cet expert avait droit à une rémunération ; »

026.54 Risque de poursuite disciplinaire ou de non-réinscription. L'expert remplacé pour manquement à ses obligations peut faire l'objet d'un signalement auprès du service des experts près la cour d'appel, soit au fin d'engagement d'une procédure disciplinaire immédiate, soit en vue d'un défaut de réinscription sur la liste au terme de sa période d'inscription.

Fort heureusement, il s'agit là d'une situation que l'on rencontre très rarement.

Avis de l'expert

CHAPITRE

027

027.00 Division. L'avis de l'expert trouve à s'exprimer au cours des opérations d'expertise, à un moment qu'il conviendra de préciser (sect. 1), ainsi que lors de la formalisation de son rapport définitif, dont nous examinerons le contenu (sect. 2) au regard des informations qui doivent y figurer ou qui sont au contraire déconseillées, avant d'aborder quelques conseils de rédaction et de structure du texte d'ensemble (sect. 3), ainsi que les modalités de transmission dudit rapport (sect. 4).

SECTION 1

Moment choisi par l'expert pour faire connaître son avis

027.11 Moment à apprécier avec bon sens. Le moment choisi par l'expert pour faire connaître son avis dépend du nombre et de la difficulté des questions posées dans la mission, mais l'expert doit veiller à ne pas donner son avis ni trop tôt, ni trop tard.

L'expert ne doit pas donner son avis trop tôt car il doit se montrer ouvert à toutes les thèses développées et se laisser la possibilité de faire évoluer son opinion sans avoir l'air de se déjuger.

À l'inverse, il ne doit pas non plus donner son avis trop tard, notamment en différant celui-ci jusqu'au dépôt du rapport définitif. Autrefois, il s'agissait d'une situation qui n'était pas rare et faisait obstacle à un véritable échange entre experts et parties/avocats. Aujourd'hui, cette pratique a fait long feu et les conclusions contenues dans le rapport définitif de l'expert ne doivent jamais constituer une surprise pour les parties ou les avocats.

Ainsi qu'il a déjà été indiqué (v. ss no 024.101), les pratiques adoptées par les experts peuvent varier en fonction du nombre de réunions effectuées. Lorsque l'expertise donne lieu à de nombreuses réunions en raison de la multiplicité des problèmes posés, il peut être utile que l'expert adresse aux parties et avocats une note après chacune d'elles, laquelle consigne les points évoqués et peut comporter, d'ores et déjà, des éléments d'appréciation de la part de l'expert. Cela permet de progresser dans l'analyse des nombreux points techniques soumis.

027.12 Formalisation indispensable des conclusions de l'expert avant dépôt de son rapport définitif. Dans tous les cas, le dépôt du rapport définitif de l'expert doit être précédé de la diffusion d'un document à partir duquel les parties pourront faire valoir leurs observations :

– il peut s'agir d'un pré-rapport, qui se présente comme un rapport, lequel comportera, en sus, la réponse aux « dires » des parties ;

– il peut s'agir d'une note de synthèse, laquelle correspond à un autre concept en ce qu'elle se polarise sur l'avis donné par l'expert sur les différents points en litige et ne constitue pas la « trame » du rapport définitif.

Quelle que soit la méthode adoptée, il importe surtout d'assurer le respect de la contradiction, d'une manière ou d'une autre :

> **Civ. 2e, 8 avr. 2004, no 02-11.619,** *Bull.* no 178 ; *AJDI* 2005. 227, obs. H. Heugas-Darraspen ; *RDI* 2004. 378, obs. M. Brisac : « Mais attendu qu'après avoir relevé que l'expert avait sollicité des parties des précisions techniques et documents, que la société X lui avait adressé un dire en lui demandant en conclusion, le dépôt d'un rapport, que ce dire et les documents annexes avaient été communiqués à la société Y et que l'expert avait ensuite accordé un délai aux parties pour lui faire parvenir leurs observations, l'arrêt retient exactement, que le principe de la contradiction a été respecté ; »

027.13 Changement d'avis de l'expert entre ses conclusions provisoires et ses conclusions définitives. Il peut arriver que l'expert change d'avis entre son pré-rapport (ou note de synthèse) et son rapport définitif : il a été jugé qu'en ce cas, il n'est pas tenu d'organiser une nouvelle réunion avec les parties :

> **Civ. 3e, 27 mai 1998, no 96-19.819,** *Bull.* no 111 (le moyen alléguait qu'il résulte de l'article 160 du nouveau code de procédure civile que, si le rapport définitif modifie les conclusions du pré-rapport communiquées aux parties, celles-ci doivent nécessairement être convoquées par l'expert) : « Mais attendu, d'une part, qu'ayant retenu qu'après avoir donné connaissance aux parties, le 13 décembre 1994, de ses premières estimations chiffrées, l'expert avait sollicité les dires de chaque partie au vu desquelles il avait établi son rapport définitif du 9 mai 1995, la cour d'appel en a déduit, à bon droit, que le principe de la contradiction avait été respecté ; »

Mais il doit, à tout le moins, s'en expliquer très précisément, afin de ne laisser subsister aucune interrogation sur ce changement de position, ni aucune ambiguïté sur sa position définitive.

SECTION 2

Contenu du rapport d'expertise

027.20 Plan. Quelques précisions seront apportées sur le cas particulier du rapport déposé par un collège d'experts (§ 1), avant d'aborder la liste des impératifs de rédaction : expression claire et précise (§ 2), réponse à toutes les questions du juge (§ 3), omission de toute information inutile (§ 5), évitement de tout propos blessant à l'égard d'une partie (§ 6), réponse aux « dires » des avocats ou parties (§ 4).

§ 1
Rapport d'expertise déposé par un collège d'experts

027.31 Un seul rapport. Lorsque plusieurs experts sont désignés pour accomplir une même mission, « il n'est rédigé qu'un seul rapport », lequel est co-signé par tous les experts (C. pr. civ., art. 282, al. 2)

027.32 Difficultés résultant d'une divergence d'avis entre les co-experts. Il est évidemment souhaitable que les experts du collège parlent d'une seule voix pour donner plus de force à leurs conclusions. Mais il peut malheureusement arriver que tel ne soit pas le cas et, dans cette hypothèse, chaque expert doit, dans le rapport, exprimer sa propre opinion et donner un maximum d'informations fondant sa position, de manière à permettre aux juges de trancher entre les différentes positions exprimées.

Il reste qu'une telle divergence met le juge dans une situation très inconfortable :

– le juge doit-il se muer en « super expert » pour dire laquelle des positions est la plus crédible, ce qui excède ses compétences ? On a dit qu'il est interdit à l'expert de se substituer au rôle du juge ; alors est-il bien opportun pour le juge d'interférer dans le rôle du technicien ?

– doit-il ordonner une nouvelle expertise et générer ainsi des coûts et des délais supplémentaires ?

En fait, tout dépend de l'importance des divergences exprimées et de l'exposé, plus ou moins précis, du fondement de celles-ci.

Enfin, rappelons que lorsque l'expert s'est adjoint un sapiteur, il signe son rapport seul et doit y joindre celui du sapiteur signé par ce dernier.

§ 2
Rédaction du rapport en termes clairs et précis

027.41 Impératifs de rigueur. La rigueur attendue de l'expert suppose :

– qu'il réponde aux questions d'une manière directe et sans circonlocution ;

– qu'il s'exprime par des phrases courtes ;

– qu'il explicite les termes techniques incontournables et propres à sa spécialité, si nécessaire par un renvoi en bas de page ;

– qu'il évite le recours à des termes juridiques et privilégie un vocabulaire factuel : c'est ainsi qu'un expert évitera de parler de « responsabilité » d'un dommage, pour préférer évoquer son « imputabilité » ; de même, certains soulignent que le vocable de « préjudice » doit être écarté au profit de celui de « dommage » mais, pour ma part, j'observe que ce dernier terme est employé couramment en matière de préjudices corporels sans que cela pose le moindre problème ;

– qu'il se garde de multiplier les formules dubitatives de nature à gêner le magistrat dans sa prise de décision car, si certains ont pu dire que « le doute est un hommage rendu à l'espoir », il ne peut avoir qu'une place résiduelle en matière d'expertise, puisque le technicien est précisément là pour limiter le doute et permettre aux magistrats de rendre une décision fondée sur des éléments factuels avérés ; en revanche, si l'expert nourrit un doute sérieux sur la solution du litige au plan technique, il doit clairement le dire et s'expliquer sur la raison de ses incertitudes.

027.42 Réflexion suscitée par les difficultés de rédaction. Le travail de rédaction doit permettre à l'expert de tester la pertinence de ses conclusions. Les magistrats en font régulièrement l'expérience lorsque, la plume à la main (ou plutôt le clavier au bout des doigts), ils ne parviennent pas à mettre en forme la décision qui a été arrêtée : c'est le signe que celle-ci ne va pas de soi au plan juridique et mérite peut-être d'être revue. Je ne peux donc que faire mienne la maxime de Nicolas Boileau Despreaux selon laquelle « Ce que l'on conçoit bien s'énonce clairement. Et les mots pour le dire arrivent aisément ». Ce que l'expert ne parvient pas à expliquer clairement doit le conduire à s'interroger sur le bien-fondé de son analyse.

§ 3
Réponse à donner à toutes les questions du juge

027.51 Questions généralement soumises à l'expert. Généralement, il est demandé à l'expert de se prononcer sur les points suivants :

– l'existence d'une ou plusieurs fautes commises par les intervenants, faute qui doit être appréciée au regard des règles connues au moment des agissements incriminés ; en cas de conjonction de fautes commises par plusieurs intervenants, l'expert devra hiérarchiser lesdites fautes ;

– l'importance des dommages en résultant, lesquels doivent être décrits et chiffrés ;

– l'imputabilité de ces dommages aux fautes relevées, ce qui paraît aller de soi, mais qui est indispensable aux juges pour caractériser le lien de causalité entre la faute et les dommages, condition de l'engagement de toute responsabilité puisqu'on peut se trouver face à une faute qui n'a entraîné aucun préjudice.

027.52 Tout doit être explicité. Pour chaque question posée, le juge doit, s'agissant de la réponse de l'expert, pouvoir suivre son cheminement intellectuel, à savoir l'évolution de son raisonnement et les connexions qu'il opère.

Deux écueils sont à éviter :

– l'expert ne doit laisser aucune question dans l'ombre ;

– l'expert aura soin d'éviter de se contredire ou de laisser penser, par ses formulations, qu'il se contredit.

027.53 Tout doit être fait pour anticiper les questions susceptibles d'être évoquées à l'audience. Il est même vivement conseillé à l'expert d'anticiper d'éventuelles objections des parties : en effet, il peut arriver que les avocats ne formulent aucune objection au cours des opérations d'expertise afin de réserver celles-ci à la juridiction de jugement ; il en résulte alors un effet de surprise qui peut prendre le juge au dépourvu s'il ne trouve pas, dans les conclusions du rapport, des éléments d'information susceptibles de lui permettre de répondre auxdites objections.

§ 4
Réponse à apporter aux « dires » des parties

027.60 Plan. Les avocats et parties peuvent envoyer à l'expert des « dires » (A) auxquels ce dernier prendra soin de répondre en application du respect du principe de la contradiction (B).

A.
Envoi des « dires » par les avocats des parties

027.71 Définition du « dire ». On désigne sous le terme de « dires » les observations écrites formulées par les parties auprès de l'expert (éventuellement accompagnées de justificatifs).

Le traitement des « dires » est prévu par le code de procédure civile :

> **C. pr. civ., art. 276 :**
> L'expert doit prendre en considération les observations ou réclamations des parties, et, lorsqu'elles sont écrites, les joindre à son avis si les parties le demandent.
> Toutefois, lorsque l'expert a fixé aux parties un délai pour formuler leurs observations ou réclamations, il n'est pas tenu de prendre en compte celles qui auraient été faites après l'expiration de ce délai, à moins qu'il n'existe une cause grave et dûment justifiée, auquel cas il en fait rapport au juge.
> Lorsqu'elles sont écrites, les dernières observations ou réclamations des parties doivent rappeler sommairement le contenu de celles qu'elles ont présentées antérieurement. À défaut, elles sont réputées abandonnées par les parties.
> L'expert doit faire mention, dans son avis, de la suite qu'il aura donnée aux observations ou réclamations présentées.

L'envoi de « dires » peut se faire tout au long de l'expertise, notamment lorsque celle-ci dure plusieurs mois, à chaque fois qu'un avocat ou une partie veut formaliser par écrit un point particulier, qu'il s'agisse d'une contestation ou d'une information importante pour la défense du client. Mais le plus souvent, les « dires » sont envoyés, par les avocats à l'expert, lors de la phase finale de l'expertise, après réception du pré-rapport ou de la note de synthèse de l'expert qui suscitent, la plupart du temps, des réactions et objections.

027.72 Difficultés suscitées par les « dires » tardifs. Lorsque l'expert envoie son pré-rapport ou sa note de synthèse aux parties et avocats, il fixe à ces derniers un délai pendant lequel ceux-ci peuvent faire valoir leurs observations par écrit.

À cet égard, il va de soi que les « dires » d'une partie peuvent en provoquer d'autres, émanant de la partie adverse, voire de toutes les autres parties quand il y en a plusieurs.

Plusieurs difficultés sont à signaler concernant l'envoi des « dires ».

Le législateur a prévu de simplifier le travail de l'expert en exigeant que le dernier « dire » soit récapitulatif, c'est-à-dire qu'il reprenne les observations développées dans les « dires » précédents, faute de quoi les observations précédentes sont considérées comme abandonnées ; malheureusement, la parade a été vite trouvée par certains avocats qui se contentent d'indiquer, dans leur « dire récapitulatif », qu'ils « reprennent les observations contenues dans leurs écritures précédentes », réduisant à néant l'objectif de synthèse et de simplification ayant fondé la création du concept de « dire récapitulatif ».

Par ailleurs, l'expert peut être confronté à la réception de « dires » peu de temps après l'expiration du délai imparti (ex. : le lendemain) : l'expert a alors la possibilité de ne pas en tenir compte et donc de ne pas y répondre ; mais, lorsque les objections formulées dans ce « dire », certes arrivé très peu de temps après l'expiration du délai, sont sérieuses, il peut malgré tout être utile d'y répondre pour ne pas mettre les juges en difficulté face à la réitération, à l'audience, de ces mêmes observations qui seront restées sans réponse !

Enfin, il est assez fréquent que l'expert reçoive les premiers « dires » dans le délai imparti, mais très peu de temps avant l'expiration de celui-ci, de sorte que les autres parties n'ont pas le temps de les étudier et d'y répondre ; cette façon de procéder est fâcheuse à plusieurs égards :

– elle contrevient aux prescriptions du règlement intérieur national de la profession d'avocat qui exige le respect, par chaque avocat, du principe de la contradiction et, donc, la nécessité de faire en sorte que ses confrères puissent répondre aux objections dans le délai fixé par le juge ;

– elle met l'expert dans une situation délicate puisqu'elle peut le conduire, précisément pour veiller au respect du principe de la contradiction, à accorder une prolongation de délai aux adversaires afin qu'ils puissent répondre aux « dires » formulés tardivement ; ces difficultés se trouvent démultiplier en cas de pluralité de parties puisque les avocats ou parties auxquels l'expert accorde un nouveau délai peuvent elles-mêmes envoyer leurs « dires » le dernier jour du nouveau délai et provoquer le même débat s'agissant des réponses susceptibles d'y être apportées par d'autres avocats : ces envois tardifs peuvent donc entraîner des réactions en chaîne qui retardent d'autant le dépôt du rapport d'expertise et le règlement de l'affaire par le juge.

027.73 Recommandations faites à l'expert. Il est recommandé à l'expert :

- d'établir un calendrier fixant la date à laquelle telle partie doit formuler ses « dires », puis telle autre y répondre, puis éventuellement tel autre y répliquer ; mais là encore, le moindre grain de sable est susceptible de ruiner ce bel édifice et le retard de l'une des parties dans l'envoi de ses « dires » est susceptible d'anéantir tous les efforts de l'expert pour rythmer l'expression des observations des uns et des autres ;
- de faire preuve de bon sens pour concilier à la fois les exigences du principe du contradictoire et une certaine fermeté lorsque les abus sont criants ; au demeurant, l'expert garde la possibilité de lire les « dires » reçus tardivement et d'apprécier s'il présente un intérêt particulier justifiant une réponse.

Il s'agit là de simples recommandations que je formule en ayant pleinement conscience de la difficulté de la tâche…

B.
Réponse aux « dires » par l'expert

027.81 Nécessité de répondre à toutes les objections. L'expert se doit de répondre aux « dires » des parties (C. pr. civ., art. 276, al. 1er) :

- il ne peut se contenter d'affirmer, en substance, qu'il a déjà répondu à tel argument car, si tel est le cas, il lui appartient de viser le paragraphe de son rapport répondant à l'objection : d'où l'intérêt de structurer son rapport et d'adopter une numérotation précise auquel chacun pourra se reporter ;
- de même, il ne saurait se contenter d'affirmer qu'un dire est sans intérêt, sans expliquer pourquoi.

La réponse aux « dires » peut se faire de plusieurs manières :

- soit l'expert répond à l'ensemble des « dires » en fin de rapport ;
- soit il intègre la réponse aux « dires » à la fin de chaque question abordée, ce qui en facilite la lisibilité.

027.82 Admission d'une réponse implicite. La jurisprudence a admis (mais la décision est ancienne) que la réponse aux « dires » puisse être implicite :

> **Civ. 3e, 25 mai 1976, no 75-10.259,** *Bull.* no 228, sommaire : « L'inobservation des formalités prescrites par l'article 317 du code de procédure civile n'entraîne nullité de l'expertise que si l'irrégularité commise a eu pour conséquence de porter atteinte aux droits de la défense, et une cour d'appel peut estimer que ceux-ci n'ont pas été violés, dès lors qu'elle relève que l'expert, à qui il était fait grief de n'avoir pas mentionné l'existence de deux dires, y a cependant répondu implicitement dans son rapport. »

§ 5
Omission de toutes informations inutiles au règlement du litige

027.91 Texte. Hormis les renseignements nécessaires à l'expert pour l'accomplissement de sa mission, « il lui est interdit de révéler les autres informations dont il pourrait avoir connaissance à l'occasion de l'exécution de sa mission », étant observé, de surcroît, qu'« il ne peut faire état que des informations légitimement recueillies » c'est-à-dire celles obtenues sans emploi de subterfuge (C. pr. civ., art. 244, al. 2).

027.92 Illustration. C'est ainsi qu'un médecin expert, chargé d'examiner une partie civile victime d'un traumatisme orthopédique, n'a pas à révéler la séropositivité de cette personne si celle-ci n'a aucune incidence sur le problème en cause.

§ 6
Omission de tout terme inutilement blessant vis-à-vis des parties ou des avocats

027.101 Nécessité d'une rédaction empreinte de tact. Si la Cour de cassation a estimé, dans l'espèce ci-dessous, que les termes employés dans le rapport d'expertise ne permettaient pas de douter suffisamment de l'impartialité de l'expert et de fonder la demande en récusation, cette décision n'en doit pas moins conduire les experts à faire preuve de prudence dans l'expression, à éviter des propos virulents ou commentaires déplaisants à l'égard d'une partie ou d'un avocat :

> **Civ. 2e, 3 nov. 2005, no 05-13.005,** NP : « Mais attendu qu'après avoir relevé, par motifs propres, que les propos d'ordre général imputés à M. X (l'expert) ne concernaient pas directement la société et ne révélaient pas des prises de position incompatibles avec l'impartialité attendue dans l'examen de l'affaire et par motifs adoptés, que les citations extraites par la société des rapports établis par les mêmes experts à l'occasion d'autres procédures la concernant devaient être analysées dans tout leur contexte textuel et que l'exigence de précision et de clarté induisait que le mode d'expression d'un rapport d'expertise pouvait refléter formellement la vivacité, l'âpreté, les difficultés du débat, la cour d'appel, après avoir analysé l'ensemble des éléments de preuve

qui lui étaient soumis, a souverainement retenu que la société ne démontrait pas qu'elle était fondée à douter raisonnablement et suffisamment de l'impartialité des experts ; »

SECTION 3
Conseils de rédaction du rapport d'expertise

027.110 Plan. Seront traitées les différentes parties du rapport d'expertise, de la page de garde jusqu'à sa signature (§ 1 à 5) et ses annexes (§ 6).

§ 1
Page de garde

027.121 Mentions classiques. La page de garde mentionne généralement :

- la date du rapport ;
- l'identité de l'expert ;
- la juridiction et le type de décision (ordonnance ou jugement ou, plus rarement, arrêt) qui a désigné l'expert, sa date et le numéro de dossier enregistré au greffe ;
- les coordonnées des parties et de leurs avocats respectifs.

027.122 Mention recommandée si l'expert veut recevoir l'éventuelle décision rendue au vu de son rapport. Les textes prévoient que « si l'expert le demande, une copie du jugement rendu au vu de son avis lui est adressée ou remise par le greffier » (C. pr. civ., art. 284-1).

À cet égard, deux observations s'imposent :

- je déplore que les textes ne prévoient pas un envoi systématique et exigent une demande spécifique de la part de l'expert, dès lors que la décision rendue à partir du rapport d'expertise présente un intérêt pédagogique irremplaçable pour l'expert, qui peut ainsi connaître les points de son rapport qui ont été finalement contestés et surtout la motivation des juges ayant retenu ou non les contestations, lui permettant, par là même, de prendre conscience de la qualité ou de l'insuffisance de ses conclusions ;
- je conseille aux experts qui souhaitent obtenir l'envoi de cette décision de mentionner cette demande de manière très apparente, en bas de la page de garde, en caractères gras et en majuscules, afin que cette mention ne puisse échapper au greffier chargé du traitement de la décision au fond ;
- mais les experts doivent aussi avoir conscience que tout rapport d'expertise ne donne pas nécessairement lieu à une décision au fond, puisqu'il arrive que les parties n'estiment pas utile, au vu des conclusions dudit rapport, de faire prospérer leur procédure.

§ 2
Numérotation des paragraphes

027.131 Précision de la numérotation. Il est indispensable d'adopter une numérotation précise permettant de se reporter rapidement à une question donnée.

§ 3
Différentes parties

027.141 Articulation du rapport d'expertise. Un rapport d'expertise comporte différentes parties :

- une partie retraçant le déroulement chronologique de l'expertise et permettant de vérifier que l'expert a traité le dossier avec diligence, laquelle mentionne :
  - la date de la décision nommant l'expert avec mention de la mission et les éventuelles ordonnances communes (ces décisions devront figurer en annexe),
  - la date de réception de la mission par l'expert,
  - la date d'acceptation de la mission par l'expert,
  - la date de notification du dépôt de la consignation (puisque c'est elle qui fait courir le délai imparti à l'expert pour accomplir sa mission),
  - éventuellement la date des demandes de consignation complémentaire et de leurs versements,
  - la date et le lieu de chaque réunion, avec précision de la date d'envoi des convocations (la ou les feuilles de présence devront figurer en annexe),
  - la mention éventuelle de l'intervention d'un collaborateur de l'expert,
  - la mention éventuelle de l'intervention d'un sapiteur,
  - la mention éventuelle d'incidents (ex. : communication de pièce),
  - la date d'envoi du pré-rapport ou de la note de synthèse aux avocats et parties et le délai imparti pour l'envoi des « dires »,
  - la date d'envoi du rapport définitif aux parties et avocats ;
- une partie consacrée à l'historique de l'affaire (éléments objectifs) ;
- une partie consacrée aux doléances des parties (éléments subjectifs) ;
- une partie consacrée à l'avis de l'expert (partie dont la rédaction doit être particulièrement soignée).

§ 4
Relecture

027.151 Relecture attentive et différée du rapport d'expertise. Une fois le rapport rédigé, je conseille vivement aux experts de « laisser reposer celui-ci » pendant quelques jours, avant de le relire avec un certain recul qui permettra de porter un regard, sinon totalement neuf, du moins critique sur ce qui a été écrit et d'effectuer d'ultimes rectifications.

C'est une technique que connaissent bien les magistrats lorsqu'ils rédigent leur projet de décision : en effet, lorsque l'on est trop imprégné d'un texte, on n'en perçoit plus les anomalies. Ce temps de latence, au demeurant limité, peut être fort utile pour parfaire sa rédaction.

§ 5
Signature

027.161 Co-signature en cas de co-expertise. Lorsque le rapport d'expertise émane d'un collège d'experts, il doit être co-signé par chacun d'eux.

027.162 Conséquence d'un défaut de signature. La Cour de cassation a estimé :

– que le défaut de signature de l'un d'eux n'a pas d'incidence, dès lors qu'il s'agit d'une simple omission matérielle :

> **Civ. 1re, 24 juill. 1973, no 71-11.624,** *Bull.* no 254, sommaire : « C'est à bon droit que les juges du fond, pour refuser de prononcer la nullité d'une expertise dont le rapport n'a été signé que par un seul des deux experts commis, décident que "la preuve de la collaboration et de la conformité de l'avis des deux experts étant rapportée, il n'y a pas lieu de s'arrêter à une omission matérielle qui n'entraîne aucun préjudice pour les parties. »

– que le défaut de signature du rapport n'est pas nécessairement une cause de nullité, si elle n'entraîne aucun grief :

> **Com. 17 déc. 1991, no 89-18.199,** NP : « Attendu que la société A fait encore grief à l'arrêt de l'avoir condamnée à verser des dommages-intérêts alors que... l'apposition de la signature de l'expert étant une formalité substantielle, puisqu'elle donne au rapport d'expertise son caractère authentique, un rapport non signé est dépourvu de toute valeur et doit être considéré comme nul ; ... Mais attendu que seules affectent la validité d'un acte de procédure, indépendamment du grief qu'elles ont pu causer, les irrégularités de fond limitativement énumérées par l'article 117 du nouveau code de procédure civile auquel renvoie l'article 175 du même code ; que la cour d'appel, qui a relevé que l'inobservation des dispositions de l'article 173 et l'absence de signature de l'expert sur l'exemplaire communiqué, n'étaient pas au nombre des irrégularités énumérées et qu'en conséquence, la société X devait justifier les griefs causés par les irrégularités, a constaté que le rapport de l'expert lui avait été régulièrement communiqué au cours des débats par son adversaire et que celui-ci portait bien le nom de cet expert et avait été déposé par lui au greffe du tribunal ; qu'elle a ainsi, à juste titre, écarté les demandes de nullité ; »

§ 6
Annexes

027.171 Pièces à faire figurer en annexe. Doivent figurer en annexe :

– la ou les assignations ;

– la ou les décisions ;

– la copie des convocations et des feuilles de présence aux réunions ;

– le rapport éventuel du sapiteur ;

– les courriers importants ;

– les bordereaux de pièces communiquées par les parties ;

– les « dires » des parties ;

– les pièces essentielles à la résolution du litige : en effet, il est exclu d'y faire figurer l'ensemble des documents échangés, dont certains peuvent ne présenter aucun intérêt au regard du ou des problèmes posés ;

– la demande de rémunération de l'expert (qui peut aussi figurer dans le courrier d'accompagnement de l'envoi du rapport).

SECTION 4
Transmission du rapport d'expertise

027.181 Destinataires du rapport. L'expert transmet son rapport au greffe de la juridiction et à chacune des parties ou avocats puisque le texte précise que « les procès-verbaux, avis ou rapports établis, à l'occasion ou à la suite de l'exécution d'une mesure d'instruciton sont adressés ou remis en copie à chacune des parties par le secrétaire de la juridiction qui les a établis ou par le technicien qui les a rédigés » (C. pr. civ., art. 173).

027.182 Dessaisissement de l'expert. L'expert doit savoir qu'une fois son rapport déposé, il se trouve juridiquement dessaisi de sa mission et ne peut en aucune manière y ajouter quoi que ce soit, sans avoir fait l'objet d'une nouvelle désignation par le juge :

Civ. 3. 11 févr. 2004, nº 02-16.140, *Bull.* nº 26 : « Qu'en statuant ainsi, alors que l'expert était dessaisi par le dépôt de son rapport, ce qui mettait obstacle à toute nouvelle mesure d'instruction et à la convocation des parties, la cour d'appel a violé le texte susvisé ; »

Rémunération de l'expert

CHAPITRE 028

028.00 Division. Lorsqu'il dépose son rapport, l'expert doit l'accompagner de sa demande de rémunération (sect. 1) qui donnera lieu au prononcé, par le juge, d'une ordonnance de taxe (sect. 2) qui sera notifiée (sect. 3) et pourra faire l'objet d'un recours de l'expert ou des parties (sect. 4).

SECTION 1 Demande de rémunération de l'expert

028.10 Plan. L'expert doit adresser sa demande de rémunération au juge (§ 1), avec copie aux parties, et doit prendre soin de détailler les différents postes justifiant celle-ci (§ 2).

§ 1 Envoi de la demande

028.21 Destinataires de la demande de rémunération de l'expert. Il est prévu que « le dépôt par l'expert de son rapport est accompagné de sa demande de rémunération, dont il adresse un exemplaire aux parties par tout moyen permettant d'en établir la réception », le texte ajoutant que « s'il y a lieu, celles-ci adressent à l'expert et à la juridiction ou, le cas échéant, au juge chargé de contrôle les mesures d'instruction, leurs observations écrites sur cette demande dans un délai de quinze jours à compter de sa réception » (C. pr. civ., art. 282, al. 5).

En pratique, rares sont les contestations des avocats et/ou des parties, ce qui n'empêche pas le juge taxateur d'exercer un contrôle étroit sur les demandes de rémunération d'expert.

§ 2 Nécessité de détailler les différents postes de demandes

028.31 Différents postes de la demande de rémunération de l'expert. La demande de rémunération de l'expert judiciaire doit bien distinguer :

– le décompte des vacations, en listant le nombre de vacations consacré au temps de déplacement, à la tenue des réunions, aux recherches et au travail de rédaction, en distinguant, si possible, courrier, pré-rapport (ou note de synthèse) et rapport ;

– le décompte des frais divers : secrétariat, frais de transport, frais de photocopie, frais d'affranchissement, rémunération d'un autre technicien ou d'un laboratoire, etc.

L'emploi de barèmes est interdit au terme des règles applicables en matière de concurrence, mais il n'en reste pas moins qu'il existe des référentiels dont l'utilité n'est pas contestable.

SECTION 2

Ordonnance de taxe du juge

028.40 Plan. La rémunération de l'expert est soumise à l'appréciation souveraine du juge (§ 1) qui n'en doit pas moins se baser sur des éléments précis et recueillir les observations de l'expert avant d'envisager son éventuelle réduction (§ 2). Dans tous les cas, l'ordonnance de taxe est indispensable à l'expert pour recouvrer les sommes qui lui sont dues.

§ 1

Appréciation souveraine du juge quant au montant de la rémunération de l'expert

028.51 Fixation de la rémunération de l'expert par le juge taxateur. « Passé le délai imparti aux parties par l'article 282 pour présenter leurs observations, le juge fixe la rémunération de l'expert » en rendant une ordonnance de taxe « en fonction notamment des diligences accomplies, du respect des délais impartis et de la qualité du travail fourni » (C. pr. civ., art. 284, al. 1er).

Ce montant est apprécié souverainement par les juges du fond :

> **Civ. 2e, 5 avr. 2001, no 98-23.339,** P, *D.* 2001. 1516, et les obs., sommaire : « Le juge fixe souverainement la rémunération globale de l'expert, sans être lié par les points de contestation qui lui sont présentés ni être tenu de suivre les parties dans le détail de leur argumentation. »

D'autres décisions non publiées vont dans le même sens :

- Civ. 2e, 7 nov. 1984, no 83-10.921, *Bull.* no 161 ;
- Civ. 2e, 6 juill. 2000, no 97-10.370, NP ;
- Civ. 2e, 4 oct. 2011, no 98-22.084, NP.

028.52 Naissance de la créance de l'expert. Notons toutefois que la créance de l'expert ne naît pas à la date de l'ordonnance de taxe, mais à la date antérieure du dépôt de son rapport :

> **Com. 14 mars 1995, no 92-20.228,** *Bull.* no 84 ; *D.* 1996. 81, obs. A. Honorat : « Mais attendu que l'arrêt énonce qu'en application de l'article 284 du nouveau code de procédure civile, la rémunération de l'expert ne peut être fixée par le juge que sur la justification de l'exécution de la mission ; qu'il en résulte que la créance de M. X (l'expert) est née au jour du dépôt de son rapport d'expertise au greffe du tribunal ; qu'ainsi, la cour d'appel, qui n'avait pas à effectuer les recherches inopérantes visées aux première et troisième branches du moyen, et qui n'a pas pris en considération la date de l'ordonnance fixant la rémunération du technicien, a légalement justifié sa décision ; »

§ 2

Eléments pris en compte par le juge taxateur

028.60 Plan. La rémunération de l'expert doit être fixée en fonction du travail accompli (A) et peut poser problème lorsque la demande s'avère supérieure à la somme consignée (B). Nous verrons qu'elle peut être réduite par le juge (C).

A.

Appréciation *in concreto* du travail de l'expert

028.71 Impossibilité de fixer la rémunération en fonction d'un montant pré-établi par l'assemblée générale de la cour d'appel. La Cour de cassation a eu l'occasion de rappeler que la rémunération de l'expert ne peut être fixée *in abstracto* par référene à un barême :

> **Civ. 2e, 4 oct. 2001, no 98-22.691,** NP : « Attendu que, pour fixer à un certain montant les frais et honoraires dus à M. X, l'ordonnance énonce qu'au vu des pièces communiquées, et notamment du rapport d'expertise, il n'apparaît pas que les opérations diligentées par l'expert justifient que sa rémunération soit fixée à un montant supérieur à celui décidé par l'assemblée générale du 14 novembre 1994 de la cour d'appel d'Aix-en-Provence ayant fixé à la somme de 2 200 francs le barème applicable aux expertises médicales réalisées par un professeur d'université et qu'il y a lieu en conséquence de confirmer sur ce point l'ordonnance entreprise ayant fixé à cette somme le montant des frais et honoraires de l'expert en motivant sa décision par les diligences accomplies par celui-ci en fonction de sa mission ;
> Qu'en statuant ainsi, sans rechercher les diligences accomplies par l'expert judiciaire et sans apprécier personnellement l'importance et la qualité du travail réalisé, le premier président, qui ne pouvait s'en remettre à un barème tarifé, n'a pas donné de base légale à sa décision ; »

B.

Problème posé par une demande de rémunération supérieure à la somme consignée

028.81 Question de la limitation par le juge taxateur de la rémunération de l'expert à la somme consignée. Le juge taxateur n'est certes pas tenu de limiter la rémunération de l'expert à la somme que celui-ci avait annoncé comme prévisible, dès lors qu'après cette estimation, des éléments nouveaux ont pu augmenter le montant de cette rémunération (ex. : nécessité de recourir à un examen en laboratoire ou de désigner un sapiteur sur un point spécifique) :

> **Civ. 2e, 14 sept. 2006, no 05-12.143,** *Bull.* no 224 ; *D.* 2006. 2418, sommaire : « Le premier président de la cour d'appel n'est pas tenu de limiter les honoraires de l'expert à la somme que celui-ci aurait portée à la connaissance des parties au cours du déroulement des opérations d'expertise pour leur faire connaître en temps utile le montant prévisible de sa rémunération. »

Néanmoins, la Cour de cassation a estimé que le juge a la possibilité de limiter le montant alloué à la somme consignée, au motif que l'expert n'avait pas cru devoir solliciter une consignation complémentaire et, ce faisant, n'avait pas mis les parties en mesure d'apprécier si le coût prévisible de l'expertise était en rapport avec le litige :

> **Civ. 2e, 25 févr. 2010, no 08-20.495,** *Bull.* no 46, sommaire : « Dès qu'il tient compte aussi des critères énumérés à l'article 284 du code de procédure civile, le premier président de la cour d'appel peut sans méconnaître les exigences de ce texte, fixer la rémunération de l'expert en prenant en considération l'écart entre le montant des provisions accordées et celui de la rémunération réclamée à l'issue de l'expertise. »

028.82 Obligation pour l'expert d'effectuer des diligences pour récupérer le solde de sa rémunération. De fait, il est fâcheux, pour l'expert, de ne pas informer les parties du montant actualisé de sa rémunération lorsque celle-ci dépasse la somme consignée et de ne solliciter aucune consignation complémentaire pour ajuster le montant de la consignation initiale en fonction des évolutions de l'expertise :

– c'est évidemment contraire à l'intérêt des parties qui doivent savoir ce qu'il en est du coût réel des opérations effectuées ;

– c'est également contraire à son propre intérêt dès lors que, même si le juge fait droit à sa demande de rémunération supérieure à la somme consignée, l'expert ne percevra du greffe qu'une partie de sa rémunération et sera contraint d'effectuer des démarches fastidieuses, voire quelquefois vaines, pour en obtenir le solde.

On constate ainsi combien il peut être périlleux, pour l'expert, de gérer la question des consignations avec désinvolture.

C. Motifs de réduction de la rémunération de l'expert

028.91 Points examinés par le juge taxateur. La rémunération de l'expert peut être réduite au vu des considérations suivantes :

– l'expert a mis un délai excessif pour déposer son rapport :

> **Civ. 2e, 27 avr. 1979, no 77-15.312,** *Bull.* no 124 : « Attendu qu'il est fait grief a l'ordonnance d'avoir réduit le montant du mémoire de X alors que ladite ordonnance qui ne constaterait pas que l'expert aurait pu accomplir sa mission avec la même efficacité dans le délai qui lui avait été imparti, n'aurait caractérisé ni la faute qu'il aurait commise ni le préjudice qui en serait la conséquence pour la société A et qui justifierait la mise en jeu de la responsabilité sanctionnée par la réduction de sa rémunération, laquelle au demeurant ne bénéficierait qu'à la partie à qui seront imputés les frais de l'expertise judiciaire ; Mais attendu que c'est dans l'exercice de son pouvoir souverain que le premier président retient que l'expert a manqué de célérité puisqu'il a mis plus de 2 ans pour déposer son rapport bien qu'un délai de 9 mois lui eût été imparti ; »

– l'expert n'a manifestement pas fait un travail sérieux :

> **Civ. 2e, 24 oct. 1979, no 77-15.604,** *Bull.* no 249 : « Mais attendu que l'ordonnance relève que l'expert a tenu 2 réunions sur place, qu'il a rédigé un rapport dont la partie utile se résume en quelques pages, le restant n'étant qu'une compilation des dires et la reproduction *in extenso* des attendus du jugement en ce qui concerne l'exposé des faits ; que par ces énonciations, le premier président n'a fait qu'user de son pouvoir souverain de fixer la rémunération de l'expert au vu des justifications produites ; »

– l'expert a procédé à des diligences inutiles :

• en organisant plusieurs réunions alors qu'une seule était suffisante :

> **Civ. 2e, 10 mars 1993, no 91-13.697,** *Bull.* no 92 : « Attendu que, pour réduire la rémunération de M. X, le premier président, par une appréciation souveraine des éléments qui lui étaient soumis, après avoir relevé qu'une visite des lieux était largement

suffisante pour répondre aux questions simples posées et que les autres déplacements sur les lieux effectués par l'expert étaient inutiles pour l'accomplissement de la mission qui lui avait été donnée, retient que les frais et honoraires afférents à ces déplacements inutiles ne sauraient être mis à la charge des parties ; Que, par ces seuls motifs, le premier président, sans méconnaître les termes du litige, a légalement justifié sa décision ; »

• en déposant deux rapports alors qu'un seul était nécessaire :

Civ. 2e, 5 mai 1991, no 89-20.798, *Bull.* no 110 : « Et attendu que pour réduire les honoraires de M. X, la cour d'appel retient, dans l'exercice de son pouvoir souverain d'appréciation, que la rédaction de deux rapports séparés par les experts entraînait des frais frustratoires qui ne sauraient être mis à la charge des parties ; que, par ce seul motif, le premier président, sans excéder ses pouvoirs, a légalement justifié sa décision ; »

Mais l'on peut aussi envisager une réduction de rémunération pour les raisons suivantes :

– l'expert a procédé à des investigations qui n'étaient pas prévues dans sa mission ;

– il a engagé du temps et des frais d'un coût totalement disproportionné par rapport à l'enjeu financier du litige, sans en avoir avisé les parties.

028.92 Limites du contrôle opéré par le juge taxateur. Il reste que l'examen du rapport par le juge taxateur présente un caractère relativement formel dont il faut avoir conscience.

En effet, le juge taxateur n'est certainement pas le mieux placé pour apprécier la qualité de l'expertise et, notamment, la pertinence des opérations au regard des problèmes posés par le dossier, puisque son examen ne peut être que superficiel dès lors qu'il ignore tout du dossier au fond.

Par ailleurs, le juge taxateur n'est pas compétent pour relever d'éventuelle nullité de l'expertise, ainsi que l'a rappelé la Cour de cassation :

Civ. 2e, 1er févr. 1995, no 93-10.865, *Bull.* no 37 : « Mais attendu, qu'après avoir exactement retenu qu'il n'appartient pas au juge saisi d'une demande de fixation de la rémunération d'un expert de statuer sur la régularité des opérations d'expertise effectuées par cet expert, le premier président, qui constatait que des opérations avaient été exécutées avant le remplacement de celui-ci a, à bon droit, décidé que cet expert avait droit à une rémunération ; »

En revanche, si le dépôt du rapport d'expertise est suivi d'une assignation au fond, les juges chargés de statuer sur le litige seront saisis, par les avocats, de toutes les critiques suscitées par ledit rapport et examineront celui-ci très précisément.

C'est donc la juridiction du fond qui est incontestablement la mieux placée pour fixer la rémunération de l'expert. Mais, outre que cette assignation au fond peut ne jamais intervenir pour de multiples raisons (arrangement amiable des parties ; abandon de la procédure par le demandeur auquel le rapport n'est pas favorable...), la juridiction du fond, si elle est saisie, peut mettre des mois, voire des années à statuer sur l'affaire (puisque les avocats et parties doivent encore échanger leurs conclusions) : ce sont les raisons pour lesquelles il n'est pas envisageable de différer le paiement de la rémunération de l'expert jusqu'à la date d'exploitation de son rapport.

§ 3
Nécessité de recueillir les observations de l'expert avant de réduire sa demande de rémunération

028.101 Respect du principe de la contradiction vis-à-vis de l'expert. Il est précisé que « lorsque le juge envisage de fixer la rémunération de l'expert à un montant inférieur au montant demandé, il doit au préalable inviter l'expert à formuler ses observations » (C. pr. civ., art. 284, al. 3).

§ 4
Perception de sa rémunération par l'expert

028.111 Intérêt de l'ordonnance de taxe. L'ordonnance de taxe présente un double intérêt :

– elle « autorise l'expert à se faire remettre jusqu'à due concurrence les sommes consignées au greffe » (C. pr. civ., art. 284, al. 2) ;

– elle constitue un titre exécutoire qui, lorsque les fonds consignés et remis par la régie ne couvrent pas l'intégralité de la rémunération accordée à l'expert (si celui-ci a omis de solliciter des consignations complémentaires), permet à ce dernier d'obtenir le recouvrement du solde, si nécessaire par la voie forcée d'un commissaire de justice (C. pr. civ., art. 284, al. 4).

028.112 Impossibilité d'obtenir de l'État la somme non recouvrée auprès de la partie. Si l'expert ne parvient pas à recouvrer le montant de sa rémunération, il ne pourra en obtenir le paiement par l'État :

> **Civ. 1re, 21 déc. 1987, no 86-13.582,** *Bull.* no 347, sommaire : « L'expert judiciaire, qui n'a pas été réglé de ses honoraires et de ses frais par la partie désignée par le juge, ne peut en obtenir, sauf textes particuliers, le paiement par l'État ; il peut seulement, en cas de faute du service de la Justice, demander réparation du préjudice qu'il a subi. »

D'où mon insistance à inviter les experts à demander une consignation complémentaire dès que la somme consignée ne couvre plus le montant de leur rémunération prévisible.

SECTION 3
Notification de l'ordonnance de taxe

028.121 Texte. Lorsque l'expert a reçu l'ordonnance de taxe :

- il doit la notifier par lettre recommandée avec accusé de réception ;
- cette notification doit mentionner, à peine de nullité, la teneur de l'article 724 ainsi que celle des articles 714 (alinéa 2) et 715 (C. pr. civ., art. 725).

028.122 Point de départ du délai de recours contre l'ordonnance de taxe. « Le délai court, à l'égard de chacune des parties, du jour de la notification qui lui est faite par le technicien » (C. pr. civ., art. 724, al. 2), ainsi que l'a rappelé la jurisprudence :

> **Civ. 2e, 10 mars 2011, no 09-16.687,** *Bull.* no 62 ; *D.* 2011. 889, sommaire : « Les formalités prescrites à peine d'irrecevabilité du recours formé contre la décision fixant la rémunération d'un expert par les articles 724, alinéa 3, et 715, alinéa 2, du code de procédure civile doivent être observées alors même qu'en l'absence de notification de l'ordonnance de taxe, le délai de recours n'a pas commencé à courir. »

Cette notification est donc importante pour l'expert dans tous les cas :

- lorsque les sommes consignées, reçues de la régie, ne couvrent pas la totalité de sa rémunération, elle est indispensable pour permettre à l'expert de solliciter le reliquat auprès de la partie concernée ;
- mais lorsque l'expert a reçu, du fait de la déconsignation, l'intégralité de sa rémunération, elle permet aussi de faire courir le délai de recours et de se trouver, à l'expiration de celui-ci, à l'abri de toute contestation de sa rémunération.

SECTION 4
Recours contre l'ordonnance de taxe

028.130 Plan. Nous examinerons les conditions dans lesquelles le recours doit être formé (§ 1), avant d'aborder les modalités de son examen (§ 2).

§ 1
Formalisation du recours

028.141 Recours possible par l'expert ou les parties. L'ordonnance de taxe peut faire l'objet d'un recours, soit par l'expert qui estime cette rémunération insuffisante, soit par une partie qui la juge au contraire excessive (C. pr. civ., art. 724).

028.142 Modalités du recours. Le recours contre l'ordonnance de taxe :

- doit être formé « devant le Premier président de la cour d'appel », dans le mois de la notification de l'ordonnance de taxe (C. pr. civ., art. 714, al. 1er et 2) ;
- doit être accompagné d'une note exposant les motifs dudit recours puisque le texte prévoit que « le recours est formé par la remise ou l'envoi au greffe de la cour d'appel d'une note exposant les motifs du recours », étant observé qu'« à peine d'irrecevabilité du recours, copie de cette note est simultanément envoyée à toutes les parties au litige principal » (C. pr. civ., art. 715) ;
- doit « à peine d'irrecevabilité, être dirigé contre toutes les parties et contre le technicien s'il n'est pas formé par celui-ci » (C. pr. civ., art. 724, al. 3), ainsi que la Cour de cassation a eu l'occasion de le rappeler :

> **Civ. 2e, 20 déc. 2007, no 06-20.324,** *Bull.* no 272, sommaire : « La note exposant les motifs du recours formé contre une ordonnance ayant fixé la rémunération d'un expert doit, à peine d'irrecevabilité de ce recours, être aussi adressée à l'expert. »

028.143 Effet non suspensif du recours. « Le recours et le délai pour l'exercer ne sont pas suspensifs d'exécution » (C. pr. civ., art. 724, al. 3).

§ 2
Examen du recours

028.151 Déroulement de la procédure. La procédure se déroule de la façon suivante :

- les parties sont convoquées par lettre recommandée avec demande d'avis de réception au moins 15 jours à l'avance et sont entendues par le Premier président ou son délégué contradictoirement. Lorsque les convocations sont faites par le greffier de la juridiction, « elles peuvent l'être par simple bulletin si elles sont adressées aux avocats ». (C. pr. civ., art. 716 et 718).

– la représentation par avocat n'est pas obligatoire :

> **Civ. 2e, 20 oct. 2005, no 04-12.801,** *Bull.* no 262 ; *D.* 2005. 2824, sommaire : « Ce recours introduisant une procédure sans représentation obligatoire, ladite note doit être envoyée aux parties elles-mêmes et non aux avocats ayant pu les représenter et les assister dans le litige principal. »

Au terme de cette procédure, l'expert reçoit la décision statuant sur le montant de sa rémunération.

CHAPITRE 029

Décision statuant au fond

029.00 Division. Si l'une des parties l'estime utile, elle peut, au vu du rapport d'expertise déposé et au moyen d'une nouvelle assignation, saisir le juge du fond (sect. 1) dont la décision tranchera le litige et fixera la charge financière finale de l'expertise (sect. 2).

SECTION 1
Saisine des juges du fond

029.10 Division. Après avoir rappelé que les parties peuvent renoncer à saisir le juge du fond (§ 1), nous verrons que ce dernier peut avoir à connaitre de contestations portant soit sur la régularité des opérations d'expertise (§ 2), soit sur la contestation de l'avis rendu par l'expert (§ 3).

§ 1
Saisine hypothétique des juges du fond

029.21 Accord des parties ou renonciation à l'instance. Le dépôt du rapport d'expertise peut n'être jamais suivi de la saisine du juge du fond, soit parce que le demandeur renonce finalement à son procès, soit parce que le rapport a été suivi d'une transaction. Dans ces cas-là, aucune décision judiciaire n'intervient et l'expert n'entendra plus parler de rien.

En revanche, lorsque le juge du fond est saisi, le rapport peut être contesté sur deux plans très différents :

– les parties peuvent, d'une part, contester la régularité des opérations d'expertise, en soulevant une exception de nullité ;

– elles peuvent, d'autre part, contester l'avis de l'expert au plan technique, en produisant, par exemple, des documents venant contredire l'analyse de celui-ci.

§ 2
Nullités de l'expertise

029.30 Plan. Les cas de nullités de l'expertise constituent un sujet juridique important (A). Après avoir rappelé que certaines irrégularités en matière d'expertise ne sont sanctionnées par aucune nullité (B), nous verrons que la jurisprudence a fait évoluer le régime des nullités de l'expertise au fil des années. Enfin, lorsqu'une nullité est constatée, il reste encore possible d'en limiter la portée (C à F).

A.
Demande de nullité constitutive d'une question de fond relevant de la compétence de la juridiction

029.41 Impossibilité d'invoquer la nullité de l'expertise en dehors de l'instance au fond. À titre préalable, on rappellera que, lorsque l'expertise est ordonnée en référé, sa nullité ne peut être invoquée de manière autonome, c'est-à-dire indépendamment de toute procédure au fond ; elle ne peut l'être qu'après la saisine du juge du fond :

> **Civ. 2e, 2 déc. 2004, no 02-20.205,** *Bull.* no 513 ; *D.* 2005. 339 ; *D.* 332, obs. P. Julien et N. Fricero, sommaire : « Une cour d'appel, se fondant à bon droit sur les dispositions de l'article 175 du nouveau code de procédure civile, décide exactement que l'exception tirée de la nullité du rapport déposé par un expert désigné sur le fondement de l'article 145 du même code doit être soulevée dans l'instance au fond dans la perspective de laquelle la mesure d'instruction a été ordonnée et qu'une action en nullité du rapport d'expertise exercée à titre principal n'est pas recevable. »

En effet, la demande de nullité de l'expertise constitue un moyen de défense au fond et ne caractérise pas une exception de procédure au sens de l'article 73 du code de procédure civile :

> **Civ. 1re, 30 avr. 2014, no 12-21.484,** *Bull.* no 75 ; *D.* 2014. 1040 ; *D.* 2015. 287, obs. N. Fricero ; *D.* 649, obs. M. Douchy-Oudot ; *D.* 1231, obs. M. Bacache, D. Noguéro, L. Grynbaum et P. Pierre ; *AJ fam.* 2014. 382, obs. P. Hilt ; *RTD civ.* 2014. 936, obs. B. Vareille : « Mais attendu que si la demande de nullité d'une expertise ne constitue pas une exception de procédure mais une défense au fond, elle demeure soumise en application de l'article 175 du code de procédure civile aux dispositions qui régissent la nullité des actes de procédure ; »
>
> Voir dans le même sens : Civ. 2e, 31 janv. 2013, no 10-16.910, *Bull.* no 20 ; *D.* 2013. 372 ; *D.* 2802, obs. P. Delebecque, J.-D. Bretzner et I. Darret-Courgeon ; *D.* 2014. 795, obs. N. Fricero.

B.
Irrégularités de l'expertise qui ne sont sanctionnées par aucune nullité

029.51 Inobservation des prescriptions de l'article 238 du code de procédure civile. Si l'article 238 du code de procédure civile interdit à l'expert de porter des appréciations juridiques et d'excéder les termes de la mission confiée par le juge, la Cour de cassation estime que ces prescriptions ne sont pas prévues à peine de nullité :

> **Civ. 2e, 16 déc. 1985, no 81-16.593,** *Bull.* no 197, sommaire : « Aucune disposition ne sanctionne de la nullité l'inobservation des obligations imposées par l'article 238 du nouveau code de procédure civile au technicien commis. »
>
> **Com. 4 janv. 2005, no 03-17.119,** NP : « Mais attendu qu'aucune disposition ne sanctionne de nullité l'inobservation des obligations imposées par les articles 237 et 238 du nouveau code de procédure civile au technicien commis ; que c'est donc sans encourir les griefs du moyen que la cour d'appel a statué comme elle a fait ; »

Pour plus de détail, il conviendra de se reporter à ce qui a déjà été dit sur le sujet (v. ss no 025.331).

029.52 Inobservation des prescriptions de l'article 239 du code de procédure civile. L'article 239 du code de procédure civile impose à l'expert de respecter les délais fixés par le juge, mais, là encore, ces délais ne sont pas prescrits à peine de nullité :

> **Soc. 5 avr. 1978, no 76-13.758,** P, sommaire : « Les délais impartis par le décret du 7 janvier 1959 pour procéder aux opérations de l'expertise technique ne sont pas prescrits à peine de nullité. En conséquence la cour d'appel qui observe que le retard apporté à l'examen d'un salarié, victime d'un accident du travail, n'a eu aucune incidence sur ses résultats et donc qu'aucun grief ne s'en est suivi, estime, à bon droit, que l'avis de l'expert s'impose à elle. »

D'ailleurs, on soulignera que, d'une manière plus générale, la durée excessive d'une procédure civile n'entraîne pas sa nullité, mais seulement la possibilité d'une réparation du préjudice résultant de cette lenteur :

> **Com. 11 juin 1985, nº 84-11.224,** P : « Attendu qu'il est reproché à la cour d'appel d'avoir, en rendant son arrêt le 24 novembre 1983 alors que les parties avaient débattu de leur litige devant elle le 10 décembre 1982, méconnu les exigences de l'article 6 de la Convention européenne de sauvegarde des droits de l'homme en ce qu'elle prévoit que toute personne a droit à ce que sa cause soit entendue dans un délai raisonnable par un tribunal ; mais attendu que le grief invoqué ne peut servir de fondement à l'annulation d'une décision judiciaire ; »

C.
Cas particulier des demandes de nullité fondées sur la violation du principe de la contradiction

029.61 Évolution de la jurisprudence. La jurisprudence a évolué à la suite d'un arrêt rendu le 28 septembre 2012 (nº 11-11.381) par la chambre mixte de la Cour de cassation, dont on rappellera qu'il s'agit d'une formation réunissant plusieurs chambres et dont les décisions ont un impact plus fort que celui résultant de la décision d'une formation de chambre.

029.62 Jurisprudence antérieure à l'arrêt de la chambre mixte du 28 septembre 2012. La violation du principe de la contradiction était autrefois sanctionnée sur le fondement de l'article 16 du code de procédure civile qui précise que « le juge, doit, en toutes circonstances, faire observer et observer lui-même le principe de la contradiction ».

La Cour de cassation en déduisait qu'en cas de violation du principe de la contradiction, la juridiction du fond devait prononcer la nullité pour violation des droits de la défense, sans avoir besoin de constater l'existence d'un grief, qui était, en quelque sorte, intrinsèque à l'irrégularité (on parle de « nullité sans grief », par opposition aux causes de nullité qui nécessitent de rapporter la preuve du préjudice résultant de la violation de la règle) :

> **Civ. 2e, 24 nov. 1999, nº 97-10.572,** *Bull.* nº 174 ; *AJDI* 2000. 728, obs. M. Olivier, sommaire : « Justifie légalement sa décision la cour d'appel qui, après avoir relevé que l'avocat d'une partie n'avait pas été avisé des opérations d'expertise et n'avait pas été destinataire du rapport de l'expert, retient, pour annuler ce rapport, sans avoir à constater l'existence d'un grief, que l'expert n'a pas respecté le principe de la contradiction et en privant cette partie de l'assistance de son conseil pendant les opérations en cause, a porté une grave atteinte aux droits de la défense. »
>
> **Com. 4 nov. 2008, nº 07-18.147,** *Bull.* nº 189 ; *AJDI* 2009. 212, obs. H. Heugas-Darraspen ; *RDI* 2009. 119, obs. P. Malinvaud : « Mais attendu qu'ayant souverainement estimé qu'il n'était pas établi que la société X avait été effectivement informée de la possibilité qui lui était ouverte de présenter des dires ou observations sur le pré-rapport de l'expert, après son établissement et avant le dépôt du rapport définitif, la cour d'appel en a exactement déduit qu'il ne pouvait être retenu que le principe de la contradiction avait été respecté et, sans être tenue de constater l'existence d'un grief, qu'il ne pouvait dès lors être tenu compte des indications de cette expertise ; »

029.63 Signe avant-coureur d'une possible évolution. Avant même que la chambre mixte de la Cour de cassation ne décide de faire évoluer la jurisprudence, la troisième chambre civile avait rendu un arrêt ouvrant cette voie :

> **Civ. 3e, 6 mars 1991, nº 89-16.592,** *Bull.* nº 83 (nullité invoquée pour non-respect du principe du contradictoire concernant le rapport complémentaire car l'expert n'avait pas convoqué les parties, ni mis ceux-ci à même de discuter) : « Mais attendu qu'aux termes de l'article 175 du nouveau code de procédure civile, la nullité des actes d'exécution relatifs aux mesures d'instruction étant soumise aux dispositions qui régissent la nullité des actes de procédure, la cour d'appel a retenu, à bon droit, que l'exception de nullité du complément d'expertise était irrecevable pour avoir été soulevée après que les époux X aient conclu au fond ; »

029.64 Arrêt de la chambre mixte du 28 septembre 2012. La décision du 28 septembre 2012 de la chambre mixte a posé de nouvelles règles :

> **Ch. mixte. 28 sept. 2012, nº 11-11.381,** P ; *D.* 2012. 2317, et les obs. ; *D.* 2013. 269, obs. N. Fricero ; *D.* 2802, obs. P. Delebecque, J.-D. Bretzner et I. Darret-Courgeon ; *RD publ.* 2012, nº 11, p. 294, obs. O. Salati ; *RTD civ.* 2012. 771, obs. R. Perrot : « Mais attendu, d'une part, que les parties à une instance au cours de laquelle une expertise judiciaire a été ordonnée ne peuvent invoquer l'inop-

> posabilité du rapport d'expertise en raison d'irrégularités affectant le déroulement des opérations d'expertise, lesquelles sont sanctionnées selon les dispositions de l'article 175 du code de procédure civile qui renvoient aux règles régissant les nullités des actes de procédure ; »

Cet arrêt est important à plusieurs égards :

- il précise d'abord que l'irrégularité affectant le déroulement des opérations d'expertise n'est pas sanctionnée par l'inopposabilité du rapport d'expertise, mais par la nullité de celui-ci : l'inopposabilité est un concept différent de la nullité, en ce qu'il signifie simplement que le rapport ne peut pas être invoqué vis-à-vis d'une personne qui n'est pas dans la cause (ex. : ce peut être le cas du médecin anesthésiste qui n'a pas été assigné, par le patient, en même temps que le chirurgien, et auquel le patient ne pourra donc opposer le rapport si l'expert estime sa responsabilité engagée) ;
- mais il affirme aussi que toute irrégularité affectant l'expertise est sanctionnée par l'article 175 du code de procédure civile, ce que la Cour de cassation a eu l'occasion de confirmer par la suite :

> **Civ. 2e, 23 janv. 2020, no 19-610.584** : « Mais attendu que les irrégularités affectant le déroulement des opérations d'expertise sont sanctionnées selon les dispositions de l'article 175 du code de procédure civile, qui renvoient aux règles régissant les nullités des actes de procédure ; »

- il en résulte que la violation d'une règle liée au respect du principe de la contradiction en matière d'expertise n'est désormais sanctionnée que s'il en résulte un grief pour la partie qui l'invoque.

029.65 Portée de l'annulation du rapport d'expertise. J'ajoute que la nullité du rapport a des conséquences considérables puisqu'elle vaut pour toutes les parties à l'instance (et pas seulement vis-à-vis de la partie qui a invoqué la nullité) :

> **Civ. 2e, 15 avr. 2010, no 09-10.239,** *Bull.* no 83 ; *D.* 2010. 1223 ; *D.* 2102, chron. J.-M. Sommer, L. Leroy-Gissinger, H. Adida-Canac et S. Grignon Dumoulin ; *D.* 2671, obs. P. Delebecque, J.-D. Bretzner et I. Gelbard-Le Dauphin ; *D.* 2011. 265, obs. N. Fricero : « Mais attendu qu'ayant relevé qu'aucune des parties n'avait eu connaissance de l'analyse faite par le technicien consulté par l'expert et sur laquelle ce dernier s'était fondé dans son rapport final, la cour d'appel en a exactement déduit que le rapport d'expertise, qui avait méconnu le principe de la contradiction, devait être annulé à l'égard de toutes les parties, peu important que M. X n'ait pas lui-même soulevé la nullité de ce rapport ; »

D. Application de l'article 175 du code de procédure civile

029.70 Plan. Il importe de consacrer des développements juridiques précis à l'article 175 du code de procédure civile (1) qui fonde désormais le régime des nullités d'expertise, en soulignant les différences résultant d'une inobservation des règles de fond (2) et des règles de forme (3).

1. Texte

029.81 Importance de l'article 175 du code de procédure civile. Cet article est ainsi libellé :

> **C. pr. civ., art. 175** :
> La nullité des décisions et actes d'exécution relatifs aux mesures d'instruction est soumise aux dispositions qui régissent la nullité des actes de procédure.

Or, les dispositions qui régissent la nullité des actes de procédure sont de deux types : l'inobservation des règles de forme et l'inobservation des règles de fond.

2. Inobservation d'une règle de fond

029.91 Définition. Les règles de fond sont prévues par l'article 117 du code de procédure civile et concernent « le défaut de capacité d'ester en justice, le défaut de pouvoir d'une partie ou d'une personne figurant au procès comme représentant soit d'une personne morale, soit d'une personne atteinte d'une incapacité d'exercice, le défaut de capacité ou de pouvoir d'une personne assurant la représentation d'une partie en justice ».

029.92 Régime applicable à la violation d'une règle de fond. La violation d'une règle de fond est considérée comme plus grave que celle d'une simple règle de forme, de sorte que :

- le législateur permet de les invoquer plus facilement :
  - les irrégularités de fond peuvent être invoquées par les parties « en tout état de cause », c'est-à-dire à tout moment de la procédure (C. pr. civ., art. 118) ;
  - elles peuvent être relevées d'office par le juge qui est même tenu de le faire « lorsqu'elles ont un caractère d'ordre public » (C. pr. civ., art. 120) ;

– et surtout, leur inobservation est sanctionnée, quand bien même l'irrégularité n'aurait causé aucun grief aux parties à l'instance (C. pr. civ., art. 119).

C'est ainsi qu'en matière d'expertise, le fait, pour l'expert, de ne pas remplir personnellement sa mission et d'en déléguer l'exécution à un tiers, constitue l'inobservation d'une règle de fond, de sorte qu'elle entraîne la nullité de l'expertise, quand bien même le délégataire serait plus compétent que l'expert lui-même et aurait accompli l'expertise de manière parfaite, c'est-à-dire sans préjudice pour les parties.

3.
Inobservation d'une règle de forme

029.101 Définition. La violation des règles de forme est régie par l'article 114 du code de procédure civile qui dispose « qu'aucun acte de procédure ne peut être déclaré nul pour vice de forme si la nullité n'en est pas expressément prévue par la loi » (ce que l'on résume souvent par la formule « Pas de nullité sans texte »), « sauf en cas d'inobservation d'une formalité substantielle ou d'ordre public » (C. pr. civ., art. 114, al. 1).

029.102 Régime applicable à la violation d'une règle de forme. Il s'agit d'inobservations moins graves que la violation de règles de fond, de sorte qu'elles ne peuvent être invoquées que dans certaines conditions :

– les irrégularités de forme doivent être invoquées devant les juges du fond et ne peuvent l'être tardivement devant la Cour de cassation :

> **Soc. 18 mai 1978, nº 77-40.303,** *Bull.* nº 377, sommaire : « Ne constitue pas une cause de nullité d'une expertise le fait que les parties n'aient pas été informées du contenu du rapport avant le dépôt de celui-ci, dès lors qu'après en avoir pris connaissance, la partie qui conteste la régularité de la mesure, n'a présenté devant les juges du fond où le rapport a été discuté contradictoirement, aucune observation qu'il aurait été utile de soumettre à l'expert. »
>
> **Civ. 2e, 31 janv. 2013, nºs 11-16.025,** NP : « Mais attendu que les irrégularités affectant le déroulement des opérations d'expertise sont sanctionnées selon les dispositions de l'article 175 du code de procédure civile qui renvoient aux règles régissant les nullités des actes de procédure ; que la société X n'ayant pas sollicité la nullité de l'expertise, son moyen, invoquant les prétendues irrégularités qui auraient affecté celle-ci, est inopérant ; »

– elles doivent être soulevées devant le juge du fond *in limine litis*, c'est-à-dire avant tout débat au fond et, si tel n'a pas été le cas, elles sont déclarées irrecevables :

> **Civ. 1re, 30 avr. 2014, nº 12-21.484,** *Bull.* nº 75 ; *D.* 2014. 1040 ; *D.* 2015. 287, obs. N. Fricero ; *D.* 649, obs. M. Douchy-Oudot ; *D.* 1231, obs. M. Bacache, D. Noguéro, L. Grynbaum et P. Pierre ; *AJ fam.* 2014. 382, obs. P. Hilt ; *RTD civ.* 2014. 936, obs. B. Vareille (nullité invoquée pour non-respect du principe du contradictoire) : « Mais attendu que si la demande de nullité d'une expertise ne constitue pas une exception de procédure mais une défense au fond, elle demeure soumise en application de l'article 175 du code de procédure civile aux dispositions qui régissent la nullité des actes de procédure ; que Mme X ayant présenté des défenses au fond avant de soulever la nullité du rapport d'expertise, la cour d'appel a décidé à bon droit que la nullité était couverte ; »
>
> **Civ. 1re, 14 nov. 2018, nº 17-27.980,** P ; *D.* 2018. 2230 : « Mais attendu, d'une part, qu'une partie à une instance au cours de laquelle une expertise judiciaire a été réalisée a la possibilité de faire sanctionner une méconnaissance par l'expert du principe de l'impartialité ou du principe de la contradiction en sollicitant sa nullité, conformément aux dispositions de l'article 175 du code de procédure pénale qui régissent la nullité des actes des procédures, sans que les conditions posées méconnaissent son droit à un procès équitable ; que, d'autre part, les dispositions des articles 118 et 119 du code de procédure civile ne régissent que les irrégularités du fond limitativement énumérées à l'article 117 du même code ; que l'arrêt constate que les consorts X ont présenté leur défense au fond devant le tribunal, sans réitérer le moyen pris de la nullité de l'expertise invoqué devant le juge de la mise en état ; que la cour d'appel en a déduit, à bon droit, que cette nullité, soulevée devant elle, était couverte, de sorte que la demande des consorts X était irrecevable ; que le moyen n'est pas fondé ; »

– leur inobservation n'est sanctionnée par la nullité que si elle a causé un grief, et ce, « même lorsqu'il s'agit d'une formalité substantielle ou d'ordre public », tel le non-respect du principe de la contradiction (C. pr. civ., art. 114, al. 2).

Il en va ainsi d'un expert qui n'a pas établi de pré-rapport comme cela lui était demandé dans la mission :

Civ. 2e, 29 nov. 2012, no 11-10.805, *Bull.* no 192 ; *D.* 2012. 2899 ; *D.* 2013. 2802, obs. P. Delebecque, J.-D. Bretzner et I. Darret-Courgeon ; *AJDI* 2013. 534, obs. H. Heugas-Darraspen ; *RD publ.* 2013, no 03, p. 55, obs. N. Fricero ; *RTD civ.* 2013. 172, obs. R. Perrot : « Mais attendu que les irrégularités affectant le déroulement des opérations d'expertise sont sanctionnées selon les dispositions de l'article 175 du code de procédure civile, qui renvoient aux règles régissant les nullités des actes de procédure ; que l'absence d'établissement d'un pré-rapport, en méconnaissance des termes de la mission d'expertise, constitue l'inobservation d'une formalité substantielle, sanctionnée par une nullité pour vice de forme qui ne peut être prononcée qu'à charge pour celui qui l'invoque de prouver le grief que lui cause l'irrégularité ; »

C'est aussi le cas de l'expert qui n'a pas communiqué à l'une des parties certaines informations :

Civ. 1re, 30 avr. 2014, no 13-13.579, *Bull.* no 74 ; *D.* 2015. 287, obs. N. Fricero ; *AJ fam.* 2014. 383, obs. P. Hilt ; *RTD civ.* 2015. 681, obs. B. Vareille ; *RTD civ.* 683, obs. B. Vareille (l'expert n'avait pas communiqué à une partie des informations communiquées à l'autre) : « Mais attendu que les irrégularités affectant le déroulement des opérations d'expertise sont sanctionnées selon les dispositions de l'article 175 du code de procédure civile, qui renvoient aux règles régissant les nullités des actes de procédure ; que l'absence de communication à une partie d'informations complémentaires adressées par une autre partie à l'expert qui en a tenu compte dans son rapport constitue l'inobservation d'une formalité substantielle, sanctionnée par une nullité pour vice de forme qui ne peut être prononcée qu'à charge pour celui qui l'invoque de prouver le grief que lui cause l'irrégularité ; »

Civ. 2e, 23 janv. 2020, no 19-10.584, P : « que l'absence de communication à une partie de l'argumentaire adressé par une autre partie à l'expert qui en a tenu compte dans son rapport, constitue l'inobservation d'une formalité substantielle sanctionnée par une nullité pour vice de forme, qui ne peut être prononcée qu'à charge pour celui qui l'invoque de prouver le grief que lui cause l'irrégularité ; »

029.103 Impossibilité de déterminer par avance si la violation d'une règle de forme entraînera la nullité. Il en résulte que, s'il est facile de lister les différents types d'irrégularités susceptibles d'affecter les opérations d'expertise, il s'avère impossible de savoir, *a priori*, si celles-ci conduiront les juridictions du fond à prononcer la nullité puisque cette dernière dépendra de l'existence du grief, lequel constitue un élément purement factuel relevant de leur appréciation souveraine et échappant donc au contrôle de la Cour de cassation :

Civ. 2e, 21 févr. 1990, no 88-19.158, *Bull.* no 38 : « Mais attendu qu'ayant analysé les documents versés aux débats, et relevé que les époux X n'affirmaient ni n'avoir pas eu connaissance de l'avis de passage ni n'avoir reçu la lettre adressée par l'huissier de justice conformément à l'article 658 du nouveau code de procédure civile, c'est dans l'exercice de son pouvoir souverain d'appréciation que la cour d'appel a estimé que les époux X ne prouvaient pas le grief que leur causait l'irrégularité alléguée ; »

E. Possibilité de limiter les conséquences d'une irrégularité affectant les opérations d'expertise

029.110 Plan. À cet égard, deux possibilités sont offertes : celle consistant à régulariser l'acte irrégulier (1), l'autre à cantonner la portée de l'annulation (2).

1. Régularisation

029.121 Textes. L'acte irrégulier peut être régularisé : c'est vrai pour toute nullité d'actes (C. pr. civ., art. 115) mais un texte spécifique le prévoit pour l'expertise qui précise que « les opérations peuvent être régularisées ou recommencées, même sur-le-champ, si le vice qui les entache peut être écarté » (C. pr. civ., art. 177).

029.122 Initiatives tendant à la régularisation des irrégularités. Si l'expert se rend compte d'une difficulté, il ne doit, en aucun cas, « mettre la poussière sous le tapis » et s'attachera à remédier à la difficulté.

Mais si l'expert ne procède pas, de lui-même, à la régularisation nécessaire, il est encore possible au juge de rouvrir les débats pour demander à l'expert de refaire ce qui a été fait irrégulièrement :

Civ. 2e, 24 juin 2004, no 02-14.959, *Bull.* no 317 ; *D.* 2004. 2086 ; *AJDI* 2005. 491, obs. H. Heugas-

> Darraspen ; *AJDI* 2004. 652 : « Mais attendu que c'est sans violer le principe de la contradiction, ni l'article 6 de la Convention européenne de sauvegarde des droits de l'homme et des libertés fondamentales que la cour d'appel, qui était en droit, en application de l'article 177 du nouveau code de procédure pénale, de demander à l'expert de reprendre la partie de ses opérations qui n'avait pas été effectuée contradictoirement, a ordonné la réouverture des débats en invitant l'expert à communiquer aux parties la teneur de l'avis du technicien consulté, à recueillir leurs dires et à y répondre ; »

2.
Limitation de la portée de l'annulation

029.131 Étendue de l'annulation. Il est prévu que « La nullité ne frappe que celles des opérations qu'affecte l'irrégularité » (C. pr. civ., art. 176).

Il en résulte que la Cour de cassation :

– valide le fait que la juridiction du fond limite l'annulation à certaines parties seulement du rapport d'expertise :

> **Civ. 3e, 17 juill. 1996, no 95-20.378,** *Bull.* no 186 ; *D.* 2004. 2086 ; *AJDI* 2005. 491, obs. H. Heugas-Darraspen ; *AJDI* 2004. 652 : « Attendu, d'autre part, qu'ayant retenu que M. X avait évalué la valeur du terrain et de la construction en cause, dans une partie de son rapport, dans le respect des principes de sa mission, la cour d'appel, qui, n'étant pas saisie d'une demande d'annulation de la clause litigieuse sur le fondement de l'article 35 du décret du 30 septembre 1953, n'avait pas à rechercher si l'application de cette clause faisait échec au droit de renouvellement de la société A, a pu décider qu'il y avait lieu de priver d'effet les propositions de cet expert, seulement en tant qu'elles concernaient un dépassement de sa mission et, constatant le désaccord des experts choisis par les parties, inviter ceux-ci à désigner un 3e expert pour les départager ; »

– permet aux juges du fond de condamner une personne sur le fondement d'un rapport partiellement annulé :

> **Civ. 2e, 2 juill. 2009, no 08-11.599,** NP : « Mais attendu qu'ayant partiellement annulé le rapport de l'expert, après avoir constaté que celui-ci avait méconnu le principe de la contradiction en révélant et en utilisant une information recueillie dans des conditions non portées à la connaissance des parties, les privant de la possibilité d'en débattre et d'apprécier l'effet que pouvait avoir cet élément sur leur implication dans le litige, la cour d'appel, exerçant sa propre appréciation de la répartition des responsabilités entre les différents intervenants, a pu fixer comme elle l'a fait, sans encourir les griefs du moyen, la part de responsabilité de la société X dans la survenance du dommage… » ;

– mais ne l'y autorise qu'à condition que les constatations régulièrement faites ne dépendent pas des constatations annulées :

> **Civ. 2e, 12 juin 2003, no 01-13.502,** *Bull.* no 189 ; *D.* 2003. 2284 (la juridiction de jugement condamne une partie sur la base d'un rapport d'expertise comprenant le rapport d'un « sapiteur » n'ayant pas respecté le principe de la contradiction ; il est soutenu que la juridiction ne pouvait condamner l'une des parties sur la base du rapport qui aurait dû être annulé dans sa totalité) : « Qu'au vu de ces seules constatations, qui étaient indépendantes des analyses chimiques affectées par la nullité, la cour d'appel a pu décider qu'il n'y avait pas lieu d'annuler dans leur intégralité les rapports d'expertise ; »

F.
Conséquences de la nullité d'une expertise

029.140 Plan. Lorsque l'expertise est annulée dans son ensemble, les conséquences en sont dramatiques, tant pour l'expertise (1) que pour l'expert (2).

1.
Conséquences pour l'expertise

029.151 Nécessité de recommencer l'expertise. La nullité de l'expertise contraint à recommencer toutes les opérations, générant de nouveaux délais et des frais supplémentaires.

2.
Conséquences pour l'expert

029.161 Rémunération de l'expert. Les frais d'expertise font partie des dépens. Or, le code de procédure civile prévoit que « les dépens afférents aux instances, actes et procédures d'exécution injustifiés sont à la charge des auxiliaires de justice qui les ont fait » et qu'« il en est de même des dépens afférents aux intances, actes et procédures d'exécution nuls par l'effet de leur faute » (C. pr. civ., art. 698).

Ainsi, la Cour de cassation a jugé que la juridiction du fond peut décider que les frais d'une expertise annulée resteront à la charge de l'expert en application de l'article 698 du code de procédure civil :

Civ. 2e, 13 janv. 2012, no 10-26.366, NP : « Mais attendu que l'expert, recevable en application de l'article 611 du code de procédure civile à former un pourvoi en cassation à l'encontre de la décision qui, ayant annulé son expertise, a laissé à sa charge le coût de cette mesure en application de l'article 698 du code de procédure civile, n'était pas partie à l'instance en annulation de l'expertise, de sorte que c'est sans méconnaître les dispositions de l'article 14 du code de procédure civile et celles de l'article 6, § 1 de la Convention de sauvegarde des droits de l'homme et des libertés fondamentales que la cour d'appel a statué sans avoir entendu ni appelé M. X (l'expert) ; Et attendu que l'obligation d'impartialité mise à la charge de l'expert par l'article 237 du code de procédure civile constitue une formalité substantielle dont l'inobservation est susceptible d'entraîner la nullité de l'expertise ; qu'ayant relevé, d'abord que l'expert avait procédé à des visites sur les lieux avec le géologue sans la présence de la société E, malgré la ferme demande de cette société d'être invitée à participer à toute visite de cet ordre, ensuite qu'il ne s'était rendu sur les lieux que le 14 février 2003 de sorte qu'il n'avait pu constater à cette date le mouvement de 0,2 mm à l'ouverture d'une fissure en bas de la façade nord-est dont il mentionnait le constat le 9 septembre 2002 mais qui, au jour de sa première visite, était refermée selon les dires des parties des 24 février 2003 et 14 mai 2003, et enfin qu'il ressortait de l'attestation du technicien de la société G ayant procédé à une étude de sol, qu'il avait fait une interprétation très subjective et erronée de son rapport, la cour d'appel a pu en déduire que l'expert avait manqué à son obligation d'impartialité et a décidé à bon droit que l'expertise devait être annulée ; »

Si l'ordonnance de taxe intervient postérieurement à l'annulation de l'expertise le juge taxateur pourra réduire la demande de rémunération de l'expert afin de tenir compte de l'annulation du rapport :

Civ. 2e, 4 juin 2015, no 14-12.060, NP (l'expert sollicite une rémunération de 4 000 euros ; le rapport est annulé pour vice de forme ; le juge taxateur lui donne 1 000 euros ; l'expert conteste) : « Mais attendu qu'ayant relevé, par motifs propres et adoptés, que le rapport annulé était sans valeur expertale mais restait utilisable à condition d'être conforté par d'autres éléments du dossier, et que la qualité du travail fourni était très insuffisante et se limitait à des mesures acoustiques pouvant servir en justice à titre de simple renseignement, le premier président a, par ces seuls motifs relevant de son appréciation souveraine des critères de l'article 284 du code de procédure civile, légalement justifié sa décision ; »

Notons toutefois que cette suppression ou cette réduction de rémunération peut, en pratique, se heurter à deux obstacles :

- D'abord, il importe que la juridiction du fond qui a prononcé la nullité du rapport d'expertise, précise que la rémunération de l'expert sera diminuée en conséquence, voire supprimée : or, tel n'est pas toujours le cas.

- Ensuite et ainsi que cela a été expliqué (v. ss no 028.92), il est rare que l'ordonnance de taxe intervienne après le prononcé de la nullité de l'expertise par les juges du fond, lesquels se prononcent bien souvent de nombreux mois après le dépôt du rapport et la perception, par l'expert, de sa rémunération fixée par le juge taxateur dépendant du service du contrôle des expertises. En ce cas, il appartiendra à la partie qui aura indûment payé le coût de l'expertise d'entreprendre les diligences tendant à en obtenir le remboursement par l'expert.

029.162 Conséquences disciplinaires pour l'expert. L'annulation d'un rapport d'expertise peut entraîner des poursuites disciplinaires contre l'expert et, à tout le moins, un défaut de réinscription au terme de son mandat

029.163 Responsabilité civile de l'expert. Si l'annulation de l'expertise a causé un préjudice particulier aux parties, celles-ci peuvent engager la responsabilité professionnelle de l'expert, à charge d'établir leur dommage et le lien de causalité entre celui-ci et les manquements du technicien

§ 3
Contestations relatives au bien-fondé de l'avis de l'expert

029.170 Plan. Le rapport d'expertise ne lie pas le juge (A) et ne constitue pas un acte authentique (B), de sorte qu'il peut être contesté par tous moyens (C). Il est soumis à l'appréciation souveraine des juges du fond (D) qui peuvent ordonner de nouvelles mesures s'ils ne sont pas convaincus par la pertinence de l'expertise dont ils disposent (E).

A.
Le rapport d'expertise ne lie pas le juge

029.181 Texte. C'est un aspect bien connu des experts judiciaires : « le juge n'est pas lié par les constatations ou les conclusions du technicien » (C. pr. civ., art. 246) : ils doivent donc déployer toute leur compétence et leur force de conviction pour démontrer aux juges qu'ils ont bien travaillé et que leurs conclusions sont fondées.

029.182 Caractère souvent déterminant des conclusions de l'expert. Le rapport de l'expert, qui comporte des développements consacrés au déroulement des opérations d'expertise, à l'historique de l'affaire et aux doléances des parties (v. s[s] n° 027.141), comporte une partie essentielle formalisant les conclusions de l'expert sur lesquelles la juridiction aura à se prononcer, pour entériner l'avis de celui-ci, en tout ou en partie ou, au contraire, pour l'écarter au regard des autres éléments soumis à la discussion.

Dans la majorité des cas, les juges suivent l'avis de l'expert judiciaire (dont je rappelle que l'inscription sur une liste constitue un gage de compétence).

C'est dire le caractère tout à fait fondamental de leur avis, d'ailleurs consacré par la Cour européenne des droits de l'homme dans une décision *Mantovanelli/France* du 18 mars 1997.

Cette affaire concernait la procédure administrative engagée par des parents se plaignant du coma de leur fille survenu à l'occasion d'une anesthésie générale effectuée dans un hôpital ; l'expert médecin désigné avait entendu divers membres du personnel de l'établissement sans en avoir informé les parents, puis avait conclu à l'absence de tout manquement de la part des professionnels de santé ; le Conseil d'État, nonobstant les protestations des parents soulignant que l'expert avait violé le principe de la contradiction, avait pris en compte les éléments de cette expertise.

La CEDH a censuré cette position en considérant que « les conclusions de l'expertise étaient susceptibles d'influencer de manière prépondérante son appréciation des faits ». De cette décision, on a pu déduire que l'exigence d'un procès équitable passe aussi par la réalisation d'une expertise équitable.

L'importance que revêt l'avis de l'expert conduit assez naturellement à une exigence toujours plus grande des juges quant à la qualité de sa prestation, qu'il s'agisse du respect des règles de procédure applicables ou de sa compétence technique.

B.
Le rapport d'expertise n'est pas un acte authentique

029.191 Inapplication de la procédure d'inscription de faux. Le rapport de l'expert se différencie de l'acte d'un notaire qui, parce qu'il est un acte authentique, ne peut être contesté que par une procédure spéciale dite d'inscription de faux :

> **Civ. 1re, 13 janv. 1998, n° 96-14.239,** NP : « Mais attendu que c'est à bon droit que la cour d'appel a jugé que les documents litigieux (notamment des rapports d'experts) ne constituaient pas des actes authentiques, lesquels sont seuls susceptibles d'être critiqués par la voie de l'inscription de faux ; »
>
> **Civ. 1re, 19 janv. 1999, n° 97-14.194,** *Bull.* n° 22 : « Attendu que M. X… fait grief à l'arrêt attaqué… de l'avoir débouté de son incident de faux formé contre le rapport d'expertise sans que la cause ait été communiquée au ministère public, en violation des articles 303 et 425 du nouveau code de procédure civile ; Mais attendu qu'un rapport d'expertise judiciaire n'est pas un acte authentique ; que, dès lors, le moyen est sans fondement ; »

C.
Le rapport d'expertise peut être contesté par tous moyens

029.200 Plan. Parmi les moyens utilisés par les parties pour contester l'avis technique de l'expert, trois d'entre eux méritent quelques développements : la production d'une nouvelle pièce non soumise à l'examen du technicien (1), le versement aux débats d'une expertise privée venant contredire l'expertise judiciaire (2) et les arguments tirés d'un rapport d'expertise judiciaire annulé (3).

1.
Cas dans lequel une partie invoque une pièce qu'elle n'a pas préalablement soumise à l'expert judiciaire

029.211 Impossibilité d'écarter une pièce soumise au débat contradictoire. La chambre commerciale a estimé que le juge ne peut écarter des débats une pièce au seul motif que celle-ci n'a pas été communiquée à l'expert, ce qui correspond au mouvement général de la jurisprudence tendant à admettre toutes les pièces dès lors qu'elles sont soumises au débat contradictoire :

> **Com. 15 janv. 1991, n° 89-13.142,** *Bull.* n° 29 : « Attendu que, pour entériner le rapport de l'expert

qu'elle avait au préalable commis, la cour d'appel a rejeté les contestations élevées par la société X à l'encontre de ce rapport, au motif que cette dernière n'expliquait pas pourquoi elle n'avait pas produit devant l'expert les pièces auxquelles elle se référait dans le dernier état de ses conclusions et qu'elle produisait ; Attendu qu'il appartient au juge d'apprécier les éléments de preuve qui lui sont soumis et qu'il ne peut écarter les documents présentés au seul motif que les documents n'avaient pas été auparavant communiqués à l'expert ; que, dès lors, en statuant comme elle a fait, la cour d'appel n'a pas donné de base légale à sa décision ; »

Toutefois, on relèvera que la troisième chambre civile a donné raison aux juges du fond qui avaient écarté une pièce que l'expert n'avait pas cru devoir soumettre à la discussion des parties :

Civ. 3e, 26 mai 2009, no 08-16.901, NP ; *AJDI* 2009. *727* ; *RTD civ.* 2009. 573, obs. R. Perrot : « Attendu que pour débouter M. X de sa demande, l'arrêt retient que, si le courrier des services vétérinaires du CHER en date du 6 janvier 2005 n'a pas été communiqué aux parties avant le dépôt du rapport d'expertise le 8 janvier suivant, il n'a pas lieu d'être écarté, dès lors que cette pièce peut être discutée dans le débat judiciaire ; Qu'en statuant ainsi, alors que l'expert n'avait pas soumis la teneur du courrier des services vétérinaires du Cher en date du 6 janvier 2005 aux parties afin de leur permettre d'être à même d'en débattre contradictoirement avant le dépôt de son rapport, la cour d'appel a violé le texte susvisé ; »

2. Cas dans lequel une partie invoque une expertise à laquelle l'adversaire n'a pas été partie

029.221 Circonstances conduisant à cette situation. Deux types de situation peuvent se produire :

– soit une partie invoque une expertise privée réalisée hors la présence de son adversaire ;

– soit une partie invoque une expertise judiciaire contre une personne qui n'a pas été appelée à l'instance et n'a donc pas assisté aux opérations d'expertise.

029.222 Conditions de prise en compte de l'expertise privée par le juge. Autrefois, les juges étaient autorisés à fonder leur décision sur une expertise produite par l'une des parties, à laquelle n'avait pas assisté son adversaire, dès lors que cette expertise était soumise à la discussion contradictoire des parties :

Civ. 1re, 24 sept. 2002, no 01-10.739, *Bull.* no 220 ; *D.* 2002. 2777, sommaire : « Tout rapport amiable peut valoir, à titre de preuve, dès lors qu'il est soumis à la libre discussion des parties. »

Civ. 3e, 23 mars 2005, no 04-11455, *Bull.* no 73, sommaire : « Ne tire pas les conséquences légales de ses constatations la cour d'appel qui retient qu'un rapport d'expertise établi non contradictoirement à la demande d'une partie ne saurait être opposé à la partie adverse et que son examen critique est superflu, alors qu'elle avait relevé que ce rapport avait été régulièrement communiqué. »

Mais aujourd'hui, la position de la Cour de cassation a évolué.

Certes, les juges ne peuvent refuser d'examiner un rapport d'expertise privée ou un rapport d'expertise judiciaire auquel l'une des parties n'a pas participé, mais ils ne peuvent en retenir les conclusions que si celles-ci sont corroborées par d'autres éléments, ainsi qu'il résulte clairement des décisions suivantes :

– décision de la troisième chambre civile qui a censuré une cour d'appel ayant pris une décision exclusivement fondée sur une expertise « privée » :

Civ. 3e, 3 févr. 2010, no 09-10.631, *Bull.* no 31 ; *D.* 2010. 439, obs. Y. Rouquet : « Qu'en statuant ainsi, en se fondant exclusivement sur une expertise non contradictoire établie à la demande d'une des parties, la cour d'appel, qui a méconnu le principe de l'égalité des armes, a violé le texte susvisé ; »

– décision de la chambre mixte soulignant que le juge ne peut se fonder exclusivement sur une expertise « privée » :

Ch. mixte. 28 sept. 2012, no 11-18.710, P ; *D.* 2012. 2317, et les obs. ; *D.* 2013. 269, obs. N. Fricero ; *D.* 2802, obs. P. Delebecque, J.-D. Bretzner et I. Darret-Courgeon ; *RTD civ.* 2012. 769, obs. R. Perrot : « Mais attendu que, si le juge ne peut refuser d'examiner une pièce régulièrement versée aux débats et soumise à la discussion contradictoire, il ne peut se fonder exclusivement sur une expertise réalisée à la demande de l'une des parties ; »

– décision de la deuxième chambre civile statuant dans le même sens s'agissant de la prise en compte d'un rapport d'expertise judiciaire auquel une partie n'avait pas été appelée :

Civ. 2e, 30 nov. 2023, no 21-25.640, *Bull*, sommaire : « En application de l'article 16 du code de procédure civile, lorsqu'une partie à laquelle un rapport d'expertise est opposé n'a pas été appelée ou représentée au cours des opérations d'expertise, le juge ne peut refuser d'examiner ce rapport, dès lors que celui-ci a été régulièrement versé aux débats et soumis à la discussion contradictoire des parties. Il lui appartient alors de rechercher s'il est corroboré par d'autres éléments de preuve. Dès lors viole ce texte, la cour d'appel, qui, alors que l'organisme de sécurité sociale faisait valoir, sans être contredit, qu'il n'avait pas été régulièrement convoqué aux opérations d'expertise, s'est fondée sur les seuls éléments d'une expertise judiciaire non contradictoire. »

Il en résulte que, si la valeur d'une expertise privée est moindre que celle d'une expertise judiciaire dès lors qu'elle n'a pas été effectuée contradictoirement, elle peut être valablement versée aux débats et elle peut même être retenue pour contrer l'expertise judiciaire si ses conclusions sont corroborées par d'autres éléments.

3. *Cas dans lequel une partie invoque des informations tirées d'un rapport d'expertise judiciaire annulé*

029.231 Différentes thèses en présence. Plusieurs thèses ont été soutenues :

– la première consiste à mettre l'accent sur le principe de la liberté de la preuve et à soutenir que les juges du fond peuvent prendre en compte une expertise judiciaire annulée, au même titre qu'ils le font pour les expertises privées ;

– la seconde insiste sur les conséquences juridiques qu'il convient de tirer de l'annulation d'un rapport d'expertise, dont il résulte que l'expertise annulée n'a plus d'existence légale et ne peut donc être invoquée, même à titre de simple renseignement.

Mais une question se pose : si l'expertise judiciaire est annulée parce que l'expert n'a pas respecté le principe de la contradiction, pourquoi ne pourrait-on pas prendre en compte celle-ci dans les mêmes conditions qu'une expertise privée, qui, par définition, n'est pas contradictoire ?

029.232 Position de la jurisprudence. La jurisprudence de la Cour de cassation n'est pas univoque sur ce point :

– la chambre commerciale a accepté, dans un arrêt ancien, de prendre en compte, à titre de simple renseignement, un rapport d'expertise judiciaire annulé :

Com. 11 mai 1976, nº 75-12.808, *Bull.* nº 159 : « Mais attendu que la cour d'appel, tout en déclarant nulle l'expertise, a pu sans contradiction retenir qu'il lui était loisible d'y puiser comme elle l'a fait tous renseignements qu'elle appréciait ; »

– la deuxième chambre civile a, de son côté, fait évoluer sa position :

• dans un arrêt de 1999, elle a estimé que la cour d'appel n'avait pas à prendre en compte des éléments tirés d'un rapport annulé :

Civ. 2e, 24 nov. 1999, nº 97-10.572, *Bull.* nº 174 ; *AJDI* 2000. 728, obs. M. Olivier : « Mais attendu qu'ayant retenu, dans l'exercice de son pouvoir souverain d'appréciation, que les intimés ne produisaient en cause d'appel aucun élément objectif et pertinent établissant la pollution qu'ils invoquaient, la cour d'appel n'avait pas à tenir compte des éléments du rapport annulé ; »

• mais dans une décision de 2003, elle a considéré qu'il était possible de prendre en compte, à titre de simple renseignement, un rapport d'expertise judiciaire annulé, à condition qu'il soit corroboré par d'autres éléments (elle adopte ainsi une position similaire pour la prise en compte d'un rapport d'expertise « privée » et celle d'un rapport d'expertise judiciaire annulé) :

Civ. 2e, 23 oct. 2003, nº 01-15.416, *Bull.* nº 323 ; *D.* 2003. 2729 ; *AJDI* 2004. 216, obs. H. Heugas-Darraspen : « Vu l'article 1315 du code civil, ensemble les articles 175 et 233 du nouveau code de procédure civile ; Attendu que pour fixer à une certaine somme le montant du préjudice de la SCEA, la cour d'appel a retenu que le rapport annulé constituait avec ses annexes, un document ayant dans sa globalité valeur de renseignements ; Qu'en statuant ainsi, alors que les éléments d'un rapport d'expertise annulé ne peuvent être retenus à ce titre que s'ils sont corroborés par d'autres éléments du dossier, la cour d'appel a violé les textes susvisés ; »

D. Rapport d'expertise apprécié souverainement par les juges du fond

029.241 Principe. L'appréciation portée par les juges du fond sur la pertinence de l'avis technique de l'expert n'est pas contrôlée par la Cour de cassation :

Civ. 3e, 20 juin 1979, nº 77-15.48, *Bull.* nº 139, sommaire : « Les juges du fond apprécient souverainement l'objectivité des rapports d'expert. »

Civ. 1re, 12 nov. 1985, nº 83-17.061, P : « Que la cour d'appel ajoute que la nécrose ischémique a été décrite par X comme s'attaquant aux muscles de l'avant-bras, que celle du mollet n'a donné lieu à aucune publication en France avant le Congrès de la société française d'orthopédie de 1973, que la contraction due à la présence du plâtre "n'a joué qu'un rôle secondaire et épisodique" et que la nécrose a été provoquée par "une forme extrêmement rare et malencontreuse de la fracture dont un fragment a déchiré une artère nourricière importante de la loge postérieure", de sorte qu'en définition, outre qu'à la date de l'accident, soit "en octobre 1973, la connaissance en France de telles lésions n'entrait aucunement dans les données acquises de la science" et qu'ainsi "il n'était pas possible au chirurgien de poser le diagnostic", "rien ne permet d'affirmer qu'en cas de diagnostic exact un traitement adéquat hyper précoce aurait donné au blessé un résultat meilleur que le résultat actuel", les experts précisant que "le résultat aurait pu être pire" alors même que le pronostic, quant à lui, eut été meilleur en principe ; attendu que, de ces constatations et énonciations souveraines, la cour d'appel, tout en admettant qu'il eut été souhaitable de déplâtrer dès l'apparition des douleurs et des troubles trophiques, a pu déduire l'absence de lien de causalité prouvé entre l'abstention momentanée du médecin et le dommage subi, comme aussi l'absence de démonstration d'une perte de chance quelconque ; »

Civ. 1re, 7 déc. 1999, no 97-19.262, *Bull.* no 337 ; *D.* 2000. 28, sommaire : « L'appréciation de la portée du rapport d'expertise relève du pouvoir souverain des juges du fond. »

029.242 Exception en cas de dénaturation du rapport d'expertise. Cette règle suppose, toutefois, que le juge du fond n'ait pas dénaturé le rapport d'expertise, car, si tel est le cas, la Cour de cassation censure la décision :

Civ. 3e, 3 févr. 1976, no 74-13.996, *Bull.* no 32 : « Attendu que l'arrêt attaqué déboute X du chef de sa demande d'indemnisation relatif aux dégâts causes par les infiltrations d'eau du 13 octobre 1967, au seul motif que "l'expertise a établi" que celles-ci "ont donné lieu aux réparations nécessaires, le coût en ayant été supporté par Y" ; attendu que l'expert, commis pour décrire les dégradations et déterminer le préjudice, déclare, au contraire, que les factures relatives à la remise en état du restaurant a la suite de l'inondation du 13 octobre 1967 lui ont été remises par X et, après les avoir examinées, émet l'avis que les travaux consécutifs à cette inondation doivent être retenus à concurrence d'une somme de 1 366,50 francs ; que la cour d'appel a ainsi dénaturé les termes du rapport d'expertise et violé le texte susvisé ; »

Com. 15 mars 1982, no 79-14.512, *Bull.* no 99 : « Attendu que, pour déclarer irrecevable l'action en réparation de son préjudice qu'a engagée par assignation du 7 avril 1975 la société X à l'encontre de la société Y, vendeur du moteur du chalutier qu'elle avait fait construire, la cour d'appel a énoncé que la prescription annale prévue à l'article 8 de la loi du 3 janvier 1967 avait produit son effet extinctif dès lors que le vice dont était atteint ce moteur avait été révélé à la société A par le rapport, en date du 8 août 1973, de l'expert commis pour rechercher l'origine des avaries ayant affecté du 7 septembre 1972 au 21 mars 1973 l'embrayage de la centrale hydraulique du treuil de pêche du navire de cette société ; attendu qu'en statuant ainsi, alors que cet expert indiquait seulement dans son rapport que ces avaries provenaient des vibrations du moteur de ce navire dont il ne pouvait préciser si elles étaient ou non anormales, et qu'il ne disait rien de la cause de l'avarie ayant affecté le 9 avril 1974 le moteur du navire de la société X, avarie dont celle-ci demandait aussi réparation, la cour d'appel a dénaturé le rapport dudit expert ; »

Civ. 1re, 7 févr. 1989, no 87-14.810, *Bull.* no 73 : « Attendu que pour évaluer le préjudice subi par la société X, l'arrêt retient les chiffres réclamés par cette société en déclarant la demande justifiée par le rapport de l'expert, dont les conclusions sur ce point n'ont pas été discutées par les parties ; Attendu qu'en statuant ainsi, alors que l'expert avait, d'une part, minoré les sommes réclamées pour le remplacement du pont roulant et précisé, d'autre part, qu'il ne pouvait fournir aucune indication sérieuse quant au bien-fondé des sommes demandées sans aucun justificatif, au titre des pertes d'exploitation, la cour d'appel a dénaturé les conclusions du rapport ; »

E.

Nouvelles mesures ordonnées par les juges du fond

029.251 Interrogation de l'expert déjà nommé par le juge. Si le juge du fond ne trouve pas, dans le rapport d'expertise judiciaire, les informations nécessaires à sa prise de décision, il peut demander des explications complémentaires à l'expert déjà nommé :

- soit en l'invitant à mieux s'expliquer, « soit par écrit, soit à l'audience » (C. pr. civ., art. 245, al. 1er) ;

- soit en procédant à son audition, « les parties présentes ou appelées » (C. pr. civ., art. 283).

029.252 Complément d'expertise ou nouvelle expertise ordonnée par le juge. Mais le juge peut « ordonner telle autre mesure d'instruction que rendrait opportune l'exécution de celle qui a déjà été prescrite » (C. pr. civ., art. 166), étant observé d'ailleurs qu'il peut le faire « à tout moment et même en cours d'exécution » (C. pr. civ., art. 148). Il peut donc ordonner un complément d'expertise (confié au même expert), une contre-expertise (confiée à un autre expert), voire une autre expertise (comportant une mission différente confiée à un autre expert).

En pratique, le juge évite d'ordonner une nouvelle expertise sauf nécessité absolue, dès lors que cela génère de nouveaux frais et que cela diffère d'autant la solution du litige.

SECTION 2
Charge financière finale de l'expertise civile.

029.260 Division. Si le dépôt du rapport d'expertise est suivi d'une ordonnance du juge taxateur qui fixe la rémunération de l'expert et permet à celui-ci d'obtenir le versement des sommes consignés, seule la décision intervenant sur le fond du litige détermine la partie qui devra assumer la charge finale des frais d'expertise, étant observé que des règles particulières sont applicables à l'expertise dite sur intérêts civils.

§ 1
Charge des frais de l'expertise civile

029.271 Prise en compte des frais d'expertise au titre des dépens. La rémunération des techniciens est comprise dans les dépens (C. pr. civ., art. 695, 4°)

Les dépens sont mis, en principe, à la charge de la partie qui perd son procès, de sorte que, bien que l'avance des frais d'expertise soit la plupart du temps imputée au(x) demandeur(s) à l'expertise, la rémunération de l'expert sera finalement supportée par le « perdant », « à moins que le juge, par décision motivée, n'en mette la totalité ou une fraction à la charge d'une autre partie », ce qui se fait de manière tout à fait exceptionnelle (C. pr. civ., art. 696, al. 1er).

§ 2
Cas particulier de la charge des frais de l'expertise dite « sur intérêts civils »

029.281 Prise en charge des frais d'expertise civile par l'auteur de l'infraction. Ainsi que cela a déjà été dit (v. ss no 021.151), l'expertise sur intérêts civils est une expertise hybride, puisqu'elle est ordonnée par une juridiction pénale, mais se trouve régie par les règles du code de procédure civile.

Les frais d'expertise sont alors mis à la charge de l'auteur de l'infraction condamné :

> **Crim. 19 juin 2007, no 06-87.417,** *Bull.* no 167 ; *D.* 2007. 1961 ; *AJ pénal* 2007. 440, obs. C. Saas, sommaire : « Il appartient au juge pénal, qui, après avoir statué sur l'action publique, ordonne une expertise sur les intérêts civils, de mettre la rémunération de l'expert à la charge de l'auteur de l'infraction, partie perdante, en application des articles 695 et 696 du nouveau code de procédure civile. »

TITRE

03

L'expertise pénale et ses spécificités

03.00 Division. Il convient de bien définir le concept d'expertise pénale (chap. 031), avant d'aborder les règles qui régissent celle-ci, qu'il s'agisse des personnes susceptibles de désigner l'expert (chap. 032), des modalités de cette désignation (chap. 033), des obligations fondamentales imparties à l'expert intervenant au pénal (chap. 034), de la réalisation de ses opérations (chap. 035), de son rapport (chap. 036) et de sa rémunération (chap. 037), ainsi que les questions liées à l'exploitation du rapport d'expertise pénal par le juge du fond (chap. 038).

CHAPITRE 031

Concept d'expertise pénale

031.00 Division. L'expertise pénale doit être distinguée d'une part, d'autres mesures qui sont très proches (sect. 1) et d'autre part, de l'expertise civile (sect. 2).

SECTION 1

Distinction entre l'expertise pénale et des mesures proches

031.11 Concept d'expertise pénale. Il importe de distinguer l'expertise pénale d'autres mesures qui ne sont pas considérées comme des opérations d'expertise et ne sont pas soumises aux prescriptions des articles 156 et suivants du code de procédure pénale.

En effet, l'expertise pénale est le domaine réservé du juge et ne peut être ordonnée par un officier de police judiciaire (OPJ), quand bien même ce dernier bénéficierait de la commission rogatoire d'un juge d'instruction :

> **Crim. 2 sept. 1986, nº 86-93.266,** *Bull.* nº 251, sommaire : « L'officier de police judiciaire chargé de l'exécution d'une commission rogatoire du juge d'instruction n'a pas compétence pour ordonner une expertise. »

Mais les enquêteurs (officiers de police judiciaire, agents de police judiciaire agissant sous le contrôle des premiers et assistants d'enquête agissant sous le contrôle des seconds), peuvent requérir « toutes personnes qualifiées », lesquelles peuvent être experts judiciaires ou non, en vue de « procéder à des constatations ou à des examens techniques ou scientifiques ».

C'est ainsi que l'article 60 du code de procédure pénale, applicable lors d'une enquête de flagrance, autorise ceux-ci à procéder à de telles mesures (al. 1), avec possibilité d'ouvrir des scellés et de les reconstituer (al. 4).

Par ailleurs, l'article 77-1 dudit code, applicable lors de l'enquête préliminaire, leur permet de faire de même, sur autorisation du procureur de la République (al. 1), de sorte qu'ils peuvent « requérir toutes personnes qualifiées afin de procéder à des examens médicaux ou psychologiques de la victime ou de procéder à des examens médicaux de la personne suspectée » d'avoir commis certaines infractions (al. 4). Les enquêteurs peuvent même, sans aucune autorisation, requérir une personne qualifiée aux fins de procéder à la comparaison d'empreintes génétiques ou de traces digitales ou palmaires (al. 5).

Mais si la frontière apparaît parfois tenue entre ces « examens techniques ou scientifiques » et certaines expertises pénales, la Cour de cassation précise que les dispositions des articles 156 du code de procédure pénale, propres aux expertises pénales, ne leur sont pas applicables :

> **Crim. 20 janv. 1972, nº 71-92.932,** *Bull.* nº 30, sommaire : « Les dispositions des articles 156 et suivants du code de procédure pénale réglementant l'expertise et notamment celles de l'article 168 relatives au serment des experts à l'audience ne concernent que les personnes chargées d'une mission d'expertise par les juridictions d'instruction et de jugement et ne sont pas applicables à celles qui ont été appelées à faire des constatations et à donner leur avis dans les conditions prévues par l'article 60 du même code en cas de crime ou de délit flagrant. »

Il n'en reste pas moins que la chambre criminelle reconnaît elle-même que les investigations menées sur le fondement de l'article 77-1 du code de procédure pénale sont de même nature que les expertises ordonnées par le juge d'instruction en application de l'article 156 dudit code :

> **Crim. 14 sept. 2005, nº 05-84.021,** *Bull.* nº 226 ; *RSC* 2006. 412, obs. J. Buisson : « Qu'en effet, l'article 77-1 du code de procédure pénale confère au procureur de la République, agissant en enquête préliminaire, le pouvoir de charger toutes personnes qualifiées de missions techniques ou scientifiques de même nature que celles qui peuvent être confiées aux experts par le juge d'instruction en application de l'article 156 du même code ; »

031.12 Liste des investigations qui ne relèvent pas des articles 156 et suivants du code de procédure pénale. Ce sont, en général, des investigations qui ne nécessitent aucune interprétation de la part du technicien.

Elles sont très nombreuses :

– les mesures anthropométriques parmi lesquelles les relevés de traces diverses, les prises de photographies et autres opérations techniques généralement confiées aux fonctionnaires de l'identité judiciaire :

> **Crim. 5 mai 1959,** *Bull.* nº 242, sommaire : « Un photographe requis par un juge d'instruction pour photographier la victime d'un assassinat n'est pas un expert. Les photographies qu'il prend sont versées au dossier à titre de renseignements. En conséquence, ce photographe n'a pas à prêter le serment des experts. »

– l'enquête de personnalité requise, soit :

• par le procureur de la République en application de l'article 41, alinéa 8 du code de procédure pénale qui dispose que « Le procureur de la République peut également requérir, suivant les cas, une personne habilitée dans les conditions prévues au 6e alinéa de l'article 81... » ;

• par le juge d'instruction sur le fondement de l'article 81, alinéa 6 du code de procédure pénale qui indique « Le juge d'instruction procède ou fait procéder, soit par des officiers de police judiciaire, conformément à l'alinéa 4, soit par toute personne habilitée dans des conditions déterminées par décret en Conseil d'État, à une enquête sur la personnalité des personnes mises en examen, ainsi que sur leur situation matérielle, familiale ou sociale. Toutefois, en matière de délit, cette enquête est facultative » :

> **Crim. 27 nov. 1963, nº 63-91.494,** *Bull.* nº 336, sommaire : « L'enquête prévue par l'article 81, alinéa 6 du code de procédure pénale ne constitue pas une mesure d'expertise, au sens des articles 156 et suivants du code de procédure pénale. La personne ayant procédé à une enquête de cette nature doit, lorsqu'elle est appelée à déposer à l'audience, prêter le serment exigé des témoins. »
>
> **Crim. 17 janv. 1990, nº 89-83.876,** *Bull.* nº 31 ; *D.* 1990. 222 : « qu'en effet l'enquête de personnalité prévue par l'article 81 du code de procédure pénale n'a pas pour objet l'examen de questions techniques et ne constitue pas une expertise au sens des articles 156 et suivants du code de procédure pénale ; »

– la délivrance, par un médecin, d'un certificat médical sur une simple demande d'un juge d'instruction :

> **Crim. 3 oct. 1979, nº 79-90.325,** *Bull.* nº 269, sommaire : « Un médecin qui a délivré un certificat contenant des renseignements médicaux à la demande du juge d'instruction mais qui n'a pas été commis par celui-ci selon les dispositions des articles 156 et suivants du code de procédure pénale, ou selon celles de l'article 80, alinéa 7 dudit code, n'a pas la qualité d'expert, dès lors qu'il n'a pas non plus été appelé à procéder à des constatations, conformément à l'article 60 du même code. À l'audience il doit donc prêter le serment des témoins »

– la pesée, par un pharmacien, d'un projectile extrait du corps de la victime :

> **Crim. 20 nov. 1972, nº 71-92.932,** *Bull.* nº 30, sommaire : « Une simple vérification effectuée à la demande d'un officier de police judiciaire chargé de l'exécution d'une commission rogatoire, comme la pesée d'un projectile, n'est pas une expertise. »

– la recherche, par le directeur d'un laboratoire de police scientifique, de la provenance d'un document :

> **Crim. 7 juin 1988, nº 88-81.828,** *Bull.* nº 258, sommaire : « Ne constitue pas la désignation d'un expert au sens de l'article 156 du code de procédure pénale la demande adressée par un officier de police judiciaire, agissant sur commission rogatoire, au directeur d'un laboratoire de police scientifique de le renseigner sur la provenance d'un document qu'il lui soumet. »

– l'examen, par un médecin, d'une personne placée en garde à vue pour savoir si son état est compatible avec cette mesure :

> **Crim. 17 févr. 1999, nº 98-80.557**, NP : « Attendu qu'il résulte des pièces de la procédure que, contrairement à ce qui est soutenu, le docteur X qui a délivré deux certificats médicaux attestant que "l'état

de santé de Y était compatible avec la mesure de garde à vue" dont il était l'objet, n'a pas agi en qualité d'expert au sens des articles 60, 161 et suivants du code de procédure pénale ; »

– les investigations, faite par un médecin commis par le procureur de la République à la suite de l'ouverture d'une enquête pour recherche des causes de la mort, prévue par l'article 74, alinéa 2 du code de procédure pénale (lequel dispose que « Le procureur de la République se rend sur place s'il le juge nécessaire et se fait assister de personnes capables d'apprécier la nature des circonstances du décès. Il peut, toutefois, déléguer aux mêmes fins, un officier de police judiciaire de son choix ») ; l'alinéa 3 n'en prescrit pas moins la nécessité, pour le médecin requis, de prêter serment par écrit, sauf s'il est inscrit sur une liste de cour d'appel :

Crim. 15 févr. 2006, nº 05-86.773, *Bull.* nº 46 ; *D.* 2006. 811 ; *AJ pénal* 2006. 178, obs. G. Roussel : « La désignation inexacte, sous le nom d'expertises, de rapports déposés en application de l'article 74 du code de procédure pénale, dont la notification n'est prévue par aucun texte, ne modifie pas leur nature. »

– la recherche du taux d'alcool, dès lors qu'il s'agit d'une simple constatation :

Crim. 2 sept. 1986, nº 86-93.266, *Bull.* nº 251 : « Attendu que, par 6 ordonnances en date du 8 août 1983, le juge d'instruction, saisi d'une information contre X des chefs d'homicides volontaires et tentative de vol aggravé criminel, a commis M. A, afin de relever le taux d'alcool de 6 victimes ; que, par ordonnance du même jour, il a chargé Mlle B, de procéder à la même opération sur le sang de la 7e victime ; Attendu que, contrairement à ce qui est allégué au moyen, le magistrat instructeur n'a nullement méconnu les dispositions de l'article 159 du code de procédure pénale dans sa rédaction antérieure à la loi du 30 décembre 1985 ; Qu'en effet, les missions confiées, limitées à la recherche du taux d'alcool des victimes, aucune interprétation des résultats n'étant demandée, entraient dans le cadre de simples constatations ; »

– le prélèvement sanguin nécessaire au dépistage de l'état alcoolique ou de l'usage de stupéfiants :

Crim. 23 juin 2015, nº 14-84.464, *Bull.* nº 156 : « Attendu que, pour rejeter les exceptions et confirmer la décision entreprise, l'arrêt retient, notamment, qu'un simple prélèvement sanguin, n'étant pas une constatation ou un examen technique ou scientifique au sens de l'article 60 du code de procédure pénale, il n'est pas nécessaire que la personne qui y procède prête serment ; Attendu qu'en prononçant ainsi, et dès lors que le seul prélèvement de sang effectué par l'un des praticiens énumérés par les articles R. 235-5 et R. 235-6 du code de la route, préalablement à l'analyse aux fins de recherche et de dosage des stupéfiants, ne constitue qu'une simple opération technique n'impliquant aucune appréciation personnelle de sa part, la cour d'appel a justifié sa décision ; »

De ce fait, le médecin requis pour effectuer la prise de sang n'a pas besoin de prêter serment :

Crim. 10 juill. 2015, nº 14-87.054, *Bull.* nº 143, sommaire : « Les dispositions des articles R. 3354-1 et suivants du code de la santé publique ne prescrivent pas que le médecin qui effectue la prise de sang prévue par l'article R. 3354-5 dudit code, afin d'établir la preuve de la présence d'alcool dans l'organisme, ait préalablement prêté serment. »

– l'avis demandé, par un juge d'instruction, à une chambre régionale de la Cour des comptes :

Crim. 20 févr. 2008, nº 07-87.871, NP : « Attendu qu'il résulte de l'arrêt et des pièces de la procédure que, par ordonnance du 18 octobre 2005, le juge d'instruction a demandé au procureur de la République de solliciter une demande d'avis de la chambre régionale des comptes sur la conformité à la réglementation des marchés publics des conventions conclues par X avec Y, les sociétés contrôlées par ce dernier, et de la facturation en résultant ; que l'avis du commissaire du gouvernement près cette juridiction financière, communiqué le 14 février 2006, a été versé au dossier de la procédure d'information ; Attendu que, pour dire régulière cette procédure, l'arrêt prononce par les motifs repris au moyen ; Attendu qu'en l'état de ces énonciations, qui établissent que le procureur de la République n'a pas excédé ses pouvoirs et qu'aucune atteinte n'a été portée aux droits du demandeur, et dès lors que l'avis contesté ne constitue pas une expertise au sens de l'article 156 du code de procédure pénale, la cour d'appel a justifié sa décision sans méconnaître les dispositions légales et conventionnelles invoquées ; »

– certaines opérations ordonnées par un président de cour d'assises, notamment :

• l'exécution, à l'audience, d'une opération matérielle ne nécessitant aucun compte rendu :

> **Crim. 17 déc. 1980, nº 80-92.601,** *Bull.* nº 354 : « Une personne requise par le président pour procéder à l'audience à une opération matérielle ne nécessitant aucun compte rendu à la barre, n'est pas chargée d'une mission d'expertise et n'a pas, dès lors, à prêter le serment prescrit par l'article 168 du code de procédure pénale. »

• la demande du président d'assises tendant à la vérification d'éléments de fait :

> **Crim. 8 avr. 1987, nº 86-94.429,** *Bull.* nº 162 : « Attendu qu'il résulte du procès-verbal des débats qu'au cours de l'interrogatoire de l'accusé, le président, agissant d'office en vertu de son pouvoir discrétionnaire, a chargé un fonctionnaire de police de procéder à des constatations sur les lieux du crime et de dresser procès-verbal de ses opérations ; que le même acte constate qu'à l'audience du lendemain le fonctionnaire ainsi commis a remis le procès-verbal qu'il avait établi, lequel a été communiqué à toutes les parties et versé aux débats, après quoi il a été entendu par le président, à titre de simples renseignements et sans prestation de serment ; ... Attendu qu'en procédant ainsi, en l'absence de tout incident contentieux, le président a régulièrement usé du pouvoir qu'il tient de l'article 310 du code de procédure pénale ; Qu'en effet les mesures tendant à vérifier des éléments de faits débattus au cours du débat contradictoire que, dans l'exercice de son pouvoir discrétionnaire, le président peut être amené à prendre parce qu'il les estime utiles pour découvrir la vérité, ne sont pas soumises aux règles de l'expertise définies par les articles 156 et suivants du code de procédure pénale ; »

– l'identification d'empreintes génétiques visées par le code de procédure pénale (C. pr. pén., art. 706-56, I).

031.13 Liste des mesures constituant une expertise pénale. La Cour de cassation a jugé que constituent une expertise pénale les diligences suivantes :

– l'examen médical ou psychologique prévu par l'article 81, alinéa 8 du code de procédure pénale qui dispose que « Le juge d'instruction peut prescrire un examen médical, un examen psychologique ou ordonner toutes mesures utiles » (au contraire d'autres investigations également prévues par l'article 81 dans des alinéas différents, telle l'enquête de personnalité) :

> **Crim. 28 janv. 1969, nº 68-92-493,** *Bull.* nº 50, sommaire : « L'examen psychologique prévu par le dernier alinéa de l'article 81 du code de procédure pénale constitue une mesure d'expertise. La personne ayant procédé à cet examen au cours de l'instruction préparatoire doit, lorsqu'elle est entendue à l'audience, prêter le serment exigé des experts. »
>
> **Crim. 3 oct. 1979, nº 79-90.341,** *Bull.* nº 270, sommaire : « L'examen médico-psychologique prévu par le dernier alinéa de l'article 81 du code de procédure pénale constitue une mesure d'expertise. La personne ayant procédé à cet examen au cours de l'information doit, lorsqu'elle est entendue à l'audience, prêter le serment exigé des experts. »

– la traduction d'un document confiée à des traducteurs-interprètes :

> **Ass. Pl. 19 oct. 1984, nº 84-93.713,** *Bull.* nº 310, sommaire : « Le juge d'instruction qui désigne deux interprètes traducteurs, chargés de répondre à une question d'ordre technique, conférant à leur mission le caractère d'une expertise, doit respecter les formalités prescrites par les articles 156 et suivants du code de procédure pénale pour la désignation des experts. »

– la recherche de la nature des tâches relevées sur les objets saisis à la suite d'un viol (de sorte que la décision de nommer un expert hors liste devait être motivée) :

> **Crim. 3 sept. 1985, nº 85-93.591,** *Bull.* nº 283 : « Attendu qu'il appert de la procédure que par ordonnance du 2 juin 1983, ont été commis pour déterminer la nature des taches relevées sur les objets saisis à la suite du viol de la jeune X et au cas où il s'agirait de traces de sang, déterminer le groupe sanguin auquel ce sang appartiendrait, d'une part le professeur A, d'autre part, le docteur B ; que, bien que ce dernier ne figurât point sur la liste nationale des experts ni sur celle d'une cour d'appel, le magistrat instructeur n'a pas motivé le choix exceptionnel auquel il procédait ; Attendu que le juge d'instruction a ainsi méconnu le caractère substantiel des dispositions précitées ; »

SECTION 2
Spécificité de l'expertise pénale par rapport à l'expertise civile

031.21 Différences expertise pénale et expertise civile. Les expertises pénales sont régies par les articles 156 et suivants du code de procédure pénale.

Contrairement à l'expertise civile, l'expertise pénale ne se déroule pas en présence des parties et l'expert n'a pas à tenir celles-ci au courant du déroulement de ses opérations, son seul interlocuteur étant le juge mandant.

Par ailleurs, le principe du respect de la contradiction s'impose mais ne s'exerce pas dans les mêmes conditions comme nous le verrons (v. s[s] n°s 032.171, 035.11 et 035.21).

Enfin, certaines règles sont différentes en matière pénale et en matière civile (ex. : les modalités de recours à un sapiteur, la possibilité d'auditionner les parties au procès).

031.22 Évolution identique vers un recours croissant aux expertises pénales. Les expertises pénales, comme les expertises civiles, sont devenues de plus en plus fréquentes au fil des années.

En effet, l'aveu ne constitue plus, comme autrefois, la « reine des preuves », dès lors qu'il s'agit d'un mode de preuve considéré comme fragile puisque rétractable et que l'on privilégie désormais les mesures d'expertise offertes par les évolutions de la science et de la technique (ex. : exploitations des traces d'ADN), lesquelles permettent de confondre les coupables beaucoup plus sûrement.

Par ailleurs, certaines expertises sont indispensables en matière criminelle (expertise psychiatrique nécessaire à l'appréciation de la responsabilité pénale des mis en examen).

CHAPITRE 032

Désignation de l'expert nommé au pénal

032.00 Division. Dans un souci de parallélisme avec le traitement de l'expertise civile, nous aborderons les mêmes thèmes s'agissant de l'expertise pénale : c'est ainsi qu'après avoir évoqué les modalités de désignation de l'expert (sect. 1), nous aborderons les questions liées au contenu de la décision (sect. 2).

SECTION 1

Modalités de désignation de l'expert

032.11 Juges susceptibles d'ordonner une expertise. L'expert peut être nommé :

– au stade de l'instruction, par un juge d'instruction ou par un juge des enfants au terme d'une décision appelée « ordonnance », voire par une chambre de l'instruction (statuant en appel d'une décision de refus du juge d'instruction d'ordonner une expertise) qui rend un arrêt ;

– au stade du jugement :

• le plus souvent au niveau du tribunal judiciaire, par le tribunal correctionnel, voire le tribunal pour enfants, au terme d'un jugement,

• plus rarement au niveau de la cour d'appel, par une chambre des appels correctionnels, au terme d'un arrêt,

• exceptionnellement par une cour d'assises ou une cour criminelle départementale (en effet, la désignation des experts en matière de crime se fait, très en amont, par le juge d'instruction).

032.12 Identification du juge chargé du contrôle de l'expertise. Comme pour l'expertise civile, il est précisé, pour l'expertise pénale, que « les experts procèdent à leur mission sous le contrôle du juge d'instruction ou du magistrat que doit désigner la juridiction ordonnant l'expertise » (C. pr. pén., art. 156, al. 3).

Mais l'expert nommé au pénal aura plus de facilités à identifier le juge constituant son interlocuteur :

– si l'expert est désigné par un juge d'instruction, le nom de celui-ci figure sur l'ordonnance de désignation d'experts ;

– si l'expert est désigné par une juridiction, la décision (jugement ou arrêt) indiquera le juge chargé du suivi de l'expertise.

SECTION 2
Décision nommant l'expert

032.20 Division.

Nous verrons dans quels cas il est recouru à l'expertise (§ 1), avant de traiter le choix et la mission de l'expert (§ 2), le délai imposé à celui-ci et la question de la consignation (§ 3).

§ 1
Recours à l'expertise

032.31 Décision de recourir à une expertise pénale. L'expertise pénale peut être ordonnée soit d'office, soit à la demande du ministère public ou d'une partie (C. pr. pén., art. 156 al. 1), à condition, dans ce dernier cas, que cette demande soit présentée dans les formes requises par l'article 81 du code de procédure pénale : demande faite par déclaration au greffier ou par lettre recommandée avec accusé de réception ou même par déclaration auprès du chef de l'établissement pénitentiaire si le demandeur est détenu.

Le juge d'instruction peut refuser de faire droit à la demande d'expertise par une ordonnance qui doit alors être rendue dans le mois de la demande et être motivée (C. pr. pén., article 156, al.2).

§ 2
Choix et mission de l'expert

032.40 Plan. On retrouve, en matière pénale, les mêmes interrogations que celles déjà évoquées en matière civile, à savoir : nombre d'experts nommés (A), choix de l'expert (B), type de mission confiée (C). En outre, nous verrons de quelle manière s'applique le principe de la contradiction en matière d'expertise pénale (D).

A.
Nombre d'experts nommés

032.51 Désignation d'un ou de plusieurs experts. Comme au civil, on désigne généralement un seul expert, sauf à en désigner plusieurs « si les circonstances le justifient » (C. pr. pén., art. 159).

B.
Choix de l'expert

032.60 Plan. De la même manière, le choix du juge se portera prioritairement sur un expert figurant sur une liste de cour d'appel (1) plutôt que sur un expert « hors listes » (2), mais il est également possible de nommer certaines structures (3) ou un expert honoraire (4). Enfin, on examinera le point de savoir si le choix peut se porter sur un expert dont le précédent rapport a été annulé (5).

1.
Choix prioritaire d'un expert figurant sur une liste de cour d'appel

032.71 Texte. Au pénal, il est indiqué que « les experts sont choisis parmi les personnes physiques ou morales qui figurent sur la liste nationale dressée par la Cour de cassation ou sur une des listes dressées par les cours d'appel » mais qu'« à titre exceptionnel, les juridictions peuvent, par décision motivée, choisir des experts ne figurant sur aucune de ces listes » (C. pr. pén., art. 157).

032.72 Pratique. Le juge pénal qui souhaite désigner un expert le choisit, la plupart du temps, sur une liste d'experts de cour d'appel, ou sur la liste nationale s'il a besoin d'un expert à la compétence particulièrement signalée, car, ainsi qu'il a déjà été dit au sujet de l'expertise civile (v. s[s] n° 022.161), cela représente un gage de compétence à la fois procédurale et technique.

Lorsque le juge confie une expertise pénale à un expert figurant sur une liste de cour d'appel, l'expert n'a pas besoin de prêter serment puisqu'il l'a fait, une fois pour toutes, au cours du mois de janvier suivant son inscription, devant la cour d'appel dont il relève :

> **Crim. 30 avr. 1996, n° 96-80.829,** *Bull.* n° 183, sommaire : « L'expert figurant sur l'une des listes prévues par l'article 157 du code de procédure pénale, n'a pas à renouveler, avant d'accomplir sa mission, le serment qu'il a prêté lors de son inscription sur cette liste. »

Rappelons que, lorsque l'expert nommé est une personne morale, la chambre criminelle rappelle que la prestation de serment est faite par son représentant légal :

> **Crim. 13 nov. 1990, n° 90-85.438,** *Bull.* n° 378 ; *RSC* 1991. 345, obs. G. Levasseur : « qu'enfin lorsqu'une personne morale est inscrite sur la liste des experts judiciaires d'une cour d'appel ou sur la liste nationale, le serment est prêté par son représentant légal ; »

2.
Choix d'un expert « hors listes »

032.81 Raison d'être d'une désignation d'un expert hors listes. Ce n'est que par exception que le juge choisit un expert hors listes, c'est-à-dire en dehors de la liste existante au niveau de la cour d'appel du ressort auquel il appartient et en dehors de toute autre liste de cour d'appel puisque les juges peuvent aller chercher un expert judiciaire sur l'ensemble des listes du territoire national (c'est d'ailleurs ce qu'ils font volontiers lorsque l'expertise doit avoir lieu en dehors de leur ressort).

Le juge peut être conduit à le faire, soit parce qu'aucun expert ne figure sur la liste des cours d'appel dans le domaine de compétence spécifique recherché (encore que la nomenclature mentionne des sous-spécialités très pointues), soit parce qu'il souhaite nommer un spécialiste reconnu dans son domaine, mais n'ayant pas sollicité son inscription en qualité d'expert judiciaire.

032.82 Obligation, pour le juge, de motiver le choix d'un expert hors listes. Si le juge qui désigne un expert « hors listes » doit motiver ce choix, il existe des débats sur le point de savoir si le juge peut se contenter d'utiliser une formule générale telle : « il a été impossible de trouver, sur les listes de cour d'appel mises à disposition, un expert présentant la disponibilité et la compétence nécessaire », ou s'il doit motiver ce choix très concrètement au regard de l'objet spécifique de l'expertise.

La chambre criminelle a estimé que l'exigence de motivation spéciale est respectée dans les cas suivants :

> **Crim. 30 oct. 2002, nº 01-87.979,** NP : « Attendu que, pour refuser d'annuler l'expertise confiée à un expert ne figurant pas sur une des listes prévues à l'article 157 du code de procédure pénale ainsi que la procédure subséquente, l'arrêt attaqué énonce que le juge d'instruction a visé dans son ordonnance, d'une part, l'urgence et, d'autre part, les compétences de l'intéressé, notamment en matière comptable ; Attendu qu'en cet état, la chambre d'accusation a justifié sa décision au regard du texte précité ; »
>
> **Crim. 27 oct. 2004, nº 04-85.182,** *Bull.* nº 260 ; *D.* 2004. 3194 ; *D.* 2005. 684, obs. J. Pradel : « Attendu que, pour refuser d'annuler l'expertise contestée, confiée à deux experts ne figurant pas sur l'une des listes prévues par l'article 157 du code de procédure pénale, l'arrêt attaqué relève que le juge d'instruction a motivé leur désignation en se référant à leurs compétences particulières pour répondre aux questions techniques posées ; Attendu qu'en prononçant ainsi, la chambre de l'instruction a justifié sa décision au regard de ce texte ; »

032.83 Obligation, pour l'expert, de prêter serment avant l'accomplissement de chaque désignation. Lorsqu'il désigne un expert hors listes, le juge doit veiller à la prestation de serment de celui-ci et dresser un procès-verbal de prestation de serment.

Toutefois, il est admis :

– qu'« en cas d'empêchement dont les motifs doivent être précisés, le serment peut être reçu par écrit et la lettre de serment est annexée au dossier de la procédure » (C. pr. pén., art. 160) ;

– que la prestation de serment n'a pas besoin d'intervenir dès le début des opérations, mais doit être recueillie avant le dépôt du rapport (et non le jour même de ce dépôt) :

> **Crim. 17 juin 1976, nº 76-91.425,** *Bull.* nº 220, sommaire : « L'article 160 du code de procédure pénale, tel qu'il a été modifié par la loi du 29 décembre 1972, n'impose pas une prestation de serment préalable au commencement des opérations d'expertise. Il n'existe aucune nullité dès lors que la prestation de serment intervient à bref délai après la désignation de l'expert et plusieurs jours avant le dépôt du rapport. »
>
> Cette position a été confirmée par un autre arrêt : Crim. 14 nov. 1991, nº 91-84.910, *Bull.* nº 410.

032.84 Sanction des irrégularités concernant la désignation et la prestation de serment d'un expert « hors listes ». L'absence de motivation du choix de l'expert hors listes constitue une cause de nullité :

> **Crim. 26 nov. 1970, nº 70-91.680,** *Bull.* nº 314, sommaire : « Les dispositions de l'article 157, alinéas 1 et 3 du code de procédure pénale sont substantielles comme ayant pour objet de garantir la valeur de l'expertise. Par suite encourt la cassation l'arrêt d'une chambre d'accusation qui a dit n'y avoir lieu à annuler l'ordonnance non motivée ayant désigné des experts qui ne figuraient sur aucune des listes prévues par ledit article. »
>
> La chambre criminelle a eu l'occasion de le rappeler à plusieurs reprises : Crim. 25 oct. 1983, nº 83-93.824, *Bull.* nº 267 ; Crim. 3 sept. 1985, nº 85-93.591, *Bull.* nº 283 ; Crim. 26 févr. 1991, nº 90-87.479, *Bull.* nº 98 ; Crim. 8 juill. 2004, nº 04-82.601, *Bull.* nº 180, *D.* 2004. 2084.

Qu'il s'agisse de la nullité encourue du fait de l'absence de motivation du choix de l'expert hors listes, ou de celle résultant du défaut de prestation de serment de l'expert hors listes, cette nullité ne requiert pas la preuve d'un grief :

Crim. 25 juill. 1979, nº 79-91.258, *Bull.* nº 253, sommaire : « Les prescriptions d'ordre public des articles 157 dernier alinéa (motivation de la désignation de l'expert « hors liste ») et 160, alinéa 2 du code de procédure pénale (prestation de serment de l'expert « hors liste ») étant édictées dans l'intérêt d'une bonne administration de la justice, leur inobservation entache de nullité l'expertise, sans qu'il soit possible de faire application des dispositions de l'article 802 du code de procédure pénale. »

Par ailleurs, cette nullité doit être relevée d'office par la chambre de l'instruction (qui statue notamment sur les appels formés contre les décisions du juge d'instruction), dès lors qu'elle est chargée d'analyser la régularité de la procédure dans les termes de l'article 206 du code de procédure pénale :

Crim. 2 sept. 1986, nº 86-93.266, *Bull.* nº 251 : « Attendu que, par ordonnance en date du 21 novembre 1983, le juge d'instruction a désigné, pour procéder à une expertise portant sur le fond de l'affaire, un expert inscrit sur la liste de la cour d'appel et Mme X, non-inscrite sur une liste d'experts ; Attendu que la désignation de ce dernier expert n'est pas motivée ; qu'en outre, le procès-verbal constatant sa prestation de serment n'est pas daté et ne porte que sa signature ; que, de ce fait, la Cour de cassation n'est pas en mesure de vérifier si le serment a été reçu à bref délai après désignation de l'expert et antérieurement au dépôt du rapport ; Attendu, dès lors, qu'en s'abstenant d'examiner ainsi que l'article 206 du code de procédure pénale lui en faisait obligation, la régularité de la procédure qui lui était soumise en application de l'article 181 du même code et en omettant de constater, fût-ce d'office, la nullité de l'expertise ordonnée le 21 novembre 1983, et de tirer de cette constatation les conséquences légales qu'elle comportait, la Chambre d'accusation a violé lesdites dispositions ; »

On trouve une décision dans le même sens quelques années plus tard : Crim. 6 nov. 1990, nº 90-85.216.

En revanche, l'absence de mention des raisons justifiant la réception du serment par écrit n'entraîne la nullité que si elle a provoqué un grief (inexistant dans la quasi-totalité des cas) :

Crim. 14 nov. 1991, nº 91-84.910, *Bull.* nº 410 : « Attendu, d'une part, que s'il est exact que les procès-verbaux précités ne font état d'aucun empêchement motivé justifiant la réception par écrit du serment des experts, les irrégularités constatées ne sont pas de nature à porter atteinte aux intérêts de l'inculpé dès lors qu'elles ne mettent en cause, ni la réalité du serment prêté, ni sa spécificité ; qu'en application de l'article 802 du même code, la nullité desdits procès-verbaux ne doit pas être prononcée ; »

Là encore, cette jurisprudence a été réitérée à plusieurs reprises : Crim. 20 août 2003, nº 02-86.013, NP ; Crim. 20 févr. 2008, nº 07-87.871, NP ; Crim. 27 févr. 2008, nº 07-88.268, NP.

3. *Possibilité de désigner certaines structures*

032.91 Structures susceptibles d'être chargées d'une expertise pénale. Le juge pénal peut également confier l'expertise pénale à une structure, qui peut être :

– une personne morale, auquel cas « son représentant légal soumet à l'agrément de la juridiction le nom de la ou des personnes physiques qui, au sein de celle-ci et en son nom, effectueront l'expertise » (C. pr. pén., art. 157) ;

– « des services ou organismes de police technique et scientifique de la police nationale et de la gendarmerie nationale dont la liste est fixée par arrêté conjoint du ministre de la Justice et du ministre de l'Intérieur », étant observé que, « dans ce cas, le responsable du service ou de l'organisme désigné soumet à l'agrément de la juridiction le nom des personnes qui effectueront l'expertise » (C. pr. pén., art. 157-2) ;

– un service de l'État figurant sur une liste spéciale établie par arrêté conjoint du ministre de la Justice, du ministre de l'Intérieur et des ministres chargés de la santé et de la cohésion sociale, « en cas de poursuites exercées sur le fondement de l'article 223-15-3 du code pénal » relatif aux infractions consistant à placer ou à maintenir une personne dans un état de sujétion psychologique ou physique résultant de l'exercice de pressions graves ou réitérées ou de techniques propres à altérer son jugement (C. pr. pén., art. 157-3).

4. *Choix d'un expert honoraire*

032.101 Renvoi aux règles exposées pour l'expertise civile. Les règles applicables au pénal sont les mêmes que celles exposées précédemment (v. ss nos 022.163 s.).

5. Choix d'un expert dont le précédent rapport a été annulé

032.111 Problème de la re-désignation de l'expert dont le rapport a été annulé. La chambre criminelle a jugé qu'il est possible de redésigner un expert dont le rapport a été annulé, dès lors que l'annulation est étrangère à la conduite de l'expertise :

> **Crim. 26 févr. 2014, nº 13-87.109,** *Bull.* nº 56 ; *AJ pénal* 2014. 430, obs. J.-B. Perrier : « Attendu qu'il résulte de l'arrêt attaqué et des pièces de la procédure que, par arrêt, en date du 21 février 2013, la chambre de l'instruction a annulé le rapport d'expertise psychologique, concernant l'une des mineures plaignantes, déposé le 6 novembre 2012 par Mme X, au motif de l'absence de prestation de serment de cet expert non inscrit ; que, par ordonnance du 3 mars 2013, le juge d'instruction a, à nouveau, désigné Mme X avec la même mission que précédemment ; ... Attendu qu'en prononçant ainsi, la chambre de l'instruction a justifié sa décision ; Que, d'une part, la désignation du même expert n'est pas irrégulière, dès lors que son précédent rapport a été annulé pour des motifs étrangers à la qualité de son auteur ou à la conduite de ses travaux d'expertise et que cette nouvelle désignation ne saurait être analysée, de manière abstraite ou en l'absence de tout autre élément, comme un procédé ou un artifice de nature à reconstituer des actes annulés en violation des dispositions de l'article 174 du code de procédure pénale ; Que, d'autre part, il ne saurait se déduire de l'existence de certaines similitudes de rédaction ou de l'identité des conclusions auxquelles a abouti l'expert que son rapport, établi après un nouvel examen de la plaignante, procède d'actes annulés ; »
>
> La chambre criminelle avait d'ailleurs rendu, auparavant, des décisions dans le même sens : Crim. 2 sept. 1997, nº 97-83.368, NP ; Crim. 29 mai 2002, nº 01-88.823, *Bull.* nº 121.

C. Mission de l'expert

032.120 Plan. L'expert ne peut évidemment recevoir une mission qui relève de la compétence du juge (1) ou constitue une violation des règles d'administration de la preuve (2). Enfin et comme en matière civile, la mission confiée doit avoir un caractère technique (3).

1. La mission de l'expert ne peut avoir pour objet la réalisation d'actes d'instruction ou de poursuites

032.131 Interdiction de certaines missions. À cet égard, il a été jugé qu'il n'est pas possible de recourir à une expertise dite de profilage, permettant à l'expert de participer aux actes d'enquête menée sur commission rogatoire et d'identifier sans aucun examen une personne suspecte comme la seule présentant un profil psychologique compatible avec un passage à l'acte :

> **Crim. 29 janv. 2003, nº 02-86.774,** *Bull.* nº 22 ; *D.* 2003. 1730, obs. J. Pradel, sommaire : « Justifie sa décision d'annulation d'une expertise, pour violation des articles 156 et 161 du code de procédure pénale, la chambre de l'instruction qui constate que, par l'imprécision de la mission confiée à l'expert et l'absence de définition de l'analyse psycho-criminologique ordonnée, le juge d'instruction a irrégulièrement délégué des pouvoirs qui relèvent de sa compétence exclusive en laissant, sans être en mesure d'exercer son contrôle, l'expert participer aux actes de l'enquête menée sur commission rogatoire et identifier, sans même l'avoir examinée, une personne comme la seule suspecte ayant un profil psychologique compatible avec un passage à l'acte meurtrier. »

2. La mission de l'expert ne doit pas caractériser une violation des règles d'administration de la preuve

032.141 Interdiction de pratiquer des auditions sous hypnose. La Cour de cassation a eu l'occasion de censurer la mission confiée par un juge d'instruction à un expert psychologue, tendant à entendre, sous hypnose, une personne placée en garde à vue :

> **Crim. 28 nov. 2001, nº 01-86.467,** *Bull.* nº 248 ; *D.* 2002. 372, et les obs. : « Attendu qu'il résulte de l'arrêt attaqué et des pièces de la procédure que le juge d'instruction a fait procéder à l'audition de X... qui avait été placé sous hypnose par un expert désigné par ce magistrat ; ... Mais attendu qu'en cet état... et alors que le procédé consistant à faire entendre sur commission rogatoire, délivrée à des officiers de police judiciaire, une personne suspectée, placée en garde à vue, et à la faire, dans ces conditions, interroger par un psychologue conseil, sous couvert d'une mission d'expertise, viole les dispositions légales relatives au mode d'administration des

> preuves et compromet l'exercice des droits de la défense, la chambre de l'instruction a méconnu les textes et principes ci-dessus rappelés. »

3.
La mission confiée à l'expert doit avoir un caractère technique

032.151 Texte. Comme l'expertise civile, « la mission des experts... ne peut avoir pour objet que l'examen de questions d'ordre technique », puisque l'expert ne doit, en aucun cas, se substituer au juge (C. pr. pén., art. 158).

032.152 Jurisprudence. Cet impératif a toutefois donné lieu à une jurisprudence bienveillante.

En effet, la chambre criminelle a jugé que la mission confiée à l'expert peut comporter une question juridique si l'expert est également chargé d'examiner une question technique :

> **Crim. 4 sept. 2002, nº 01-81.481,** NP : « Attendu que, d'une part, si c'est à tort que la chambre d'accusation a, en violation de l'article 158 du code de procédure pénale, imparti à l'expert désigné par elle la mission de dire si les textes applicables aux faits dont elle était saisie étaient publics à la date du contrôle et si ces textes présentaient alors des difficultés d'interprétation, sa décision n'encourt cependant pas la censure, dès lors que l'expert était également chargé d'examiner des questions d'ordre technique et que ses appréciations restent soumises à la discussion des parties et à l'appréciation des juges du fond ; »

De même, elle a précisé qu'un juge d'instruction peut demander à l'expert de lui donner un avis lui permettant de « mieux apprécier les responsabilités encourues » (je rappelle que le concept de responsabilité, contrairement au concept d'imputabilité, revêt un aspect juridique) :

> **Crim. 13 avr. 2005, nº 05-80.668,** *Bull.* nº 132 ; *D.* 2005. 1377 : « Que, d'une part, n'excède pas les limites fixées par la loi la mission d'expertise qui, comme en l'espèce, après avoir précisé les questions techniques sur lesquelles devaient porter les vérifications des experts, indique que leur avis (celui des experts) doit permettre au juge d'instruction de mieux apprécier les responsabilités encourues ; Que, d'autre part, aucune affirmation de culpabilité ne saurait résulter de la mention, dans la mission d'expertise, des éléments qui fondent la demande d'avis qu'elle contient, en l'état de l'information ; »

Enfin, elle a validé, dans l'affaire du naufrage de *l'Erika*, la mission confiée par un juge d'instruction à un expert, professeur en droit maritime, « d'analyser les contrats et conventions aux fins d'identifier les différents intervenants en précisant ce que recouvrent concrètement leurs fonctions et les actions qu'ils ont menées » :

> **Crim. 9 juill. 2003, nº 03-81.944,** *Bull.* nº 137 : « Attendu que A, B, C, D, E, F et la société G... ont demandé l'annulation de la mission d'expertise confiée à Mme X et du rapport d'expertise déposée par celle-ci, en soutenant que l'expert s'était vu confier la mission de dire le droit qui relève de la seule compétence du juge et qu'il s'en était acquitté en donnant un avis juridique ; Attendu qu'après avoir constaté que la mission d'expertise, qui consistait à décrire les fonctions de chaque intervenant, avait pour but de permettre au juge de mieux apprécier la nature et l'étendue des responsabilités encourues, et énoncé qu'il n'y avait pas lieu, dans ces conditions, de l'annuler, les juges du second degré ont ordonné la cancellation des passages du rapport d'expertise pouvant s'apparenter à une analyse des responsabilités excédant l'étendue de la mission de l'expert ; Attendu qu'en prononçant ainsi, et dès lors que les conclusions de l'expert, dont la désignation a été valablement motivée par sa connaissance du milieu maritime, restent soumises à la discussion des parties et à l'appréciation des juges du fond, la chambre de l'instruction a justifié sa décision ; »

D.
Principe de la contradiction appliqué au stade de l'ordonnance de commission d'expert

032.160 Plan. Le texte a ouvert une fenêtre de contradiction (1) qui s'applique par principe (2), mais à laquelle il peut être dérogé dans certains cas (3).

1.
Texte

032.171 Respect du principe de la contradiction au stade de la désignation de l'expert. La loi nº 2007-291 du 5 mars 2007 a ouvert la voie à une contradiction possible dès le stade de la désignation de l'expert, puisqu'elle permet aux parties/avocats (ainsi qu'au procureur de la république) qui reçoivent notification de l'ordonnance de commission d'experts, de disposer « d'un délai de 10 jours pour demander au juge d'instruction… de modifier ou de compléter les questions posées à l'expert ou d'adjoindre à l'expert ou aux experts déjà désignés un expert de leur choix figurant sur une des listes mentionnées à l'article 157 » (C. pr. pén., article 161-1 al. 1).

Par ailleurs, la loi n° 2023-1059 du 20 novembre 2023, entrée en vigueur à compter du 30 septembre 2024, a offert cette possibilité aux témoins assistés qui, autrefois et en application d'une jurisprudence de la chambre criminelle (Crim. 14 déc. 2011, n° 11-85.753, *Bull.* n° 257 ; *AJ pénal* 2012. 171, obs. J.-R. Demarchi ; *RSC* 2012. 397, obs. D. Boccon-Gibod), ne disposaient pas de cette possibilité.

2. *Principe*

032.181 Obligation de rendre une ordonnance motivée pour tout refus de demande. Si le juge d'instruction entend rejeter une telle demande, le texte lui fait obligation de rendre dans le délai de 10 jours, une ordonnance motivée, étant observé que « cette ordonnance ou l'absence d'ordonnance peut être contestée dans un délai de 10 jours devant le président de la chambre de l'instruction » qui « statue par décision motivée qui n'est pas susceptible de recours » (C. pr. pén., art. 161-1 al. 2).

3. *Exceptions*

032.191 Cas d'urgence. On note que cette « fenêtre de contradiction » n'est pas applicable « lorsque les opérations d'expertise et le dépôt des conclusions par l'expert doivent intervenir en urgence et ne peuvent être différés pendant le délai de 10 jours prévu au 1er alinéa ou lorsque la communication prévue au 1er alinéa risque d'entraver l'accomplissement des investigations » (C. pr. pén., article 161-1, al. 3), mais le juge doit alors spécialement motiver l'état d'urgence qui lui permet de l'écarter.

La Cour de cassation contrôle la suffisance de la motivation du juge d'instruction à cet égard et censure les motivations trop vagues. Ainsi, il n'est pas suffisant :

– d'invoquer « la multiplicité des investigations et la nécessité de disposer dans les meilleurs délais des conclusions des experts » :

> **Crim. 13 oct. 2009, n° 09-83.669,** *Bull.* n° 167 ; *D.* 2009. 2554 ; *D.* 2010. 39, chron. A. Leprieur, P. Chaumont et E. Degorce ; *D.* 2254, obs. J. Pradel ; *AJ pénal* 2009. 502, obs. C. Girault : « Mais attendu qu'en prononçant par ces **motifs, insuffisants** à établir, pour chacune des ordonnances critiquées, qu'existait, au moment où elle a été rendue, l'impossibilité de différer, pendant le délai de 10 jours, les opérations d'expertise et le dépôt des conclusions des experts, la chambre de l'instruction n'a pas justifié sa décision ; »

– d'arguer de « l'envergure du trafic de stupéfiants » en cause :

> **Crim. 15 juin 2016, n° 16-80.347,** *Bull.* n° 185 ; *AJ pénal* 2016. 443, obs. C. Porteron, sommaire : « Encourt la cassation l'arrêt d'une chambre de l'instruction qui, pour caractériser le risque d'entrave aux investigations et écarter l'exception de nullité des ordonnances de commission d'expert tirée de la violation de l'article 161-1 du code de procédure pénale, se borne à faire état de l'envergure du trafic de stupéfiants en cause et des moyens logistiques hors normes utilisés par les trafiquants, alors que de telles circonstances n'étaient pas de nature à faire apparaître, au moment où les ordonnances d'expertise ont été rendues, que leur communication aux intéressés pourrait entraver l'accomplissement des investigations. »

– de fonder cette urgence sur le fait que le mis en examen est détenu :

> **Crim. 22 nov. 2011, n° 11-84.314,** *Bull.* n° 235 : « Attendu que… l'arrêt relève… que le juge d'instruction fait expressément référence à la situation de détenu du mis en examen et qu'il est effectif que le magistrat instructeur a conduit l'information avec célérité dès le placement en détention provisoire de M. X ; Mais attendu qu'en prononçant par ces motifs, insuffisants à établir, pour chacune des ordonnances critiquées, qu'existait, au moment où elle a été rendue, l'impossibilité de différer, pendant le délai de 10 jours, les opérations d'expertise et le dépôt des conclusions des experts, la chambre de l'instruction n'a pas justifié sa décision ; »

032.192 Cas des expertises n'ayant pas d'incidence sur la question de la culpabilité. Enfin, les contestations des parties ne sont pas possibles pour les « catégories d'expertises dont les conclusions n'ont pas d'incidence sur la détermination de la culpabilité de la personne mise en examen et dont la liste est fixée par décret » (C. pr. pén., article 161-1, al.4). Tel est le cas notamment lorsque l'expertise porte sur l'évaluation du préjudice invoqué par la partie civile.

§ 3
Délai imparti par le juge pour accomplir la mission

032.201 Obligation renforcée de respecter les délais. De la même manière qu'au civil, mais avec encore plus d'acuité puisque la procédure ne doit subir aucun retard du fait que les mis en examen peuvent être détenus, l'expert nommé au pénal doit respecter les délais impartis ; mais, là encore, le texte prévoit que « si des raisons particulières l'exigent, ce délai peut être prorogé sur requête des experts et par décision motivée rendue par le magistrat ou la juridiction » (C. pr. pén., art. 161).

§ 4
Consignation

032.210 Plan. La consignation prévue en matière pénale dépend du point de savoir si l'instruction a été ouverte sur réquisitions du procureur de la République (A) ou à la suite d'une plainte avec constitution de partie civile (B).

A.
Instruction ouverte sur réquisitoire introductif du procureur de la République

032.221 Frais d'expertise pris en charge par l'État. Lorsque le juge d'instruction ordonne une expertise dans une information ouverte sur réquisitoire introductif du procureur de la République, il n'y a pas de consignation possible et c'est donc l'État qui fait l'avance des frais d'expertise.

B.
Instruction ouverte sur une plainte avec constitution de partie civile

032.231 Obligation de consignation. Mais lorsque l'instruction est ouverte à la suite d'une plainte avec constitution de partie civile d'une victime, la situation se présente différemment. En effet, l'article 88 du code de procédure pénale prévoit que le juge d'instruction rend, à réception de cette plainte, une ordonnance fixant le montant de la consignation mise à la charge de la personne ayant déposé plainte avec constitution de partie civile, à moins que celle-ci n'ait obtenu l'aide juridictionnelle. Le terme « consignation » est certes le même que celui employé lors d'une expertise civile, mais son objet est différent en matière pénale puisqu'au terme de l'article 88-1 dudit code, cette consignation est destinée à garantir, non pas le paiement des frais d'expertise, mais le paiement d'une éventuelle amende civile mise à la charge du plaignant qui a engagé une procédure de manière abusive ou dilatoire.

Certes, l'article 88-2 du même code prévoit que « le juge d'instruction peut, en cours de procédure, ordonner à la partie civile qui demande la réalisation d'une expertise de verser préalablement un complément de la consignation prévue par l'article 88, afin de garantir le paiement des frais susceptibles d'être mis à sa charge en application du second alinéa de l'article 800-1 », lequel prévoit que les frais de justice correspondant aux expertises ordonnées à la demande de la partie civile peuvent être mis à la charge de celle-ci par le juge d'instruction ou la chambre de l'instruction lorsque sa constitution « a été jugée abusive ou dilatoire ». Mais cette dernière disposition « n'est pas applicable en matière criminelle et en matière de délits contre les personnes… ou lorsque la partie civile a obtenu l'aide juridictionnelle » (C. pr. pén., art. 800-1, al. 2), de sorte que son domaine d'application s'avère très restreint.

En pratique, les juges d'instruction n'ordonnent quasiment jamais le complément de consignation prévu par l'article 88-2 du code de procédure pénale.

En tout état de cause, ce n'est pas un problème pour l'expert judiciaire qui a la garantie d'être payé par l'État, même si certains experts se plaignent parfois de la modestie et de la lenteur de ce paiement…

Obligations fondamentales de l'expert nommé au pénal

CHAPITRE 033

033.00 Division. Comme en matière civile, l'expert doit satisfaire à l'exigence d'impartialité (sect. 1) et d'accomplissement personnel de la mission d'expertise qui lui a été confiée (sect. 2).

SECTION 1 Exigence d'impartialité

033.10 Plan. Après avoir examiné ce qui, en matière pénale, est admis ou non (§ 1), nous nous attacherons au cas particulier de la proximité de l'expert avec le juge qui l'a nommé (§ 2).

§ 1 Application des mêmes exigences qu'en matière civile

033.21 Risques de récusation. Il a été rappelé, au sujet de l'expertise civile, que les experts doivent veiller à présenter toute garantie d'impartialité, sous peine de s'exposer à de graves difficultés tenant notamment à leur récusation (v. s[s] n°s 023.121 s.). Ce qui a été dit à ce sujet vaut évidemment pour les experts désignés au plan pénal.

033.22 Ce qui n'est pas admis. La chambre criminelle a évidemment jugé que l'expert ne peut accepter une mission lorsqu'il est le salarié de l'une des parties :

> **Crim. 25 sept. 2012, n° 12-82.770,** *Bull.* n° 197 ; *AJ pénal* 2012. 659, obs. C. Renaud-Duparc : « Attendu que, pour faire droit à ces demandes, la chambre de l'instruction retient que l'expert M. X, a rédigé toutes les pages de son rapport à l'en-tête de la société Y, partie civile ayant déposé la plainte initiale, chacune de ces pages portant même la mention imprimée "ce document est la propriété intellectuelle de Y" et que le procureur général a exposé à l'audience que l'expert M. X est un salarié de la société Y ; qu'elle ajoute qu'il s'ensuit les plus lourds indices d'une inféodation de l'expert à la partie civile et que c'est la désignation même de ce technicien qui doit être annulée, comme doivent l'être tous les actes auxquels il a participé, peu important qu'il n'ait eu aucun lien avec les autres parties civiles ; Attendu qu'en l'état de ces motifs et dès lors que la désignation d'un expert dépendant de l'une des parties ne permet pas de garantir les conditions du procès équitable, la chambre de l'instruction, qui a répondu aux chefs péremptoires des conclusions des parties et souverainement apprécié l'étendue de la nullité, a justifié sa décision ; »

033.23 Ce qui a été admis. En revanche, la chambre criminelle n'a pas estimé suffisamment caractérisée la partialité d'un expert nommé à la suite d'une plainte avec constitution de partie civile d'un patient contre les laboratoires ayant commercialisé le vaccin contre le virus de l'hépatite B, expert auquel il était reproché ses prises de position préalables sur le sujet :

> **Crim. 8 juin 2006, n° 06-81.359,** *Bull.* n° 172 ; *D.* 2006. 1913 ; *RDSS* 2006. 1085, obs. P. Hennion-Jacquet ; *RSC* 2006. 850, obs. R. Finielz : « Attendu que, pour rejeter cette demande (demande d'annulation de la désignaiton de l'expert pour manque d'impartialité), l'arrêt énonce que les expertises confiées au docteur X ne doivent pas être envisagées

isolément mais au regard de leur place dans le procès et de l'influence qu'elles pourraient avoir sur l'appréciation des faits par le juge ; que l'arrêt ajoute que les expertises sont critiquées alors que l'information est en cours et que toute mesure d'expertise ou de contre-expertise peut être ordonnée ; que les juges relèvent que les parties peuvent en discuter la valeur et la fiabilité et qu'elles pourront encore le faire à d'autres étapes de la procédure ; qu'ils constatent enfin qu'une contre-expertise collégiale a d'ores et déjà été ordonnée par le magistrat instructeur ;

Attendu qu'en l'état de ces motifs, d'où il résulte que, si le défaut d'impartialité d'un expert peut constituer une cause de nullité, les reproches adressés par les requérantes à l'expert concerné ne suffisent pas, en l'espèce, à priver les rapports de cet expert, dont la désignation est contestée, du caractère d'avis techniques soumis à la contradiction et à l'appréciation ultérieure des juges, la chambre de l'instruction a justifié sa décision ; »

§ 2
Cas particulier de la proximité entre l'expert et le juge qui l'a nommé

033.31 Caractère relativement inédit de la question. *A priori*, l'évocation de cette question peut surprendre, dès lors que ne sont généralement pas en cause les relations de proximité de l'expert et du juge qui l'a nommé. Ainsi que cela déjà été souligné pour les expertises civiles, les juges peuvent être légitimement enclins à désigner les experts qu'ils connaissent bien et dont ils ont déjà pu apprécier le travail. Dans le même esprit, experts et magistrats peuvent nouer des relations cordiales, voire amicales, puisqu'ils sont appelés à se rencontrer au cours de formations ou de rencontres professionnelles, sans qu'il en résulte, pour autant, une quelconque connivence (au sens péjoratif du terme).

033.32 Position de la chambre criminelle. Mais la chambre criminelle a eu à trancher la question de la proximité entre un juge d'instruction mandant et l'expert nommé : or, elle a rejeté le pourvoi en soulignant que le juge mandant avait été désigné pour instruire l'affaire avec d'autres magistrats, et que, de même, l'expert nommé l'avait été au sein d'un collège expertal comportant d'autres experts :

Crim. 11 mars 2014, n° 13-86.965, *Bull.* n° 71 : « Attendu que les juges d'instruction ont, par ordonnance, en date du 1er juin 2011, désigné, en qualité d'experts, pour examiner Mme X, Mme le professeur A, expert inscrit sur la liste nationale de la Cour de cassation à la rubrique..., M. le professeur B, expert inscrit sur la liste de la cour d'appel de... à la rubrique..., M. C, expert inscrit sur la liste de la cour d'appel de... à la rubrique..., M. le professeur D et Mme le docteur E, tous deux exerçant au CHU... ;

Attendu que, pour rejeter les demandes d'annulation des ordonnances d'expertise des 29 mai et 1er juin 2012 et des expertises effectuées en exécution de ces ordonnances, présentées sur le double fondement du défaut d'impartialité de M. Y, juge d'instruction, et du défaut d'indépendance de Mme A en raison des liens que ces personnes entretenaient, l'arrêt prononce par les motifs repris aux moyens ;

Attendu qu'en appréciant, par ces motifs exempts d'insuffisance comme de contradiction, l'impartialité du juge d'instruction et de l'expert, celui-ci ayant été choisi par le collège de l'instruction dont faisait partie M. Y en raison de sa compétence particulière et ayant participé avec les 4 autres experts désignés à l'élaboration de rapports ayant un caractère d'avis technique et soumis à la contradiction, la chambre de l'instruction a justifié sa décision sans encourir les griefs invoqués ; »

On peut donc s'interroger sur ce qui aurait été décidé s'il s'était agi de la désignation, par un seul juge, d'un seul expert avec lequel il entretenait des relations amicales.

SECTION 2
Accomplissement personnel de la mission d'expertise par l'expert

033.40 Plan. Nous rappelerons le principe (§ 1) avant d'aborder les tempéraments qui y ont été apportés (§ 2).

§ 1
Principe

033.51 Interdiction de déléguer l'accomplissement de mission. De même qu'au civil (v. ss nos 023.61 s.), l'expert nommé au pénal ne peut, en aucun cas, déléguer l'exécution de sa mission à un tiers, et notamment à l'un de ses subordonnées :

Crim. 30 mars 1999, n° 97-83.464, *Bull.* n° 59 ; *D.* 2000. 391, note T. Garé : « Attendu que, pour écarter le moyen de nullité pris de ce que l'expert désigné n'avait pas accompli personnellement sa mission, la chambre d'accusation retient que l'expertise a été confiée à X en sa qualité de chef de service à la Direction régionale de l'industrie et de la recherche et que les instruments contrôlés étaient soumis à une vérification périodique en application de l'article 2 du décret du 10 décembre 1976 réglementant les compteurs d'énergie thermique ; que les juges en déduisent que l'expertise effectuée, sous le contrôle de X, par un agent de son service commissionné à cet effet conformément au décret précité, doit être tenue pour régulière ; Mais attendu qu'en prononçant ainsi, alors que l'ordonnance du juge d'instruction, qui se bornait à rappeler les titres et fonctions de X, l'avait désigné personnellement pour procéder à l'expertise et alors que l'appartenance de l'expert désigné à un service de l'État ne l'autorisait pas à faire exécuter par l'un de ses subordonnés la mission qui lui avait été personnellement confiée, la chambre d'accusation a méconnu les textes susvisés et le principe ci-dessus rappelé ; »

§ 2
Tempéraments

033.60 Plan. L'expert peut recourir aux services ponctuels d'un tiers pour réaliser quelques actes matériels précis (A) et peut souhaiter s'adjoindre un « sapiteur » compétent dans une autre spécialité que la sienne (B).

A.
L'expert peut recourir au concours d'un tiers pour la réalisation d'actes matériels

033.71 Règle identique à celle prévue en matière civile. Comme pour l'expertise civile (v. ss no 023.70), l'expert peut solliciter le concours d'un tiers pour réaliser des actes purement matériels qui ne caractérisent pas une exécution partielle de la mission :

Crim. 24 nov. 1987, no 87-84.993, *Bull.* no 426, sommaire : « Ne constitue pas une participation à l'expertise pour laquelle il n'avait pas à être désigné le concours matériel apporté par un officier de police judiciaire, dans la reconstitution des scellés. »

Crim. 8 juin 1999, no 99-81.291, *Bull.* no 124 ; *D.* 1999. 221 : « Attendu que, pour dire n'y avoir lieu à annulation du rapport d'expertise déposé par le docteur X, l'arrêt attaqué énonce, que si une personne dénommée Y a rédigé plusieurs demandes de renseignement adressées à divers laboratoires ayant fabriqué les produits à analyser, ces demandes "qui ne comportent aucune appréciation à formuler" ne sont pas incompatibles avec l'exigence d'un travail personnel de l'expert, laquelle "ne saurait lui imposer de faire lui-même tous les actes matériels inclus dans sa mission" ; Que les juges ajoutent que le recours à un tiers pour effectuer ce type d'acte ne saurait affecter la validité de l'expertise ; Attendu qu'en l'état de tels motifs, qui établissent que le concours matériel apporté par ladite personne ne saurait constituer une participation à l'expertise pour laquelle elle n'avait pas été désignée, la chambre d'accusation a justifié sa décision sans encourir les griefs allégués ; »

B.
L'expert peut recourir aux services d'un sapiteur

033.81 Texte. Le code de procédure pénale prévoit que, « si les experts demandent à être éclairés sur une question échappant à leur spécialité, le juge peut les autoriser à s'adjoindre des personnes nommément désignées, spécialement qualifiées par leur compétence », lesquels doivent prêter serment et rédiger un rapport qui « sera annexé intégralement au rapport » de l'expert (C. pr. pén., art. 162).

033.82 Différence avec l'expertise civile. Contrairement à l'expertise civile qui permet à l'expert de désigner lui-même le sapiteur qu'il entend s'adjoindre, l'expert commis au pénal ne peut recourir au service d'un technicien d'une autre spécialité que si le juge l'y autorise par une décision :

Crim. 26 juill. 1989, no 89-82.795, *Bull.* no 297 ; *D.* 1990. 222, obs. J. Pradel, sommaire : « Il résulte des dispositions de l'article 162 du code de procédure pénale qu'il appartient au seul juge de désigner les experts adjoints aux experts déjà commis, lorsque ceux-ci demandent à être éclairés sur une question échappant à leur spécialité. »

Et le juge ne peut pas déléguer ce pouvoir à l'expert dans la mission qu'il lui confie :

Crim. 6 mai 2002, no 02-81.041, NP : « Vu l'article 162 du code de procédure pénale ; Attendu que, selon ce texte, seul le juge peut autoriser l'expert, s'il demande à être éclairé sur une question échappant à sa spécialité, à s'adjoindre des personnes spécialement qualifiées ; Attendu que l'arrêt attaqué autorise l'expert commis à demander, s'il y a lieu, l'avis de tout spécialiste de son choix ; Mais

> attendu qu'en prononçant ainsi, la cour d'appel a méconnu le texte et le principe ci-dessus rappelés ; »
> La chambre criminelle avait déjà statué dans le même sens : Crim. 6 sept. 1988, nº 88-83.731, *Bull.* nº 317.

033.83 Règles identiques à l'expertise civile. Pour le reste, les règles sont les mêmes qu'au civil :

– une fois nommé par le juge, le sapiteur doit prêter serment s'il n'est pas inscrit sur une liste de cour d'appel :

> **Crim. 4 juin 1973, nº 72-93.802,** P, sommaire : « Les experts désignés comme adjoints à d'autres experts prêtent serment dans les conditions prévues au 2e alinéa de l'article 160 du code de procédure pénale. Doit donc être cassé, sur le pourvoi de la partie civile, l'arrêt qui a statué au vu des résultats d'une expertise entachée de nullité par violation des prescriptions susvisées de l'article 162 dudit code. »

– il doit rédiger un rapport distinct qu'il signe et qui sera joint à celui de l'expert ; toutefois, il a été jugé que le fait de ne pas respecter cette façon de procéder n'est pas sanctionnée par la nullité, s'il n'en est résulté aucune atteinte aux droits de la défense :

> **Crim. 28 févr. 1974, nº 73-92.596,** *Bull.* nº 88 : « que ces deux praticiens (« les sapiteurs ») ont séparément déposé leurs rapports en décembre 1972, tandis que les Dr A et B (les experts désignés à titre principal) produisaient leur rapport d'ensemble le 20 janvier 1973... ; Attendu que, si cette façon de procéder est irrégulière au regard des dispositions de l'alinéa 3 de l'article 162 du code de procédure pénale qui prescrit que les rapports des spécialistes, adjoints à raison de leur compétence aux experts commis, doivent être annexés intégralement au rapport rédigé par ces experts, il ne saurait cependant s'ensuivre aucune violation des droits de la défense dès lors que, comme en l'espèce, les rapports de ces spécialistes ont été, en temps voulu, versés au dossier de la procédure et que les experts ont pu en prendre connaissance ; »

CHAPITRE 034

Réalisation de l'expertise pénale

034.00 Division. Seuls seront abordés les points saillants suivants : respect des délais (sect. 1), réunions en visio-conférence (sect. 2), audition des parties (sect. 3) et des « sachants » (sect. 4) par l'expert, modification de la mission (sect. 5) et gestion des scellés (sect. 6).

SECTION 1

Respect des délais impartis par le juge pénal

034.11 Nullité prononcée en cas d'atteinte portée aux droits de la défense. Le non-respect des délais par l'expert n'est sanctionné par la nullité que s'il a porté atteinte aux droits de la défense :

> **Crim. 16 oct. 1979, nº 79-92.327,** *Bull.* nº 281, sommaire : « L'obligation pour les experts de déposer leur rapport dans le délai imparti par le Juge d'instruction ne saurait être une cause de nullité, dès lors qu'il n'est pas établi qu'en l'espèce le retard constaté pour le dépôt de ce rapport ait porté atteinte aux droits de la défense. »

Mais l'expert qui ne respecte pas les délais impartis :

- peut faire l'objet d'un remplacement par le juge d'instruction ;
- risque de ne pas être réinscrit au terme de sa période d'inscription, qu'elle soit probatoire ou qu'il s'agisse d'une réinscription ;
- Peut faire l'objet de poursuites disciplinaires
- est susceptible d'engager sa responsabilité civile.

SECTION 2

Recours à la visio-conférence en matière d'expertise pénale

034.21 Texte prévoyant les hypothèses de recours à la visio-conférence. En matière pénale, l'article 706-71 du code de procédure pénale liste les cas dans lesquels il peut être recouru à la visio-conférence. Or, ce texte, s'il prévoit la notification d'une expertise par visio-conférence (al. 7), est taisant sur la réalisation de celle-ci par un tel moyen de communication audiovisuel.

034.22 Position de la chambre criminelle : impossibilité, pour les experts médecins et psychologues, de recourir à la visio-conférence. La chambre criminelle a donc sanctionné un tel procédé en précisant que le recours à la visio-conférence en matière pénale, par un expert médecin ou psychologue, entraîne la nullité de l'expertise, sans même qu'il soit besoin de prouver le grief en résultant pour la personne examinée :

> **Crim. 22 nov. 2023, nº 22-86.713,** P ; *D.* 2023. 2087 ; *D.* 2024. 384, chron. L. Ascensi, S. Gillis, B. Joly, O. Violeau, P. Mallard et L. Guerrini ; *AJ pénal* 2024. 49 et les obs. : « Vu l'article 706-71 du code de procédure pénale : 18. Selon le premier alinéa de ce texte, issu de la loi nº 2019-222 du 23 mars 2019, il peut être recouru au cours de la procédure pénale, aux fins d'une bonne administration de la justice, si le magistrat en charge de la procédure ou le président de la juridiction l'estime justifié, dans les cas et modalités prévus par cet article, à un moyen de télécommunication audiovisuelle. 19. Il s'ensuit, d'une part, que l'usage d'un moyen de télécommunication audiovisuelle est limité aux cas prévus par le texte. 20. D'autre part, cette disposition s'applique à tous les actes accomplis au cours de la procédure. 21. Dès lors, le texte susvisé interdit le recours à un moyen de télécommunication audiovisuelle à l'occasion de l'examen de la personne mise en examen, du témoin assisté ou de la partie civile par les médecins et psychologues experts, auquel se réfère l'article 164, alinéa 3, du code de procédure pénale. 22. Constitue une violation des règles relatives à l'établissement et à l'administration de la preuve en matière pénale la méconnaissance dudit texte, qui impose que l'examen d'une personne soit réalisé par l'expert, en sa présence, de sorte que toute partie qui y a intérêt a qualité pour invoquer la nullité tirée de la méconnaissance de ces dispositions. 23. Une telle irrégularité fait nécessairement grief aux parties concernées. »

Certes, cette décision ne concerne que les experts médecins et psychologues (puisque le pourvoi ne soumettait que leur cas et que la Cour de cassation ne répond qu'à la question précise posée), mais on ne voit pas ce qui, dans le texte de l'article 706-71 du code de procédure pénale, autoriserait le recours à la visio-conférence pour les expertises pénales d'une autre nature.

034.23 Position du Conseil constitutionnel : réticences vis-à-vis du recours à la visio-conférence pour l'audition des mis en examen dont la détention est en cause. Au demeurant, le Conseil constitutionnel lui-même a rendu plusieurs décisions marquant sa réticence à étendre le recours à la visio-conférence à l'audition des mis en examen dont la détention est en cause au regard de « l'importance de la garantie qui s'attache à la présentation physique de l'intéressé devant le magistrat ou la juridiction compétent dans le cadre d'une procédure de détention provisoire » (Décis. 21 mars 2019, nº 2019-778-DC ; décis. 20 sept. 2019, nº 2019-802 QPC ; Décis. 15 janv. 2021, nº 2020-872-QPC) et ce, malgré les contraintes résultant des procédures d'extraction des détenus et de la crise sanitaire du COVID 19 :

> **Cons. const. 21 mars 2019, nº 2019-778-**DC : « 233. En supprimant l'obligation de l'accord de l'intéressé pour le recours à des moyens de télécommunication audiovisuelle s'agissant des débats relatifs à la prolongation d'une mesure de détention provisoire, le législateur a entendu contribuer à la bonne administration de la justice et au bon usage des deniers publics, en évitant les difficultés et les coûts occasionnés par l'extraction de la personne placée en détention provisoire. 234. Toutefois, le recours à des moyens de télécommunication audiovisuelle peut être imposé à l'intéressé lorsqu'il doit être entendu en vue de la prolongation de sa détention, y compris lorsque ce recours n'est pas justifié par des risques graves de troubles à l'ordre public ou d'évasion. Dès lors, eu égard à l'importance de la garantie qui s'attache à la présentation physique de l'intéressé devant le magistrat ou la juridiction compétent dans le cadre d'une procédure de détention provisoire et en l'état des conditions dans lesquelles s'exerce un tel recours à ces moyens de télécommunication, les dispositions contestées portent une atteinte excessive aux droits de la défense. Sans qu'il soit besoin de se prononcer sur les autres griefs, le 3° du paragraphe X de l'article 54 est donc contraire à la Constitution. »

SECTION 3
Audition des parties lors de l'expertise pénale

034.30 Plan. Contrairement à l'expert mandaté dans une instance civile, lequel doit entendre toutes les parties, l'expert requis au pénal est soumis à des règles bien différentes.

§ 1
Distinction opérée entre les experts médecins et psychologues et les experts d'autres spécialités

034.41 Règles applicables. La distinction opérée entre d'une part, les experts médecins et psychologues et d'autre part, les experts d'autres spécialités résulte des prescriptions du code de procédure pénale :

> **C. pr. pén., art. 164** :
>
> Les experts peuvent recevoir, à titre de renseignement et pour le seul accomplissement de leur mission, les déclarations de toute personne autre que la personne mise en examen, le témoin assisté ou la partie civile.
>
> Toutefois, si le juge d'instruction ou le magistrat désigné par la juridiction les y a autorisés, ils peuvent à cette fin recevoir, avec l'accord des intéressés, les déclarations de la personne mise en examen, du témoin assisté ou de la partie civile nécessaires à l'exécution de leur mission. Ces déclarations sont recueillies en présence de leur avocat ou celui-ci dûment convoqué dans les conditions prévues par le 2e alinéa de l'article 114, sauf renonciation écrite remise aux experts. Ces déclarations peuvent être également recueillies à l'occasion d'un interrogatoire ou d'une déposition devant le JI en présence de l'expert.
>
> Les médecins ou psychologues experts chargés d'examiner la personne mise en examen, le témoin assisté ou la partie civile peuvent dans tous les cas leur poser des questions pour l'accomplissement de leur mission hors la présence du juge et des avocats.

§ 2 Cas des experts médecins (notamment psychiatres) et psychologues

034.50 Plan. Les experts médecins et psychologues peuvent entendre les parties (A) selon certaines modalités qui seront précisées (B, C).

A. Possibilité donnée aux experts médecins et psychologues d'entendre les parties sur les faits

034.61 Audition des mis en examen sur les faits. Cette audition paraît logique au regard de la mission qui leur est dévolue :

> **Crim. 24 janv. 2006, nº 05-86.416** : « Attendu que, par ailleurs, celui invoqué à la seconde branche est inopérant, dès lors qu'il ne résulte d'aucun texte que l'accomplissement d'une mesure d'expertise psychiatrique interdise aux experts d'examiner les faits et d'envisager la culpabilité de la personne mise en examen, ainsi que son accessibilité à une sanction pénale ; »
>
> Il existe de nombreuses autres décisions dans le même sens : Crim. 9 avr. 1991, nº 91-80.614, *Bull.* nº 169 ; Crim. 29 oct. 2003, nº 03-84.617, P ;

On notera que ce faisant, la mission des experts médecins, notamment psychiatres, et psychologues se distingue nettement de celle des enquêteurs de personnalité (dont les investigations ne constituent d'ailleurs pas une expertise) puisque ces derniers ne sont pas autorisés à entendre les intéressés sur les faits, ni à retranscrire les déclarations qui leur seraient faites sur ce point :

> **Crim. 12 avr. 2016, nº 15-86.298,** *Bull.* nº 129 : « Vu les articles 6 de la convention européenne des droits de l'homme, 81, alinéa 6, D. 16 du code de procédure pénale, ensemble l'article 114 de ce code ; Attendu qu'il résulte de ces textes que, si l'enquêteur désigné par le juge d'instruction pour faire rapport sur la personnalité et la situation matérielle, familiale ou sociale de la personne mise en examen peut, à cette fin, s'entretenir avec celle-ci, hors la présence de son avocat et sans que ce dernier ait été appelé, il ne peut lors de cet entretien recueillir aucune déclaration de l'intéressé sur les faits qui lui sont reprochés ; Attendu qu'il résulte de l'arrêt attaqué et des pièces de la procédure que M. X a été mis en examen des chefs de complicité de viol aggravé et d'agression sexuelle aggravée ; que le juge d'instruction a ordonné une enquête de personnalité ; que le mis en examen a présenté une requête aux fins d'annulation de cette enquête ; Attendu que, pour rejeter la dite requête, l'arrêt relève que l'enquêteur a consacré un paragraphe et une partie de la conclusion du rapport d'enquête à la position de la personne mise en examen sur les faits ; que les juges ajoutent, d'une part, qu'il n'a pas été porté atteinte aux intérêts de M. X, lequel n'a fait que réitérer ses précédentes dénégations, et, d'autre part, que celui-ci pourra former un recours contre la décision rendue au fond, au cas où les juges fonderaient une éventuelle déclaration de culpabilité sur les mentions litigieuses du rapport ; Mais attendu qu'en statuant ainsi, la chambre de l'instruction a méconnu les textes susvisés et le principe ci-dessus énoncé ; »

B. Modalités d'audition des parties par les médecins et psychologues

034.71 Audition des mis en examen hors la présence de leur avocat. La chambre criminelle a confirmé que les experts médecins et psychologues peuvent examiner et entendre les parties hors la présence de leurs avocats :

> **Crim. 30 avr. 1996, nº 96-80.829,** *Bull.* nº 183, sommaire : « L'article 164, alinéa 4, du code de procédure pénale autorise les médecins et psychologues experts chargés d'examiner une personne mise en examen à lui poser des questions nécessaires à l'accomplissement de leur mission, hors la présence du juge d'instruction et des avocats, y compris sur les faits qui lui sont reprochés. »

034.72 Interdiction faite aux experts psychiatres et psychologues de prendre parti sur la culpabilité du mis en examen entendu. L'interdiction faite aux experts médecins psychiatres et psychologues de prendre parti sur la culpabilité est logique dès lors que l'expert doit se montrer impartial et ne pas empiéter sur les fonctions du juge ; elle résulte clairement d'une décision de la chambre criminelle :

> **Crim. 23 janv. 2018, nº 16-82.523** : « Attendu que pour rejeter le moyen pris de la nullité des rapports d'examens psychologiques, tiré du défaut d'impartialité de l'expert, l'arrêt retient que les questions posées au technicien et les réponses apportées par celui-ci étaient en relation précise avec la mission d'examen psychologique qui lui était confiée ; Mais attendu qu'en statuant ainsi, alors que les conclusions du rapport d'examen psychologique du demandeur affirmaient explicitement la culpabilité de celui-ci, la cour d'appel a méconnu le texte susvisé et le principe ci-dessus rappelé ; »

034.73 Audition en présence d'un interprète en cas de nécessité. L'audition par l'expert doit se faire en présence d'un interprète, si la personne entendue maîtrise mal la langue française :

> **Crim. 21 mars 2007, nº 06-89.554,** *Bull.* nº 90 ; *D.* 2007. 1271, obs. A. Darsonville ; *AJ pénal* 2007. 229, obs. G. Royer; *RSC* 2007. 898, obs. J.-F. Renucci : « Attendu que, pour rejeter la demande d'annulation des rapports d'expertises psychiatrique et psychologique prise de ce que les déclarations de X avaient été recueillies sans interprète alors qu'il ne parlait le français que très approximativement, la chambre de l'instruction énonce, d'une part, que les articles 102 et 121 du code de procédure pénale, s'ils visent les auditions de témoins, interrogatoires et confrontations, ne mentionnent pas l'expertise et, d'autre part, que le rapport d'expertise étant une pièce de procédure soumise au débat contradictoire, les droits de la défense sont sauvegardés ; Mais attendu qu'en se déterminant ainsi, sans rechercher si l'assistance d'un interprète était nécessaire à la conduite des expertises alors qu'il avait bénéficié d'une telle assistance durant sa garde à vue et lors des interrogatoires menés par le juge d'instruction, la chambre de l'instruction n'a pas justifié sa décision ; »

C.
Problème soumis par certains avocats

034.81 Objections soulevées par certains avocats. Les objections soulevées par certains avocats sont doubles :

– les avocats ont d'abord soutenu que l'audition des mis en examen par les experts médecins, notamment psychiatres, et les psychologues, hors leur présence constitue une violation du principe du procès équitable, dès lors que leurs clients peuvent être conduits, lors de leur entretien avec ces experts, à faire des révélations qui les auto-incriminent ; mais la chambre criminelle a estimé que cette pratique ne contrevient pas aux prescriptions de l'article 6 de la Convention européenne des droits de l'homme :

> **Crim. 6 sept. 1993, nº 93-82.861,** *Bull.* nº 261 : « qu'en effet, d'une part, aux termes de l'article 164, alinéa 4, du code de procédure pénale, les médecins-experts chargés d'examiner l'inculpé peuvent lui poser les questions nécessaires à l'accomplissement de leur mission, hors la présence du juge et des avocats ; que, d'autre part, ce texte n'est pas incompatible avec les dispositions de l'article 6 de la Convention européenne de sauvegarde des droits de l'homme et des libertés fondamentales, qui sont étrangères aux opérations d'expertise et dont l'objet est d'assurer les droits de la défense devant les juridictions ; »

– certains avocats ont fait observer que l'audition d'un mis en examen par un juge pénal doit être précédée de la notification, faite par ce dernier au premier, du droit de se taire, alors que cette garantie n'est pas offerte lorsque l'audition du mis en examen est faite par l'expert psychiatre ou psychologue ; mais, là encore, il a été jugé que l'audition du mis en examen par l'expert et la retranscription des propos qui lui sont tenus ne contreviennent pas aux droits de l'intéressé :

> **Crim. 11 juill. 2017, nº 16-87.660,** sommaire, P : « L'audition, par l'expert psychiatre, de la personne mise en examen sur les faits qui lui sont reprochés et la retranscription par cet expert, dans

son rapport, des propos qui lui ont été tenus au cours de l'examen, réalisé dans les conditions de l'article 164, alinéa 3, du code de procédure pénale, ne sont pas contraires aux droits de l'intéressée d'être assistée d'un avocat et de garder le silence, dès lors que les déclarations recueillies dans ces conditions, d'une part, seront, le cas échéant, soumises au débat contradictoire devant la juridiction de jugement dans le respect des droits de la défense, d'autre part, ne pourront, en application du dernier alinéa de l'article préliminaire du code de procédure pénale, servir d'unique fondement à une déclaration de culpabilité. N'encourt en conséquence pas la censure, dès lors qu'il n'était pas soutenu que l'expert aurait manqué au devoir d'impartialité ou au respect de la présomption d'innocence, l'arrêt qui écarte l'exception de nullité d'un rapport d'expertise psychiatrique retranscrivant des propos tenus à l'expert par lesquels la personne mise en examen s'auto-incriminait. »

034.82 Non renvoi au Conseil constitutionnnel d'une question prioritaire de constitutionnalité portant sur ce sujet. La chambre criminelle de la Cour de cassation a été saisie d'une question prioritaire de constitutionnalité relative à l'exclusion de l'avocat lors de l'entretien du mis en examen avec un médecin ou un psychologue expert et faisant observer, de surcroît, que les déclarations tenues dans le cadre de cet échange ne font l'objet d'aucune retranscription intégrale ni d'un enregistrement, empêchant ainsi le mis en examen de les contester. Estimant que cette question ne présentait pas un caractère sérieux, la Cour de cassation a refusé de la transmettre au Conseil constitutionnel dans les termes suivants :

Crim. 25 févr. 2025, nº 24-90.017, NP : « 5. En premier lieu, les dispositions critiquées ne portent pas atteinte aux droits de la défense, dès lors que, d'une part, les déclarations faites par la personne mise en examen à un médecin ou à un psychologue expert, hors la présence d'un avocat, ne peuvent servir d'unique fondement à une déclaration de culpabilité et seront, le cas échéant, soumises au débat contradictoire devant la juridiction de jugement dans le respect des droits de la défense, d'autre part, la personne mise en examen n'est pas privée de la possibilité, par l'intermédiaire de son avocat, de modifier ou de compléter les questions posées à l'expert, et, après achèvement des opérations, de présenter des observations sur le rapport déposé, ou formuler une demande, notamment aux fins de complément d'expertise ou de contre-expertise. 6. En second lieu, le principe d'égalité ne s'oppose ni à ce que le législateur règle de façon différente des situations distinctes, ni à ce qu'il déroge à l'égalité pour des raisons d'intérêt général, pourvu que dans l'un ou l'autre cas, la différence de traitement qui en résulte soit en rapport direct avec l'objet de la loi qui l'établit et qu'elle ne crée pas de discriminations injustifiées. 7. Les dispositions critiquées n'instaurent aucune différence de traitement entre les justiciables dès lors que la personne mise en examen pourra être assistée de son avocat pour tous les autres actes de la procédure et que ces dispositions s'appliquent de manière uniforme à toutes les personnes mises en examen placées dans la même situation. 8. Elles sont en lien direct avec l'objet de la loi en ce que le traitement différent réservé aux expertises médicales et psychologiques est justifié par le souci de préserver le secret médical ou l'intimité de la personne concernée et que ces dispositions n'ont vocation à s'appliquer qu'à titre exceptionnel, dans le cadre d'une expertise médicale ou psychologique. »

034.83 Recommandations. Il paraît utile de conseiller aux experts psychiatres et psychologues d'éviter toute ambiguïté en procédant comme suit :

– ils doivent bien expliquer au mis en examen, en début d'entretien, le rôle qui est le leur ;

– ils ne doivent pas sortir de ce rôle en se livrant à un véritable interrogatoire de l'intéressé sur les faits, mais doivent retranscrire les éventuelles déclarations spontanées du mis en examen sur lesdits faits de manière précise et sans censure des propos tenus.

§ 3

Cas des autres experts

034.90 Plan. Les experts autres que les médecins et les psychologues ont interdiction d'entendre les parties (A), sauf autorisation expresse du juge, qui, si elle leur est donnée, doit les conduire à respecter certaines modalités (B).

A.

Interdiction d'entendre les parties sauf autorisation expresse du juge

034.101 Texte. Il résulte de l'article 164 du code de procédure pénale ci-dessus rappelé que les autres experts ne peuvent entendre les parties, à savoir les parties civiles, les mis en examen et les témoins assistés, sauf autorisation expresse du juge d'instruction.

En cas de violation de cette interdiction, ils s'exposent à la nullité de leur rapport, sans même qu'il soit besoin d'établir le grief en résultant dès lors qu'il s'agit d'une règle touchant à l'organisation judiciaire :

> **Crim. 17 janv. 2006, nº 05-86.326,** *Bull.* nº 19, *D.* 2006. 531 ; *D.* 2007. 973, obs. J. Pradel ; *AJ pénal* 2006. 175, obs. C. Girault : « Vu l'article 164 du code de procédure pénale, ensemble l'article 158 dudit code ; Attendu qu'il résulte de ces textes que l'expert désigné ne peut recevoir, à titre de renseignement et pour le seul accomplissement de sa mission, les déclarations de la personne mise en examen, du témoin assisté ou de la partie civile, que si le juge d'instruction l'y a autorisé ; ... Attendu que A, mis en examen après dépôt du rapport d'expertise, a excipé de la nullité de cet acte, en faisant valoir que, malgré l'interdiction du magistrat instructeur, l'expert avait procédé à plusieurs reprises à l'audition des représentants de la partie civile et de l'expert-comptable de la société ; Attendu que, pour refuser de faire droit à cette demande, l'arrêt relève que seule la personne entendue par l'expert, en l'espèce la partie civile, pouvait invoquer la violation des dispositions de l'article 164 du code de procédure pénale, et que la personne mise en examen ne peut prétendre avoir souffert du non-respect d'une règle qui n'avait pas pour objet de le protéger ; Mais attendu qu'en prononçant ainsi, alors que l'expert, en procédant à des auditions qui n'avaient pas été autorisées par le juge, a outrepassé les limites de sa mission et, ainsi, méconnu une règle touchant à l'organisation judiciaire à laquelle les dispositions de l'article 802 du code de procédure pénale sont étrangères, la chambre de l'instruction a violé les textes susvisés et le principe ci-dessus énoncé ; »

034.102 Interdiction d'employer des moyens détournés pour recueillir les observations des parties. La chambre criminelle a censuré la pratique d'experts-comptables qui n'avaient certes pas entendu le mis en examen, mais avaient cru pouvoir lui adresser un questionnaire à remplir, ce qui était une façon de détourner l'interdiction :

> **Crim. 2 mars 1972, nº 70-91.182,** *Bull.* nº 82, sommaire : « Viole les prescriptions de l'article 164 du code de procédure pénale qui fixe les règles que doivent obligatoirement suivre les experts pour interroger les inculpés et, dès lors, entraîne la nullité de l'expertise, le procédé consistant, pour à des experts, à provoquer les explications d'un inculpé en lui adressant par lettre un questionnaire écrit auquel cet inculpé doit lui-même répondre par lettre »

034.103 Possibilité de recueillir un simple renseignement technique indispensable à l'accomplissement de la mission. L'expert chargé d'une expertise informatique peut toutefois recueillir, du mis en examen, des renseignements techniques indispensables à ses opérations, à savoir lui demander ses mots de passe (ce qui paraît de bon sens si l'on veut que l'expertise puisse avoir lieu) :

> **Crim. 16 oct. 2001, nº 01-85.323,** NP : « qu'en l'espèce, l'expert s'est rendu le 19 juin 2000, en compagnie des gendarmes enquêteurs, au domicile de X aux fins d'accomplir sa mission d'expertise informatique ; que l'expert précise dans son rapport que X a "collaboré" à son travail et que, lorsque cela fut nécessaire, "il a répondu, semble-t-il sans réserve, à l'ensemble des questions" posées par l'expert afin "tout particulièrement de permettre à l'expert à l'aide des mots de passe d'accéder à la messagerie internet disponible auprès du fournisseur d'accès internet" ; ... Attendu qu'il résulte de l'arrêt attaqué et des pièces de la procédure que X, mis en examen, a saisi la chambre de l'instruction d'une requête en annulation... ; Attendu que, pour rejeter la requête, la chambre de l'instruction retient... d'autre part qu'il s'est borné à demander au mis en examen, sans opposition de celui-ci, de simples renseignements techniques indispensables à ses opérations, ... ; Attendu qu'en l'état de ces seuls motifs, la chambre de l'instruction a justifié sa décision ; »

B.
Modalités de l'audition des parties lorsqu'elle est autorisée par le juge d'instruction

034.111 Particularités. Lorsque l'audition des parties par l'expert est autorisée par le juge d'instruction, celle-ci doit se faire en présence de l'avocat de l'intéressé ou celui-ci dûment convoqué, sauf renonciation écrite de l'intéressé remise à l'expert.

L'audition ne nécessite pas l'établissement, par l'expert, d'un procès-verbal des déclarations qui lui sont faites :

> **Crim. 18 mai 1983, nº 82-93.410,** *Bull.* nº 148 : « Attendu que les experts commis par le JI ont, sur délégation de ce magistrat agissant en application des dispositions de l'article 164, alinéa 2 du code

de procédure pénale, entendu l'inculpé dont ils ont résumé les dires en leur rapport ; Attendu que, pour rejeter l'exception présentée devant les 1ers juges avant toute défense au fond et fondée sur une prétendue nullité du rapport d'expertise faute d'établissement d'un procès-verbal d'interrogatoire établi conformément aux prescriptions des articles 106 et 107 du même code, la cour d'appel énonce qu'"aucun texte légal n'imposant aux experts de reproduire mot par mot les questions posées et les réponses fournies" aucune violation de la loi ne saurait être invoquée ; Attendu qu'en statuant ainsi les juges ont donné une base légale à leur décision sans encourir les griefs du moyen ; qu'en effet, l'article 164, alinéa 2, du code de procédure pénale précise que, dans le cas prévu par cet article, la seule obligation commune à tous ceux procédant à l'interrogatoire d'un inculpé est d'observer les formes et conditions édictées par les articles 118 et 119 dudit code ; que les experts régulièrement délégués pour accomplir un tel acte n'ont, par suite, à rendre compte de l'exécution de leur mission que dans le rapport qu'ils sont tenus de rédiger par application des dispositions de l'article 166 du code de procédure pénale ; »

SECTION 4

Audition des « sachants » lors de l'expertise pénale

034.121 Différences avec les règles applicables en matière civile. L'expert commis au pénal ne peut entendre les « sachants » que s'il y a été autorisé par le juge (C. pr. pén., art. 165). Nombreuses sont donc les missions qui précisent d'emblée que l'expert peut entendre tous « sachants » si leur audition lui paraît nécessaire à l'accomplissement de sa mission.

L'expert aura soin de s'assurer de l'identité des sachants et de mentionner tout renseignement à ce sujet. Il n'a pas à faire prêter serment aux « sachants » qu'il entend et ne dispose d'aucun moyen coercitif pour les entendre si ceux-ci refusent d'être entendus.

SECTION 5

Modification de la mission au cours de l'expertise pénale

034.131 Saisine du juge. Les parties peuvent, « au cours de l'expertise..., demander à la juridiction qui l'a ordonnée qu'il soit prescrit aux experts d'effectuer certaines recherches » (C. pr. pén., art. 165).

Le juge apprécie l'utilité de celles-ci.

SECTION 6

Gestion des scellés par l'expert en matière pénale

034.141 Diligences à accomplir par l'expert. L'expert commis au pénal doit localiser et aller chercher les scellés désignés par le juge dans la mission, scellés qu'il récupère contre signature d'un récépissé. Il en devient alors gardien, de sorte qu'il doit s'attacher à les transporter et à les stocker dans un endroit sécurisé : il est ainsi totalement déconseillé aux experts de laisser des scellés dans un véhicule en stationnement.

Il existe des scellés ouverts et des scellés fermés, ces derniers étant utilisés pour en préserver l'intégrité. Dans ce dernier cas, « les experts sont habilités à procéder à l'ouverture ou à la réouverture des scellés, et à confectionner de nouveaux scellés après avoir, le cas échéant, procéder au reconditionnement des objets qu'ils étaient chargés d'examiner », étant précisé que « dans ce cas, ils en font mention dans leur rapport, après avoir, s'il y a lieu, dressé inventaire des scellés ». Il est aussi précisé que les dispositions du 6e alinéa de l'article 97 ne sont pas applicables, ce qui est heureux puisque ce dernier texte prévoit que « lorsque ces scellés sont fermés, ils ne peuvent être ouverts et les documents dépouillés qu'en présence de la personne mise en examen, assistée de son avocat, ou eux dûment appelés » (C. pr. pén., art. 163).

034.142 Restitution des scellés au greffe après accomplissement de la mission. Lors du dépôt de son rapport, l'expert remet les scellés entre les mains du greffier de la juridiction qui a ordonné l'expertise et « ce dépôt est constaté par procès-verbal » (C. pr. pén., art. 166, al. 3).

CHAPITRE

Rapports d'expertise prévus en matière pénale

035

035.00 Division. Différents rapports sont prévus en matière pénale, qu'il s'agisse du rapport d'étape (sect. 1), du rapport provisoire (sect. 2), d'un possible pré-rapport sollicité de manière prétorienne (sect. 3), ou du rapport définitif (sect. 4).

SECTION 1

Rapport d'étape

035.11 Spécificité pénale applicable aux expertises longues. Un rapport d'étape peut être demandé à l'expert par le juge d'instruction, « si le délai prévu à l'article 161 excède un an » (C. pr. pén., art. 161-2).

Ce rapport d'étape ouvre une fenêtre d'échanges entre l'expert et les parties, puisque ce rapport est « notifié aux parties », lesquelles « peuvent alors adresser en même temps à l'expert et au juge leurs observations en vue du rapport définitif » (même article).

Mais ce stade d'échanges n'est prévu que pour les expertises d'une durée de plus d'un an, de sorte qu'il n'existe pas pour de nombreuses expertises.

SECTION 2

Rapport provisoire

035.21 Respect du principe de contradiction avant la remise du rapport. Un rapport provisoire peut être demandé à l'expert par le juge d'instruction, le ministère public et les parties, ouvrant également une fenêtre de contradiction puisque « le ministère public et les parties disposent alors d'un délai fixé par le juge d'instruction qui ne saurait être inférieur à 15 jours ou, s'il s'agit d'une expertise comptable ou financière, à un mois, pour adresser en même temps à l'expert et au juge les observations écrites qu'appelle de leur part ce rapport provisoire » (C. pr. pén., art. 167-2).

SECTION 3

Pratique prétorienne du « pré-rapport »

035.31 Caractère prétorien du pré-rapport dont le concept n'a rien à voir avec le « pré-rapport » en matière civile. L'envoi d'un pré-rapport en matière pénale n'est mentionné que pour mémoire, dès lors qu'il ne résulte d'aucun texte et constitue une pratique parfois utilisée par des juges d'instruction dans des cas particuliers techniquement délicats. En effet, il arrive que le juge d'instruction demande à l'expert de lui adresser, de manière informelle, un pré-rapport (qui n'a rien à voir avec le pré-rapport évoqué en matière civile), lui permettant d'apprécier si l'expert a bien rempli la totalité de sa mission et s'est prononcé clairement sur le problème qui lui est soumis.

Afin d'éviter tout malentendu, je souligne qu'il ne s'agit aucunement d'exercer une quelconque pression sur la position développée par l'expert, mais simplement de vérifier que son rapport sera exploitable, dans l'intérêt bien compris de toutes les parties.

SECTION 4

Rapport définitif

035.40 Plan. Nous évoquerons son contenu (§ 1, 2, 3), les modalités de sa remise par l'expert (§ 4) et de sa notification par le greffe (§ 5), avant d'aborder les conséquences d'une éventuelle nullité (§ 6) et le cas tout à fait particulier de l'expertise psychiatrique concluant à l'irresponsabilité pénale du mis en examen (§ 7).

§ 1
Contenu du rapport définitif

035.51 Texte. Le rapport d'expertise pénale comporte les mêmes mentions indispensables mentionnées à propos de l'expertise civile, à savoir « la description desdites opérations, ainsi que leurs conclusions », la signature de ou des experts, ainsi que « les noms et qualités des personnes qui les ont assistés, sous leur contrôle et leur responsabilité ». Il est également précisé que « lorsque plusieurs experts ont été désignés et s'ils sont d'avis différents ou s'ils ont des réserves à formuler sur des conclusions communes, chacun d'eux indique son opinion ou ses réserves en les motivant » (C. pr. pén., art. 166, al. 1er et 2) :

> **C. pr. pén., art. 166 :**
>
> Lorsque les opérations d'expertise sont terminées, les experts rédigent un rapport qui doit contenir la description desdites opérations ainsi que leurs conclusions. Les experts signent leur rapport et mentionnent les noms et qualités des personnes qui les ont assistés, sous leur contrôle et leur responsabilité, pour la réalisation des opérations jugées par eux nécessaires à l'exécution de la mission qui leur a été confiée.
>
> Lorsque plusieurs experts ont été désignés et s'ils sont d'avis différents ou s'ils ont des réserves à formuler sur des conclusions communes, chacun d'eux indique son opinion ou ses réserves en les motivant.
>
> Le rapport et les scellés, ou leurs résidus, sont déposés entre les mains du greffier de la juridiction qui a ordonné l'expertise ; ce dépôt est constaté par procès-verbal.
>
> Avec l'accord du juge d'instruction, les experts peuvent, directement et par tout moyen, communiquer les conclusions de leur rapport aux officiers de police judiciaire chargés de l'exécution de la commission rogatoire, au procureur de la République ou aux avocats des parties.

035.52 Structure du rapport. Sans grande originalité, le rapport d'expertise doit contenir (C. pr. pén., art. 166) :

- un préambule rappelant les conditions de désignation de l'expert ;
- le contenu de sa mission ;
- la description de ses opérations ;
- la discussion sur les points soumis ;
- les conclusions de l'expert ;
- les annexes.

035.53 Rédaction du rapport. La rédaction du rapport d'expertise pénal doit satisfaire à toutes les exigences qui ont déjà été évoquées pour les rapports d'expertise civile (v. ss nos 027.41, 027.42) : lisibilité du rapport et explicitation des termes techniques, concision et précision de l'avis de l'expert.

De même, l'expert veillera à éviter d'insérer, dans son rapport, des appréciations personnelles susceptibles de prêter le flanc à la critique au regard de son obligation d'impartialité.

C'est ainsi qu'une cour d'appel a été saisie d'une demande d'annulation fondée sur le fait que l'expert avait intégré, dans son rapport, des commentaires inappropriés ; si elle a finalement rejeté la demande de nullité, position que la Cour de cassation a validée, cet arrêt démontre qu'il convient d'être attentif sur ce point :

> **Crim. 13 oct. 2009, no 09-83.669,** *Bull.* no 167, *D.* 2009. 2554 ; *D.* 2010. 39, chron. A. Leprieur, P. Chaumont et E. Degorce ; *D.* 2254, obs. J. Pradel ; *AJ pénal* 2009. 502, obs. C. Girault : « Attendu que, pour refuser d'annuler le rapport d'expertise du professeur X, l'arrêt prononce par les motifs repris au moyen ; Qu'en cet état, et dès lors que les appréciations de l'expert, qui a répondu aux questions d'ordre technique conformément à la mission qui lui a été confiée par le juge d'instruction, restent soumises à la discussion des parties et à l'appréciation des juges du fond, la chambre de l'instruction n'encourt pas les griefs allégués ; »

§ 2
Formule relative à l'accomplissement personnel des opérations d'expertise

035.61 Formule non sacramentelle. Si les experts apposent très souvent, dans leurs rapports d'expertise, une formule attestant qu'ils ont rempli personnellement leur mission, il a été jugé qu'il n'existe aucune formule sacramentelle :

> **Crim. 24 nov. 1992, nº 92-84.997,** NP : « Qu'en outre l'article 166, alinéa 1er du code de procédure pénale n'impose aux experts aucune formule sacramentelle pour attester qu'ils ont personnellement rempli leur mission ; que cette attestation ne doit pas nécessairement être incluse dans leur rapport et peut être faite lors du dépôt de ce dernier ; que la mention que le greffier a portée sur le procès-verbal de dépôt du rapport d'expertise et selon laquelle l'expert X a, en effectuant ce dépôt, attesté avoir personnellement accompli les opérations qui lui avaient été confiées, fait foi jusqu'à inscription de faux et suffit à établir que les dispositions du texte précité ont été respectées ; »

§ 3
Signature du rapport d'expertise

035.71 Principe. Le rapport définitif doit être évidemment signé par l'expert et, en cas de désignation d'un collège d'experts, par chacun d'entre eux (C. pr. civ. art. 166, al. 1er).

035.72 Conséquences d'un défaut de signature. Toutefois, il a été jugé que l'absence de signature du rapport est sans incidence si ce dernier est accompagné d'une lettre de transmission qui, elle, est signée par l'expert :

> **Crim. 7 janv. 1992, nº 91-85.870,** NP : « Attendu que si le rapport d'expertise balistique établi, selon les mentions liminaires de ce document, par le docteur X, directeur du laboratoire interrégional de police de..., n'est pas signé, la lettre de transmission de ce rapport au juge d'instruction (cote D 57) porte la signature du docteur X ; qu'ainsi la Cour de cassation est en mesure de s'assurer que le rapport a été rédigé par l'expert commis par le juge d'instruction ; »
>
> Voir aussi : Crim. 16 oct. 2001, nº 01-85.323, NP.

De même, un défaut de signature peut être régularisé :

> **Crim. 28 mars 1990, nº 90-80.285,** NP : « Attendu que, s'il appert de l'examen des pièces de la procédure d'une part que le rapport déposé le 5 novembre 1985 par les experts psychiatres A et B porte, contrairement aux allégations du moyen, la seule signature du docteur B, il résulte cependant d'un complément d'expertise psychiatrique confié à ces mêmes praticiens que le rapport établi à cette occasion est signé des deux experts, authentifiant ainsi leur rapport antérieur ; »
>
> Voir également : **Crim. 6 févr. 1990, nº 89-86.334,** NP.

En revanche, l'absence de signature du rapport est une cause de nullité qui peut être relevée d'office par la chambre de l'instruction :

> **Crim. 6 nov. 1990, nº 90-85.152,** NP : « Attendu qu'il résulte de l'article 166 du code de procédure pénale, que, lorsque plusieurs experts ont été désignés, le rapport qu'ils déposent à l'issue de leurs opérations doit être signé par chacun d'eux ; que cette formalité est substantielle ; Attendu que le juge d'instruction chargé de l'information suivie contre X a ordonné une expertise mentale, qu'il a confiée aux docteurs A et B ; que, cependant, le rapport qui a été déposé ne porte que la signature du docteur A ; qu'ainsi ce rapport ne répond pas aux exigences de l'article 166 susvisé ; Attendu, dès lors, qu'en s'abstenant d'examiner, ainsi que l'article 206 du code de procédure pénale lui en faisait l'obligation, la régularité de la procédure qui lui était soumise en application de l'article 181 du même code et en omettant de constater, fût-ce d'office, la nullité du rapport d'expertise critiqué au moyen, et de tirer de cette constatation les conséquences légales qu'elle comportait, la chambre d'accusation a méconnu le principe ci-dessus rappelé ; »
>
> Dans le même sens : Crim. 19 janv. 1988, nº 87-90.578, *Bull.* nº 25.

§ 4
Remise du rapport d'expertise au juge

035.81 Transmission du rapport par l'expert au seul juge mandant. Contrairement à la matière civile, l'expert ne doit transmettre son rapport qu'au juge mandant, lequel se chargera, par le biais de son greffier, de le notifier aux avocats et parties (C. pr. pén., art. 166, al. 3).

Le cas échéant, le dépôt du rapport devra s'accompagner de la restitution, par l'expert, d'éventuels scellés au greffier qui lui en donnera acte.

§ 5
Notification du rapport d'expertise aux parties

035.91 Notification du rapport aux parties par le greffe. La notification du rapport d'expertise aux avocats ou parties peut se faire par différents moyens :

convocation au cabinet du juge, lettre recommandée, notification par les soins du chef de l'établissement pénitentiaire lorsque la partie est détenue (C. pr. pén., art. 167, al. 1 à 3) :

> **C. pr. pén., art. 167 ; mod. par L. nº 2023-1059, 20 nov. 2023, art. 6 :**
>
> Le juge d'instruction donne connaissance des conclusions des experts aux parties et à leurs avocats après les avoir convoqués conformément aux dispositions du 2e alinéa de l'article 114. Il leur donne également connaissance, s'il y a lieu, des conclusions des rapports des personnes requises en application des articles 60 et 77-1, lorsqu'il n'a pas été fait application des dispositions du dernier alinéa de l'article 60. Une copie de l'intégralité du rapport est alors remise, à leur demande, aux avocats des parties ou aux parties si celles-ci ne sont pas assistées par un avocat.
>
> Les conclusions peuvent également être notifiées par lettre recommandée ou, lorsque la personne est détenue, par les soins du chef de l'établissement pénitentiaire qui adresse, sans délai, au juge d'instruction l'original ou la copie du récépissé signé par l'intéressé. L'intégralité du rapport peut aussi être notifiée par lettre recommandée, à leur demande, aux avocats des parties ou aux parties si celles-ci ne sont pas assistées par un avocat. Si les avocats des parties ont fait connaître au JI qu'ils disposent d'une adresse électronique, l'intégralité du rapport peut leur être adressée par cette voie, selon les modalités prévues au I de l'article 803-1.
>
> S'il s'agit d'une expertise psychiatrique, la copie de l'intégralité du rapport est remise ou adressée aux avocats des parties ou aux parties si celles-ci ne sont pas assistées d'un avocat, même en l'absence de demande de leur part.
>
> Dans tous les cas, le juge d'instruction fixe un délai aux parties pour présenter des observations ou formuler une demande, notamment aux fins de complément d'expertise ou de contre-expertise. Cette demande doit être formée conformément aux dispositions du 10 alinéa de l'article 81. Pendant ce délai, le dossier de la procédure est mis à la disposition des conseils des parties. Le délai fixé par le juge d'instruction, qui tient compte de la complexité de l'expertise, ne saurait être inférieur à 15 jours ou, s'il s'agit d'une expertise comptable ou financière, à un mois. Passé ce délai, il ne peut plus être formulé de demande de contre-expertise, de complément d'expertise ou de nouvelle expertise portant sur le même objet, y compris sur le fondement de l'article 82-1, sous réserve de la survenance d'un élément nouveau.
>
> Lorsqu'il rejette une demande, le juge d'instruction rend une décision motivée qui doit intervenir dans un délai d'un mois à compter de la réception de la demande. Il en est de même s'il commet un seul expert alors que la partie a demandé qu'il en soit désigné plusieurs. Faute pour le juge d'instruction d'avoir statué dans le délai d'un mois, la partie peut saisir directement la chambre de l'instruction.
>
> Le juge d'instruction peut également notifier au témoin assisté, selon les modalités prévues par le présent article, les conclusions des expertises qui le concernent en lui fixant un délai pour présenter une demande de complément d'expertise ou de contre-expertise. Le juge n'est toutefois pas tenu de rendre une ordonnance motivée s'il estime que la demande n'est pas justifiée, sauf si le témoin assisté demande à être mis en examen en application de l'article 113-6.

035.92 Ouverture d'une nouvelle fenêtre de contradiction après le dépôt du rapport d'expertise. La notification du rapport d'expertise ouvre à nouveau une « fenêtre permettant la contradiction », puisque les parties et avocats disposent d'un délai minimum de 15 jours ou d'un mois (s'agissant d'une expertise comptable) pour faire valoir leurs observations et demandes, dans les formes précises prévues par le code de procédure pénale (C. pr. pén., art. 167 al. 4). Mais, saisi de demandes, le juge d'instruction peut les rejeter par une ordonnance motivée dans le mois suivant la réception de la demande, faute de quoi la partie peut saisir la chambre de l'instruction, juridiction d'appel, qui appréciera à son tour la question et statuera par un arrêt (C. pr. pén., art. 167, al. 5).

§ 6

Conséquences d'une éventuelle nullité de l'expertise pénale

035.101 Régime des nullités en matière pénale. Les nullités de l'expertise sont soumises au régime général des nullités de procédure, la chambre de l'instruction ayant le pouvoir de décider « si l'annulation doit être limitée à tout ou partie des actes ou pièces de la procédure viciée ou s'étendre à tout ou partie de la procédure ultérieure... » (C. pr. pén., article 174, al. 2).

Or, il résulte d'une jurisprudence ancienne et constante qu'en matière pénale, un acte annulé ne peut entraîner la nullité d'un autre acte que si « ce dernier trouve son support nécessaire dans l'acte annulé » :

> **Crim. 6 mai 2003, nº 02-87.567,** *Bull.* nº 93 : « Attendu qu'il résulte des dispositions combinées de ces textes que, lorsqu'une irrégularité constitue une cause de nullité de la procédure, seuls doivent être annulés les actes affectés par cette irrégularité et ceux dont ils sont le support nécessaire ; »

Il en va de même de l'expertise : le rapport d'expertise annulé n'aura de conséquence sur les actes subséquents que s'il est établi que ceux-ci trouvent leur support nécessaire dans ledit rapport, ce qui conduit à limiter les conséquences pratiques de l'annulation d'un rapport d'expertise.

On ne s'étonnera donc pas de la décision suivante de la chambre criminelle :

> **Crim. 25 juill. 1972, nº 72-91.748,** *Bull.* nº 254 : « Que, d'une part, en effet, l'irrégularité d'une expertise ne saurait vicier l'ensemble d'une procédure, dont cet acte n'est qu'un élément que la juridiction pouvait écarter, et qu'il appartenait a la cour de limiter, comme elle l'a fait, l'annulation aux actes de procédure qui étaient affectés par l'irrégularité de la prestation des experts ; »

§ 7
Cas particulier de l'expertise psychiatrique concluant à l'irresponsabilité pénale de la personne examinée

035.111 Irresponsabilité pénale de l'auteur des faits. Ce cas n'est cité que dans un souci d'exhaustivité car le texte qui prévoit cette irresponsabilité pénale est d'application exceptionnelle :

> **C. pr. pén., art. 167-1 :**
> Lorsque les conclusions de l'expertise sont de nature à conduire à l'application des dispositions du 1er alinéa de l'article 122-1 du code pénal prévoyant l'irresponsabilité pénale de la personne en raison d'un trouble mental, leur notification à la partie civile est effectuée dans les conditions prévues par le premier alinéa de l'article 167, le cas échéant en présence de l'expert ou des experts. En matière criminelle, cette présence est obligatoire si l'avocat de la partie civile le demande. La partie civile dispose alors d'un délai de 15 jours pour présenter des observations ou formuler une demande de complément d'expertise ou de contre-expertise. La contre-expertise demandée par la partie civile est de droit. Elle doit être accomplie par au moins deux experts.

CHAPITRE 036

Rémunération de l'expert en matière pénale

036.00 Division. En matière pénale, le montant de la rémunération varie selon la nature de l'expertise (sect. 1), tarifée ou non. Mais le juge a la possibilité de réduire, voire de supprimer toute rémunération en cas de manquement grave de l'expert (sect. 2).

SECTION 1 Rémunération variable en fonction de la nature de l'expertise

036.11 Fixation de la rémunération de l'expert pour certains types d'expertise pénale. La rémunération de l'expert varie selon la nature de l'expertise réalisée, puisque le code de procédure pénale détermine le tarif applicable à certaines d'entre elles, notamment les expertises en matière de fraudes commerciales, de médecine légale, de biologie et de toxicologie, de radiologie, d'expertises mécaniques et de psychologie légale (C. pr. pén., art. R. 106 s.).

Par ailleurs, l'expert peut percevoir une indemnité de transport (C. pr. pén., art. R. 110) et une indemnité journalière de séjour (C. pr. pén., art. R. 111).

036.12 Règles applicables aux expertises pénales non tarifées. Pour les expertises dont le tarif n'est pas réglementé, l'expert informe le juge du montant prévisible de sa rémunération si celui-ci excède 460 euros et cette demande peut donner lieu à discussion dans les conditions rappelées ci-dessous :

> **C. pr. pén., R. 107 :**
>
> Lorsque le montant prévu de ses frais et honoraires dépasse 460 euros, l'expert désigné doit, avant de commencer ses travaux, en informer la juridiction qui l'a commis.
>
> Sauf urgence, cette estimation est communiquée au ministère public qui présente ses observations dans le délai de 5 jours, après avoir fait procéder si nécessaire à des vérifications de toute nature sur les éléments de l'estimation présentée par l'expert.
>
> S'il n'est pas tenu compte de ses observations, le ministère public peut saisir, par l'intermédiaire du procureur général, le président de la chambre de l'instruction, qui statue dans les 8 jours par une décision qui ne peut faire l'objet de recours.

SECTION 2 Possibilité pour le juge de réduire ou de supprimer la rémunération de l'expert

036.21 Possibilité de réduire la rémunération de l'expert. Comme en matière civile (v. ss no 028.91), il est prévu que « Les prix des opérations tarifées ou non tarifées peuvent être réduits en cas de retard dans l'accomplissement de mission ou d'insuffisance du rapport » et que « si le travail doit être refait, toute rémunération peut être refusée » (C. pr. pén., art. R. 109).

CHAPITRE 037

Exploitation du rapport d'expertise par le juge du fond au pénal

037.00 Division. Nous verrons qu'en matière pénale et notamment aux assises, les experts sont systématiquement entendus à l'audience (sect. 1). Mais comme en matière civile, les juges du fond apprécient la pertinence de leurs rapports (sect. 2).

SECTION 1 Audition de l'expert à l'audience

§ 1 Audition de l'expert par le tribunal correctionnel

037.11 Audition rare de l'expert par le tribunal correctionnel. Si l'audition des experts est prévue par les textes en matière correctionnelle (C. pr. pén., art. 168), les juges y recourent rarement et se contentent de donner connaissance, à l'audience, des conclusions écrites figurant dans le rapport de l'expert.

§ 2 Audition de l'expert par la cour d'assises ou la cour criminelle départementale

037.20 Plan. La procédure d'assises étant une procédure orale, les experts sont appelés à déposer à l'audience (A), selon des modalités précises (B, C), donnant lieu à une rémunération spécifique (D).

A. Audition nécessitée par le caractère oral de la procédure

037.31 Spécificité de la procédure devant la cour d'assises et la cour criminelle départementale. Dès lors que la procédure devant la cour d'assises et la cour criminelle départementale est orale (contrairement au principe régissant la procédure devant le tribunal correctionnel), les experts sont entendus à l'audience et sont donc cités pour venir exposer oralement la nature de leurs investigations et leur résultat.

B. Modalités de l'audition

037.41 Audition de l'expert « corps présent » ou par visio-conférence. Les experts sont entendus, soit « corps présent » (lorsqu'ils se présentent physiquement à l'audience), soit par visio-conférence.

Notons que, si les présidents de cour d'assises ou de cour criminelle départementale s'emploient à fixer un calendrier des horaires de passage des experts, les aléas résultants de l'audience peuvent parfois conduire les experts à attendre un certain temps (voire un temps certain) leur passage à la barre.

Les experts qui sont physiquement présents à l'audience n'ont pas besoin de se retirer dans la salle des témoins, avant leur audition (comme c'est le cas pour tous les autres témoins) :

> **Crim. 8 févr. 1968, n° 67-93.101,** *Bull.* n° 40, sommaire : « Aucune disposition de loi n'exige qu'avant

d'être entendus les experts se retirent de la salle d'audience. »

037.42 Audition d'un seul expert en cas de collège expertal. Lorsque plusieurs co-experts ont été chargés d'une même expertise, il n'est pas nécessaire de les entendre tous, un seul d'entre eux pouvant exposer les travaux du collège :

Crim. 6 août 1996, nº 95-86.050, *Bull.* nº 303 ; *D.* 1996. 216 : « Attendu qu'aucun texte n'exige que tous les experts commis au cours de l'information comparaissent devant la cour d'assises ; qu'en l'espèce les pièces de procédure établissent que les médecins psychiatres, rédacteurs d'un rapport commun, avaient pris accord pour être représentés à la barre par certains d'entre eux ; »

037.43 Audition de l'expert sous serment. Au début de leur déposition, les experts doivent décliner leur identité et prêter le serment spécial prévu par l'article 168 du code de procédure pénale, au terme duquel ils jurent « d'apporter leur concours à la justice en leur honneur et en leur conscience » (ce serment est différent de celui prêté par les témoins prévu par l'article 331 du code de procédure pénale, qui jurent « de parler sans haine et sans crainte, de dire toute la vérité, rien que la vérité »).

Cette prestation de serment est indispensable, quand bien même l'expert est inscrit sur une liste de cour d'appel :

Crim. 17 nov. 1971, nº 71-91.720, *Bull.* nº 314, sommaire : « L'article 160 du code de procédure pénale dispensant les experts inscrits sur les listes prévues à l'article 157 de renouveler le serment qu'ils ont prêté lors de leur inscription ne s'applique qu'au serment qu'ils prêtent avant d'accomplir leur mission ; cette dispense ne s'étend pas au serment qu'ils sont tenus de prêter lorsqu'ils sont entendus à l'audience. Les experts appelés à l'audience de la cour d'assises à rendre compte de leurs recherches et constatations doivent prêter serment à peine de nullité »

Elle est également nécessaire lorsque l'expert est entendu en vertu du pouvoir discrétionnaire du président, c'est-à-dire sans avoir reçu de citation à comparaître :

Crim. 25 sept. 2002, nº 01-87.647, NP : « Attendu que le procès-verbal des débats mentionne que Régine X, psychologue, chargée de procéder à une expertise au cours de l'information, a été appelée par le président en vertu de son pouvoir discrétionnaire et qu'elle a exposé le résultat des opérations techniques auxquelles elle a procédé, après avoir prêté le serment prévu par l'article 168 du code de procédure pénale ; Attendu qu'ainsi, il a été régulièrement procédé ; Qu'en effet, l'article 310 du code de procédure pénale n'étant applicable qu'aux seuls témoins, il résulte de l'article 168 que les experts, qui en tout état de cause doivent prêter serment, ne sont jamais entendus à titre de simples renseignements ; »

En revanche, l'expert qui a déjà été entendu devant la cour d'assises et est réentendu par la suite dans la même affaire, n'a pas besoin de prêter serment une seconde fois :

Crim. 26 mai 1983, nº 83-90.121, *Bull.* nº 157, sommaire : « Lorsqu'un expert a été entendu après avoir prêté le serment prescrit par l'article 168 du code de procédure pénale, cette formalité n'a pas à être renouvelée si cet expert est réentendu au cours des débats. »

Il en va ainsi de l'expert traducteur/interprète qui a traduit, dans un premier temps, les déclarations d'une personne, puis qui est rappelé ultérieurement à la barre pour traduire les propos d'une autre :

Crim. 22 oct. 1987, nº 86-96.736, *Bull.* nº 364 : « Que ce serment, prêté dans les termes de l'article 344 du code de procédure pénale à l'ouverture des débats, conservait sa valeur jusqu'à la fin de l'affaire et n'avait pas à être renouvelé notamment lorsque le même interprète a été appelé à prêter aussi son assistance à un témoin parlant la même langue que les accusés ; »

037.44 Possibilité pour l'expert de consulter ses notes. L'expert peut, lors de sa déposition, consulter ses notes ou son rapport, à condition d'en demander préalablement l'autorisation au président de la cour d'assises (C. pr. pén., art. 331, al. 3) :

Crim. 17 janv. 1990, nº 89-83.876, *Bull.* nº 31, *D.* 1990. 222 : « Attendu qu'aux termes de l'article 168 du code de procédure pénale, les experts, au cours de leur audition, peuvent consulter leur rapport et ses annexes ; que sont assimilables à ces documents les notes prises par un expert à l'occasion de l'exécution de sa mission ; que dès lors, les faits dont il était demandé acte, ne pouvant avoir pour objet de vicier la procédure, l'incident élevé par la défense n'avait pas un caractère contentieux de nature à nécessiter l'intervention de la Cour ; »

En pratique, les experts qui déposent à l'audience de la cour d'assises ou de la cour criminelle départementale sollicitent systématiquement cette autorisation, qu'ils obtiennent de manière tout aussi systématique. Notons toutefois que la consultation de ses notes par l'expert ne doit pas nuire au caractère oral de sa prestation et ne peut se traduire par une simple lecture de son rapport.

C.
Déroulement de l'audition

037.51 Séquençage de l'audition de l'expert. Une fois que l'expert a décliné son identité, sa qualité et a sollicité l'autorisation de consulter ses notes, son audition se fait en deux temps :

- l'expert fait d'abord un exposé spontané de ses travaux, sans être interrompu ;
- puis il est invité à répondre aux questions de la cour, à savoir celle du président, des juges et des jurés, puis celles du ministère public et des avocats, en application des articles 312 et 332 du code de procédure pénale.

037.52 Épreuve parfois difficile pour les experts. Les experts judiciaires redoutent souvent cette audition devant la cour d'assises, la cour criminelle départementale ou la cour d'assises spéciale, car ils estiment être parfois malmenés par les questions qui leur sont posées, notamment par les avocats qui peuvent, dans l'intérêt de leur client, contester leurs conclusions et tester leur crédibilité. C'est une prestation qui peut être effectivement difficile et qui requiert, de l'expert, une bonne maîtrise de son dossier et un certain aplomb pour ne pas se laisser déstabiliser.

D.
Rémunération de l'expert auditionné à l'audience

037.61 Perception d'une indemnité de comparution. L'expert qui est entendu à l'audience a droit, en sus de la rémunération de son rapport, à une « indemnité de comparution » (C. pr. pén., art. R. 112).

SECTION 2
Appréciation du rapport d'expertise par les juges du fond

037.70 Plan. Comme en matière civile, l'expertise fait l'objet d'une appréciation souveraine par les juges du fond (§ 1) qui peuvent prescrire toute autre mesure utile (§ 2).

§ 1
Appréciation souveraine du rapport d'expertise par les juges

037.81 Règle identique à celle prévue en matière civile. Les conclusions du rapport d'expertise sont appréciées souverainement par les juges du fond :

> **Crim. 28 oct. 1971, nº 70-90.750,** *Bull.* nº 287, sommaire : « Les juges du fond apprécient souverainement les données fournies par les rapports des experts. »
>
> Voir aussi : Crim. 23 nov. 1966, nº 65-93.887, *Bull.* nº 264.

§ 2
Possibilité de prescrire toute autre mesure utile

037.91 Théorie. Il résulte des textes que « si, à l'audience d'une juridiction de jugement, une personne entendue comme témoin ou à titre de renseignement contredit les conclusions d'une expertise ou apporte au point de vue technique des indications nouvelles, le président demande aux experts, au ministère public, à la défense et, s'il y a lieu, à la partie civile, de présenter leurs observations » et, « cette juridiction, par décision motivée, déclare, soit qu'il sera passé outre aux débats, soit que l'affaire sera renvoyée à une date ultérieure » et, « dans ce dernier cas, cette juridiction peut prescrire quant à l'expertise toute mesure qu'elle jugera utile » (C. pr. pén., art. 169).

037.92 Pratique. Les juges ont parfaitement conscience du retard et des complications résultant du recours à de nouvelles mesures, de sorte que ceux-ci évitent d'y recourir dans la mesure du possible et apprécient le caractère probant ou non des éléments fournis pour contredire l'expertise judiciaire.

TITRE

04

La responsabilité disciplinaire, civile et pénale de l'expert judiciaire

04.00 Division. Selon un schéma classique, nous examinerons successivement la responsabilité disciplinaire de l'expert judiciaire (chap. 041), puis sa responsabilité civile (chap. 042) et enfin, sa responsabilité pénale (chap. 043).

CHAPITRE 041

Responsabilité disciplinaire de l'expert judiciaire

041.00 Division. Après avoir exposé la manière dont est assuré le contrôle des experts judiciaires (sect. 1), nous examinerons les manquements de nature à engager leur responsabilité disciplinaire (sect. 2), le déroulement de la procédure menée à ce titre (sect. 3), les décisions susceptibles d'être rendues par la commission de discipline (sect. 4), les recours contre celle-ci (sect. 5), avant de terminer cet examen par le cas particulier de la suspension provisoire d'un expert (sect. 6) et les conséquences qui résultent de ces différentes mesures (sect. 7).

SECTION 1

Contrôle des experts

041.11 Compétence de la juridiction sur la liste de laquelle l'expert est inscrit. Le contrôle des experts « est exercé, selon le cas, soit par le premier président et le procureur général près la cour d'appel, soit par le premier président et le procureur général près la Cour de cassation » (Décr. nº 2004-1463, 23 déc. 2004, art. 24).

041.12 Instruction des plaintes par le parquet. Les plaintes relatives aux experts judiciaires sont instruites par le parquet général compétent (celui de la cour d'appel ou de la Cour de cassation), qui peut engager des poursuites ; mais, fort heureusement, ces dernières sont rares :

> **Décr. nº 2004-1463, 23 déc. 2004, art. 25 :**
>
> Selon le cas, le procureur général près la cour d'appel ou le procureur général près la Cour de cassation reçoit les plaintes et fait procéder à tout moment aux enquêtes utiles pour vérifier que l'expert satisfait à ses obligations et s'en acquitte avec ponctualité.
>
> S'il lui apparaît qu'un expert inscrit a contrevenu aux lois et règlements relatifs à sa profession ou à sa mission d'expert, ou manqué à la probité ou à l'honneur, même pour des faits étrangers aux missions qui lui ont été confiées, il fait recueillir ses explications. Le cas échéant, il engage les poursuites à l'encontre de l'expert devant l'autorité ayant procédé à l'inscription statuant en formation disciplinaire. Il assure et surveille l'exécution des sanctions disciplinaires.

SECTION 2

Manquements de l'expert de nature à engager sa responsabilité disciplinaire

041.21 Texte. Ainsi que cela a été dit, l'expert judiciaire doit répondre de « toute contravention aux lois et règlements relatifs à sa profession ou à sa mission d'expert, tout manquement à la probité ou à l'honneur, même se rapportant à des faits étrangers aux missions qui lui ont été confiées » (L. nº 71-498, 29 juin 1971, *JO* 30 juin, art. 6-2, al. 1er et 2).

041.22 Jurisprudence. Il a été jugé que les agissements suivants constituent une faute disciplinaire :

– le fait, pour un médecin, de délivrer des certificats médicaux de complaisance :

> **Civ. 1re, 3 juin 2010, no 09-14.896,** *Bull.* no 126 : « Mais attendu que l'arrêt relève qu'en accomplissant des actes contraires au code de déontologie médicale, notamment en délivrant des certificats médicaux de complaisance, M. X avait commis des manquements à l'honneur ; qu'ayant ainsi caractérisé les fautes disciplinaires commises par l'expert, la cour d'appel n'avait pas à procéder à des recherches qui ne lui étaient pas demandées ; »

– le fait, pour un dentiste, d'avoir fait l'objet d'une sanction ordinale pour manque de mesure dans la fixation des honoraires et pour pratique de sur-cotations frauduleuses des actes de soins :

> **Civ. 1re, 16 oct. 2013, no 12-27.454,** NP : « Attendu qu'ayant énoncé, à bon droit, que, parmi les fautes déontologiques retenues contre M. X et sanctionnées par la chambre de discipline ordinale, celles tenant à l'absence de tact ou de mesure dans la fixation des honoraires et à la pratique de sur-cotations frauduleuses des actes de soins étaient constitutives de manquements à la probité et à la délicatesse, et de nature à affecter l'honorabilité exigée d'un expert judiciaire, la cour d'appel, qui ne s'est pas prononcée par des considérations d'ordre général ou impersonnel, a, par ces seuls motifs, justifié légalement sa décision de prononcer à l'encontre de leur auteur une peine de radiation temporaire, dont elle a souverainement estimé la durée ; »

SECTION 3

Déroulement de la procédure disciplinaire

041.31 Audition de l'expert par un juge. L'expert judiciaire, qui fait l'objet d'une procédure disciplinaire, est entendu par un juge sur les faits qui lui sont reprochés.

À cet égard, la chambre criminelle a décidé que le conseiller de la cour d'appel, qui a recueilli les observations de l'expert judiciaire, peut siéger dans la formation pénale de jugement statuant sur les poursuites diligentées contre ce même expert :

> **Crim. 17 févr. 1993, no 91-86.890,** *Bull.* no 380 ; *RSC* 1994. 124, obs. A. Braunschweig : « Le conseiller à la cour d'appel chargé du contrôle des experts a pour mission exclusive, dans le cadre d'une procédure disciplinaire diligentée contre un expert judiciaire, de recueillir les observations de ce dernier ; dès lors, la circonstance que ce magistrat ait, par la suite, siégé dans la formation de jugement ayant prononcé dans les poursuites pénales dirigées contre le même expert n'est pas contraire à l'exigence d'impartialité énoncée par l'article 6 de la Convention européenne de sauvegarde des droits de l'homme et des libertés fondamentales. »

041.32 Convocation de l'expert devant la commission de discipline. L'expert poursuivi disciplinairement reçoit une convocation « par lettre recommandée avec demande d'avis de réception 15 jours au moins avant la date fixée pour la comparution », convocation qui « énonce les faits reprochés à l'expert ». Ce dernier peut « prendre connaissance de son dossier auprès du secrétariat du parquet général, selon le cas, près la cour d'appel ou la Cour de cassation » (Décr. no 2004-1463, 23 déc. 2004, art. 26).

041.33 Comparution de l'expert devant la commission de discipline. Devant la commission de discipline, « les débats sont publics » mais « la formation disciplinaire peut décider qu'ils auront lieu ou se poursuivront en chambre du conseil (c'est-à-dire de manière non publique) à la demande de l'intéressé ou s'il doit résulter de leur publicité une atteinte à l'intimité de la vie privée ou s'il survient des désordres de nature à troubler leur bon déroulement » (Décr. no 2004-1463, 23 déc. 2004, art. 27).

041.34 Prises de parole. Lors de cette audience, la parole est donnée au ministère public qui a requis les poursuites, puis à l'intéressé qui peut faire valoir ses moyens de défense, seul ou assisté par un avocat, avant que la commission ne rende sa décision, laquelle doit être motivée (Décr. no 2004-1463, 23 déc. 2004, art. 28).

SECTION 4

Décision de la commission de discipline

041.41 Gradation des sanctions en fonction de la gravité du manquement. Les différentes sanctions disciplinaires vont du simple avertissement à la radiation de l'expert avec privation définitive du droit d'être réinscrit en qualité d'expert judiciaire :

> **L. 71-498, 29 juin 1971, art. 6-2, al. 3 :**
>
> Les peines disciplinaires sont :
>
> 1° L'avertissement ;
>
> 2° La radiation temporaire pour une durée maximale de 3 ans ;

3° La radiation avec privation définitive du droit d'être inscrit sur une des listes prévues à l'article 2, ou le retrait de l'honorariat.

041.42 Modalités de la notification de la décision. La décision est portée à la connaissance de l'expert par lettre recommandée avec demande d'avis de réception, notification qui indique le délai et les modalités du recours (Décr. n° 2004-1463, 23 déc. 2004, art. 29).

SECTION 5 Recours contre la décision de la commission de discipline devant la cour d'appel ou devant la Cour de cassation

041.51 Modalités du recours. L'expert ayant fait l'objet d'une sanction disciplinaire peut former un recours, selon le cas, devant la cour d'appel ou la Cour de cassation (L. 71-498, 29 juin 1971, art. 6-2, al. 7), « dans le délai d'un mois par déclaration au greffe ou par lettre recommandée avec demande d'avis de réception adressée au greffe » (Déc. n° 2004-1463, 23 déc. 2004, art. 29).

SECTION 6 Cas particulier de la suspension provisoire de l'expert

041.61 Caractère exceptionnel de la suspension provisoire. Dans des cas exceptionnels d'urgence, il peut être opportun de prononcer la suspension provisoire de l'expert, après l'avoir mis en mesure de fournir ses explications, par une décision qui lui est notifiée par lettre recommandée avec demande d'avis de réception et qui peut également faire l'objet d'un recours devant la cour d'appel ou la Cour de cassation (Décr. n° 2004-1463, 23 déc. 2004, art. 31).

SECTION 7 Conséquences d'une sanction disciplinaire et d'une suspension provisoire

041.71 Publicité donnée aux sanctions disciplinaires. Les décisions rendues en matière disciplinaire reçoivent nécessairement une certaine publicité.

S'il s'agit d'une décision de cour d'appel, elle sera naturellement portée à la connaissance des magistrats du ressort, afin de faire cesser toute désignation de l'expert concerné, ainsi qu'éventuellement à la Cour de cassation (puisqu'une suppression sur une liste de cour d'appel entraîne, *ipso facto*, la suppression de l'expert sur la liste nationale).

À l'inverse, si la décision émane de la Cour de cassation, elle sera portée à la connaissance des magistrats du ressort de la cour d'appel (Décr. n° 2004-1463, 23 déc. 2004, art. 32, al. 1er).

De même, et dès lors que les inscriptions sur une liste de cour d'appel et sur la liste nationale sont indissociables, la suspension provisoire de l'expert sur une liste entraîne de plein droit, la suspension provisoire sur l'autre (Décr. n° 2004-1463, 23 déc. 2004, art. 32 al. 3).

Responsabilité civile de l'expert judiciaire

CHAPITRE

042

042.00 Division. Nous évoquerons l'évolution jurisprudentielle qui a conduit à retenir le principe de la responsabilité civile de l'expert judiciaire (sect. 1), avant d'aborder le délai de prescription (sect. 2) applicable et la juridiction compétente (sect.3), puis les différents types de fautes susceptibles d'être reprochée aux experts judiciaires (sect. 4), pour terminer cet exposé par le rappel de l'obligation d'assurance des experts (sect. 5).

SECTION 1
Principe de la responsabilité civile de l'expert judiciaire

042.10 Plan. Si l'expert judiciaire bénéficiait autrefois d'une immunité de responsabilité (§ 1), le XXe siècle a vu l'avènement du principe de sa responsabilité civile (§ 2).

§ 1
Au XIXe siècle, immunité de responsabilité des experts judiciaires

042.21 Identité du régime applicable aux experts et aux magistrats. Autrefois, les experts judiciaires étaient soumis au même régime que les magistrats.

Ces derniers ne répondent pas civilement des erreurs commises dans l'exercice de leur fonction : en effet, lorsqu'un magistrat commet une erreur de droit, on considère que celle-ci peut être rectifiée par l'exercice des voies de recours ; par ailleurs, les dysfonctionnements du service public de la justice peuvent donner lieu à une action en responsabilité des victimes contre l'État.

En revanche, les magistrats répondent de leur faute au plan disciplinaire devant le Conseil Supérieur de la Magistrature.

L'immunité autrefois accordée aux experts judiciaires était fondée sur les considérations suivantes :

– lorsque l'on se situait, dans le temps, avant l'homologation du rapport d'expertise, on estimait que les parties ne pouvaient se plaindre d'une erreur commise par l'expert puisqu'elles pouvaient encore formuler toutes contestations tendant à voir écarter les conclusions de cet expert par les juges ;

– et, une fois rendue la décision des juges sur le fondement dudit rapport, ce dernier faisait corps avec la décision elle-même, de sorte que la faute éventuelle de l'expert était couverte par l'intervention des magistrats, comme l'établit cette décision fort ancienne de la chambre des requêtes (formation de la Cour de cassation qui n'existe plus aujourd'hui) :

> **Req. 26 oct. 1914,** Sirey 1915, 1re partie, p. 16, sommaire : « Si les experts, chargés par un tribunal de procéder à une vérification, sont en principe soumis aux règles du droit commun, et par suite res-

> ponsables du préjudice qui est la conséquence directe de leurs fautes, il en est autrement, lorsque leurs rapports ont été homologués par une décision devenue définitive. »

§ 2

À partir du xxe siècle, admission du principe de responsabilité des experts judiciaires

042.31 Évolution de la jurisprudence. L'évolution de la jurisprudence a été marquée par plusieurs décisions.

La jurisprudence a, dans un premier temps, relevé que l'expert n'est ni le mandataire ni le préposé des parties :

> **Civ. 22 juill. 1913,** *Bull.* nº 160, sommaire : « Les experts nommés par justice ne sont ni les mandataires ni les préposés des parties qui, en conséquence, n'ont pas à répondre des fautes commises par eux dans l'accomplissement de leur mission. »

Puis la Cour de cassation a admis la possibilité d'engager la responsabilité de l'expert judiciaire sur le fondement de l'article 1382 du code civil, devenu aujourd'hui l'article 1240 dudit code, qui pose le principe fondamental selon lequel : « Tout fait quelconque de l'homme, qui cause à autrui un dommage, oblige celui par la faute duquel il est arrivé à le réparer », de sorte que l'expert ne peut plus tirer aucun « brevet d'irresponsabilité » du fait que son avis a été entériné par le juge :

> **Civ. 2e, 8 oct. 1986, nº 85-14.201,** *Bull.* nº 146, sommaire : « À défaut de toute disposition contraire, la responsabilité personnelle d'un expert judiciairement désigné, à raison de fautes commises dans l'accomplissement de sa mission, est engagée conformément aux règles de droit commun de la responsabilité civile ; il en est ainsi même si le juge a suivi l'avis de l'expert dans l'ignorance de l'erreur dont son rapport, qui a influé sur la décision, était entaché. »

Cela paraît assez logique, puisque, lorsque le juge entérine un rapport d'expert, il ignore évidemment le caractère possiblement erroné de l'avis de celui-ci, surtout s'il ne dispose d'aucun autre élément venant contredire le point de vue qui lui est soumis par celui-ci.

Nous verrons plus loin (v. ss nos 042.60 s.) la nature des fautes civiles qui peuvent engager la responsabilité de l'expert.

SECTION 2

Délai de prescription imparti pour engager la responsabilité civile de l'expert

042.41 Délai pendant lequel une action en responsabilité reste possible. Le délai dans lequel on peut engager la responsabilité civile de l'expert a beaucoup évolué au fil du temps :

- une loi nº 2004-130 du 11 février 2004 réformant le statut de certaines professions judiciaires ou juridiques et des experts judiciaires (art. 6-3) a d'abord réduit ce délai de 30 ans à 10 ans « à compter de la fin de la mission » de l'expert ;
- puis la loi nº 2008-561 du 17 juin portant réforme de la prescription en matière civile a aligné le régime de la responsabilité civile de l'expert judiciaire sur le régime de droit commun qui prévoit un délai de prescription de 5 ans à compter du jour où le titulaire d'un droit a connu ou aurait dû connaître les faits lui permettant de l'exercer (C. civ., art. 2224).

042.42 Point de départ du délai susceptible d'en retarder la computation. Si la durée du délai de prescription constitue un élément important, il est également fondamental de savoir à partir de quand débute ce délai. À cet égard, on observera que, sous l'empire de la loi du 11 février 2004, le point de départ du délai de 10 ans, fixé à « la fin de la mission », était relativement clair pour tous : dans la plupart des cas, il s'agissait de la date de dépôt du rapport, même si quelques incertitudes pouvaient naître des situations dans lesquelles l'expert était ensuite entendu par le juge (comme c'est le cas pour l'expert qui a réalisé une expertise pénale et est entendu par la cour d'assises ou la cour criminelle départementale) ou lorsque l'expert était redésigné par le juge (ce qui peut être notamment le cas en matière d'expertise civile, en application de l'article 177 du code de procédure civile qui prévoit une possibilité de régularisation des opérations entachées de nullité). Or, aujourd'hui, si le délai de prescription n'est plus que de 5 ans, son point de départ est beaucoup plus difficile à établir puisqu'il dépend de circonstances étrangères à l'expert, s'agissant de la date à laquelle le titulaire du droit (c'est-à-dire le particulier qui se plaint du comportement de l'expert) a connaissance de son droit ou aurait dû le connaître ; c'est donc un point de départ que certains qualifient de « glissant » puisqu'il génère une certaine incertitude pour l'expert.

SECTION 3

Juridiction compétente en matière de responsabilité civile de l'expert

042.51 Rappel des règles applicables à la responsabilité civile des agents de l'État. Quelques explications préalables s'imposent sur la responsabilité civile des agents de l'État.

Lorsqu'une infraction est commise par un agent de l'État, il est de jurisprudence constante que le juge judiciaire saisi au pénal, n'est compétent, pour statuer sur la demande de réparations civiles de la victime, que lorsque l'agent a commis une faute personnelle « détachable de ses fonctions », c'est-à-dire une faute qui ne peut être rattachée à l'exercice normal desdites fonctions.

Sont notamment considérées comme des fautes personnelles « détachables », engageant la responsabilité de l'agent :

– des violences commises par un agent des postes distribuant le courrier, à la suite d'une altercation avec un tiers destinataire d'un courrier recommandé (T. conf. 21 déc. 1987, nº 02509) ;

– des violences commises par des gardiens de la paix sur une personne gardée à vue dans une cellule, du fait d'un refus d'obtempérer (Crim. 14 juin 2005, nº 04-83.574, *Bull.* nº 17, *AJDA* 2006. 1058, note C. Deffigier ; *D.* 2005. 1964) ;

– de l'accident de circulation provoqué par un militaire effectuant à vive allure un dépassement dangereux d'une file de plusieurs véhicules, sur une portion de route sans visibilité et avec interdiction de doubler, au sommet d'une côte (CE 7 mai 2010, req. 328057, NP) ;

– du harcèlement moral d'un maire sur un agent de sa mairie (Crim. 4 sept. 2012, nº 11-84.794, *RSC* 2012. 857, obs. Y. Mayaud) ;

– de la prise illégale d'intérêts par un maire et son directeur de cabinet (Crim. 27 juin 2018, nº 16-86.256, NP).

À défaut de cette faute « détachable du service », l'agent de l'État n'est pas responsable civilement des dommages, lesquels sont pris en charge par l'État et doivent donc être fixés par la juridiction administrative ; cela résulte d'un arrêt ancien du Tribunal des conflits devant lequel il était reproché à un militaire conduisant un convoi de camions d'avoir renversé un cycliste lors d'une manœuvre de dépassement ; ce comportement n'a pas été considéré comme une faute « détachable du service » susceptible d'engager la responsabilité personnelle du militaire, de sorte que les dommages provoqués par cet accident devaient être soumis à l'appréciation de la juridiction administrative et ne pouvaient être appréciés par le tribunal correctionnel :

> **T. Conf. 14 janv. 1935, nº 00820,** *Thepaz* : « Considérant que, dans les conditions où il s'est présenté, le fait imputable à ce militaire, dans l'accomplissement d'un service commandé, n'est pas constitutif d'une faute se détachant de l'exercice de ses fonctions ; que, d'autre part, la circonstance que ce fait a été poursuivi devant la juridiction correctionnelle en vertu des dispositions du nouveau code de justice militaire sur la compétence, et puni par application de l'article 320 du code pénal, ne saurait, en ce qui concerne les réparations pécuniaires, eu égard aux conditions dans lesquelles il a été commis, justifier la compétence de l'autorité judiciaire, saisie d'une poursuite civile exercée accessoirement à l'action publique ; »

042.52 Régime applicable à l'expert. Comme nous l'avons vu précédemment (v. sˢ nº 011.41), l'expert judiciaire est considéré comme un « collaborateur occasionnel du service public de la justice », et non comme un agent de l'État. Il en résulte que ses fautes éventuelles ne peuvent engager la responsabilité de l'État, d'où la compétence donnée aux tribunaux judiciaires pour statuer sur la responsabilité civile de l'expert, y compris lorsque cette faute a été commise à l'occasion d'une expertise administrative.

La Cour de cassation a eu l'occasion de statuer en ce sens à plusieurs reprises :

> **Civ. 1re, 19 mars 2002, nº 00-11.907,** *Bull.* nº 102 ; *AJDI* 2002. 867, obs. H. Heugas-Darraspen : « Mais attendu que la cour d'appel a relevé à bon droit que l'action en responsabilité contre l'expert judiciaire devait se tenir devant la juridiction judiciaire puisque les éventuelles fautes commises par lui engageaient sa propre responsabilité et non celle de l'État ; »
>
> **Civ. 1re, 10 sept. 2015, nº 14-23.896,** *Bull.* nº 208 ; *D.* 2015. 1845 : « L'expert désigné en matière de contentieux de la sécurité sociale engage sa responsabilité personnelle à raison des fautes commises dans l'accomplissement de sa mission, conformément aux règles de droit commun de la responsabilité civile. Dès lors méconnaît l'étendue de ses pouvoirs et viole la loi des 16-24 août 1790 et le décret du 16 fructidor an III, ensemble l'article 1382 du code civil, la cour d'appel qui, pour accueillir l'exception d'incompétence du juge judiciaire dans une

action en responsabilité contre un tel expert, relève qu'il est intervenu en qualité de collaborateur occasionnel du service public et qu'en l'absence de faute personnelle détachable du service, cette action ressortit au juge administratif. »

SECTION 4

Types de fautes susceptibles d'engager la responsabilité civile de l'expert

042.60 Plan. La responsabilité civile de l'expert est subordonnée à la preuve d'une faute, dont nous examinerons la gravité (§ 1) et la nature (§ 2), avant d'aborder la nécessité du lien de causalité entre ladite faute et le dommage allégué (§ 3).

§ 1

Gravité de la faute susceptible d'engager la responsabilité civile de l'expert judiciaire

042.71 Application du régime de droit commun. Le régime applicable à la responsabilité civile de l'expert judiciaire est celui de droit commun, résultant de l'article 1241 du code civil qui pose en principe que « chacun est responsable du dommage qu'il a causé non seulement par son fait, mais encore par sa négligence ou son imprudence ».

042.72 Prise en compte d'une simple obligation de moyens. L'expert judiciaire n'est tenu qu'à une obligation de moyens (que l'on distingue classiquement des obligations de résultat, lesquelles sont beaucoup plus exigeantes puisque la faute est alors constituée dès que son auteur n'a pas atteint le résultat escompté), ce qui signifie que l'expert est « seulement » tenu de mettre en œuvre tous les moyens dont il dispose pour donner un avis éclairé sur le litige qui lui est soumis :

> **Civ. 1re, 17 oct. 2000, no 98-19.397,** NP : « Mais attendu que, sans mettre une obligation de résultat à la charge de l'expert, l'arrêt relève souverainement que celui-ci n'avait procédé à aucun des contrôles qui lui auraient permis de constater les déformations de la caisse décrites par l'expert judiciaire ultérieurement désigné et d'arrêter les travaux afin d'en aviser M. H et lui permettre de prendre une décision sur la poursuite de la remise en état du véhicule ; que, répondant implicitement aux conclusions prétendument délaissées, en relevant que par l'apposition de son accord et de sa signature sur la facture du réparateur, M. M. avait accepté et cautionné un travail défectueux, la cour d'appel a, par ces motifs, caractérisé la faute de M. M. et le lien de causalité avec le préjudice invoqué ; »

042.73 Prise en compte d'une faute qui n'a pas besoin de présenter un certain caractère de gravité. Si la faute engageant la responsabilité civile de l'expert peut être une simple faute de négligence, il n'en reste pas moins que cette faute est appréciée au regard du comportement qui aurait été celui d'un expert « normalement avisé et diligent » (ce qui renvoie à la référence faite, en d'autres matières, à l'attitude du « bon père de famille ») ; nul ne peut donc exiger de l'expert qu'il soit un surhomme ou un « sur technicien », comme nous le verrons au travers des exemples donnés ci-après.

§ 2

Nature de la faute susceptible d'engager la responsabilité civile de l'expert judiciaire

042.80 Plan. L'expert judiciaire peut se voir reprocher deux types de faute, à savoir celle résultant d'une violation des règles de procédure applicables à l'expertise (A) et celle tenant à l'erreur commise dans son appréciation technique (B).

A.

Non-respect par l'expert des règles de procédure applicables à l'expertise

042.91 Fautes les plus fréquentes. Nombreux sont les manquements aux règles de procédure qui peuvent engager la responsabilité civile de l'expert, d'où la nécessité, pour lui, de bien maîtriser lesdites règles :

– il peut s'agir d'une délégation, par l'expert à un tiers, de sa mission (ou d'une partie de celle-ci) alors même qu'il a les compétences pour la traiter, puisqu'un tel comportement s'apparente à de la « sous-traitance » et entraîne la nullité des opérations d'expertise sans même qu'il soit besoin de prouver le grief en résultant (v. ss no 029.92) ;

– il peut aussi s'agir du non-respect du principe de la contradiction, lequel peut intervenir à différents stades des opérations d'expertise et est susceptible d'entraîner la nullité de celles-ci s'il est établi que ce manquement a causé un préjudice à l'une des parties (v. ss no 029.64) ;

– l'expert peut aussi engager sa responsabilité pour ne pas avoir respecté les délais impartis, à condition que le retard soit de son seul fait et qu'il en résulte, pour l'une des parties, un préjudice spécifique : par exemple, ce peut être le cas d'un artisan ayant engagé une action en paiement contre une entreprise ayant refusé de lui payer les travaux effectués, lequel obtient finalement un rapport d'expertise confirmant que les travaux ont été réalisés dans les règles de l'art, mais dont l'artisan ne pourra pourtant pas obtenir paiement compte tenu du dépôt tardif du rapport et de la mise en liquidation, intervenue entre-temps, de l'entreprise, ce qui induit une perte de chance, pour l'artisan, de recouvrer sa créance.

Cette liste n'est pas exhaustive, mais représente les manquements les plus fréquemment relevés, même si beaucoup ne conduisent pas les parties à mettre en cause la responsabilité civile de l'expert.

B.
Erreur commise par l'expert dans son avis technique

042.101 Le simple fait d'avoir eu tort ne suffit pas à engager la responsabilité civile de l'expert. Cette affirmation se déduit de l'arrêt suivant de la Cour de cassation concernant un expert missionné à la suite de l'apparition de fissures dans la structure de bâtiments, lequel avait estimé inutile de réaliser des micropieux en sous-œuvre bien que d'autres techniciens aient évoqué des risques de tassement en cas de périodes de sécheresse, tassements qui se sont finalement produits : en effet, si les évènements postérieurs au dépôt de son rapport ont établi que l'expert a finalement eu tort, il n'en reste pas moins qu'il avait accompli correctement sa mission et ne pouvait se voir reprocher une quelconque faute de négligence :

> **Civ. 3e, 12 sept. 1997, no 06-16.927,** NP : « Attendu qu'ayant retenu que la lecture du rapport d'expertise déposé par M. X révélait qu'il avait, conformément à la mission qui lui avait été confiée, entendu les parties, consulté les documents que celles-ci lui avaient remis, visité les lieux, fait mention des différents avis émis par les techniciens consultés par les parties sans se dispenser d'en effectuer une analyse critique, sollicité un examen complémentaire des sols par un bureau d'études géotechnique spécialisé, la cour d'appel a pu en déduire que M. X n'avait fait preuve ni de négligence, ni de légèreté dans l'accomplissement de sa mission et que la société d'HLM ne démontrait pas l'existence d'une faute commise par l'expert judiciaire en lien direct de cause à effet avec un préjudice subi par elle ; »

042.102 L'avis de l'expert doit être apprécié compte tenu des données de la technique et de la science connues lors de l'expertise. Les manquements commis par l'expert dans l'expression de son avis doivent évidemment être appréciés en fonction des données acquises de la technique ou de la science au moment où l'expert exprime son avis. En effet, nul ne peut savoir si les progrès à intervenir ultérieurement, parfois dans un délai très rapide, ne permettront pas de remettre en cause le bien-fondé de cet avis.

042.103 L'avis de l'expert doit être apprécié en fonction d'un comportement normalement avisé et diligent. Ne se comporte pas comme un expert « normalement avisé et diligent » :

– l'expert qui rend un rapport inexploitable du fait de ses approximations et erreurs :

> **Civ. 2e, 13 sept. 2012, no 11-16.216,** *Bull.* no 141 ; *D.* 2012. 2169 ; *D.* 2013. 599, chron. O.-L. Bouvier, H. Adida-Canac, L. Leroy-Gissinger, F. Renault-Malignac et R. Salomon ; *AJDI* 2013. 448, obs. H. Heugas-Darraspen : « Qu'en statuant ainsi (rejet des demandes formées contre l'expert judiciaire), tout en relevant que le rapport déposé par M. X était critiquable et inexploitable en ce qu'il ne permettait pas le bornage des propriétés en cause, compte tenu de ses approximations et erreurs concernant les cotes longitudinales et les points de bornage, ce dont il résultait que la saisine de la cour d'appel par M. A, et la nouvelle mesure d'instruction ordonnée par cette juridiction étaient en relation de causalité directe et certaine avec les fautes retenues contre M. X dans la réalisation de la première expertise, la cour d'appel, qui n'a pas tiré les conséquences légales de ses constatations, a violé le texte susvisé ; »

– l'expert qui n'a pas procédé aux investigations nécessaires :

> **Civ. 2e, 20 juill. 1993, no 92-11.209,** *Bull.* no 272, sommaire : « Commet une faute en relation avec le dommage l'expert judiciaire qui s'est arrêté à certaines constatations alors qu'il n'avait aucune certitude quant à la cause de désordres dans une construction et qu'un nouvel expert a relevé que la similitude des désordres, l'absence de toute autre explication plausible et vérifiable constituent des présomptions suffisantes de l'existence des défauts avant l'apparition des premiers désordres. »
>
> **Civ. 1re, 17 oct. 2000, no 98-19.397 :** « Mais attendu que, sans mettre une obligation de résultat

à la charge de l'expert, l'arrêt relève souverainement que celui-ci n'avait procédé à aucun des contrôles qui lui auraient permis de constater les déformations de la caisse décrites par l'expert judiciaire ultérieurement désigné et d'arrêter les travaux afin d'en aviser M. A et lui permettre de prendre une décision sur la poursuite de la remise en état du véhicule ; que, répondant implicitement aux conclusions prétendument délaissées, en relevant que par l'apposition de son accord et de sa signature sur la facture du réparateur, M. X avait accepté et cautionné un travail défectueux, la cour d'appel a, par ces motifs, caractérisé la faute de M. X et le lien de causalité avec le préjudice invoqué ; »

– l'expert qui a surévalué grossièrement la valeur d'un immeuble donné en garantie :

Civ. 2e, 8 juill. 1998, no 96-22.299, *Bull.* no 240 : « Attendu que pour limiter la réparation à la valeur estimée de l'immeuble de Perpignan, diminuée de 30 %, l'arrêt énonce que les créanciers ont estimé être suffisamment garantis à hauteur de cette somme et ne peuvent réclamer paiement au-delà, M. X ayant garanti la valeur des immeubles et non l'insolvabilité des emprunteurs ; Qu'en statuant ainsi, tout en relevant, par motifs propres et adoptés que le consentement des prêteurs avait été déterminé par la valeur de la garantie offerte par les époux Y, telle qu'elle résultait de l'expertise et qui s'était révélée grossièrement surévaluée dans des conditions engageant, en l'absence d'un contrat passé entre les prêteurs et l'expert, la responsabilité quasi délictuelle de celui-ci et alors que les prêteurs avaient droit à la réparation intégrale du préjudice découlant de la faute de celui-ci, la cour d'appel, qui n'a pas tiré les conséquences légales de ses constatations, a violé le texte susvisé ; »

– l'expert médecin qui a laissé passer, dans son rapport, une erreur de dactylographie quant au chiffrage de l'incapacité permanente partielle d'une victime, fixée à 30 % au lieu de 3 %, de sorte que la compagnie d'assurances a dû payer à la victime une somme bien supérieure à celle réellement due :

Civ. 2e, 8 oct. 1986, no 85-14.201, *Bull.* no 146 : « Et attendu que l'arrêt, hors de toute violation des textes visés au moyen, retient que malgré l'absence d'un chef de la décision de la juridiction pénale portant homologation expresse du rapport d'expertise, l'erreur contenue dans ce rapport a entraîné la surévaluation du préjudice de la victime et, par suite, l'augmentation de la charge de l'assureur ; D'où il suit que le moyen n'est pas fondé ; »

§ 3
Lien de causalité entre la faute et le préjudice

042.111 Importance du lien de causalité. Conformément aux règles du droit commun, le seul manquement de l'expert judiciaire ne suffit pas à engager sa responsabilité : encore faut-il que sa faute ait provoqué un préjudice et, en particulier, le préjudice invoqué.

C'est ainsi que la Cour de cassation a écarté la responsabilité de l'expert judiciaire dont le rapport était mis en cause par un notaire qui le rendait responsable de son inculpation (l'affaire est ancienne puisqu'aujourd'hui on parlerait de mise en examen) par le juge d'instruction, alors que le juge d'instruction avait fait part de son intention de procéder à cette inculpation avant même le dépôt du rapport d'expertise compte tenu des résultats d'investigations diligentées par ailleurs :

Civ. 9 mars 1949, *Bull.* no 87, sommaire : « Les experts commis par justice pour donner leur avis étant, en principe, soumis aux règles du droit commun en ce qui concerne leur responsabilité civile, il faut qu'il soit démontré qu'il y a relation de cause à effet entre la faute retenue contre eux et le dommage causé. Dès lors, les juges du fond peuvent débouter un notaire de son action en dommages-intérêts contre un expert dont le rapport suscitait à un juge d'instruction son inculpation comme complice d'abus de confiance et d'escroquerie, suivie d'une ordonnance de non-lieu, au motif qu'il n'y a pas de relation entre le simple avis, basé sur des circonstances de fait émis par l'expert et l'inculpation pour ce délit, œuvre personnelle dudit juge, qui est intervenue sur le vu de l'ensemble des résultats de son information, alors spécialement que ce magistrat avait notifié à ce notaire son intention de provoquer contre lui des réquisitions plusieurs mois avant le dépôt dudit rapport. »

En revanche, la Cour de cassation a retenu l'existence d'un lien de causalité dans une affaire où la surévaluation d'un immeuble, par l'expert, a été déterminante de l'octroi d'un prêt qui n'aurait pas été consenti au regard de la valeur réelle de cet immeuble :

Civ. 2e, 19 juin 2003, no 01-03.639, *Bull.* no 204 ; *AJDI* 2003. 862, obs. H. Heugas-Darraspen : « Attendu que pour débouter la X de sa demande,

> l'arrêt retient que si M. C (l'expert) a, en évaluant l'immeuble à 15 000 000 F, commis une faute, celle-ci n'a pas de lien causal avec la perte de la créance de X ; qu'en effet cette dernière ne démontre pas que l'estimation de M. C a été déterminante de son consentement à l'octroi du prêt en sorte qu'elle ne l'aurait pas accordé si l'évaluation du bien avait été du montant de celle réalisée ultérieurement par des experts judiciaires (8 226 991 F) alors que, malgré son importance, le cautionnement solidaire et hypothécaire de la SCI ne constituait que l'une des cinq garanties souscrites à son profit dans le cadre du prêt ; Qu'en statuant ainsi, alors que la faute de M. C avait été déterminante de l'octroi d'un prêt qui n'aurait pas été consenti en connaissance de la valeur réelle de l'immeuble, la cour d'appel a violé le texte susvisé ; »

042.112 Difficulté à établir l'existence du lien de causalité. Notons que c'est précisément au regard de l'exigence de ce lien de causalité qu'il peut être difficile de retenir la responsabilité civile de l'expert, comme en témoignent les décisions suivantes :

– décision ayant écarté la responsabilité d'un expert, nommé dans une procédure en contrefaçon de brevet d'invention, dont l'attitude avait été jugée fautive par la cour d'appel parce qu'elle avait contraint l'une des parties à engager des frais pour contrecarrer son avis par la consultation d'un tiers et des analyses d'un centre de recherche :

> **Com. 5 févr. 1968,** *Bull.* n° 50 : « Attendu qu'en statuant ainsi (en retenant la responsabilité civile de l'expert), alors que les consultations et expériences techniques précitées tendaient à démontrer le bien-fondé des prétentions initiales des consorts X quant à l'absence de nouveauté du brevet qui leur était opposé, et qu'elles n'apparaissaient pas, de ce fait, comme provoquées nécessairement par les erreurs d'appréciation de l'expert sur cette nouveauté, mais comme constituant un moyen normal de défense, la cour d'appel n'a pas établi le lien de causalité entre lesdites fautes et le préjudice retenu ; »

– décision ayant écarté la responsabilité d'un expert en estimation immobilière qui avait chiffré la valeur d'un fonds de commerce sans tenir compte de la perte du droit au bail, la Cour de cassation ayant estimé que le préjudice résultant du chiffrage finalement retenu était imputable, non pas au rapport de l'expert, mais à la décision de la juridiction, dont il était impossible de rechercher les raisons (la teneur du rapport de l'expert ou d'autres considérations) :

> **Civ. 1re, 18 févr. 1997, n° 95-14.823,** NP : « que, faute d'accord sur le montant de celle-ci, un litige s'est noué entre les parties, à l'occasion duquel M. X a été désigné en qualité d'expert avec pour mission de chiffrer le montant de l'indemnité d'éviction ; que cet expert a conclu, dans son rapport en date du 20 mars 1989, à une indemnité d'un montant de 527 800 francs, chiffrant uniquement la valeur du fonds de commerce, sans tenir compte de la perte du droit au bail ; que ce mode de calcul a été retenu par les juges du fond, la cour d'appel fixant l'indemnité à 607 000 francs par un arrêt du 17 mai 1990 ; qu'après cassation de cet arrêt, la cour d'appel de renvoi ayant évalué le montant de l'indemnité due à la somme de 1 516 496 francs et fixé le solde de la créance des époux A (demandeurs) à celle de 909 096 francs, ceux-ci n'ont pas pu recouvrer cette somme du fait du redressement judiciaire de M. B (défendeur), survenu entre-temps ; que M. et Mme A ont alors assigné M. X (l'expert)... en réparation de leur préjudice ; que l'arrêt attaqué les a déboutés de leurs demandes ; Attendu que la cour d'appel, qui a relevé que la cause directe du dommage invoqué se trouvait dans "l'appréciation et la décision de la cour d'appel", dans son arrêt du 17 mai 1990, n'avait pas à se livrer à une recherche, nécessairement hypothétique, des influences qui avaient pu présider à ces appréciation et décision ; »

D'une manière générale, on observe que les experts judiciaires sont rarement assignés en responsabilité civile, contrairement à d'autres professionnels, tels que les avocats, les mandataires judiciaires, etc.

SECTION 5

Obligation d'assurance de l'expert judiciaire

042.121 Vérifications indispensables. Certains techniciens bénéficient, du fait de leur activité professionnelle principale, d'une assurance professionnelle. Il n'est pas certain, toutefois, que celle-ci couvre les risques inhérents aux activités expertales judiciaires du technicien, de sorte qu'il est conseillé aux experts judiciaires d'effectuer des démarches auprès de leur assureur pour connaître précisément la nature du risque couvert.

Le problème de l'assurance se pose, de manière encore plus aiguë, pour les techniciens qui sont désignés ponctuellement hors listes et dont l'attention peut ne pas avoir été attirée sur ce point. Il s'agit pourtant d'une question majeure : aucun professionnel ne devrait accepter une mission d'expertise judiciaire s'il n'a pas la certitude d'être couvert par une assurance.

À cet égard, je rappelle que certaines compagnies d'experts judiciaires proposent, à leurs adhérents, des assurances à des tarifs de groupe intéressants.

CHAPITRE 043

Responsabilité pénale de l'expert judiciaire

043.00 Division. L'expert judiciaire répond, comme tout citoyen, de la commission d'infractions pénales (sect. 1). Mais on étudiera les infractions susceptibles de le concerner plus spécifiquement en raison de sa qualité d'expert judiciaire (sect. 2).

SECTION 1
L'expert répond, comme tout citoyen, de la commission d'infraction pénale

043.11 Nécessité, pour l'expert, d'avoir un comportement irréprochable au plan pénal. L'expert peut voir sa responsabilité engagée au plan pénal. Si la commission de « simples contraventions » n'est généralement pas de nature à remettre en cause sa qualité d'expert judiciaire, il est évident qu'il en va différemment de la commission de délit et, *a fortiori*, de la commission d'un crime.

SECTION 2
Infractions susceptibles de concerner l'expert au regard des missions qui lui sont confiées

043.20 Plan. L'expert devra d'abord être attentif aux propos et écrits tenus lors de la réalisation d'une expertise, en raison des actions en diffamation ou injure qui peuvent en résulter (§ 1). Par ailleurs, il se gardera de toute révélation d'informations à caractère secret (§ 2). Enfin, il veillera à s'abstenir de tout comportement susceptible d'être qualifié de faux et usage de faux (§ 3), ainsi que d'entrave à l'exercice de la justice (§ 4).

§ 1
Infraction liée au caractère diffamatoire ou injurieux des propos ou écrits de l'expert

043.30 Plan. Après un rappel des immunités prévues par la loi du 29 juillet 1881 sur la liberté d'expression (A), nous examinerons le cas particulier des propos et écrits tenus à l'occasion de la réalisation d'une mission d'expertise (B).

A.
Immunité de l'article 41 de la loi du 29 juillet 1881

043.41 Liberté d'expression nécessaire à l'exercice de certaines fonctions. L'article 41 de la loi du 29 juillet 1881 accorde une immunité aux auteurs de propos tenus dans certaines circonstances reconnues par le législateur comme exigeant une totale liberté d'expression (discours tenus devant les assemblées parlementaires ou devant une commission d'enquête parlementaire, comptes rendus fidèles et de bonne foi des débats judiciaires, « les discours prononcés ou les écrits produits devant les tribunaux »).

C'est ainsi que les avocats disposent d'une totale liberté de parole pour défendre leur client à l'audience ou dans leurs conclusions, sauf outrage caractérisé.

B. Problème de l'application de l'article 41 aux experts judiciaires pour les propos et écrits relatifs à l'accomplissement d'une mission d'expertise

043.51 Propos tenus lors des réunions d'expertise. La question s'est donc posée de savoir si cette immunité s'applique aux propos tenus au cours des réunions d'expertise. Or, de même que l'immunité dont bénéficient les avocats ne peut s'appliquer pour les propos tenus en dehors du prétoire, il a été jugé qu'elle ne couvre pas les propos échangés lors d'une expertise, qu'ils émanent d'un avocat ou de l'expert :

> **Req. 6 févr. 1924,** *recueil hebdomadaire*, p. 162, sommaire : « L'immunité contre toute action en diffamation ou injures édictées par l'article 41 de la loi du 29 juillet 1881 n'existe qu'en faveur des discours prononcés et écrits produits devant les tribunaux. Elle ne saurait s'étendre aux propos tenus au cours d'une expertise ordonnée par le tribunal et à laquelle assistent l'expert et les parties. »
>
> **Crim. 22 juin 1950,** *Bull.* nº 197 : « Mais attendu que si les experts désignés par les tribunaux sont des auxiliaires utiles des juges, leur mission est seulement de faire des constatations matérielles et d'émettre, sur les questions qui leur sont soumises d'une manière déterminée, des avis qui peuvent toujours être discutés par les parties et qui ne s'imposent pas aux magistrats ; qu'ils ne sont chargés ni momentanément, ni d'une manière permanente, d'une partie de l'administration de la justice ; que, dès lors, les déclarations faites aux experts au cours de l'accomplissement de leur mission ne sauraient être assimilées aux discours prononcés devant les tribunaux au sens de l'article 41 de la loi du 29 juillet 1881 ; »
>
> **Crim. 11 juin 1979, nº 78-93.237,** *Bull.* nº 203, sommaire : « L'immunité prévue par l'article 41 de la loi du 29 juillet 1881 ne s'applique pas à un écrit adressé par une partie ou son conseil à un expert judiciairement commis »

Il en résulte que chacun doit être attentif à la teneur de ses propos, lesquels peuvent caractériser la commission d'une diffamation ou d'une injure publique faisant encourir une peine de 12 000 euros d'amende pour les diffamations ou injures envers particulier ou injures envers une personne spécialement protégée (L. 29 juill. 1881, art. 32, al. 1 et 33, al. 1 et 2), voire de 45 000 euros d'amende pour les diffamations envers une personne spécialement protégée (art. 31 al. 1).

043.52 Rapport et déposition de l'expert à l'audience. L'immunité s'applique en revanche :

– au rapport de l'expert (et aux observations des parties jointes audit rapport) :

> **Civ. 2e, 1er mars 2001, nº 99-12.302,** *Bull.* nº 32 : « Mais attendu que l'arrêt retient, par motifs propres et adoptés, que selon l'article 41, alinéa 3, de la loi du 29 juillet 1881, ne donneront lieu à aucune action en diffamation les écrits produits devant les tribunaux ; que figure au nombre de ces écrits le rapport de l'expert désigné par le juge pour l'éclairer sur une question de fait, partant les observations écrites adressées à l'expert par les parties dès lors que celles-ci ont, conformément aux prévisions de l'article 276 du nouveau code de procédure civile, demandé à l'expert, qui y est tenu, de joindre leurs observations à son rapport ; »

– à la déposition de l'expert à l'audience :

> **Crim. 28 mai 1991, nº 90-83.984,** *Bull.* nº 225 ; *RSC* 1992. 565, obs. A. Vitu : « Que l'immunité couvrant les discours prononcés et les écrits produits devant les tribunaux, destinée à garantir aussi bien la liberté de la défense que la sincérité des auditions, bénéficie à l'expert appelé à déposer à l'audience des juridictions ; que cette règle ne reçoit exception que dans le cas où les faits diffamatoires sont étrangers à la cause et, s'ils concernent une partie, à la condition que l'action en diffamation ait été expressément réservée par le tribunal devant lequel les propos ont été tenus ou les écrits produits ; »

Encore faut-il que la déclaration incriminée ne soit pas étrangère à la cause, puisque l'on ne saurait admettre, évidemment, des propos diffamatoires ou injurieux n'ayant rien à voir avec le problème traité.

§ 2 Infraction liée à la révélation, par l'expert, d'informations à caractère secret ou privé

043.60 Plan. L'expert qui intervient au pénal est tenu au respect du secret de l'enquête et de l'instruction (A). Quant à l'expert commis en matière civile, il n'a pas à révéler des informations secrètes ou d'ordre privé portées à sa connaissance à l'occasion du litige mais inutiles à la solution de celui-ci (B et C).

A.

Respect du secret de l'enquête et de l'instruction par l'expert nommé en matière pénale

043.71 Obligation au secret de toute personne concourant à l'enquête ou à l'instruction. Il est affirmé clairement que « sauf dans le cas où la loi en dispose autrement et sans préjudice des droits de la défense, la procédure au cours de l'enquête et de l'instruction est secrète » et que « toute personne qui concourt à cette procédure est tenue au secret professionnel dans les conditions et sous les peines des articles 226-13 et 226-14 du code pénal », étant observé que seul « le procureur de la République peut, d'office et à la demande de la juridiction d'instruction ou des parties, rendre publics des éléments objectifs tirés de la procédure ne comportant aucune appréciation sur le bien-fondé des charges retenues contre les personnes mises en cause » (C. pr. pén., art. 11).

L'article 226-13 du code pénal, relatif à l'atteinte au secret professionnel, prévoit une peine maximum d'un an d'emprisonnement et de 15 000 euros d'amende. Quant à l'article 226-14 du même code, il prévoit les cas dans lesquels la révélation du secret est possible au regard des enjeux plus importants que mettrait en cause le maintien d'un tel secret.

043.72 Expert judiciaire. Il ne fait aucun doute que l'expert judiciaire concourt à la procédure, au même titre que le juge, le greffier et les services d'enquête et, à ce titre, il relève des dispositions des articles 226-13 du code de procédure pénale. Le secret de l'enquête et de l'instruction impose donc à l'expert judiciaire de ne communiquer ni information, ni document qu'il détient dans le cadre de sa mission, à toute personne autre que le juge mandant. Il ne peut notamment le faire pour les besoins de sa propre profession.

On notera qu'il peut arriver, en cas de pluralité de victimes d'un problème « sériel » (touchant notamment à des problèmes de santé publique), que certaines victimes se constituent parties civiles devant le doyen des juges d'instruction, tandis que d'autres demandent la réparation de leur préjudice devant une juridiction civile.

Lorsque les experts désignés dans ces deux types d'instance ne sont pas les mêmes, l'expert, nommé au civil, ne pourra donc obtenir, de son confrère désigné au pénal, des informations pourtant susceptibles de l'intéresser. C'est la raison pour laquelle il est arrivé que le juge pénal et le juge civil désignent les mêmes experts afin que ceux-ci puissent avoir une approche globale des problèmes posés.

043.73 Parties et avocats. Ne sont pas considérées comme concourant à la procédure les parties, à savoir la partie civile, la personne mise en cause ou le témoin assisté, lesquels ne sont donc pas soumis aux exigences de l'article 11, alinéa 2 du code de procédure pénale.

Quant aux avocats, s'ils ne concourent pas non plus à la procédure au sens de l'article 11, ils n'en sont pas moins tenus au secret de l'enquête et de l'instruction en application des textes régissant leur profession, de sorte qu'ils ne doivent divulguer aux tiers aucune information violant le secret professionnel auquel ils sont tenus.

Seules les copies de rapports d'expertise peuvent être communiquées par les parties ou leurs avocats à des tiers pour les besoins de la défense (C. pr. pén., art. 114, al. 7).

B.

Respect des informations secrètes ou privées portées à la connaissance de l'expert nommé en matière civile

043.81 Principe. Indépendamment des obligations inhérentes au secret de l'enquête et de l'instruction en matière pénale, « la révélation d'une information à caractère secret par une personne qui en est dépositaire soit par état ou par profession, soit en raison d'une fonction ou d'une mission temporaire, est punie d'un an d'emprisonnement et de 15 000 euros d'amende » (C. pén., art. 226-13).

Il va de soi que cette interdiction, faite à l'expert judiciaire, de révéler des informations secrètes ne s'applique pas aux informations que celui-ci délivre dans son rapport et qui sont nécessaires à l'accomplissement de sa mission. En revanche, l'expert judiciaire médecin veillera à ne pas faire état, dans ses conclusions, de faits couverts par le secret médical, qui n'ont aucune incidence sur le traitement de l'affaire.

043.82 Exceptions. Le code pénal prévoit certaines exceptions relatives, notamment, aux professionnels de santé dont l'obligation au secret cède le pas en raison de considérations supérieures, tenant à ce que l'on pourrait appeler d'un terme générique des maltraitances de tous ordres, tant sur des individus que sur des animaux :

C. pén., art. 226-14 :

L'article 226-13 n'est pas applicable dans les cas où la loi impose ou autorise la révélation du secret. En outre, il n'est pas applicable :

1° À celui qui informe les autorités judiciaires, médicales ou administratives de maltraitances, de privations ou de sévices, y compris lorsqu'il s'agit d'atteintes ou mutilations sexuelles, dont il a eu connaissance et qui ont été infligées à un mineur ou à une personne qui n'est pas en mesure de se protéger en raison de son âge ou de son incapacité physique ou psychique ;

2° Au médecin ou à tout autre professionnel de santé qui, avec l'accord de la victime, porte à la connaissance du procureur de la République ou de la cellule de recueil, de traitement et d'évaluation des informations préoccupantes relatives aux mineurs en danger ou qui risquent de l'être, mentionnée au 2e alinéa de l'article L. 226-3 du code de l'action sociale et des familles, ou qui porte à la connaissance de la cellule mentionnée à l'article L. 119-2 du même code les sévices, maltraitances ou privations qu'il a constaté, sur le plan physique ou psychique, dans l'exercice de sa profession et qui lui permettent de présumer que des violences physiques, sexuelles ou psychiques de toute nature ont été commises. Lorsque la victime est un mineur ou une personne qui n'est pas en mesure de se protéger en raison de son âge ou de son incapacité physique ou psychique, son accord n'est pas nécessaire ;

2° *bis* Au médecin ou à tout autre professionnel de santé qui, avec l'accord de la victime, porte à la connaissance du procureur de la République des informations relatives à des faits de placement, de maintien ou d'abus frauduleux d'une personne dans un état de sujétion psychologique ou physique, au sens de l'article 223-15-3 du présent code, lorsqu'il estime en conscience que cette sujétion a pour effet de causer une altération grave de sa santé physique ou mentale ou de conduire cette personne à un acte ou à une abstention qui lui sont gravement préjudiciables. Lorsque la victime est un mineur ou une personne qui n'est pas en mesure de se protéger en raison de son âge ou de son incapacité physique ou psychique, son accord n'est pas nécessaire. En cas d'impossibilité d'obtenir l'accord de la victime, le médecin ou le professionnel de santé doit l'informer du signalement fait au procureur de la République ;

3° Au médecin ou à tout autre professionnel de santé qui porte à la connaissance du procureur de la République une information relative à des violences exercées au sein du couple relevant de l'article 132-80 du présent code, lorsqu'il estime en conscience que ces violences mettent la vie de la victime majeure en danger immédiat et que celle-ci n'est pas en mesure de se protéger en raison de la contrainte morale résultant de l'emprise exercée par l'auteur des violences. Le médecin ou le professionnel de santé doit s'efforcer d'obtenir l'accord de la victime majeure ; en cas d'impossibilité d'obtenir cet accord, il doit l'informer du signalement fait au procureur de la République ;

4° Aux professionnels de la santé ou de l'action sociale qui informent le préfet et, à Paris, le préfet de police du caractère dangereux pour elles-mêmes ou pour autrui des personnes qui les consultent et dont ils savent qu'elles détiennent une arme ou qu'elles ont manifesté leur intention d'en acquérir une ;

5° Au vétérinaire qui porte à la connaissance du procureur de la République toute information relative à des sévices graves, à un acte de cruauté ou à une atteinte sexuelle sur un animal mentionnés aux articles 521-1 et 521-1-1 et toute information relative à des mauvais traitements sur un animal, constatés dans le cadre de son exercice professionnel. Cette information ne lève pas l'obligation du vétérinaire sanitaire prévue à l'article L. 203-6 du code rural et de la pêche maritime.

Le signalement aux autorités compétentes effectué dans les conditions prévues au présent article ne peut engager la responsabilité civile, pénale ou disciplinaire de son auteur, sauf s'il est établi qu'il n'a pas agi de bonne foi.

De même, il importe de souligner qu'il a été jugé, à propos du secret professionnel de l'avocat :

– que ce secret professionnel ne saurait lui interdire de produire des pièces couvertes par ce secret, lorsque lui-même fait l'objet d'une accusation :

Crim. 29 mai 1989, no 87-82.073, *Bull.* no 218, *RSC* 1990. 73, obs. G. Levasseur, sommaire : « L'obligation au secret professionnel d'un avocat ne saurait lui interdire, pour se justifier de l'accusation dont il est l'objet et résultant de la divulgation par un client d'une correspondance échangée entre eux, de produire d'autres pièces de cette même correspondance utile à ses intérêts »

– que la divulgation du secret doit alors être rendue nécessaire par l'exercice des droits de la défense :

Crim. 16 mai 2020, nº 99-85.304, *Bull.* nº 192, *D.* 2002. 858, obs. B. Blanchard : « Qu'enfin les juges ont souverainement apprécié les faits et circonstances de la cause d'où ils ont déduit que la violation du secret professionnel n'était pas, en l'espèce, rendue nécessaire par l'exercice des droits de la défense ; »

Une telle exception, dans les termes restrictifs indiqués, pourrait trouver à s'appliquer à l'expert judiciaire.

C.
Révélation par l'expert d'infractions portées à sa connaissance à l'occasion de l'accomplissement de sa mission

043.91 Cas de conscience susceptibles de se poser aux experts judiciaires. D'une manière générale, la question se pose de savoir quelle attitude doit adopter l'expert judiciaire lorsqu'à l'occasion de sa mission, il découvre la commission d'infractions non comprises dans la saisine du juge : ce peut être le cas d'un expert « du chiffre » constatant, au vu des documents soumis, des abus de biens sociaux ou autres infractions non compris dans sa mission ; ce peut être aussi le cas d'un expert psychiatre ou psychologue auxquels un mis en examen vient à révéler la commission d'autres infractions que celles pour lesquelles il est poursuivi (ex. : la personne mise en examen pour un meurtre révèle à l'expert en avoir commis d'autres).

Au terme d'une décision ancienne, la chambre criminelle a estimé que l'expert a l'obligation de dénoncer au juge mandant tout fait de nature à constituer d'autres infractions :

Crim. 10 janv. 1967, nº 66-90.922, *Bull.* nº 11, sommaire : « Aux termes de l'article 161, paragraphe 3, du code de procédure pénale, les experts doivent remplir leur mission en liaison avec le juge d'instruction ; ils doivent le tenir au courant du développement de leurs opérations et le mettre à même de prendre à tout moment toutes mesures utiles. Dès lors, l'expert a l'obligation de signaler au juge d'instruction, ou à la juridiction consultante, des faits qui lui paraîtraient suspects, qui apparaîtraient à l'occasion de l'examen des pièces qui lui avaient été remises aux fins d'expertise. Si de tels faits sont de nature à constituer d'autres infractions que celles qui avaient été visées dans la commission d'expert, il appartient au magistrat de prendre toutes mesures utiles et, le cas échéant, d'étendre la mission de l'expert. »

§ 3
Infraction de faux

043.101 Texte. « Le fait, par un expert, en toute matière, de falsifier, dans ses rapports écrits ou ses exposés oraux, les données ou les résultats de l'expertise est puni, selon les distinctions des articles 434-13 (témoignage mensonger) et 434-14 (témoignage mensonger aggravé par promesse d'un don ou d'une récompense ou par le fait qu'il concerne une personne passible d'une peine criminelle), de 5 ans d'emprisonnement et de 75 000 euros d'amende ou de 7 ans d'emprisonnement et de 100 000 euros d'amende » (C. pén., art. 434-20).

043.102 Jurisprudence. L'article 434-20 du code pénal n'est applicable qu'aux experts désignés pour exécuter une mission judiciaire (et non pas à un expert judiciaire désigné à titre privé) :

Crim. 28 mai 2008, nº 07-84.366, *Bull.* nº 133, *AJ pénal* 2008. 465, obs. G. Royer, sommaire : « Ne relève pas de l'article 434-20 du code pénal, le rapport établi par un expert inscrit sur une liste d'experts judiciaires mais qui n'a pas été désigné pour exécuter une mission judiciaire. »

On rappellera qu'une procédure pour infraction de faux ne peut aboutir que si le plaignant est en mesure de prouver que l'expert nommé judiciairement a procédé à une falsification délibérée des données qui lui ont été fournies : je n'en ai trouvé aucun exemple dans les décisions rendues par la Cour de cassation.

§ 4
Infraction d'entrave à l'exercice de la justice

043.111 Texte. Le texte incriminant et réprimant les faits d'entrave à l'exercice de la justice est le suivant :

C. pén., art. 434-9 :
Est puni de 10 ans d'emprisonnement et d'une amende de 1 000 000 euros, dont le montant peut être porté au double du produit tiré de l'infraction, le fait, par :
1° Un magistrat, un juré ou toute autre personne siégeant dans une formation juridictionnelle ;
2° Un fonctionnaire au greffe d'une juridiction ;

3° Un expert nommé, soit par une juridiction, soit par les parties ;

4° Une personne chargée par l'autorité judiciaire ou par une juridiction administrative d'une mission de conciliation ou de médiation ;

5° Un arbitre exerçant sa mission sous l'empire du droit national sur l'arbitrage,

de solliciter ou d'agréer, sans droit, à tout moment, directement ou indirectement, des offres, des promesses, des dons, des présents ou des avantages quelconques, pour lui-même ou pour autrui, pour accomplir ou avoir accompli, pour s'abstenir ou s'être abstenu d'accomplir un acte de sa fonction ou facilité par sa fonction.

043.112 Jurisprudence. L'article 434-9 est applicable à toute corruption commise par un expert judiciaire remplissant sa mission sur le territoire français, quand bien même celui-ci aurait été désigné par un magistrat étranger (il s'agissait en l'espèce d'un magistrat belge) :

Crim. 30 juin 1955, n° 1159, *Bull.* n° 330, sommaire : « Les articles 177 et 179 du code pénal visent toute corruption, commise en France, d'un expert remplissant officiellement sa mission sur le territoire français. »

De même, recherches faites dans la banque de données de la Cour de cassation, je n'ai trouvé aucune décision de la chambre criminelle concernant la mise en cause d'un expert judiciaire pour corruption, ce dont on ne peut que se féliciter.

Annexes

PAGES

ANNEXE 051

Organisation judiciaire

SECTION 1

Principes d'organisation judiciaire

051.11 Distinction du « civil » et du « pénal ». Les juridictions ont pour vocation de juger les fautes commises par les justiciables, lesquelles peuvent être de nature civile ou pénale lorsqu'il s'agit d'infractions (contraventions, délits ou crimes), ainsi qu'il résulte du tableau ci-dessous.

Faute civile	Faute pénale
La faute civile est caractérisée par la commission d'un fait qui porte préjudice à autrui et permet à ce dernier, appelé demandeur, d'assigner son adversaire, appelé défendeur, devant une juridiction civile (tribunal judiciaire, tribunal de commerce, conseil de prud'hommes...) afin d'obtenir une réparation.	La faute pénale est caractérisée par la commission d'un fait qui constitue une infraction et porte atteinte, au premier chef, à l'ordre public même s'il cause par ailleurs préjudice à une personne déterminée. Les infractions peuvent être plus ou moins graves puisqu'il peut s'agir : – d'une contravention jugée par le tribunal de police (ex : un automobiliste ne respecte pas l'arrêt à un feu rouge) ; – d'un délit jugé par le tribunal correctionnel, devant lequel comparaît un prévenu (ex : une personne commet un vol) ; – d'un crime jugé par la cour d'assises ou la cour criminelle départementale, devant lesquelles comparaît un accusé (ex : une personne commet un meurtre). L'ordre public étant en cause, les poursuites sont généralement diligentées par le ministère public, mais la victime peut se constituer partie civile pour demander réparation de son préjudice.

Quelques précisions complémentaires s'imposent s'agissant de la poursuite des fautes pénales, c'est-à-dire des infractions.

Les poursuites peuvent être alors engagées par le ministère public, autrement dénommé parquet (car les magistrats du ministère public prenaient autrefois leurs réquisitions dans un espace réservé de la salle d'audience qui se trouvait sur le parquet de la juridiction) ; son rôle est de défendre les intérêts de la société.

Si l'affaire constitue une contravention ou un délit qui ne requiert pas d'investigations particulières, le ministère public peut faire remettre à l'auteur des faits une convocation à l'audience par les services de police ou de gendarmerie, ou lui faire délivrer, par huissier, un acte que l'on appelle une citation directe ; pour certains délits, il peut même décider, après audition de l'auteur par les services de police ou de gendarmerie, de le faire comparaître devant le tribunal correctionnel dans la foulée selon la procédure de « comparution immédiate ».

En revanche, si les faits constituent un délit nécessitant des investigations particulières ou caractérisent un crime, le ministère public saisit un juge d'instruction par un acte appelé réquisitoire introductif.

Mais il peut arriver que le ministère public ne souhaite pas poursuivre l'auteur des faits et prononce un classement sans suite dont il doit aviser la victime (parce qu'il estime, par exemple, que les agissements en cause ne constituent pas une infraction ou que les faits ne sont pas suffisamment graves pour mobiliser les services d'enquête). Dans ce cas, la victime peut elle-même engager les poursuites :

- soit, si les faits ne requièrent pas d'investigations particulières, en faisant délivrer à l'auteur des faits, par le biais d'un huissier de justice, une citation directe qui vaut convocation à l'audience, au cours de laquelle la victime pourra se constituer partie civile ;
- soit, si les faits portent sur un crime ou nécessitent des investigations, en saisissant un juge d'instruction par le dépôt d'une plainte avec constitution de partie civile.

Ce sont là autant de termes juridiques qui doivent être maîtrisés par les experts judiciaires.

051.12 Principe du double degré de juridiction. Le principe du double degré de juridiction consiste à permettre à tout justiciable mécontent de la décision qui a été rendue à son égard, de faire rejuger l'affaire par une juridiction du second degré.

Il convient de bien préciser qu'il s'agit d'un « second » degré et non d'un « deuxième » degré car il n'y a pas de troisième degré de juridiction, c'est-à-dire de juridiction ayant vocation à examiner une troisième fois l'affaire tant au plan des faits que de la procédure (nous verrons que la Cour de cassation n'est pas un troisième degré de juridiction en ce qu'elle ne réexamine pas les faits et vérifie uniquement que la règle de droit a bien été appliquée).

L'existence d'un double degré de juridiction ne fait pas partie des exigences du procès équitable prévu par l'article 6-1 de la Convention européenne des droits de l'homme qui pose uniquement en principe l'exigence d'un accès à un tribunal. En revanche, elle est prévue en matière pénale par l'article 2 du protocole 7 de la Convention européenne qui prévoit que « Toute personne déclarée coupable d'une infraction pénale par un tribunal a le droit de faire examiner par une juridiction supérieure la déclaration de culpabilité ou la condamnation... » et que « Ce droit peut faire l'objet d'exceptions pour des infractions mineures telles qu'elles sont définies par la loi... »

Si les magistrats qui jugent les affaires au premier degré sont des « juges », ceux qui statuent au stade de la cour d'appel sont désignés sous le terme de « conseillers ».

051.13 Droit à un tribunal indépendant et impartial. Ce principe résulte de l'article 6, § 1 de la Convention européenne de sauvegarde des droits de l'homme et des libertés fondamentales du 4 novembre 1950, ainsi libellé :

> **Conv. EDH, art. 6, § 1 – Droit à un procès équitable**
> Toute personne a droit à ce que sa cause soit entendue équitablement, publiquement et dans un délai raisonnable, par un tribunal indépendant et impartial, établi par la loi, qui décidera, soit des contestations sur ses droits et obligations de caractère civil, soit du bien-fondé de toute accusation en matière pénale dirigée contre elle. Le jugement doit être rendu publiquement, mais l'accès de la salle d'audience peut être interdit à la presse et au public pendant la totalité ou une partie du procès dans l'intérêt de la moralité, de l'ordre public ou de la sécurité nationale dans une société démocratique, lorsque les intérêts des mineurs ou la protection de la vie privée des parties au procès l'exigent, ou dans la mesure jugée strictement nécessaire par le tribunal, lorsque dans des circonstances spéciales la publicité serait de nature à porter atteinte aux intérêts de la justice.

L'indépendance des juges est fondamentale pour que la justice puisse assurer correctement son office.

Elle est garantie par le principe de la séparation des pouvoirs consacré par l'article 16 de la Déclaration des droits de l'homme et du citoyen de 1789 aux termes duquel : « Toute société dans laquelle la garantie des droits n'est pas assurée, ni la séparation des pouvoirs déterminée, n'a point de Constitution » : on distingue traditionnellement le pouvoir législatif, le pouvoir exécutif et le pouvoir judiciaire, plutôt dénommé autorité judiciaire puisqu'elle est tenue d'appliquer la loi et ne peut donc être mise sur le même plan que le pouvoir législatif.

L'indépendance des juges est aussi garantie par le recrutement des magistrats sur concours, par l'inamovibilité des magistrats du siège et l'intervention du Conseil supérieur de la magistrature dont le rôle est déterminant s'agissant de la nomination des juges aux postes les plus importants de la magistrature et des sanctions prononcées en raison des manquements disciplinaires des magistrats. Enfin, on soulignera que les magistrats ne peuvent voir leur responsabilité civile engagée du fait de la teneur des décisions qu'ils rendent. En effet, lorsqu'une décision rendue n'est pas conforme au droit applicable, le justiciable a la possibilité de former un recours (appel ou pourvoi en cassation), afin de faire rectifier cette erreur et, si cette dernière lui a causé un préjudice, il peut également mettre en cause la responsabilité de l'État pour fonctionnement défectueux du service de la justice. En revanche, les magistrats peuvent voir leur responsabilité engagée au plan disciplinaire et au plan pénal.

Quant à l'exigence d'impartialité, elle garantit au justiciable que son affaire sera examinée par des magistrats sans *a priori*, amitié ou inimitié vis-à-vis des parties en cause :

- son application doit conduire tout juge à se déporter, c'est-à-dire à demander à être remplacé, lorsqu'il estime que sa situation par rapport à l'une des parties pourrait faire naître un doute sur son impartialité, notamment dans l'esprit d'une autre partie ;

- sa violation peut conduire les parties à engager, contre un juge, une procédure de récusation, dès lors qu'il existe des raisons sérieuses de suspecter le juge de partialité.

051.14 Principe de la contradiction. Il convient de souligner l'importance et la permanence de l'exigence du principe de la contradiction, aussi dénommé principe du contradictoire (terme que les praticiens ont adopté, mais dont les linguistes contestent le libellé puisqu'il conduit à faire d'un adjectif... un nom commun).

Prévu à l'article 16 du code de procédure civile, ce principe s'applique tout au long du procès. Il signifie que chaque partie doit disposer de tous les éléments et arguments qui lui sont opposés, de manière à être en état d'y répondre très complètement. En d'autres termes, le combat judiciaire ne peut être qu'un « combat à la loyale ».

> **C. pr. civ., art. 16**
>
> Le juge doit, en toutes circonstances, faire observer et observer lui-même le principe de la contradiction.
>
> Il ne peut retenir, dans sa décision, les moyens, les explications et les documents invoqués ou produits par les parties que si celles-ci ont été à même d'en débattre contradictoirement.
>
> Il ne peut fonder sa décision sur les moyens de droit qu'il a relevés d'office sans avoir au préalable invité les parties à présenter leurs observations.

La Cour européenne des droits de l'homme en rappelle fréquemment le caractère fondamental.

> **CEDH 20 févr. 1996, nº 19075/91, VERMEULEN/ BELGIQUE** : « 33. Compte tenu donc de l'enjeu pour le requérant de l'instance devant la Cour de cassation et de la nature des conclusions de l'avocat général du Jardin, l'impossibilité pour l'intéressé d'y répondre avant la clôture de l'audience a méconnu son droit à une procédure contradictoire. Celui-ci implique en principe la faculté pour les parties à un procès, pénal ou civil, de prendre connaissance de toutes pièces ou observation présentée au juge, même par un magistrat indépendant, en vue d'influencer sa décision, et de la discuter (voir notamment, *mutatis mutandis*, les arrêts Ruiz-Mateos précité, p. 25, par. 63, *McMichael c/ Royaume-Uni* du 24 févr. 1995, série A nº 307-B, p. 53-54, par. 80, et *Kerojärvi c/ Finlande* du 19 juill. 1995, série A nº 322, p. 16, par. 42). »

051.15 Distinction des autorités de poursuite et de jugement en matière pénale. En matière pénale, la distinction des fonctions de poursuite, dévolues aux magistrats du ministère public, et des fonctions de jugement, exercées par les juges, résulte des textes de procédure et se justifie par le fait que les magistrats ayant supervisé les enquêteurs ou participé à l'instruction des dossiers ne peuvent être considérés comme disposant de l'impartialité nécessaire à leur jugement, lequel doit être confié à des juges qui porteront un regard neuf sur les affaires qui leur seront soumises.

051.16 Distinction du concept de magistrat et de juge. Contrairement à ce que le public pense, les termes de « magistrat » et de « juge » ne sont pas synonymes puisqu'il existe deux types de magistrats bien différents :

- d'une part, les « parquetiers », qui représentent les intérêts de la société et sont en charge des fonctions d'enquête, de poursuites et d'accusation à l'audience ; ils constituent ce que l'on appelle la « magistrature debout » car, à l'audience, ils se lèvent pour prendre leurs « réquisitions » ;

- d'autre part, les « juges du siège » qui, comme leur nom l'indique, ont pour fonction de juger ; par opposition aux parquetiers, on les désigne sous le terme de « magistrature assise » puisque contrairement à leurs homologues du parquet, il reste assis lorsqu'ils procèdent à l'examen des affaires à l'audience.

Le terme de « magistrat » est donc un vocable générique (on dit d'ailleurs d'un maire qu'il est le premier magistrat de sa commune alors même qu'il n'a aucune fonction juridictionnelle). En revanche, le terme de « juge » correspond à une fonction précise. Notons que les magistrats qui instruisent (le juge d'instruction et ceux qui composent la chambre de l'instruction) sont aussi des « juges ».

Selon la juridiction auxquels ils appartiennent et leur grade dans la hiérarchie, les magistrats ont différents titres récapitulés dans le tableau suivant.

tribunal judiciaire	cour d'appel	Cour de cassation
Les grades de magistrats du siège : – les juges ; – les premiers juges ; – les vice-présidents (chargé de présider une chambre) ; – les premiers vice-présidents (chargé de coordonner plusieurs chambres) ; – le président du tribunal judiciaire (qui se trouve à la tête des magistrats du siège de chaque tribunal judiciaire). Il est d'usage de s'adresser aux présidents de chambre en les appelant « Mme ou M. le président ». **Les grades de parquetiers :** – les substituts ; – les premiers substituts ; – le procureur de la République (qui se trouve à la tête des parquetiers de chaque tribunal judiciaire). Quel que soit le grade du parquetier qui vient prendre ses réquisitions à l'audience, les membres de la juridiction et les avocats s'adresseront à lui en l'appelant « Mme ou M. le procureur » puisqu'il est classique de dire que le parquet est « un et indivisible ».	**Les grades de magistrats du siège :** – les conseillers ; – les présidents de chambre ; – les premiers présidents de chambre (coordonnant le fonctionnement de plusieurs chambres) ; – le premier président de la cour d'appel (qui se trouve à la tête des magistrats du siège de chaque cour d'appel). **Les grades de parquetiers :** – les substituts généraux ; – les avocats généraux ; – les premiers avocats généraux ; – le procureur général de la cour d'appel (qui se trouve à la tête des parquetiers de chaque cour d'appel).	**Les grades de magistrats du siège :** – les auditeurs (jeunes magistrats souvent en début de carrière qui assistent les plus anciens) ; – les conseillers référendaires (magistrats plus expérimentés, en fonction à la Cour de cassation pour une durée maximum de 10 ans, au terme desquelles ils ont vocation à rejoindre une juridiction du fond) ; – les hauts conseillers (le qualificatif « haut » permet de les distinguer des conseillers de cour d'appel) ; – les présidents de chambre (il y a 6 chambres et un président de chambre chargé du service de documentation et d'études) ; – le Premier président de la Cour de cassation (qui se trouve à la tête des magistrats du siège de la Cour de cassation et dont on a coutume de dire qu'il est le 1er magistrat de France). **Les grades de magistrats du parquet :** – les avocats généraux référendaires (homologue des conseillers référendaires) ; – les avocats généraux ; – les premiers avocats généraux (coordonnant l'action des avocats généraux affectés à une même chambre) ; – le procureur général de la Cour de cassation (qui se trouve à la tête du parquet de la Cour de cassation).

SECTION 2

Juridictions du premier degré

051.20 Plan. Il existe, au 1er degré, des juridictions civiles (au sens large du terme § 1) et des juridictions pénales (§ 2).

§ 1
Juridictions civiles

051.31 Tribunal judiciaire. Il existe 164 tribunaux judiciaires en France, lesquels sont issus de la fusion intervenue, en 2020, entre les anciens tribunaux de grande instance et les tribunaux d'instance.

Les tribunaux judiciaires ont une compétence de droit commun, c'est-à-dire qu'ils jugent toutes les affaires qui ne sont pas confiées, par des textes spécifiques, à des juridictions d'exception (ce terme étant à appréhender dans un sens non péjoratif, différent de celui qui a pu être donné à certaines juridictions spéciales créées en période de guerre ou d'après-guerre).

Les tribunaux judiciaires ont donc vocation à connaître des litiges dans des domaines extrêmement variés, notamment le contentieux familial, les responsabilités professionnelles, les successions ou donations, la propriété intellectuelle et artistique, le droit de la construction et de la copropriété, le droit de la presse, les baux d'habitation et les baux commerciaux.

C'est ainsi que, dans les tribunaux judiciaires de grande taille, il existe de nombreuses chambres civiles qui se répartissent ces domaines de compétence.

En matière civile, il existe une procédure d'urgence, appelée référé permettant à un seul juge (le juge des référés) de prendre des mesures qui ne préjudicient pas au fond en ce qu'elles ne prennent pas parti sur le bien-fondé de la réclamation du demandeur ; la décision rendue est une ordonnance.

Cette procédure de référé s'oppose à la procédure au fond, dont sont chargés les juges qui tranchent le litige : le soin en est confié à une collégialité de trois juges dont les modalités de fonctionnement varient en fonction de la difficulté de l'affaire : soit les trois juges siègent ensemble à l'audience ; soit l'un d'entre eux est désigné pour tenir l'audience et en rendre compte aux deux autres afin que la décision soit le fruit de la collégialité : on dit alors que l'affaire est prise en « juge rapporteur » ; la décision rendue est un jugement.

Il faut savoir que l'essentiel des expertises civiles (soit environ 90 %) est ordonné en référé et que le suivi des opérations d'expertise est alors assuré, non pas par le juge des référés (dont l'intervention dans chaque affaire est très ponctuelle et s'arrête après la signature de la décision), mais par le juge chargé du suivi des expertises (à ne pas confondre avec le juge chargé des experts, lequel est un magistrat de la cour d'appel, en charge des questions d'inscription des experts sur la liste des experts judiciaires et de la discipline de ceux-ci).

051.32 Tribunaux de commerce autrement dénommés juridictions consulaires. Il y a, sur le territoire national, 134 tribunaux de commerce appelés aussi juridictions consulaires, de tailles très différentes. Leur existence est fort ancienne puisqu'elle résulte d'un édit de 1563, rédigé sous l'impulsion de Michel de L'Hospital pour donner aux marchands un outil souple de règlement de leurs litiges. Ils sont aujourd'hui régis par les articles L. 721-1 du code de commerce.

Les tribunaux de commerce sont compétents pour trancher les litiges liés aux affaires commerciales : actes de commerce, litiges relatifs à des sociétés commerciales, redressement et liquidation des entreprises commerciales.

Ils sont composés de juges non professionnels, élus par leurs pairs, de manière à favoriser une approche pragmatique de la situation économique des justiciables dont il traite le contentieux.

Tout comme les tribunaux judiciaires, ils sont à l'origine de très nombreuses désignations d'experts.

051.33 Conseils de prud'hommes. Il existe, en France, 211 conseils de prud'hommes. Ils ont également une origine fort ancienne puisqu'au XIIIe siècle, le parlement de Paris créa des « prud'hommes » (définis comme des hommes prudents et de bon conseil), chargés d'assister le prévost des marchands dans le règlement des contestations qui pouvaient s'élever entre les marchands et les fabricants fréquentant les foires et les marchés. C'est en 1848 que sera mise en place leur composition paritaire d'employeurs et de salariés. Ils sont aujourd'hui régis par les articles L. 1411-1 et suivants du code du travail.

Ceux-ci ont en charge des litiges individuels nés de l'exécution ou de la rupture d'un contrat de travail entre employeurs et salariés de droit privé.

Ils sont composés de juges non professionnels comportant, à parts égales, des représentants de salariés et des représentants d'employeurs, lesquels sont élus par leurs pairs. En cas de partage des voix, un juge professionnel intervient en qualité de juge départiteur.

051.34 Tribunaux paritaires des baux ruraux. Les tribunaux paritaires des baux ruraux sont de création plus récente puisqu'ils résultent d'une loi de 1943. Ils ont leur siège dans chaque tribunal judiciaire. Leur fonctionnement est régi par les articles L. 491-1 et suivants du code rural.

Ils sont compétents pour statuer sur les litiges opposant propriétaire de biens ruraux et locataires de bâtiments et/ou de terres agricoles. Dans le but de rendre ces juridictions facilement accessibles, la procédure y est orale et la représentation par avocat n'est pas obligatoire.

Ils sont composés d'un président, qui est un juge professionnel et de quatre juges non professionnels élus, deux représentant les propriétaires bailleurs et les deux autres, les exploitants preneurs.

§ 2
Juridictions pénales

051.40 Plan. Comme cela a déjà été évoqué, les affaires pénales requièrent l'intervention de plusieurs types de magistrats dont les rôles sont très différents : il peut s'agir de magistrats du parquet (A), de juges intervenant au stade de l'instruction des dossiers (B) ou encore de juges ayant pour vocation de juger les affaires au fond (C).

A.
Magistrats du parquet

051.51 Rôle des « parquetiers ». Les magistrats du parquet ont vocation à défendre les intérêts de la société, de sorte qu'ils sont chargés :

- de recevoir les plaintes ;
- de faire diligenter des enquêtes par les services de police ou de gendarmerie, afin d'être éclairés sur les faits dont ils sont saisis : ils le font à l'aide de documents que l'on appelle des « soit transmis ».

Au vu des résultats obtenus, le ministère public dispose de plusieurs options :

- soit il estime ne pas devoir donner suite à la plainte et rend une décision de classement sans suite « indiquant les raisons juridiques ou d'opportunité qui la justifie », laquelle doit être notifiée au plaignant (C. pr. pén., art. 40-2) ;
- soit il met en œuvre une procédure alternative aux poursuites en application des articles suivants :
  - l'article 41-1 prévoit le rappel à la loi, l'obligation d'accomplir un stage ou d'une formation, l'invitation à régulariser la situation, l'obligation de réparer le dommage, l'obligation de se soumettre à une médiation entre l'auteur et la victime, l'interdiction de se rendre dans certains lieux fréquentés par la victime,
  - l'article 41-1-2 permet au parquet, pour certains délits, de proposer notamment à l'auteur des faits le versement d'une amende d'intérêt public,
  - l'article 41-2 permet au ministère public de proposer à l'auteur de l'infraction une « composition pénale », c'est-à-dire une peine,
  - notons que l'auteur des faits, qui se voit ainsi imposer une obligation de faire, peut refuser la proposition ou ne pas la respecter, à ses risques et périls puisqu'il s'expose, alors, à l'engagement de poursuites ;
- soit le ministère public décide d'engager des poursuites et il peut le faire de plusieurs manières :
  - en faisant convoquer l'auteur des faits à l'audience par les services de police ou par le biais d'une citation directe délivrée par un commissaire de justice,
  - en saisissant un juge d'instruction par un réquisitoire introductif (la saisine d'un juge d'instruction est obligatoire lorsque l'infraction en cause est un crime).

Lorsqu'il engage des poursuites, le ministère public a une double mission :

- si un juge d'instruction a été saisi, il surveille la procédure et, à ce titre, il peut requérir la mise en examen d'une personne, demander son placement en détention, saisir le juge d'instruction de réquisitions supplétives, demander à celui-ci d'effectuer telle ou telle investigation et, en fin d'instruction, il est invité à rédiger un réquisitoire définitif, au terme duquel il prend position sur l'issue qu'il estime opportune (non-lieu, renvoi devant une juridiction), position qui, comme nous le verrons, ne s'impose pas au juge d'instruction ;
- lors de l'audience, le ministère public porte l'accusation, en réclamant le prononcé de la peine qu'il estime la plus appropriée ; c'est la raison pour laquelle il est souvent présenté comme l'adversaire de l'avocat du prévenu ou de l'accusé qui, lui, a tout au contraire pour mission de défendre les intérêts de son client.

B.
Juges intervenant au stade de l'instruction des dossiers

051.60 Plan. L'un, très connu du grand public, est le juge d'instruction (1) ; l'autre, moins connu, est le juge des libertés et de la détention (JLD) (2) qui a été créé lorsque le juge d'instruction, autrefois qualifié de « magistrat le plus puissant de France » parce qu'il avait le pouvoir de placer des personnes en détention, a perdu cette faculté.

1.
Juge d'instruction

051.70 Plan. Nous verrons successivement les cas de saisine du juge d'instruction, les concepts de mis en examen et de témoin assisté, avant d'aborder les investigations qui peuvent être ordonnées et les issues possibles d'une instruction.

051.71 Saisine. Ainsi qu'il a déjà été dit, l'ouverture d'une instruction n'est obligatoire qu'en matière criminelle (C. pr. pén., art. 79). Pour toutes les autres infractions, elle n'intervient que lorsque le dossier nécessite des investigations longues, c'est-à-dire généralement lorsque l'affaire est complexe.

Il importe de rappeler que le juge d'instruction ne peut s'autosaisir et ne peut être chargé d'une affaire que par le ministère public au terme d'un réquisitoire introductif (C. pr. pén., art. 80) ou par une victime au moyen d'un dépôt de plainte avec constitution de partie civile (C. pr. pén., art. 85).

051.72 Mise en examen. Le juge d'instruction est, en quelque sorte, un super-enquêteur qui dispose, à cette fin, de pouvoirs spécifiques.

Il est seul à pouvoir procéder à la mise en examen d'une personne et, à cet égard, des précisions s'imposent compte tenu du vocabulaire parfois erroné utilisé par certains médias (journalistes, films ou séries télévisées) :

- les policiers et gendarmes n'ont pas la possibilité de procéder à une mise en examen, de même que ce n'est pas le juge d'instruction qui procède au placement en garde à vue, mais les policiers ou les gendarmes, quand bien même ces derniers doivent immédiatement informer le magistrat (le parquet ou le juge d'instruction) de ladite garde à vue ;

– le terme « mis en examen » a remplacé, depuis plusieurs décennies, celui d'« inculpé », vocable qui est désormais à bannir et qui dénote une absence de professionnalisme de la part des journalistes qui l'emploient encore (il en va de même de l'usage du terme accusé pour une personne qui comparaît devant le tribunal correctionnel alors que celui-ci doit être désigné sous le vocable de prévenu, l'accusé étant celui qui comparait devant la cour d'assises ou la cour criminelle départementale) ;

– le juge d'instruction ne peut procéder à la mise en examen d'une personne que s'il existe, à l'encontre de celle-ci, « des indices graves ou concordants rendant vraisemblable sa participation, comme auteur ou comme complice, à la commission des infractions dont il est saisi » (C. pr. pén., art. 80-1, al. 1) ; il importe donc de rappeler que cette mise en examen établit, certes, l'existence d'éléments à charge contre la personne visée, mais ne fait pas disparaître la présomption d'innocence auquel chacun a droit tant qu'il n'a pas été définitivement condamné ; au demeurant, il peut arriver que des personnes mises en examen soient finalement mises hors de cause à l'issue de l'instruction.

051.73 Témoin assisté. À côté du statut de mis en examen, il existe le statut de témoin assisté correspondant à « toute personne nommément visée par un réquisitoire introductif ou par un réquisitoire supplétif et qui n'est pas mise en examen » (C. pr. pén., art. 113-1). Mais il peut aussi s'agir de toute personne visée par une plainte avec constitution de partie civile ou mise en cause par la victime ou par un témoin. Notons que le statut de témoin assisté permet à l'intéressé d'être assisté par un avocat et d'avoir accès au dossier, puisque seuls peuvent accéder audit dossier les mis en examen, les témoins assistés et les parties civiles, l'enquête et l'instruction étant secrète (C. pr. pén., art. 113-3, al.1)

051.74 Mesures d'investigation. Au cours de son instruction, le juge d'instruction dispose de vastes pouvoirs (C. pr. pén., art. 81), lui permettant d'ordonner de multiples investigations (examens, expertises, écoutes téléphoniques, géolocalisations...), ce qu'il fait en délivrant des ordonnances (ex. : ordonnance mandatant un expert) ou des commissions rogatoires (ex. : commission rogatoire chargeant un service de police ou de gendarmerie d'effectuer telles ou telles investigations).

051.75 Fin de l'instruction. En fin d'instruction, il rend une ordonnance de règlement qui, compte tenu des éléments réunis, décide s'il y a lieu de renvoyer la personne mise en examen devant une juridiction du fond :

– si le juge d'instruction estime qu'il n'y a pas lieu de renvoyer quiconque devant une juridiction du fond, il rend une ordonnance de non-lieu (C. pr. pén., art. 177) ;

– en revanche, s'il estime qu'il n'y a pas lieu de renvoyer le mis en examen devant une juridiction du fond, il rend soit une ordonnance de renvoi devant le tribunal correctionnel si les faits incriminés constituent un délit (C. pr. pén., art. 179), soit une ordonnance de mise en accusation devant la cour d'assises si les faits reprochés constituent un crime (C. pr. pén., art. 181), la cour criminelle départementale (pour les crimes faisant encourir un maximum de 20 ans reprochés à des non-récidivistes) ou la cour d'assises spéciale (pour les crimes liés au terrorisme).

Il peut également ordonner le placement du mis en examen sous contrôle judiciaire mais, en revanche, le juge d'instruction a perdu le pouvoir de placer les mis en examen en détention. Aujourd'hui, ce pouvoir est dévolu à un autre juge du siège appelé juge des libertés et de la détention (JLD).

2.
Juge des libertés et de la détention

051.81 Saisine. Lorsque le juge d'instruction met en examen un individu du chef d'un crime ou d'un délit lui faisant encourir au moins trois ans d'emprisonnement (C. pr. pén., art. 143-1), il peut souhaiter le voir placer en détention. En ce cas, il doit saisir le JLD d'une demande.

Ce dernier peut ordonner le placement en détention du mis en examen, mais uniquement pour l'un des motifs visés par le code de procédure pénale qui, il est vrai, prévoit un grand nombre d'hypothèses, étant observé qu'un seul motif suffit à justifier un placement en détention même si, bien souvent, il y en a plusieurs (C. pr. pén., art. 144).

> **C. pr. pén., art. 144**
>
> La détention provisoire ne peut être ordonnée ou prolongée que s'il est démontré, au regard des éléments précis et circonstanciés résultant de la procédure, qu'elle constitue l'unique moyen de parvenir à l'un ou plusieurs des objectifs suivants et que ceux-ci ne sauraient être atteints en cas de place-

ment sous contrôle judiciaire ou d'assignation à résidence avec surveillance électronique :

1° Conserver les preuves ou les indices matériels qui sont nécessaires à la manifestation de la vérité ;

2° Empêcher une pression sur les témoins ou les victimes ainsi que sur leur famille ;

3° Empêcher une concertation frauduleuse entre la personne mise en examen et ses coauteurs ou complices ;

4° Protéger la personne mise en examen ;

5° Garantir le maintien de la personne mise en examen à la disposition de la justice ;

6° Mettre fin à l'infraction ou prévenir son renouvellement ;

7° Mettre fin au trouble exceptionnel et persistant à l'ordre public provoqué par la gravité de l'infraction, les circonstances de sa commission ou l'importance du préjudice qu'elle a causé. Ce trouble ne peut résulter du seul retentissement médiatique de l'affaire. Toutefois, le présent alinéa n'est pas applicable en matière correctionnelle.

051.82 Décision. Après avoir examiné la situation de l'intéressé et la gravité des faits, le JLD rend sa décision sur le placement en détention : il peut faire droit, ou non, à la demande du juge d'instruction.

La durée maximum de la détention est prévue par les textes et la situation de chaque détenu doit être revue périodiquement par le JLD :

– tous les quatre mois pour les mis en examen en matière délictuelle (C. pr. pén., art. 145-1) ;

– au terme de la première année, puis tous les six mois pour les mis en examen en matière criminelle (C. pr. pén., art. 145-2).

Outre l'examen des demandes de placement en détention, le JLD est donc également chargé de statuer :

– sur les demandes de prolongation de détention du juge d'instruction au terme du délai prévu par les textes (C. pr. pén., art. 145-1 et 145-2) ;

– sur les demandes de mise en liberté des détenus, lesquelles peuvent avoir lieu à tout moment et de manière réitérée autant de fois qu'ils le souhaitent (j'ai connu des détenus qui, à certaines périodes, formalisaient une demande de mise en liberté par jour, voire plusieurs fois par jour...) : en ce cas, le JLD a la possibilité de les traiter de manière groupée (C. pr. pén., art. 148).

Notons enfin que, s'agissant de toutes les questions liées à la détention, le JLD et la chambre de l'instruction saisie en appel doivent statuer dans un délai contraint, au-delà duquel l'absence de décision se traduit par la remise en liberté d'office du détenu. C'est ainsi que, pour les demandes de mise en liberté, le JLD doit statuer dans les trois jours ouvrables (C. pr. pén., art. 148, al.3) et la chambre de l'instruction dans les quinze ou vingt jours (C. pr. pén., art. 148, al. 5). En effet, on ne peut concevoir de maintenir en détention des personnes dans l'attente d'une décision à intervenir sur leur détention, sans qu'aucun délai ne leur soit donné.

En conséquence, il s'agit d'un contentieux que les juges doivent surveiller comme « le lait sur le feu » et qui peut, en cas d'erreur ou d'encombrement excessif des juridictions, conduire à de regrettables remises en liberté.

C. Juridictions du fond chargées de juger les affaires

051.91 Compétence dépendant de la gravité de la faute commise. La gravité des infractions détermine la compétence des juridictions pénales comme indiqué dans le tableau ci-dessous :

Contraventions	Délits	Crimes
Les contraventions sont de la compétence du tribunal de police qui est composé d'un seul juge. Le juge peut statuer sur certains types de contraventions, non pas à l'audience, mais simplement au vu de l'examen du dossier en rendant une ordonnance pénale (C. pr. pén., art. 524)	Les délits sont jugés par le tribunal correctionnel. Il est, en principe, composé de trois juges. Pour les délits de moindre gravité, il peut être statué à juge unique (C. pr. pén., art. 510, al. 2). Enfin, il est également prévu, pour les délits encore moins graves, le recours au prononcé d'une ordonnance pénale (C. pr. pén., art. 495).	Les crimes relèvent de la compétence de la cour d'assises et de la cour criminelle départementale, voire de la cour d'assises spéciale. La cour d'assises est la plus connue puisqu'elle est historiquement la plus ancienne : elle est présidée par un président de chambre de cour d'appel, de 2 juges professionnels et de 6 jurés en première instance, 9 jurés en appel, soit un total de 9 ou 12 personnes, ce qui représente un système très lourd à faire fonctionner (C. pr. pén., art. 296).

S'agissant des formations prévues pour juger les crimes, deux précisions doivent être apportées :

– Le législateur a créé, dans les années 2020, les cours criminelles départementales chargées de juger les crimes faisant encourir une peine d'un maximum de 20 ans de réclusion criminelle, commis par des non-récidivistes (ce qui représente un nombre très important d'affaires) : en effet, celle-ci n'est composée que de 5 juges, tous professionnels (donc sans aucun juré) ; cette initiative visait à désengorger les cours d'assises, mais se révèle finalement problématique pour les cours d'appel dès lors qu'elle mobilise un plus grand nombre de magistrats professionnels ; lorsque la décision d'une cour criminelle départementale fait l'objet d'un appel, l'affaire est soumise à une cour d'assises (C. pr. pén., art. 380-16 et suivants) ;

– On a aussi créé, à Paris, une cour d'assises spécialement composée en ce qu'elle comporte uniquement des magistrats professionnels (cinq au premier degré et sept en appel), pour juger notamment les actes de terrorisme : celle-ci a dû être mise en place à la suite des difficultés rencontrées dans certains procès d'assises terroristes, pour lesquels de nombreux jurés se sont montrés défaillants parce que refusant de s'exposer (C. pr. pén., art. 698-6).

Rappelons que, devant toutes les juridictions pénales, la défense doit toujours avoir la parole en dernier.

Les juridictions pénales peuvent condamner ou non la personne poursuivie, mais, là encore, la terminologie varie selon la juridiction concernée et son mauvais usage a un effet déplorable en ce qu'il témoigne immédiatement d'une méconnaissance des règles de base :

– en matière délictuelle, lorsque le prévenu n'est pas condamné, on dit qu'il est relaxé ;

– en matière criminelle, lorsque l'accusé n'est pas condamné, on dit qu'il est acquitté.

SECTION 3 Cours d'appel

051.100 Plan. Il existe 36 cours d'appel en France, d'importances variables puisque dépendant de la plus ou moins grande étendue de leur ressort et de la densité de population de celui-ci.

Qu'elles statuent en matière civile ou pénale, les cours d'appel rendent des décisions que l'on désigne sous le terme d'arrêt.

On exposera les modalités d'appel en matière civile (§ 1), avant d'aborder l'appel interjeté contre les décisions pénales (§ 2) et le rôle du service des experts au sein de ces cours (§ 3).

§ 1 Appel des décisions rendues en matière civile

051.111 Décisions susceptibles d'appel. Le tribunal judiciaire statue en dernier ressort, c'est-à-dire sans possibilité de faire appel de la décision qui est rendue lorsqu'il « est appelé à connaître, en matière civile, d'une action personnelle ou mobilière portant sur une demande dont le montant est inférieur ou égale à la somme de 5 000 euros » (COJ, art. R. 211-3-24).

Lorsque le tribunal judiciaire statue en dernier ressort, la seule voie de recours possible est le pourvoi en cassation (qui sera traité ultérieurement).

Dans les instances civiles, l'appel peut émaner de la partie qui n'est pas satisfaite de la décision rendue en première instance, soit parce qu'elle n'a pas obtenu, en qualité de demandeur, ce qu'elle souhaitait, soit parce que, agissant en qualité de défendeur, elle a été condamnée.

La cour d'appel réexamine l'affaire dans sa totalité.

§ 2 Appel des décisions rendues en matière pénale

051.121 Appel des décisions rendues par le juge d'instruction et le juge des libertés et de la détention. Les décisions rendues par le juge d'instruction et le JLD relèvent de la compétence de la chambre de l'instruction, laquelle est composée de trois magistrats.

S'agissant des décisions du juge d'instruction, les appels portent souvent sur les ordonnances de règlement et, notamment sur celles qui renvoient les mis en examen devant la juridiction du fond ; mais la chambre de l'instruction traite également de tout le contentieux de la nullité, c'est-à-dire qu'elle est saisie par les parties, voire le ministère public, lorsque ceux-ci considèrent qu'un acte a été commis irrégulièrement par le juge d'instruction et doit être sanctionné par la nullité. C'est ainsi qu'un contentieux peut naître des irrégularités commises par un expert au cours d'une expertise ordonnée par un juge d'instruction.

Quant aux ordonnances rendues par le JLD, elles sont souvent frappées d'appel puisqu'elles ont trait essentiellement à la détention des mis en examen que ces derniers contestent, ce qui conduit la chambre de l'instruction à examiner ces appels dans un délai contraint qu'elle ne peut absolument pas dépasser sous peine de voir le détenu remis en liberté.

051.122 Appel des décisions pénales rendues au fond. Les décisions rendues en matière pénale sont susceptibles d'appel, à l'exception de celles qui sont rendues en dernier ressort, lorsque la peine encourue ou la peine prononcée est de faible importance puisqu'il est prévu que « la faculté d'appeler appartient au prévenu, à la personne civilement responsable, au procureur de la République, au procureur général et à l'officier du ministère public près le tribunal de police, lorsque l'amende encourue est celle prévue pour les contraventions de la 5e classe, lorsqu'a été prononcée la peine prévue par le 1° de l'article 131-16 du code pénal, ou lorsque la peine d'amende prononcée est supérieure au maximum de l'amende encourue pour les contraventions de la 2e classe » (C. pr. pén., art. 546).

En d'autres termes, l'appel est possible (C. pén., art. 131-13) :

- soit lorsque la peine encourue est supérieure à 1 500 euros (peine prévue pour les contraventions de cinquième classe) ;
- soit lorsque la peine prononcée est supérieure à 150 euros (peine prévue pour les contraventions de la deuxième classe par ce même article).

Là encore, lorsque la décision est rendue en dernier ressort, le seul recours possible est le pourvoi en cassation.

En revanche, la décision rendue en premier ressort peut faire l'objet d'un appel au cours duquel la cour d'appel procède à un réexamen complet de l'affaire.

Notons que l'appel peut émaner :

- de la personne condamnée, soit parce qu'elle avait plaidé non coupable, soit parce qu'elle estime la peine trop sévère ;
- du parquet dans le cas où il considère que les juges ont fait preuve d'une trop grande bienveillance à l'égard des personnes poursuivies.

Désormais, les décisions rendues par les cours d'assises sont susceptibles d'appel. Lorsqu'elle statue en appel, la cour d'assises d'appel est composée d'un nombre supérieur de jurés ; de six, ce nombre passe à neuf, ce qui donne une cour d'assises comportant un total de neuf personnes au premier degré (puisqu'il faut ajouter les trois juges professionnels) ou de douze personnes en appel (pour la même raison).

Les décisions se prennent à la majorité de 5 voix (sur 9) par la cour d'assises de premier degré et de 7 voix (sur 12) par la cour d'assises d'appel. Mais le maximum de la peine privative de liberté ne peut être prononcé que par une majorité qualifiée de 7 voix au moins (sur 9) par la cour d'assises statuant au premier degré et par une majorité qualifiée de 8 voix au moins (sur 12) par la cour d'assises d'appel.

§ 3
Rôle du service des experts de chaque cour d'appel

051.131 Mission spécifique du service des experts de chaque cour d'appel. C'est au niveau de chaque cour d'appel que se trouve le service des experts, créé pour regrouper le traitement de toutes les questions liées au statut des experts judiciaires et donc chargé :

- des inscriptions et réinscription sur les listes d'experts judiciaires ;
- de l'instruction des procédures disciplinaires engagées contre les experts judiciaires.

SECTION 4
Cour de cassation

051.141 Rôle spécifique de la Cour de cassation. La Cour de cassation se situe au sommet de la hiérarchie judiciaire et est unique. Elle siège dans le palais historique de Paris, sur l'île de la Cité. Sa composition et son fonctionnement sont régis par les articles L. 411-1 et suivants du code de l'organisation judiciaire.

Elle ne constitue pas un troisième degré de juridiction, en ce qu'elle ne rejuge pas les faits, mais juge plutôt les juges, puisqu'elle vérifie que les juridictions du fond (c'est-à-dire la plupart du temps les cours d'appel) ont bien appliqué les textes.

Les décisions qu'elle rend sont des arrêts.

Si la Cour de cassation est quelquefois qualifiée de « Cour suprême », elle est loin d'être l'équivalent de la Cour suprême américaine (qui au demeurant ne comporte que neuf juges), puisque, contrairement à cette dernière qui choisit les affaires qu'elle examine, la Cour de cassation est tenue de statuer sur tous les pourvois qui lui parviennent, sans pouvoir écarter ceux qu'elle estime non-fondés, voire fantaisistes.

En revanche et si elle doit les examiner tous, elle a la possibilité de rendre des arrêts de non-admission du pourvoi à l'égard de ceux qui reposent sur une argumentation qu'elle estime irrecevable ou dépourvue de sérieux : ce sont des arrêts qui ne sont pas motivés, mais le rapport du conseiller qui les accompagne systématiquement explique au justiciable les raisons précises de cette décision (pourvoi irrecevable, argumentation contraire à une jurisprudence constante de la Cour de cassation, etc.).

La Cour de cassation joue un rôle fondamental au regard de l'harmonisation du droit, dès lors que les juridictions du fond peuvent avoir des interprétations divergentes des textes, en raison de leur caractère imprécis ou obscur, voire quelquefois contradictoire les uns avec les autres.

En dehors de ces fonctions juridictionnelles, la Cour de cassation a aussi pour mission de dresser, chaque année, une liste nationale des experts judiciaires : en réalité, elle-même n'ordonne pratiquement jamais d'expertise et ne nomme donc aucun expert, mais le fait de figurer sur cette liste nationale constitue la reconnaissance, par l'institution judiciaire, des mérites particuliers des experts qui y figurent.

051.142 Différentes formations de la Cour de cassation. La Cour de cassation comporte à sa tête :

- un premier président, magistrat du siège ;
- un procureur général, magistrat du parquet.

Elle est composée de six chambres, chacune dirigée par un président de chambre :

- trois chambres civiles ;
- une chambre commerciale ;
- une chambre sociale ;
- une chambre criminelle, dont l'appellation est trompeuse, dès lors que celle-ci connaît non seulement des pourvois formés contre les décisions ayant statué en matière de crimes, mais, plus généralement, de toutes les décisions rendues en matière pénale, le plus souvent d'ailleurs, en matière délictuelle, voire, à la marge, en matière contraventionnelle.

Chaque chambre dispose d'un domaine de compétence bien spécifique : c'est ainsi que les recours formés par les experts contre les refus d'inscription ou de réinscription sur les listes d'experts judiciaires relèvent de la compétence de la deuxième chambre civile (qui traite, par ailleurs, de nombreux autres contentieux puisqu'elle est spécialisée en procédure civile).

Si la Cour de cassation tient, la plupart du temps, des audiences de chambre, il peut arriver que les arrêts rendus le soient par des formations plus solennelles :

- c'est le cas des audiences de chambre mixte qui se tiennent lorsqu'une question relève du contentieux de plusieurs chambres ;
- mais surtout, c'est le cas des audiences d'assemblée plénière qui sont organisées lorsque la Cour de cassation doit statuer sur des questions très importantes : l'audience est alors présidée par le Premier président lui-même et réunit notamment les présidents et doyens de chacune des chambres de la Cour ; tel a été le cas, par exemple :
  - de l'assemblée plénière réunie pour décider du point de savoir si un enfant né d'une gestation pour autrui à l'étranger pouvait faire l'objet d'un enregistrement à l'état civil français (Ass. Pl. 4 oct. 2019, nº 10-19.053, P) ;
  - de l'assemblée plénière tenue pour trancher la question de savoir si le juge civil peut prendre en compte une pièce versée aux débats par une partie l'ayant obtenue au moyen d'un procédé déloyal (Ass. Pl. 22 déc. 2023, nº 20-20.648, P).

Il va de soi que les décisions rendues par une chambre mixte et, *a fortiori*, par l'assemblée plénière, ont une valeur juridique plus grande que celles émanant d'une chambre seule.

La Cour de cassation bénéficie également :

- d'un service de documentation, d'études et de recherches (dit SDER), dirigé par un magistrat ayant le grade de président de chambre : ce service est chargé d'études spécifiques, assure aujourd'hui la mise en place de l'*open data* (lequel a pour vocation de collecter l'ensemble de toutes les décisions judiciaires rendues en France et d'en assurer la mise en ligne après anonymisation des décisions) et réfléchit sur le recours possible à l'intelligence artificielle ;
- d'une bibliothèque dirigée par un conservateur, prestigieuse en raison du fonds documentaire qui s'y trouve, composé à la fois d'ouvrages anciens remarquables (que viennent consulter des chercheurs) et d'une documentation numérique étendue mise à la disposition des magistrats.

051.143 Spécificités du pourvoi et de l'examen de la Cour de cassation. La Cour de cassation est saisie d'un recours que l'on appelle pourvoi en cassation, lequel peut intervenir contre toutes décisions rendues en dernier ressort, qu'il s'agisse de décisions civiles ou pénales.

La procédure devant la Cour de cassation est une procédure qui présente plusieurs spécificités.

Hormis les pourvois formés en matière pénale devant la chambre criminelle, la procédure diligentée devant toutes les autres chambres de la Cour de cassation doit être menée par un avocat aux conseils : le terme conseils est au pluriel parce que les avocats aux conseils disposent d'un monopole pour défendre les intérêts de leur client à la fois devant la Cour de cassation et devant le Conseil d'État ; c'est ainsi que les avocats inscrits auprès d'un barreau ne peuvent intervenir devant la Cour de cassation. Je souligne que les avocats aux conseils reçoivent une formation tout à fait spécifique, d'un niveau particulièrement élevé, et relève de l'Ordre des avocats aux conseils, lequel est différent de l'ordre des avocats aux barreaux.

La procédure devant la Cour de cassation est écrite :

- elle suppose le dépôt d'écrits appelés mémoire, qui peuvent être des mémoires ampliatifs s'ils émanent d'un demandeur représenté par un avocat aux conseils, des mémoires personnels s'ils sont le fait d'un demandeur non représenté par un avocat aux conseils devant la chambre criminelle ou des mémoires en défense s'ils émanent d'un défendeur au pourvoi ; chaque mémoire doit être articulé en moyens, terme qui désigne chaque argument juridique invoqué ;

– en conséquence, les plaidoiries devant la Cour de cassation sont rares et réservées aux affaires importantes ou délicates.

Contrairement aux juridictions du fond qui examinent le bien-fondé de l'argumentation des parties, puis « font droit » à la demande ou déboute le demandeur, la Cour de cassation se livre à un examen de la décision frappée de pourvoi et, au terme de cet examen, peut :

– soit rejeter le pourvoi par un arrêt de rejet, qui donne raison à la juridiction qui a statué et, donc, donne tort à la partie qui a formé le pourvoi,

– soit casser la décision par un arrêt de cassation, qui censure la décision rendue et, donc, donne raison à la partie qui a formé le pourvoi. Il peut y avoir des cassations partielles lorsque la juridiction du fond a statué sur plusieurs points de droit différents, dont certains seulement ne sont pas jugés conformes aux textes ; de même, il peut y avoir des cassations avec renvoi devant une autre cour d'appel ou des cassations sans renvoi, notamment lorsque la décision de la Cour de cassation se suffit à elle-même et qu'il n'y a plus rien à juger.

Pour information, j'indique que le taux de cassation était en moyenne, au premier semestre 2024, de 22 % en ce qui concerne la chambre criminelle, alors qu'il était plus élevé, en moyenne de 34 %, pour l'ensemble des autres chambres : cette différence s'explique notamment par le fait que la chambre criminelle peut, contrairement aux autres chambres, être saisie de mémoires émanant, non pas d'avocats aux conseils, mais de simples particuliers sans connaissance juridique précise, de sorte qu'elle rejette un plus grand nombre de pourvois infondés, voire fantaisistes.

Enfin, il convient de souligner le rôle tout à fait spécifique du parquet de la Cour de cassation qui n'a aucune fonction de poursuite (comme c'est le cas des parquets des juridictions du fond) et qui a pour vocation de donner un avis aux juges du fond sur les problèmes de droit qui lui sont soumis, au besoin en consultant les institutions ou organismes publics susceptibles d'apporter un éclairage sur le contexte et les enjeux de la décision à intervenir. Ce rôle s'apparente donc davantage à celui du rapporteur public (autrefois dénommé commissaire du gouvernement) qui œuvre devant le Conseil d'État.

SECTION 5
Distinction des juridictions judiciaires et des juridictions administratives

051.151 Présentation. Il convient de bien distinguer les juridictions judiciaires, des juridictions administratives, lesquelles sont chargées de trancher les litiges entre les particuliers et l'administration

Tout comme les juridictions de l'ordre judiciaire, les juridictions administratives sont organisées de manière pyramidale.

051.152 Tribunaux administratifs. Il y a 42 tribunaux administratifs répartis sur le territoire national : leur ressort territorial de compétence est variable mais s'étend, en moyenne, sur trois ou quatre départements.

Les tribunaux administratifs jugent les conflits en premier ressort. Ils sont régis par les articles L. 211-1 et suivants du code de justice administrative.

051.153 Cours administratives d'appel. Il existe 8 cours administratives d'appel chargées de statuer sur les appels formés contre les décisions des tribunaux administratifs : leur ressort de compétence géographique est également variable. Là encore, il convient de se reporter aux articles L. 211-1 et suivants du code de justice administrative.

051.154 Conseil d'État. Le Conseil d'État se trouve, comme la Cour de cassation, au sommet de la pyramide et constitue la juridiction administrative suprême. Il siège à Paris, au Palais Royal. Le code de justice administrative prévoit les dispositions le concernant dans ses articles L. 111-1.

Il est compétent pour statuer sur les recours dirigés contre les décisions rendues en dernier ressort par toutes les juridictions administratives.

De même que devant la Cour de cassation, les parties ne peuvent faire valoir leur argumentation devant le Conseil d'État que si elles sont représentées par un avocat aux conseils mais il convient de souligner les spécificités du Conseil d'État par rapport à la Cour de cassation :

– le Conseil d'État, outre sa fonction juridictionnelle, remplit une mission administrative consistant à conseiller le gouvernement qui le consulte soit facultativement soit obligatoirement sur des projets de textes et des questions intéressant l'administration ;

– il est composé de conseillers d'État et de maîtres des requêtes, dont la carrière s'effectue, souvent pour partie, en dehors du Conseil d'État, lors de détachements dans différents ministères ou administrations.

SECTION 6

Autres instances importantes à connaître en matière de justice

051.160 Plan. À ce stade, il importe de dire quelques mots du Tribunal des conflits, du Conseil constitutionnel (§ 1) et des juridictions européennes (§ 2).

§ 1
Juridictions nationales

051.171 Tribunal des conflits. Le Tribunal des conflits siège à Paris, au Palais Royal. Il a fait l'objet d'un décret no 2015-233 du 27 février 2015.

Il est compétent pour trancher les conflits de compétence entre les juridictions de l'ordre judiciaire et de l'ordre administratif. Ce peut être le cas, par exemple, lorsqu'une juridiction judiciaire ou administrative s'est déclarée incompétente pour statuer et que la juridiction de l'autre ordre estime, de son côté, que la juridiction initialement saisie aurait dû se déclarer compétente. La décision du Tribunal des conflits tranche le problème et s'impose alors à toutes les juridictions de l'ordre judiciaire et administratif.

C'est une juridiction paritaire qui comporte, à parts égales, des membres du Conseil d'État et des membres de la Cour de cassation. De même, son président est issu alternativement de l'une ou de l'autre de ces juridictions.

051.172 Conseil constitutionnel. Le Conseil constitutionnel siège à Paris, rue de Montpensier. Sa création résulte de la Constitution de la Cinquième République du 4 octobre 1958.

Il a plusieurs fonctions :

– il veille à la régularité des élections nationales et des référendums ;

– il vérifie obligatoirement la conformité, à la Constitution, de toutes les lois organiques, c'est-à-dire des lois qui complètent ou précisent les dispositions de la Constitution ;

– pour les autres lois, il peut être saisi d'un contrôle de constitutionnalité :

• soit, pendant la discussion d'une loi, par le gouvernement, le président de l'Assemblée nationale ou du Sénat,

• soit, après l'adoption d'une loi, par 60 députés ou 60 sénateurs,

• soit, à l'occasion d'une instance judiciaire ou administrative, par le Conseil d'État ou la Cour de cassation, lorsque ceux-ci lui soumettent une question prioritaire de constitutionnalité (QPC).

Il comporte neuf membres, nommés pour neuf ans, un tiers par le président de la République, un autre par le président du Sénat et un troisième par le président de l'Assemblée nationale, membres auxquels s'ajoutent les anciens présidents de la République qui sont membres de droit.

§ 2
Juridictions européennes

051.181 Juridictions européennes. Deux juridictions européennes peuvent avoir à connaître des décisions rendues par les juridictions suprêmes françaises, à savoir la Cour de justice de l'Union européenne (CJUE) et la Cour européenne des droits de l'homme (CEDH).

051.182 Cour de Justice de l'Union européenne (CJUE). Elle siège au Luxembourg. Elle a été créée par le Traité sur le charbon et l'acier (CECA) de 1951.

La CJUE a pour mission de garantir une application uniforme du droit européen au sein de l'Union, constitué par le droit primaire (les traités) et le droit dérivé (règlements, directives, décisions, recommandations et avis).

Ainsi, elle tranche les litiges relatifs à l'application du droit de l'Union européenne entre les États membres, les institutions européennes et les requérants individuels selon deux modalités :

– elle juge les recours directs, qui visent à faire respecter les règles européennes par les États membres (le recours en manquement) et par les institutions européennes (le recours en annulation, le recours en carence et en responsabilité) ;

– elle statue sur les recours indirects ou préjudiciels, portés devant elle par les juridictions nationales qui l'interrogent sur l'interprétation du droit de l'Union européenne en vue de son application dans le litige dont elles sont saisies.

Elle est composée de 27 juges, soit un juge par État membre de l'Union européenne.

051.183 Cour européenne des droits de l'Homme (CEDH). Elle siège à Strasbourg. Elle résulte de la Convention européenne de sauvegarde des droits de l'homme et des libertés fondamentales, signée à Rome le 4 novembre 1950 et ratifiée par la France le 3 mai 1974.

Elle veille au respect de la Convention européenne de sauvegarde des droits de l'homme par les États membres du Conseil de l'Europe, qui garantit des droits substantiels (liberté d'expression, respect de la vie privée...) et des droits procéduraux (tel le droit à un procès équitable).

La CEDH peut être saisie directement par un particulier ou par un groupe d'individus ou une organisation non gouvernementale (ONG). En 40 ans, les justiciables français ont déposé plus de 33 600 requêtes individuelles devant la Cour dont environ 2 % ont abouti à une condamnation de la France.

Elle se compose de 46 juges représentant les 46 États membres.

Textes

ANNEXE

052

052.01 Loi n° 71-498 du 29 juin 1971 relative aux experts judiciaires

Article 1

Sous les seules restrictions prévues par la loi ou les règlements, les juges peuvent désigner pour procéder à des constatations, leur fournir une consultation ou réaliser une expertise, une personne figurant sur l'une des listes établies en application de l'article 2. Ils peuvent, le cas échéant, désigner toute autre personne de leur choix.

Article 2

I. – Il est établi pour l'information des juges :

1° Une liste nationale des experts judiciaires, dressée par le bureau de la Cour de cassation ;

2° Une liste des experts judiciaires dressée par chaque cour d'appel.

II. – L'inscription initiale en qualité d'expert sur la liste dressée par la cour d'appel est faite, dans une rubrique particulière, à titre probatoire pour une durée de trois ans.

À l'issue de cette période probatoire et sur présentation d'une nouvelle candidature, l'expert peut être réinscrit pour une durée de cinq années, après avis motivé d'une commission associant des représentants des juridictions et des experts. À cette fin sont évaluées l'expérience de l'intéressé et la connaissance qu'il a acquise des principes directeurs du procès et des règles de procédure applicables aux mesures d'instruction confiées à un technicien.

Les réinscriptions ultérieures, pour une durée de cinq années, sont soumises à l'examen d'une nouvelle candidature dans les conditions prévues à l'alinéa précédent.

III. – Nul ne peut figurer sur la liste nationale des experts judiciaires s'il ne justifie soit de son inscription sur une liste dressée par une cour d'appel depuis au moins cinq ans, soit de compétences reconnues dans un État membre de l'Union européenne autre que la France et acquises notamment par l'exercice dans cet État, pendant une durée qui ne peut être inférieure à cinq ans, d'activités de nature à apporter des informations techniques aux juridictions dans le cadre de leur activité juridictionnelle.

Il est procédé à l'inscription sur la liste nationale pour une durée de sept ans. La réinscription, pour la même durée, est soumise à l'examen d'une nouvelle candidature.

IV. – La décision de refus d'inscription ou de réinscription sur l'une des listes prévues au I est motivée.

V. – Un décret en Conseil d'État fixe les conditions d'application du présent article et détermine la composition et les règles de fonctionnement de la commission prévue au II.

Article 3

Les personnes inscrites sur l'une des listes instituées par l'article 2 de la présente loi ne peuvent faire état de leur qualité que sous la dénomination : « d'expert agréé par la Cour de cassation » ou « d'expert près la cour d'appel de... ».

La dénomination peut être suivie de l'indication de la spécialité de l'expert.

Les experts admis à l'honorariat pourront continuer à utiliser leur titre, à la condition de le faire suivre par le terme « honoraire ».

Article 4

Toute personne, autre que celles mentionnées à l'article 3, qui aura fait usage de l'une des dénominations visées à cet article, sera punie des peines prévues aux articles 433-14 et 433-17 du nouveau Code pénal.

Sera puni des mêmes peines celui qui aura fait usage d'une dénomination présentant une ressemblance de nature à causer une méprise dans l'esprit du public avec les dénominations visées à l'article 3.

Sera puni des mêmes peines l'expert, admis à l'honorariat, qui aura omis de faire suivre son titre par le terme « honoraire ».

Article 5

I. – Le retrait d'un expert figurant sur l'une des listes mentionnées au I de l'article 2 peut être décidé, selon le cas, par le premier président de la cour d'appel ou le premier président de la Cour de cassation soit à la demande de l'expert, soit si le retrait est rendu nécessaire par des circonstances telles que l'éloignement prolongé, la maladie ou des infirmités graves et permanentes.

Le premier président de la cour d'appel ou le premier président de la Cour de cassation procède au retrait de l'expert lorsque celui-ci accède à l'honorariat, lorsqu'il ne remplit plus les conditions de résidence ou de lieu d'exercice professionnel exigées pour son inscription ou sa réinscription, ou encore lorsqu'il est frappé de faillite personnelle ou d'une sanction disciplinaire ou administrative faisant obstacle à une inscription ou une réinscription sur une liste d'experts.

Lorsqu'un expert ne remplit plus les conditions de résidence ou de lieu d'exercice professionnel exigées, le premier président de la cour d'appel peut décider, sur justification par l'expert du dépôt d'une demande d'inscription sur la liste d'une autre cour d'appel, de maintenir l'inscription de l'expert jusqu'à la date de la décision de l'assemblée des magistrats du siège de la cour d'appel statuant sur cette demande.

II. – La radiation d'un expert figurant sur l'une des listes mentionnées au I de l'article 2 peut être prononcée par l'autorité ayant procédé à l'inscription :

1° En cas d'incapacité légale, l'intéressé, le cas échéant assisté d'un avocat, entendu ou appelé à formuler ses observations ;

2° En cas de faute disciplinaire, en application des dispositions de l'article 6-2.

La radiation d'un expert de la liste nationale emporte de plein droit sa radiation de la liste de cour d'appel. La radiation d'un expert d'une liste de cour d'appel emporte de plein droit sa radiation de la liste nationale.

Un décret en Conseil d'État détermine les conditions dans lesquelles un expert susceptible d'être radié peut être provisoirement suspendu.

Article 6

Lors de leur inscription initiale sur une liste dressée par une cour d'appel, les experts prêtent serment, devant la cour d'appel du lieu où ils demeurent, d'accomplir leur mission, de faire leur rapport et de donner leur avis en leur honneur et conscience.

Le serment doit être renouvelé en cas de nouvelle inscription après radiation.

Les experts ne figurant sur aucune des listes prêtent, chaque fois qu'ils sont commis, le serment prévu au premier alinéa.

Article 6-1, mod. par L. n° 2020-1525, 7 déc. 2020, art. 105

Sous réserve des dispositions de l'article 706-56 du code de procédure pénale, sont seuls habilités à procéder à des identifications par empreintes génétiques :

1° Les services ou organismes de police technique et scientifique mentionnés à l'article 157-2 du même code ;

2° Les personnes ayant fait l'objet d'un agrément dans les conditions fixées par décret en Conseil d'État. Dans le cadre d'une procédure judiciaire, ces personnes doivent, en outre, être inscrites sur une liste d'experts judiciaires.

Article 6-2

Toute contravention aux lois et règlements relatifs à sa profession ou à sa mission d'expert, tout manquement à la probité ou à l'honneur, même se rapportant à des faits étrangers aux missions qui lui ont été confiées, expose l'expert qui en serait l'auteur à des poursuites disciplinaires.

Le retrait ou la radiation de l'expert ne fait pas obstacle aux poursuites si les faits qui lui sont reprochés ont été commis pendant l'exercice de ses fonctions.

Les peines disciplinaires sont :

1° L'avertissement ;

2° La radiation temporaire pour une durée maximale de trois ans ;

3° La radiation avec privation définitive du droit d'être inscrit sur une des listes prévues à l'article 2, ou le retrait de l'honorariat.

Les poursuites sont exercées devant l'autorité ayant procédé à l'inscription, qui statue en commission de discipline. Les décisions en matière disciplinaire sont susceptibles d'un recours devant la Cour de cassation ou la cour d'appel, selon le cas.

L'expert radié à titre temporaire est de nouveau soumis à la période probatoire s'il sollicite une nouvelle inscription sur une liste de cour d'appel. Il ne peut être inscrit sur la liste nationale qu'après une période d'inscription de cinq années sur une liste de cour d'appel postérieure à sa radiation.

Un décret en Conseil d'État fixe les conditions d'application du présent article, notamment les règles de procédure applicables à l'instance disciplinaire.

Article 6-3 (abrogé)

L'action en responsabilité dirigée contre un expert pour des faits se rapportant à l'exercice de ses fonctions se prescrit par dix ans à compter de la fin de sa mission.

Article 7

Les conditions d'application de la présente loi sont fixées par des décrets qui détermineront notamment les modalités des conditions d'inscription sur les listes, celles relatives à la prestation de serment, à la limite d'âge et à l'honorariat.

Article 8

La présente loi est applicable dans la collectivité territoriale de Saint-Pierre-et-Miquelon. Pour son application à cette collectivité, les attributions dévolues à la cour d'appel sont exercées par le tribunal supérieur d'appel. De même, les attributions dévolues au premier président de la cour d'appel sont exercées par le président du tribunal supérieur d'appel.

La présente loi est applicable à Mayotte, en Nouvelle-Calédonie, en Polynésie française et à Wallis et Futuna sous réserve des adaptations suivantes :

1° Pour son application à Mayotte, les attributions dévolues à la cour d'appel sont exercées par la chambre d'appel de Mamoudzou et celles dévolues au premier président par le président de la chambre d'appel de Mamoudzou ;

2° Pour l'application à Mayotte de l'article 2, les mots : « près avis motivé d'une commission associant des représentants des juridictions et experts » sont supprimés.

3° Au dernier alinéa de l'article 6, les mots : « celui prévu à l'article 308 du code de procédure civile » sont remplacés par les mots : « celui prévu par les dispositions de procédure civile applicables localement en matière de prestation de serment ».

En Nouvelle-Calédonie, en Polynésie française et à Wallis-et-Futuna, elle est applicable dans sa rédaction résultant de la loi n° 2016-1547 du 18 novembre 2016 de modernisation de la justice du XXIe siècle.

052.02 Décret n° 2004-1463 du 23 décembre 2004 relatif aux experts judiciaires

Article 1

Il est dressé chaque année une liste nationale et une liste par cour d'appel sur lesquelles sont inscrits les experts désignés tant en matière civile qu'en matière pénale.

Ces listes sont dressées conformément à une nomenclature établie par arrêté du garde des Sceaux, ministre de la justice.

TITRE IER : INSCRIPTION SUR LES LISTES D'EXPERTS. (ARTICLES 2 À 21)

Chapitre Ier : Conditions générales d'inscription. (Articles 2 à 5)

Article 2, mod. par décr. n° 2023-468, 16 juin 2023, art. 2

Une personne physique ne peut être inscrite ou réinscrite sur une liste d'experts que si elle réunit les conditions suivantes :

1° N'avoir pas été l'auteur de faits contraires à l'honneur, à la probité et aux bonnes mœurs ;

2° N'avoir pas été l'auteur de faits ayant donné lieu à une sanction disciplinaire ou administrative de destitution, radiation, révocation, de retrait d'agrément ou d'autorisation ;

3° N'avoir pas été frappé de faillite personnelle ou d'une autre sanction en application du titre II du livre VI du code de commerce ;

4° Exercer ou avoir exercé pendant un temps suffisant une profession ou une activité en rapport avec sa spécialité ;

5° Exercer ou avoir exercé cette profession ou cette activité dans des conditions conférant une qualification suffisante ;

6° N'exercer aucune activité incompatible avec l'indépendance nécessaire à l'exercice de missions judiciaires d'expertise ;

7° Sous réserve des dispositions de l'article 18, être âgé de moins de soixante-douze ans ;

8° Pour les candidats à l'inscription ou à la réinscription sur une liste dressée par une cour d'appel, dans une rubrique autre que la traduction, exercer son activité professionnelle principale dans le ressort de cette cour ou, pour ceux qui n'exercent plus d'activité professionnelle, y avoir sa résidence ;

9° Pour les candidats à l'inscription sur une liste dressée par une cour d'appel, justifier d'une formation à l'expertise.

Conformément à l'article 38 du décret n° 2023-468 du 16 juin 2023, ces dispositions entrent en vigueur le 1er janvier 2024.

Article 3, mod. par décr. n° 2023-468, 16 juin 2023, art. 3

En vue de l'inscription d'une personne morale sur une liste d'experts, il doit être justifié :

1° Que les dirigeants remplissent les conditions prévues aux 1°, 2°, 3°, 6° et 9° de l'article 2 ;

2° Que la personne morale exerce une activité depuis un temps et dans des conditions lui ayant conféré une suffisante qualification par rapport à la spécialité dans laquelle elle sollicite son inscription ;

3° Que cette activité n'est pas incompatible avec l'indépendance nécessaire à l'exercice de missions judiciaires d'expertise ;

4° Que la personne morale dispose des moyens techniques et du personnel qualifié approprié ;

5° Pour l'inscription sur une liste dressée par une cour d'appel, dans une rubrique autre que la traduction, qu'elle a son siège social, une succursale ou un établissement technique en rapport avec sa spécialité, dans le ressort de la cour d'appel.

En outre, il y a lieu à la production des statuts et à l'indication du nom de chacune des personnes détenant une fraction d'au moins 10 % du capital social.

Une personne morale qui se donnerait pour objet principal ou accessoire l'exécution de missions d'expertise ne peut être admise sur une liste d'experts.

Toutefois, les dispositions de l'alinéa précédent ne font pas obstacle à l'inscription sur une liste d'experts d'une personne morale ayant pour objet de réaliser des expertises médico-légales ou des examens, recherches et analyses d'identification par empreintes génétiques conformément aux dispositions du décret n° 97-109 du 6 février 1997 relatif aux conditions d'agrément des personnes habilitées à procéder à des identifications par empreintes génétiques dans le cadre d'une procédure judiciaire.

Conformément à l'article 38 du décret n° 2023-468 du 16 juin 2023, ces dispositions entrent en vigueur le 1er janvier 2024.

Article 4

Tout changement survenant dans la situation des personnes physiques ou morales ayant sollicité ou obtenu leur inscription sur une liste, en ce qui concerne les conditions prévues aux articles 2 et 3, doit être porté sans délai à la connaissance du procureur de la République.

Article 4-1

Les demandes d'inscription sur les listes d'experts judiciaires sont examinées en tenant compte :

a) Des qualifications et de l'expérience professionnelle des candidats, y compris les compétences acquises dans un État membre de l'Union européenne autre que la France ;

b) De l'intérêt qu'ils manifestent pour la collaboration au service public de la justice.

Article 5, mod. par décr. n° 2023-468, 16 juin 2023, art. 4

Aucune personne physique ou morale ne peut déposer une demande d'inscription auprès de plusieurs cours d'appel dans le cadre des procédures d'inscription ouvertes au titre d'une même année.

Aucune personne physique ou morale ne peut être inscrite sur plusieurs listes de cour d'appel.

Une personne physique ou morale peut être inscrite simultanément sur une liste de cour d'appel et sur la liste nationale.

Conformément à l'article 38 du décret n° 2023-468 du 16 juin 2023, ces dispositions entrent en vigueur le 1er janvier 2024.

Chapitre II : Procédure d'inscription sur les listes. (Articles 6 à 21)

Section 1 : Inscription initiale sur une liste dressée par une cour d'appel. (Articles 6 à 9)

Article 6

Les demandes d'inscription initiale sur une liste dressée par une cour d'appel pour une durée de trois ans sont envoyées avant le 1er mars de chaque année au procureur de la République près le tribunal judiciaire dans le ressort duquel le candidat exerce son activité professionnelle ou possède sa résidence ou, pour les demandes d'inscription dans la rubrique traduction, au procureur de la République près le tribunal judiciaire du siège de la cour d'appel.

La demande est assortie de toutes précisions utiles, notamment des renseignements suivants :

1° Indication de la ou des rubriques ainsi que de la ou des spécialités dans lesquelles l'inscription est demandée ;

2° Indication des titres ou diplômes du demandeur, de ses travaux scientifiques, techniques et professionnels, des différentes fonctions qu'il a remplies et de la nature de toutes les activités professionnelles qu'il exerce avec, le cas échéant, l'indication du nom et de l'adresse de ses employeurs ;

3° Justification de la qualification du demandeur dans sa spécialité ;

4° Le cas échéant, indication des moyens et des installations dont le candidat peut disposer.

Article 7, mod. par décr. n° 2023-468, 16 juin 2023, art. 5

Le procureur de la République instruit la demande d'inscription initiale. Il vérifie que le candidat remplit les conditions requises. Il recueille tous renseignements sur les mérites de celui-ci. Il saisit pour avis les compagnies d'experts judiciaires ou, à défaut, tout organisme représentatif.

Au cours de la deuxième semaine du mois de septembre, le procureur de la République transmet les candidatures au procureur général qui saisit le premier président de la cour d'appel aux fins d'examen par l'assemblée générale des magistrats du siège de la cour d'appel.

Conformément à l'article 38 du décret n° 2023-468 du 16 juin 2023, ces dispositions entrent en vigueur le 1er janvier 2024.

Article 8, mod. par décr. n° 2023-468, 16 juin 2023, art. 6

L'assemblée générale des magistrats du siège de la cour d'appel dresse la liste des experts au cours de la première quinzaine du mois de novembre en tenant compte des besoins des juridictions de son ressort dans la spécialité sollicitée.

À cette fin, le premier président organise préalablement une consultation des tribunaux judiciaires, tribunaux de commerce et conseils de prud'hommes du ressort de la cour d'appel.

Lorsque la cour comporte plus de trois chambres, l'assemblée générale peut se tenir en commission restreinte telle que prévue au dernier alinéa de l'article R. 312-27 du code de l'organisation judiciaire.

Lorsque la cour comporte plus de cinq chambres, l'assemblée générale peut se réunir en une formation restreinte où sont représentées soit toutes les chambres si elle en comporte six soit, si elle en compte davantage, six de ses chambres dont, dans ce cas, quatre statuant respectivement en matière civile, commerciale, sociale et pénale. L'assemblée générale des magistrats du siège désigne chaque année les magistrats qui composent cette formation. La formation restreinte est présidée par le premier président ou son délégué.

Le premier président désigne un ou plusieurs magistrats du siège pour exercer les fonctions de rapporteur.

L'assemblée générale se prononce après avoir entendu le magistrat chargé du rapport et le ministère public.

Conformément à l'article 38 du décret n° 2023-468 du 16 juin 2023, ces dispositions entrent en vigueur le 1er janvier 2024.

Article 9

L'inscription initiale sur la liste dressée par l'assemblée générale de la cour d'appel, sa commission restreinte ou sa formation restreinte est faite dans la rubrique particulière prévue au II de l'article 2 de la loi du 29 juin 1971 susvisée.

Section 2 : Réinscription sur une liste dressée par une cour d'appel. (Articles 10 à 16)

Article 10, mod. par décr. n° 2023-468, 16 juin 2023, art. 7

Les demandes de réinscription pour une durée de cinq ans sont envoyées avant le 1er mars de chaque année au procureur de la République près le tribunal judiciaire dans le ressort duquel le candidat exerce son activité professionnelle ou possède sa résidence ou, pour les demandes d'inscription dans la rubrique traduction, au procureur de la République près le tribunal judiciaire du siège de la cour d'appel.

La demande est assortie de tous documents permettant d'évaluer :

1° L'expérience acquise par le candidat, tant dans sa spécialité que dans la pratique de la fonction d'expert depuis sa dernière inscription, notamment tous documents utiles sur les expertises qu'il a réalisées ;

2° La connaissance qu'il a acquise des principes directeurs du procès et des règles de procédure applicables aux mesures d'instruction confiées à un technicien ainsi que les formations qu'il a suivies dans ces domaines.

Conformément à l'article 38 du décret n° 2023-468 du 16 juin 2023, ces dispositions entrent en vigueur le 1er janvier 2024.

Article 11

Le procureur de la République instruit la demande de réinscription. Il transmet la candidature à la commission instituée au II de l'article 2 de la loi du 29 juin 1971 susvisée avant le 1er mai.

Article 12

La commission mentionnée à l'article précédent est ainsi composée :

1° Un magistrat du siège de la cour d'appel désigné par le premier président, président ;

2° Un magistrat du parquet général désigné par le procureur général, rapporteur ;

3° Six magistrats du siège des tribunaux judiciaires du ressort de la cour d'appel désignés par le premier président au vu des propositions des présidents de ces tribunaux. En outre, le président peut désigner, à la demande du rapporteur, un magistrat du siège d'un tribunal judiciaire non représenté ;

4° Deux magistrats des parquets des tribunaux judiciaires du ressort de la cour d'appel désignés par le procureur général au vu des propositions des procureurs de la République près ces tribunaux ;

5° Un membre des juridictions commerciales du ressort de la cour d'appel désigné par le premier président au vu des propositions des présidents de ces juridictions ;

6° Un membre des conseils de prud'hommes du ressort de la cour d'appel désigné par le premier président au vu des propositions des présidents de ces juridictions ;

7° Cinq experts inscrits sur la liste dans des branches différentes de la nomenclature depuis au moins cinq ans et désignés conjointement par le premier président et le procureur général après avis des compagnies d'experts judiciaires ou d'union de compagnies d'experts judiciaires ou, le cas échéant, de tout organisme représentatif.

Les membres sont désignés pour un mandat de trois ans, renouvelable une fois. Lorsque, six mois au moins avant l'expiration de son mandat, l'un des membres cesse ses fonctions ou n'est plus inscrit sur la liste des experts pour quelque cause que ce soit, il est remplacé dans les mêmes conditions pour la durée du mandat restant à courir.

Les membres de la commission siégeant en qualité d'experts ne peuvent pas connaître de leur réinscription sur la liste.

Le secrétariat de la commission est assuré par un magistrat du parquet général.

Conformément à l'article 9 du décret n° 2019-966 du 18 septembre 2019, les présentes dispositions entrent en vigueur le 1er janvier 2020.

Article 13

La commission est informée, à la diligence du procureur général, des sanctions disciplinaires définitives prononcées à l'encontre des experts inscrits sur la liste.

Article 14

La commission examine la situation de chaque candidat au regard des critères d'évaluation énoncés au deuxième alinéa du II de l'article 2 de la loi du 29 juin 1971 susvisée. Elle s'assure que le candidat respecte les obligations qui lui sont imposées et s'en acquitte avec ponctualité. Lorsque le candidat est une personne morale, la commission prend notamment en considération l'expérience, les connaissances et le comportement des techniciens qui interviennent au nom de cette personne morale.

Elle peut entendre ou faire entendre le candidat par l'un de ses membres.

La commission émet un avis motivé sur la candidature.

En cas de partage égal des voix, le président a voix prépondérante.

Article 15, mod. par décr. n° 2023-468, 16 juin 2023, art. 8

La commission transmet, avant le 1er septembre, les candidatures accompagnées d'un avis motivé au procureur général qui saisit le premier président de la cour d'appel aux fins d'examen par l'assemblée générale des magistrats du siège de la cour d'appel ou sa commission restreinte ou sa formation restreinte telles que définies à l'article 8.

Les magistrats de la cour d'appel membres de la commission ne participent pas à la délibération portant sur la réinscription des experts.

Le premier président désigne un ou plusieurs magistrats du siège pour exercer les fonctions de rapporteur.

Le rapporteur peut entendre le candidat.

Lorsque la commission a émis un avis favorable sur la candidature, l'assemblée générale est réputée faire droit à la demande de réinscription sauf si elle décide de se prononcer expressément sur cette demande. Dans ce cas, comme en cas d'avis défavorable de la commission, elle se prononce après avoir entendu le magistrat chargé du rapport et le ministère public.

L'avis rendu par la commission est joint à la décision de réinscription ou de refus de réinscription sur la liste.

Conformément à l'article 38 du décret n° 2023-468 du 16 juin 2023, ces dispositions entrent en vigueur le 1er janvier 2024.

Article 16

Un expert peut solliciter sa réinscription, pour une durée de cinq ans, sur la liste d'une cour d'appel autre que celle auprès de laquelle il est inscrit sans être soumis à l'inscription à titre probatoire prévue à la section 1. Cette faculté est subordonnée, pour les demandes de réinscription dans une rubrique autre que la traduction, au transfert de l'activité principale de l'intéressé ou, s'il n'a plus d'activité professionnelle, à celui de sa résidence dans le ressort de la cour d'appel où la réinscription est demandée.

Le procureur général près la cour d'appel sur la liste de laquelle l'expert est inscrit transmet au parquet général compétent l'ensemble des éléments d'information dont il dispose permettant d'apprécier la personnalité et les qualités professionnelles de l'expert.

Section 3 : Inscription et réinscription sur la liste nationale. (Articles 17 à 18)

Article 17

Le candidat adresse, avant le 1er mars, sa demande d'inscription ou de réinscription sur la liste nationale au procureur général près la Cour de cassation.

Le procureur général instruit la demande. Il vérifie que la condition de durée d'inscription sur une liste de cour d'appel énoncée au III de l'article 2 de la loi du 29 juin 1971 susvisée est remplie au 1er janvier de l'année suivant celle de présentation de la demande. Il recueille l'avis du premier président et du procureur général près la cour d'appel où l'intéressé est inscrit et transmet les candidatures, avec son avis, au bureau de la Cour de cassation.

Article 18, mod. par décr. n° 2023-468, 16 juin 2023, art. 9

Au cours de la première quinzaine du mois de décembre, le bureau de la Cour de cassation dresse la liste nationale, le procureur général et les premiers avocats généraux ne siégeant pas.

Il se prononce sur le rapport de l'un de ses membres, le procureur général entendu.

À titre exceptionnel, le bureau de la Cour de cassation peut inscrire sur la liste nationale un candidat qui ne remplit pas la condition d'âge prévue à l'article 2 (7°).

Conformément à l'article 38 du décret n° 2023-468 du 16 juin 2023, ces dispositions entrent en vigueur le 1er janvier 2024.

Section 4 : Reclassement. (Articles 18-1 à 18-4)

Article 18-1, créé par décr. n° 2023-468, 16 juin 2023, art. 1

En cas de modification de la nomenclature mentionnée au second alinéa de l'article 1er, il est procédé dans les conditions prévues par la présente section au reclassement des experts inscrits sur les listes sous des rubriques affectées par la modification.

Le reclassement d'un expert est sans incidence sur la durée de son inscription sur la liste.

Article 18-2, mod. par décr. n° 2023-468, 16 juin 2023, art. 10

L'expert inscrit sur la liste d'une cour d'appel, s'il est concerné par la modification de la nomenclature, adresse une demande de reclassement au procureur général près cette cour.

Le reclassement est enregistré par le greffe de la cour d'appel après instruction par le procureur général ou le magistrat du parquet qu'il désigne à cette fin. Le procureur général peut saisir les compagnies d'experts judiciaires pour avis.

En cas de difficulté ou en l'absence de demande de reclassement, le procureur général ou le magistrat délégué saisit le premier président de la cour d'appel aux fins de reclassement de l'expert par l'assemblée générale des magistrats du siège de la cour d'appel qui se prononce dans les conditions prévues aux troisième à cinquième alinéas de l'article 8, au plus tard au cours de la première quinzaine du mois de novembre.

La liste des experts reclassés qui sont également inscrits sur la liste nationale est immédiatement transmise au procureur général près la Cour de cassation.

Conformément à l'article 38 du décret n° 2023-468 du 16 juin 2023, ces dispositions entrent en vigueur le 1er janvier 2024.

Article 18-3, créé par décr. n° 2023-468, 16 juin 2023, art. 1

L'expert uniquement inscrit sur la liste nationale, s'il est concerné par la modification de la nomenclature, adresse une demande de reclassement au procureur général près la Cour de cassation.

Les reclassements demandés en application du précédent alinéa et ceux mentionnés sur les listes transmises en application du dernier alinéa de l'article 18-2 sont enregistrés par le greffe de la Cour de cassation après instruction par le procureur général.

En cas de difficulté ou en l'absence de demande de reclassement, le procureur général saisit le premier président de la Cour de cassation aux fins de reclassement de l'expert par le bureau de la Cour de cassation qui se prononce dans les conditions prévues au premier et deuxième alinéas de l'article 18, au plus tard au cours de la première quinzaine du mois de décembre.

Article 18-4, créé par décr. n° 2023-468, 16 juin 2023, art. 1.

Le garde des Sceaux, ministre de la justice, fixe par arrêté les modalités des procédures prévues aux articles 18-2 et 18-3, notamment les conditions dans lesquelles sont présentées les demandes de reclassement et, lors de chaque modification de la nomenclature, la date limite de dépôt de ces demandes.

Section 5 : Dispositions communes. (Articles 19 à 21)

Article 19, mod. par décr. n° 2023-219, 28 mars 2023, art. 1

Les experts inscrits, réinscrits ou reclassés, les personnes dont la candidature n'a pas été retenue, les experts dont l'inscription n'a pas été renouvelée et ceux qui ont fait l'objet d'une décision de retrait dans les conditions prévues par l'article 5 de la loi du 29 juin 1971 susvisée reçoivent notification de la décision les concernant par tout moyen conférant date certaine à sa réception.

Article 20, mod. par décr. n° 2023-219, 28 mars 2023, art. 1

Les décisions d'inscription, de réinscription ou de reclassement et de refus d'inscription ou de réinscription prises par l'autorité chargée de l'établissement des listes ainsi que les décisions de retrait prises par le premier président de la cour d'appel ou le premier président de la Cour de cassation peuvent donner lieu à un recours devant la Cour de cassation.

Ce recours est motivé à peine d'irrecevabilité. Il est formé dans le délai d'un mois par déclaration au greffe de la Cour de cassation ou par lettre recommandée avec demande d'avis de réception adressée au greffe de la Cour de cassation.

Le délai court, à l'égard du procureur général, du jour de la notification du procès-verbal établissant la liste des experts et, à l'égard de l'expert, du jour de la notification de la décision de refus d'inscription ou de réinscription ou de la décision de reclassement qui le concerne.

Article 21

La liste des experts dressée par une cour d'appel est tenue à la disposition du public dans les locaux du greffe de la cour ainsi que dans ceux des tribunaux judiciaires, des tribunaux de commerce et des conseils de prud'hommes du ressort de la cour. La liste nationale est adressée à toutes les cours d'appel ainsi qu'à tous les tribunaux judiciaires, tribunaux de commerce et conseils de prud'hommes. Elle est tenue à la disposition du public dans les locaux du greffe de la Cour de cassation et dans ceux des juridictions précitées.

Conformément à l'article 9 du décret n° 2019-966 du 18 septembre 2019, les présentes dispositions entrent en vigueur le 1er janvier 2020.

TITRE II : OBLIGATIONS DES EXPERTS. (ARTICLES 22 À 23)

Article 22

Lors de son inscription sur une liste dressée par une cour d'appel, l'expert prête, devant la cour d'appel de son domicile, serment d'apporter son concours à la justice, d'accomplir sa mission, de faire son rapport et de donner son avis en son honneur et en sa conscience.

Pour une personne morale, le serment est prêté par son représentant, désigné à cet effet.

En cas d'empêchement, le premier président de la cour d'appel peut autoriser l'expert à prêter serment par écrit.

Article 23

L'expert fait connaître tous les ans avant le 1er mars au premier président de la cour d'appel et au procureur général près ladite cour ou, pour celui qui est inscrit sur la liste nationale, au premier président de la Cour de cassation et au procureur général près ladite cour, le nombre de rapports qu'il a déposés au cours de l'année précédente ainsi que, pour chacune des expertises en cours, la date de la décision qui l'a commis, la désignation de la juridiction qui a rendu cette décision et le délai imparti pour le dépôt du rapport. Dans les mêmes conditions, il porte à leur connaissance les formations suivies dans l'année écoulée en mentionnant les organismes qui les ont dispensées.

Le premier président de la cour d'appel et le premier président de la Cour de cassation portent ces informations à la connaissance, selon le cas, de la commission prévue au II de l'article 2 de la loi du 29 juin 1971 susvisée ou du bureau de la Cour de cassation à l'occasion de chaque demande de réinscription.

TITRE III : DISCIPLINE. (ARTICLES 24 À 32)

Article 24

Le contrôle des experts est exercé, selon le cas, soit par le premier président et le procureur général près la cour d'appel, soit par le premier président et le procureur général près la Cour de cassation.

Article 25

Selon le cas, le procureur général près la cour d'appel ou le procureur général près la Cour de cassation reçoit les plaintes et fait procéder à tout moment aux enquêtes utiles pour vérifier que l'expert satisfait à ses obligations et s'en acquitte avec ponctualité.

S'il lui apparaît qu'un expert inscrit a contrevenu aux lois et règlements relatifs à sa profession ou à sa mission d'expert, ou manqué à la probité ou à l'honneur, même pour des faits étrangers aux missions qui lui ont été confiées, il fait recueillir ses explications. Le cas échéant, il engage les poursuites à l'encontre de l'expert devant l'autorité ayant procédé à l'inscription statuant en formation disciplinaire. Il assure et surveille l'exécution des sanctions disciplinaires.

Article 26

L'expert poursuivi est appelé à comparaître, selon le cas, par le procureur général près la cour d'appel ou par le procureur général près la Cour de cassation.

La convocation est adressée par lettre recommandée avec demande d'avis de réception quinze jours au moins avant la date fixée pour la comparution. Elle énonce les faits reprochés à l'expert.

L'expert convoqué peut prendre connaissance de son dossier auprès du secrétariat du parquet général, selon le cas, près la cour d'appel ou la Cour de cassation.

Article 27

La commission de discipline peut se faire communiquer tous renseignements ou documents utiles. Elle peut procéder à toutes auditions et, le cas échéant, déléguer l'un de ses membres à cette fin.

Les débats sont publics. Toutefois, la formation disciplinaire peut décider qu'ils auront lieu ou se poursuivront en chambre du conseil à la demande de l'intéressé ou s'il doit résulter de leur publicité une atteinte à l'intimité de la vie privée ou s'il survient des désordres de nature à troubler leur bon déroulement ; mention en est faite dans la décision.

Article 28

La commission de discipline statue, par décision motivée, après avoir entendu le ministère public, l'expert poursuivi et, le cas échéant, son avocat.

Article 29

La décision est notifiée à l'expert poursuivi, par lettre recommandée avec demande d'avis de réception, et au ministère public. La notification indique le délai et les modalités du recours ouvert à l'encontre de la décision.

Ce recours est, selon le cas, porté devant la cour d'appel ou la Cour de cassation.

Il est formé dans le délai d'un mois par déclaration au greffe ou par lettre recommandée avec demande d'avis de réception adressée au greffe.

Le délai court, à l'égard du procureur général, du jour du prononcé de la décision et, à l'égard de l'expert, du jour de la notification de la décision.

Article 30

La radiation d'un expert de la liste nationale emporte de plein droit sa radiation de la liste dressée par une cour d'appel. La radiation d'un expert d'une liste dressée par une cour d'appel emporte de plein droit sa radiation de la liste nationale.

Une expédition de la décision de radiation est adressée, selon le cas, au procureur général près la cour d'appel ou au procureur général près la Cour de cassation.

Article 31

Lorsque l'urgence le justifie, le premier président de la cour d'appel ou de la Cour de cassation, s'il s'agit d'un expert inscrit sur la liste nationale, ou le magistrat qu'ils délèguent à cet effet, peut, à la demande du procureur général, suspendre provisoirement un expert lorsque ce dernier fait l'objet de poursuites pénales ou disciplinaires, après avoir mis l'intéressé en mesure de fournir ses explications.

Le premier président de la cour d'appel ou de la Cour de cassation peut, à la demande du procureur général, ou à la requête de l'intéressé, mettre fin à cette suspension.

La suspension provisoire cesse de plein droit dès que l'action pénale est éteinte ou la procédure disciplinaire achevée.

La mesure de suspension provisoire est notifiée à l'expert poursuivi par lettre recommandée avec demande d'avis de réception. La notification indique le délai et les modalités du recours ouvert à l'encontre de la décision.

Ce recours est porté, selon le cas, devant la cour d'appel ou devant la Cour de cassation. Il est formé, instruit et jugé selon les modalités prévues aux articles 24 et suivants du présent décret.

Article 32, mod. par décr. n° 2023-468, 16 juin 2023, art. 11

À la diligence du procureur général près la cour d'appel sur la liste de laquelle l'expert est inscrit, la sanction disciplinaire et la décision de suspension provisoire sont portées à la connaissance des magistrats du ressort de cette cour. Si l'expert est inscrit sur la liste nationale, le procureur général près la Cour de cassation porte la décision à la connaissance des procureurs généraux près les cours d'appel qui en informent les magistrats du ressort.

La fin de la suspension provisoire est portée à la connaissance des magistrats dans les mêmes conditions.

La suspension provisoire d'un expert de la liste nationale emporte de plein droit sa suspension provisoire de la liste dressée par une cour d'appel. La suspension provisoire d'un expert d'une liste dressée par une cour d'appel emporte de plein droit sa suspension provisoire de la liste nationale.

Conformément à l'article 38 du décret n° 2023-468 du 16 juin 2023, ces dispositions entrent en vigueur le 1er janvier 2024.

TITRE IV : DISPOSITIONS DIVERSES. (ARTICLES 33 À 40)

Article 33

Les experts judiciaires peuvent, à leur demande, être admis à l'honorariat après avoir atteint l'âge de soixante-cinq ans et avoir figuré pendant quinze ans sur une liste de cour d'appel ou pendant dix ans sur la liste nationale.

Article 34

Avant le 31 décembre de chaque année, les listes d'experts judiciaires sont, à la diligence des procureurs généraux, transmises à la Commission nationale des accidents médicaux prévue à l'article L. 1142-10 du code de la santé publique.

Le procureur général près la Cour de cassation ou le procureur général près la cour d'appel, selon le cas, informe sans délai la Commission nationale des accidents médicaux de toute décision de retrait, de radiation ou de suspension provisoire intéressant un expert inscrit sur la liste nationale des experts en accidents médicaux.

Article 34-1

Les médecins spécialisés en évaluation des dommages corporels inscrits sur les listes des experts judiciaires dressées par les cours d'appel qui ont démontré un intérêt pour l'examen médical des victimes de terrorisme peuvent suivre une formation sur les enjeux spécifiques de leur prise en charge dispensée par l'École nationale de la magistrature, dont la durée est fixée par arrêté du garde des Sceaux, ministre de la justice.

Article 35

A modifié les dispositions suivantes

Modifie code de l'organisation judiciaire. - art. R*121-7 (M)

Article 36

A modifié les dispositions suivantes

Modifie code de l'organisation judiciaire. - art. R*225-2 (M)

Article 37

A modifié les dispositions suivantes

Modifie code de l'organisation judiciaire. - art. R*225-3 (M)

Article 38, abrogé par décr. n° 2023-219, 28 mars 2023, art. 1

Les experts inscrits sur une liste de cour d'appel au 31 décembre 2004 peuvent solliciter leur réinscription sur une liste pour une durée de cinq ans. La procédure prévue aux articles 6 à 9 ne leur est pas applicable.

Les demandes de réinscription sont présentées et examinées chaque année, les cinq premières années à compter du 1er janvier 2005, par branche de la nomenclature des experts et par cinquième dans l'ordre alphabétique à partir d'une lettre tirée au sort par le président de la commission instituée au II de l'article 2 de la loi du 29 juin 1971 susvisée.

Article 38-1

Pour l'application du présent décret dans les départements d'outre-mer, à Mayotte et dans les collectivités de Saint-Barthélemy et Saint-Martin, les mots : « tribunal de commerce » sont remplacés par les mots : « tribunal mixte de commerce ».

Article 38-2

Pour l'application du présent décret à Saint-Pierre-et-Miquelon, les mots mentionnés ci-dessous sont remplacés comme suit :

1° « Cour d'appel » ou « cour » par : « tribunal supérieur d'appel » ;

2° « Tribunal de grande instance » ou « tribunal d'instance » par : « tribunal de première instance » ;

3° « Premier président de la cour d'appel » par : « président du tribunal supérieur d'appel » ;

4° « Procureur général » par : « procureur de la République près le tribunal supérieur d'appel ».

Article 38-3, mod. par décr. n° 2023-468, 16 juin 2023, art. 35

À l'exception de l'article 34, le présent décret est applicable en Polynésie française dans sa rédaction résultant du décret n° 2023-468 du 16 juin 2023 sous réserve des adaptations suivantes :

1° Au premier alinéa de l'article 6 et à l'article 10, les mots : « tribunal judiciaire » sont remplacés par les mots : « tribunal de première instance » ;

2° Les deuxième, troisième et quatrième alinéas de l'article 8 sont remplacés par les dispositions suivantes :

« À cette fin, le premier président organise préalablement une consultation du tribunal de première instance, du tribunal mixte de commerce et des tribunaux du travail du ressort de la cour d'appel. » ;

3° Les premier à huitième alinéas de l'article 12 sont remplacés par les dispositions suivantes :

« La commission mentionnée à l'article précédent est ainsi composée :

« 1° Un magistrat du siège de la cour d'appel désigné par le premier président ;

« 2° Un magistrat du parquet général désigné par le procureur général, rapporteur ;

« 3° Trois magistrats du siège du tribunal de première instance du ressort de la cour d'appel désignés par le premier président au vu des propositions du président de ce tribunal ;

« 4° Un magistrat du parquet du tribunal de première instance désigné par le procureur général au vu des propositions du procureur de la République près ce tribunal ;

« 5° Le magistrat chargé de la présidence du tribunal mixte de commerce de Papeete ;

« 6° Le magistrat chargé de la présidence du tribunal du travail de Papeete ;

« 7° Trois experts inscrits sur la liste dans des branches différentes de la nomenclature depuis au moins cinq ans et désignés conjointement par le premier président et le procureur général après avis de la compagnie des experts. » ;

4° Au premier alinéa de l'article 21, les mots : « tribunaux judiciaires » sont remplacés par les mots : « tribunaux de première instance, des sections détachées » et les mots : « des tribunaux de commerce et des conseils de prud'hommes » sont remplacés par les mots : « du tribunal mixte de commerce et des tribunaux du travail ».

Conformément à l'article 38 du décret n° 2023-468 du 16 juin 2023, ces dispositions entrent en vigueur le 1er janvier 2024.

Article 38-4, mod. par décr. n° 2023-468, 16 juin 2023, art. 36

À l'exception de l'article 34, le présent décret est applicable en Nouvelle-Calédonie et dans les îles Wallis et Futuna dans sa rédaction résultant du décret n° 2023-468 du 16 juin 2023 sous réserve des adaptations suivantes :

1° Le premier alinéa de l'article 6 est remplacé par les dispositions suivantes :

« Les demandes d'inscription initiale sur une liste dressée par la cour d'appel de Nouméa pour une durée de deux ans sont envoyées avant le 15 mars de chaque année au procureur de la République près le tribunal de première instance de Nouméa lorsque le candidat exerce son activité professionnelle ou possède sa résidence dans le ressort de la cour d'appel. » ;

2° Les deuxième, troisième et quatrième alinéas de l'article 8 sont remplacés par les dispositions suivantes :

« À cette fin, le premier président organise préalablement une consultation des tribunaux de première instance, du tribunal mixte de commerce et des tribunaux du travail du ressort de la cour d'appel. »

3° Le premier alinéa de l'article 10 est remplacé par les dispositions suivantes :

« Les demandes de réinscription pour une durée de cinq ans sont envoyées avant le 15 mars de chaque année au procureur de la République près le tribunal de première instance de Nouméa lorsque le candidat exerce son activité professionnelle ou possède sa résidence dans le ressort de la cour d'appel de Nouméa. » ;

4° À l'article 11, les mots : « 1er mai » sont remplacés par les mots : « 15 mai » ;

5° Les premier à huitième alinéas de l'article 12 sont remplacés par les dispositions suivantes :

« La commission mentionnée à l'article précédent est ainsi composée :

« 1° Un magistrat du siège de la cour d'appel désigné par le premier président ;

« 2° Un magistrat du parquet général désigné par le procureur général, rapporteur ;

« 3° Trois magistrats du siège des tribunaux de première instance du ressort de la cour d'appel désignés par le premier président au vu des propositions des présidents de ces tribunaux ;

« 4° Un magistrat du parquet du tribunal de première instance de Nouméa désigné par le procureur général au vu des propositions du procureur de la République près ce tribunal ;

« 5° Le magistrat chargé de la présidence du tribunal mixte de commerce de Nouméa ;

« 6° Le magistrat chargé de la présidence du tribunal du travail de Nouméa ;

« 7° Trois experts inscrits sur la liste dans des branches différentes de la nomenclature depuis au moins cinq ans et désignés conjointement par le premier président et le procureur général après avis des compagnies d'experts judiciaires ou d'union de compagnies d'experts judiciaires ou, le cas échéant, de tout organisme représentatif. » ;

6° Au premier alinéa de l'article 21, les mots : « tribunaux judiciaires » sont remplacés par les mots : « tribunaux de première instance, des sections détachées » et les mots : « des tribunaux de commerce et des conseils de prud'hommes » sont remplacés par les mots : « du tribunal mixte de commerce et des tribunaux du travail » ;

7° Au premier alinéa de l'article 23, les mots : « 1er mars » sont remplacés par les mots : « 15 mars » et, après les mots : « cour » ou, sont insérés les mots : « avant le 1er mars, ».

Conformément à l'article 38 du décret n° 2023-468 du 16 juin 2023, ces dispositions entrent en vigueur le 1er janvier 2024.

Article 39

Les dispositions du titre II et des articles 33 et 34 peuvent être modifiées par décret.

Article 40

Sont abrogés :

1° Le décret n° 74-1184 du 31 décembre 1974 relatif aux experts judiciaires ;

2° Paragraphe modificateur.

Article 41

Le garde des Sceaux, ministre de la justice, est chargé de l'exécution du présent décret, qui sera publié au Journal officiel de la République française.

052.03 Arrêté du 5 décembre 2022 relatif à la nomenclature prévue à l'article 1er du décret n° 2004-1463 du 23 décembre 2004, art. 1 à 5

Article 1

Les listes d'experts prévues à l'article 1er du décret du 23 décembre 2004 susvisé sont dressées par les cours d'appel et par la Cour de cassation conformément à la nomenclature suivante, qui se divise en branches (ex. : A.), rubriques (ex. : A.1.) et spécialités (ex. : A.1.1.) :

A. – Agriculture – Agro-alimentaire – Animaux – Forêts

Pour être plus amplement informés, les magistrats peuvent se référer à l'annuaire national des experts développé par le Conseil national des compagnies d'experts de justice (CNCEJ) qui répertorie des informations plus précises sur le profil, l'expérience et les spécialités de l'expert.

A.1. Agriculture.

A.1.1. Applications de produits phytopharmaceutiques, matières fertilisantes et supports de culture.

Application de produits phytopharmaceutiques par voie terrestre – Traitement des semences, des plants, des bulbes, des denrées stockées – Application des matières fertilisantes et des supports de culture.

A.1.2. Foncier rural.

Bornage – Voies d'accès – Remembrement des parcelles – Catégories du foncier rural – Servitudes et urbanisme. (Bornage : voir C.16. – Voiries : voir C.4.3.)

Baux ruraux : calculs d'amélioration foncière et culturale – Révision de fermage – État des lieux.

A.1.3. Constructions et aménagements ruraux. (Bâtiments : voir C.2.1.)

Équipements agricoles (dont équipements d'énergies alternatives) – Estimations des haras et établissements équestres.

A.1.4. Économie et gestion agricoles – Fonds agricoles.

Évaluation des exploitations agricoles – Parts sociales.

A.1.5. Estimations foncières agricoles.

Bâtis et non bâtis – Exportations et évictions – Successions – Estimations.

A.1.6. Hydraulique agricole et rurale.

Gestion de l'eau – Réseaux et équipements – Voieries – Droits d'eau. (Réseaux et travaux hydrauliques : voir C.4.8.)

A.1.7. Matériel et technique agricole. (Matériel à motorisation thermique : voir E.7.9.)

Estimation de matériel agricole – Préparation et conduite des cultures – Applications des intrants agricoles – Récoltes et post-récoltes – Transport et manutention – Stockage.

A.1.8. Productions de grandes cultures et de cultures spécialisées.

Cultures annuelles, pluriannuelles et pérennes – Pédologie et agronomie – Productions de semences, de plants, de bulbes.

A.2. Agro-alimentaire. (Bâtiments : voir C.2.)

Contrôles qualitatifs et analyses – Ingénierie, normes – Ouvrages et équipements (matériels et installations) – Produits alimentaires et leurs transformations – Emballages et conditionnements – Stockage et transport – Modes de conservation, traçabilité – Restauration collective – Tables gastronomiques – Gites ruraux.

A.3. Aménagements et équipements de l'espace rural.

Espaces naturels – Biodiversité – Zonages – Préservation et protections des milieux naturels – Flore et habitats naturels.

A.4. Animaux autres que d'élevage.

Animaux de compagnie et de sport – Courses et concours – Établissements et sports équestres – Haras – Estimations.

A.5. Aquaculture.

Productions en eaux douces et de mer – Médecine, élevage, bien-être et transport des poissons – Estimations.

A.6. Biotechnologies.

Équipements, procédés, fermentation – Produits des biotechnologies – Emballages et conditionnements des produits de biotechnologies.

A.7. Elevage.

Productions animales et reproduction – Équipements, produits et habitat pour l'élevage – Estimations. (Bâtiments : voir C.2.) (Architecture du paysage : voir C.2.3.)

A.8. Horticulture.

Arboriculture fruitière et ornementale – Maraichage – Floriculture et décoration florale – Espaces verts, parcs et aménagements paysagers – Matériels d'horticulture.

A.9. Risques climatiques et météorologiques.

Neige – Avalanches – Tornades – Submersions.

A.10. Nuisances – Pollutions agricoles et dépollutions. (voir I.1. et I.7.)

Équipements et procédés – Études d'impact – Toxicologie non médicale – Energies alternatives.

A.11. Pêche – Chasse – Faune sauvage vertebrée et invertebrée.

A.11.1. Armement – Accastillage – Matériels et équipements pour la pêche et pour la chasse.

A.11.2. Dégâts de gibier.

A.11.3. Estimations.

A.11.4. Peuplements et équilibres cynégétiques – Estimations.

A.12. Sylviculture.

Estimation et gestion – Semis, pépinières et plantations – Travaux et exploitations forestières – Sciage et produits forestiers – Restauration des terrains par plantations – Transports des vins et des alcools – État sanitaire.

A.13. Viticulture et œnologie.

A.13.1. Distillation, élaboration des liqueurs et des alcools.

A.13.2. Emballage et conditionnement des vins, des liqueurs et des alcools – Matériel de conditionnement des vins, des liqueurs et des alcools.

A.13.3. Estimation et gestion – Exploitation viticole – Matériels de culture de la vigne – Pépinières et plantations – Produits, traitements et protection de la vigne.

A.13.4. Œnologie - Appellations - Dégustations des vins et des alcools - Vinification et assemblages - Fermentations - Analyse des vins et des alcools - Matériel de vinification, de stockage et de préparation des vins et alcools - Transports des vins et des alcools.

A.14. Santé vétérinaire.

A.14.1. Biologie, pharmacologie et toxicologie vétérinaires.

A.14.2. Médecine, chirurgie, élevage, bien-être et transport des animaux de compagnie (chiens, chats, NAC (nouveaux animaux de compagnie)).

A.14.3. Médecine, chirurgie, élevage, bien-être et transport des ruminants (bovins, ovins, caprins, camélidés), des équidés (chevaux, poneys, ânes et croisements) et des porcins.

A.14.4. Médecine, chirurgie, élevage, bien-être et transport des volailles, lapins et gibiers d'élevage.

A.14.5. Médecine, chirurgie, élevage, bien-être et transport de la faune sauvage.

A.14.6. Santé publique, qualité et sécurité des aliments.

B. - Arts - Culture - Communication - Médias

Pour être plus amplement informés, les magistrats peuvent se référer à l'annuaire national des experts développé par le Conseil national des compagnies d'experts de justice (CNCEJ) qui répertorie des informations plus précises sur le profil, l'expérience et les spécialités de l'expert.

B.1. Ecritures.

B.1.1. Documents et écritures.

B.1.2. Paléographie.

B.2. Généalogie successorale.

B.3. Objets d'art et de collection.

B.3.1. Armes anciennes.

B.3.2. Bijouterie, joaillerie, horlogerie, orfèvrerie.

B.3.3. Céramiques anciennes et d'art.

B.3.4. Cristallerie.

B.3.5. Ebénisterie - Marqueterie.

B.3.6. Etoffes anciennes et tissages.

B.3.7. Ferronnerie et bronzes.

B.3.8. Gravures et arts graphiques.

B.3.9. Héraldique.

B.3.10. Livres anciens et modernes.

B.3.11. Lutherie et instruments de musique.

B.3.12. Meubles et mobiliers anciens. (Meubles modernes : voir C.7.1.)

B.3.13. Numismatique et médailles.

B.3.14. Philatélie.

B.3.15. Sculptures.

B.3.16. Tableaux.

B.3.17. Tapisseries et tapis.

B.3.18. Vitraux et vitrerie d'art.

B.3.19. Archéologie.

B.3.20. Art d'Asie et d'Extrême Orient, Art africain, Art océanien, Art américain.

B.3.21. Œuvres d'art dématérialisées NFT.

B.4. Productions culturelles et de communication.

B.4.1. Cinéma, télévision, vidéo, audiovisuel, tous supports médias et plateformes digitales.

B.4.2. Imprimerie.

B.4.3. Musique.

B.4.4. Photographie analogique et numérique - Datation et certification - Attribution - Reconnaissance faciale.

B.4.5. Presse, édition.

B.4.6. Communication, publicité digitale et médias.

B.4.7. Spectacles vivants.

B.4.8. Relations médias, presse, publics.

B.5. Propriété littéraire et artistique.

B.5.1. Gestion des droits d'auteur.

B.5.2. Gestion des droits voisins.

B.5.3. Gestion des droits dérivés.

B.5.4. Gestion des droits à l'image.

B.5.5. Gestion des droits de reproduction.

B.6. Sport.

B.6.1. Activités sportives.

B.6.2. Matériel et installations sportives. (Bâtiments, gymnases, stades couverts : voir C.2.)

C. - Bâtiment - Travaux publics - Gestion immobilière

Pour être plus amplement informés, les magistrats peuvent se référer à l'annuaire national des experts développé par le Conseil national des compagnies d'experts de justice (CNCEJ) qui répertorie des informations plus précises sur le profil, l'expérience et les spécialités de l'expert.

C.1. Acoustique, bruits, vibrations.

C.2. Constructions générales tous corps d'état.

C.2.1. Architecture - Ingénierie - Maîtrise d'œuvre.

C.2.2. Architecture d'intérieur - Décoration.

C.2.3. Architecture du paysage - Espaces verts et de loisirs - Aménagements sportifs extérieurs. (Horticulture : voir A.8.)

C.2.4. Coordination de la sécurité et protection de la santé (CSPS).

C.2.5. Économie de la construction, valorisation des travaux et métrés.

C.2.6. Monuments historiques et patrimoine bâti.

C.2.7. Ordonnancement, pilotage, coordination (OPC).

C.2.8. Piscines : gros-œuvre, étanchéité, bassins préfabriqués, traitement de l'eau, de l'air, équipements.

C.2.9. Urbanisme - Aménagement du territoire - Aménagement et mobilier urbain.

C.3. Structures.

C.3.1. Structures : généralistes.

C.3.2. Béton, béton armé, béton précontraint, bétons spéciaux.

C.3.3. Charpentes et ossatures bois - Constructions en bois.

C.3.4. Constructions métalliques.

C.3.5. Étanchéités des parois enterrées, cuvelages.

C.3.6. Maçonneries à base de produits industriels ou de matériaux naturels.

C.3.7. Structures spéciales, toiles tendues, chapiteaux, structures gonflables, équipements scéniques, structures composites.

C.4. Génie-civil - Travaux publics.

C.4.1. Génie-civil et travaux publics : généralistes.

C.4.2. Aménagements portuaires, ouvrages maritimes, travaux sous-marins.

C.4.3. Barrages, grands soutènements. (Production d'électricité : voir E.2.1.)

C.4.4. Murs de soutènement. (lié avec C.5.1.)

C.4.5. Ponts (y compris les abords et fondations).

C.4.6. Réseaux de drainage et évacuation des eaux, hydraulique de surface, canaux, retenues.

C.4.7. Réservoirs, travaux en lacs et rivières. (Pollutions : voir E.3.)

C.4.8. Revêtements de sols extérieurs (pavages, dallages, pierres, panneaux, sols sportifs, plateformes, terrasses et platelages bois...).

C.4.9. Terrassements généraux et grands aménagements – Voies ferrées et infrastructures ferroviaires. (Matériel ferroviaire : voir E.7.12.)

C.4.10. Voiries, chaussées lourdes et légères.

C.4.11. Tunnels : travaux et équipements. (Tunneliers : voir E.7.8. et E.7.9.)

C.5. Sols.

C.5.1. Fondations spéciales : pieux et puits, radiers épais, amélioration des sols, massifs de machines.

C.5.2. Géotechnique générale, fondations, confortements, stabilisation des terrains et talus.

C.5.3. Hydrogéologie.

C.5.4. Mines et carrières.

C.6. Couverture – Étanchéité y compris accessoires, équipements rapportés, isolation. (Étanchéité des parois enterrées : voir C.3.6.)

C.6.1. Couverture – Étanchéité : généralistes.

C.6.2. Couvertures métalliques par grands éléments (zinc, acier, cuivre, aluminium, plomb, panneaux composites...).

C.6.3. Couvertures par petits éléments (tuiles, ardoises, bardeaux, shingles...).

C.6.4. Couvertures régionales (chaume, lauzes, tavaillons...).

C.6.5. Étanchéité collée ou coulée, membranes – Toitures paysagères ou aménagées. (Panneaux photovoltaïques et capteurs solaires : voir C.13.1.)

C.7. Menuiseries, verre dans le bâtiment.

C.7.1. Menuiseries intérieures et agencements, meubles modernes.

C.7.2. Menuiseries extérieures : bois – acier – aluminium – PVC – composite – ferronnerie.

C.7.3. Miroiterie, vitrerie, éléments fixes ou mobiles, décoratifs. (Vitraux : voir B.3.20.)

C.7.4. Murs rideaux et enveloppes vitrées du bâtiment.

C.8. Revêtements et finitions extérieurs.

C.8.1. Bardages, vêtures, bois métal et composites.

C.8.2. Enduits, ravalements.

C.8.3. Isolation thermique par l'extérieur (ITE).

C.8.4. Panneaux scellés, collés ou agrafés, marbrerie de façade.

C.8.5. Peintures extérieures, décors. (Revêtements de sol extérieurs : voir C.4.4.)

C.9. Revêtements et finitions intérieurs.

C.9.1. Revêtements et finitions intérieurs : généralistes.

C.9.2. Peintures intérieures, vernis, décors.

C.9.3. Carrelages muraux, marbrerie.

C.9.4. Faux plafonds, plafonds tendus.

C.9.5. Faux planchers tous matériaux.

C.9.6. Parquets.

C.9.7. Plâtrerie, cloisons, doublages, enduits intérieurs.

C.9.8. Revêtements de sol coulés, résine.

C.9.9. Revêtements de sol souples.

C.9.10. Revêtements de sols durs scellés, collés, coulés.

C.9.11. Tapisseries, revêtements collés ou tendus.

C.10. Plomberie – Sanitaire.

C.10.1. Plomberie, sanitaire : généralistes.

C.10.2. Assainissement autonome. (Stations d'épuration : voir E.3.5.)

C.10.3. Distribution de gaz.

C.10.4. Plomberie, robinetterie, appareils sanitaires.

C.10.5. Récupération des eaux de pluie, stockage et traitement. (pour la partie publique voir C.15.)

C.10.6. Réseaux d'eau potable, eaux usées, eaux vannes, eaux pluviales.

C.11. Polluants du bâtiment.

C.11.1. Amiante en bâtiment et industrie ou transports.

C.11.2. Parasites du bois.

C.11.3. Plomb en bâtiment et industrie ou transports.

C.11.4. Autres parasites et polluants (vivants, végétaux, chimiques).

C.12. Électricité.

C.12.1. Antennes et réseaux de données : installations et travaux.

C.12.2. Automatismes du bâtiment.

C.12.3. Courants forts – courants faibles.

C.12.4. Domotique du bâtiment.

C.13. Thermique – Chauffage – Climatisation – Froid – Isolation.

C.13.1. Génie thermique : chauffage toutes énergies, stations et réseaux de chauffage, capteurs solaires – eau chaude sanitaire (ECS) – fours, fumisterie, ventilation, usine et process d'incinération – Thermique industrielle.

C.13.2. Génie climatique : pompes à chaleur, climatisation, traitement de l'air, salles blanches, VMC, économies et récupération d'énergie.

C.13.3. Génie frigorifique : production et distribution de froid et transport frigorifique.

C.13.4. Géothermie et réseaux urbains associés.

C.13.5. Isolation thermique des bâtiments et de leurs équipements.

C.14. Ascenseurs et matériels mécaniques et de chantier.

C.14.1. Ascenseurs et monte-charges, définitifs ou de chantier.

C.14.2. Escaliers roulants, tapis roulants, transports de matériaux de chantier (tapis, pompes).

C.14.3. Échafaudages. (Grues et engins de chantier : voir E.7.7. et E.7.8.)

C.15. Réseaux publics et privés.

C.15.1. Eau potable et industrielle (incendie, lavage, process...). (Production d'eau : voir E.2.9.)

C.15.2. Eaux usées domestiques ou industrielles (assainissement). (Stations de traitement et de dépollutions : voir E.3.)

C.15.3. Électricité, téléphone et réseaux de données. (Production d'électricité et sous stations : voir E.2.1.)

C.15.4. Gaz et GPL. (Stockage de gaz et sous stations : voir E.2.4.)

C.16. Topométrie.

C.16.1. Contrôles de stabilité.

C.16.2. Levés topographiques.

C.16.3. Plans d'occupation des sols, PLU, implantations, bornages, division de lots...

C.17. Incendie, explosion.

C.17.1. Prévention, matériel de détection et de lutte contre l'incendie.

C.17.2. Incendie.

C.17.3. Explosion. (Affaires pénales : voir G.14. et G.15.)

C.18. Estimations immobilières. (Estimations immobilières agricoles : voir A.1.4. et A.1.5.)

C.18.1. Estimations immobilières matérielles : valeurs vénales de murs, terrains non agricoles, indemnité d'expropriation, droits réels immobiliers.

C.18.2. Estimations immobilières immatérielles : valeurs locatives, indemnités d'éviction ou d'expropriation, de fonds de commerce et d'entreprises.

C.18.3. Droits sociaux à prépondérance immobilière.

C.18.4. Préjudices immobiliers.

C.19. Gestion d'immeuble et de copropriété.

C.19.1. Administration d'immeuble et de copropriété, baux d'habitation, commerciaux, professionnels.

C.19.2. Répartition des charges – États descriptifs de division.

D. – Économie – Finances – Calculs préjudiciels

Pour être plus amplement informés, les magistrats peuvent se référer à l'annuaire national des experts développé par le Conseil national des compagnies d'experts de justice (CNCEJ) qui répertorie des informations plus précises sur le profil, l'expérience et les spécialités de l'expert.

D.1. Comptabilité.

D.1.1. Comptabilité générale : exploitation de toutes données chiffrées, organisation, systèmes comptables, comptes individuels et consolidés, information financière règlementaire, comptabilité analytique et de gestion.

D.1.2. Comptabilité spéciale, banques et assurances.

D.1.3. Comptabilité publique, finances publiques.

D.2. Évaluation d'entreprise et des droits sociaux.

D.3. Finances.

D.3.1. Finance d'entreprise.

D.3.2. Marchés financiers, produits dérivés et produits structurés.

D.3.3. Opérations de banque et de financement.

D.3.4. Opérations d'assurance, de réassurance et actuariat.

D.3.5. Opérations financières internationales.

D.4. Gestion d'entreprise.

D.4.1. Analyse de gestion.

D.4.2. Concurrence déloyale, contrefaçon.

D.4.3. Distribution commerciale, franchise, exécution des contrats privés.

D.4.4. Études de marché, opérations marketing.

D.4.5. Stratégie et politique générale d'entreprise, gouvernance, responsabilité sociétale des entreprises.

D.4.6. Appels d'offres, marchés publics.

D.4.7. Concessions, délégations de service public et contrats publics.

D.5. Gestion sociale et conflits sociaux : éléments de rémunération, politique salariale, plan de sauvegarde (PSE), comité d'entreprise.

D.6. Fiscalité.

D.6.1. Fiscalité personnelle.

D.6.2. Fiscalité d'entreprise.

D.7. Diagnostic d'entreprise.

D.7.1. Expertises sur la situation des entreprises en difficulté : missions pour le juge d'assistance, d'investigation (art. L. 813-1 du code de commerce) et expertises (art. L. 621-9 du code de commerce).

D.7.2. Mandats ad hoc et expertises (art. L. 611-3 du code de commerce).

E. – Industrie

Pour être plus amplement informés, les magistrats peuvent se référer à l'annuaire national des experts développé par le Conseil national des compagnies d'experts de justice (CNCEJ) qui répertorie des informations plus précises sur le profil, l'expérience et les spécialités de l'expert.

E.1. Électronique et informatique.

E.1.1. Automatismes industriels, automates programmables, électromécanique, systèmes embarqués.

E.1.2. Internet, réseaux sociaux et communications électroniques (acquisition des contenus, e-commerce).

E.1.3. Ingénierie des systèmes, logiciels et matériels (conception, développement, mise en œuvre, maintenance, résolution des incidents...).

E.1.4. Ingénierie des projets informatiques (conception, organisation, relations contractuelles, respect du cahier des charges et de l'expression des besoins...).

E.1.5. Ingénierie des télécommunications et des réseaux (infrastructure, mise en œuvre...).

E.1.6. Cyber malveillance, sécurité informatique.

E.1.7. Objets connectés (Internet des objets ou « IoT »).

E.1.8. Robotique, intelligence artificielle.

E.2. Energies et utilités.

E.2.1. Électricité.

E.2.2. Energie solaire.

E.2.3. Nucléaire.

E.2.4. Pétrole, gaz et hydrocarbures.

E.2.5. Utilités (air comprimé, eau, vapeur).

E.2.6. Centrales électriques. (Energie thermique et usines d'incinération : voir C.13.1.)

E.2.7. Energie éolienne.

E.2.8. Production et traitement d'eau potable et industrielle.

E.2.9. Energie géothermie haute température.

E.2.10. Autres énergies renouvelables.

E.3. Démantèlement de sites industriels, déconstruction d'immeubles et de bâtiments, démolition.

E.4. Mécanique. (Phénomènes vibratoires : voir C.1.)

E.4.1. Mécanique générale (matériaux et structures).

E.4.2. Machines.

E.4.3. Ingénierie mécanique.

E.5. Métallurgie.

E.5.1. Métallurgie générale.

E.5.2. Assemblage (soudage, brasage...).

E.5.3. Chaudronnerie.

E.5.4. Activités annexes (analyses, essais, contrôles...).

E.6. Produits industriels.

E.6.1. Chimie.

E.6.2. Élaboration du verre et transformation des produits verriers.

E.6.3. Procédés de fabrication industrielle de produits manufacturés destinés au public.

E.6.4. Textile et habillement – Peaux et fourrures.

E.6.5. Plasturgie et lignes de fabrication de produits en caoutchouc ou en matières plastiques.

E.6.6. Génie chimique et process chimiques industriels.

E.6.7. Lignes de fabrication de produits destinés à l'alimentation et à la santé et leur conditionnement.

E.6.8. Transformation du bois, papier et carton.

E.6.9. Autres lignes de fabrication en série de produits industriels.

E.7. Transport : équipements de transport, de levage et de manutention.

E.7.1. Aéronefs - Drones : conception, maintenance.

E.7.2. Opérations aériennes tout type d'exploitation.

E.7.3. Personnel sol et vol : formation, aptitudes médicales.

E.7.4. Aéroports sécurité et sûreté, cybersécurité.

E.7.5. Contrôle aérien d'aérodrome, météorologie.

E.7.6. Sécurité des vols, système qualité, performance humaine.

E.7.7.Appareils hydrauliques de levage et de manutention. (Matériel de chantier : voir C.14.1. et C.14.2.)

E.7.8. Grues, appareils de levage ou de transport à câbles, équipements de transport continu de matériaux.

E.7.9. Automobiles, cycles, motocycles, poids lourds, engins de chantier à motorisation électrique ou hybride.

E.7.10. Automobiles, cycles, motocycles, poids lourds, engins de chantier et agricoles à motorisation thermique.

E.7.11. Accidentologie et reconstitution d'accident routier.

E.7.12. Bateaux fluviaux.

E.7.13. Navigation de plaisance et de course.

E.7.14. Navires de pêche et de commerce.

E.7.15. Navires de plaisance.

E.7.16. Produits verriers pour moyens de transports.

E.7.17. Transport ferroviaire : manœuvre, maintenance, stabilité et arrimage.

E.7.18. Transport ferroviaire : matériels roulants. (Transports frigorifiques : voir C.13.3.)

E.7.19. Transport ferroviaire : voies, appareils de voie et équipements de signalisation et de sécurité au sol.

E.8. Transport : exploitation commerciale, atteinte aux marchandises et aux usagers (hors matériel ci-dessus).

E.8.1. Aérien : fret et passagers.

E.8.2. Maritime et fluvial.

E.8.3. Ferroviaire.

E.8.4. Routier.

E.9. Propriété industrielle.

E.9.1. Brevets.

E.9.2. Marques.

E.9.3. Modèles - Dessins.

E.10. Corrosion.

E.10.1. Revêtements métalliques à base de zinc, aluminium, magnésium.

E.10.2. Corrosion sous revêtements organiques et peintures.

E.10.3. Protection cathodique.

E.10.4. Autres corrosions.

E.11. Gestion de projets industriels.

E.11.1. Activités de conception et de coordination.

E.11.2. Analyse de retard et mise en œuvre d'outils de planification.

F. - Santé

Pour être plus amplement informés, les magistrats peuvent se référer à l'annuaire national des experts développé par le Conseil national des compagnies d'experts de justice (CNCEJ) qui répertorie des informations plus précises sur le profil, l'expérience et les spécialités de l'expert.

F.1. Médecine.

F.1.1. Allergologie.

F.1.2. Anatomie et cytologie pathologiques.

F.1.3. Anesthésiologie et réanimation.

F.1.4. Biologie et médecine du développement et de la reproduction.

F.1.5. Cancérologie - Médico-chirurgicale et traitements adjuvants.

F.1.6. Cardiologie (à visée diagnostique et à visée interventionnelle).

F.1.7. Dermatologie - Vénérologie.

F.1.8. Endocrinologie et maladies métaboliques.

F.1.9. Gastro entérologie et hépatologie (à visée diagnostique et à visée interventionnelle).

F.1.10. Génétique clinique.

F.1.11. Gynécologie médicale.

F.1.12. Oncologie - Hématologie - Transfusion.

F.1.13. Maladies infectieuses - Maladies tropicales.

F.1.14. Médecine générale - Gériatrie - Soins palliatifs.

F.1.15. Médecine interne.

F.1.16. Médecine physique et de réadaptation.

F.1.17. Médecine et santé au travail.

F.1.18. Médecine vasculaire.

F.1.19. Néphrologie.

F.1.20. Neurologie.

F.1.21. Ophtalmologie médicale.

F.1.22. Oto-rhino-laryngologie (ORL) médicale.

F.1.23. Parasitologie et mycologie.

F.1.24. Pédiatrie.

F.1.25. Pharmacologie fondamentale - Pharmacologie clinique.

F.1.26. Pneumologie.

F.1.27. Rhumatologie.

F.1.28. Médecine d'urgence et de catastrophe.

F.1.29. Médecine manuelle et ostéopathie médicale.

F.2. Psychiatrie

F.2.1. Psychiatrie d'adultes.

F.2.2. Pédopsychiatrie.

F.3. Chirurgie.

F.3.1. Chirurgie de l'appareil digestif.

F.3.2. Chirurgie orale.

F.3.3. Chirurgie pédiatrique.

F.3.4. Chirurgie maxillo-faciale et traumatologie faciale.

F.3.5. Chirurgie orthopédique et traumatologique des membres supérieurs.

F.3.6. Chirurgie plastique, reconstructrice et esthétique.

F.3.7. Chirurgie thoraco-pulmonaire.

F.3.8. Chirurgie cardiaque et vasculaire.

F.3.9. Chirurgie gynécologique et obstétrique.

F.3.10. Neurochirurgie crânio-médullaire.

F.3.11. Chirurgie ophtalmologique.

F.3.12. Chirurgie ORL et chirurgie du cou.

F.3.13. Chirurgie urologique.

F.3.14. Chirurgie orthopédique et traumatologique des membres inférieurs.

F.3.15. Chirurgie orthopédique et traumatologie du rachis.

F.4. Imagerie médicale et biophysique.

F.4.1. Radiologie et imagerie médicale (à visée diagnostique et à visée interventionnelle).

F.4.2. Biophysique - Médecine nucléaire - Radioprotection.

F.5. Biologie médicale et pharmacie.

F.5.1. Alcoolémie.

F.5.2. Bactériologie - Virologie - Hygiène hospitalière.

F.5.3. Biochimie.

F.5.4. Biologie cellulaire et moléculaire.

F.5.5. Biostatistiques - Informatique médicale et technologies de communication.

F.5.6. Epidémiologie - Économie de la santé.

F.5.7. Hématologie.

F.5.8. Immunologie.

F.5.9. Nutrition - Prévention.

F.5.10. Pharmacologie et toxicologie.

F.5.11. Pharmacovigilance - Toxicovigilance - Teratovigilance.

F.5.12. Technologies pharmaceutiques - Sciences du médicament.

F.5.13. Vaccinologie.

F.6. Odontologie.

F.6.1. Odontologie.

F.6.2. Orthodontie.

F.6.3. Prothésiste dentaire.

F.7. Psychologie.

F.7.1. Psychologie de l'adulte.

F.7.2. Psychologie de l'enfant.

F.7.3. Neuropsychologie.

F.8. Sages-femmes et auxiliaires réglementés.

F.8.1. Sages-femmes.

F.8.2. Audioprothésistes, opticiens lunetiers, prothésistes, orthésistes.

F.8.3. Diététiciens.

F.8.4. Infirmiers et soins infirmiers.

F.8.5. Ingénierie médicale, biomédicale et biomatériaux.

F.8.6. Masseurs kinésithérapeutes.

F.8.7. Orthophonistes, orthoptistes.

F.8.8. Pédicures, podologues.

F.8.9. Psychomotriciens ergothérapeutes.

F.9. Experts en matière de sécurité sociale.

F.9.1. Médecins.

F.9.2. Professionnels de santé non médecins.

F.10. Experts en matière d'interprétation des actes et prestations.

F.10.1. Médecins.

F.10.2. Professionnels de santé non médecins.

F.11. Sciences de la santé.

F.11.1. Prévention des risques sanitaires, nucléaires et chimiques.

F.11.2. Recherche médicale et éthique.

F.12. Non professionnels de santé - Bien-être - Confort.

F.12.1. Chiropracteurs.

F.12.2. Ostéopathes non médecins ni auxiliaires médicaux.

F.13. Santé publique.

G. - Criminalistique - Sciences criminelles - Médico-légales

Pour être plus amplement informés, les magistrats peuvent se référer à l'annuaire national des experts développé par le Conseil national des compagnies d'experts de justice (CNCEJ) qui répertorie des informations plus précises sur le profil, l'expérience et les spécialités de l'expert.

G.1. Anthropologie médico-légale.

G.1.1. Anthropologie médico-légale lésionnelle.

G.1.2. Anthropologie médico-légale d'identification.

G.2. Médecine légale.

G.2.1. Autopsie et thanatologie.

G.2.2. Médecine légale du vivant - Victimologie.

G.2.3. Médecine légale du vivant - Dommage corporel et traumatologie séquellaire.

G.3. Anatomie et cytologie pathologiques médico-légales.

G.4. Odontologie médico-légale.

G.4.1. Odontologie médico-légale d'identification.

G.4.2. Odontologie médico-légale traumatologie - Dommage corporel.

G.5. Psychiatrie médico-légale.

G.5.1. Psychiatrie médico-légale - Victimologie - Dommage corporel.

G.5.2. Psychiatrie médico-légale - Évaluation des auteurs d'infractions.

G.6. Psychologie légale.

G.6.1. Victimologie.

Évaluation des conséquences psychiques et/ou du préjudice psychologique (mission Dintilhac).

G.6.2. Psycho criminologie.

Évaluation du risque de récidive et de la dangerosité.

G.7. Toxicologie médico-légale.

G.7.1. Alcoolémie.

G.7.2. Identification de produits stupéfiants (produits de saisie).

G.7.3. Identification de produits dopants et de conduite dopante.

G.7.4. Toxicologie dans le cadre de la sécurité routière (alcoolémie, stupéfiants, psychotropes).

G.7.5. Toxicologie médico-légale (post mortem et chez le vivant).

G.7.6. Toxicologie phanères (matrices kératinisées).

G.8. Technique d'identification médico-légale - Biologie moléculaire.

G.9. Identification par empreintes génétiques.

G.10. Pharmacogénétique et toxicogénétique.

G.11. Criminalistique - Scènes de crime.

G.12. Investigations scientifiques et techniques.

G.12.1. Analyses physico-chimiques.

G.12.2. Biologie d'identification.

G.12.3. Documents et écritures. (voir B.1.)

G.12.4. Faune et flore forensique (entomologie forensique, identification des diatomées et des invertébrés aquatiques, palynologie).

G.13. Supports numériques.

G.13.1. Données numériques.

G.13.2. Enregistrements sonores.

G.13.3. Enregistrements vidéos.

G.14. Explosion. (Affaires civiles : voir C.17.2. à C.17.3.)

G.15. Incendie.

G.16. Faux artistiques. (voir B.1., B.3. et B.4.)

G.17. Traces et empreintes.

G.17.1. Traces papillaires.

G.17.2. Traces de semelles.

G.17.3. Traces manufacturées.

G.17.4. Traces de transferts.

G.17.5. Morpho-analyse de traces de sang.

G.18. Armes - Munitions - Balistique.

G.18.1. Balistique.

G.18.2. Chimie des résidus de tir.

G.18.3. Explosifs.

G.18.4. Munitions.

G.18.5. Technique des armes. (Armes anciennes : voir B.3.2.)

H. – Interprétariat – Traduction

Pour être plus amplement informés, les magistrats peuvent se référer à l'annuaire national des experts développé par le Conseil national des compagnies d'experts de justice (CNCEJ) qui répertorie des informations plus précises sur le profil, l'expérience et les spécialités de l'expert.

La présente branche propose une présentation fonctionnelle des langues par zone géographique ou famille linguistique ainsi que par ordre alphabétique au sein de chaque rubrique.

H.1. Interprétariat (oral) par zones linguistiques.

H.1.1. Langues africaines.

H.1.1.1. Adja (Bénin, Togo).

H.1.1.2. Bambara (Burkina-Faso, Guinée, Mali, Sénégal).

H.1.1.3. Bassari (Guinée, Sénégal).

H.1.1.4. Berbère.

H.1.1.5. Comorien.

H.1.1.6. Diola-kasa (Guinée, Sénégal).

H.1.1.7. Fon (Bénin, Nigéria, Togo).

H.1.1.8. Gungbe (Bénin, Nigéria).

H.1.1.9. Haoussa (Cameroun, Gabon, Ghana, Niger, Nigéria, Soudan, Togo).

H.1.1.10. Igbo (Nigéria).

H.1.1.11. Kabyle.

H.1.1.12. Kinyarwanda (Ouganda, Rwanda, Tanzanie).

H.1.1.13. Kirundi (Burundi, République démocratique du Congo, Rwanda, Tanzanie).

H.1.1.14. Malgache.

H.1.1.15. Peul (Burkina Faso, Cameroun, Ghana, Guinée, Mali, Mauritanie, Niger,

Nigéria, Mali, Sénégal, Sierra Leone, Tchad).

H.1.1.16. Sango (République centrafricaine, République démocratique du Congo).

H.1.1.17. Swahili/Souhaélie (Kenya, Ouganda, Tanzanie).

H.1.1.18. Tigrigna (Erythrée, Éthiopie, État régional du Tigré).

H.1.1.19. Yorouba (Bénin, Nigéria, Togo).

H.1.2. Langues anglaises – anglo-saxonnes – celtes.

H.1.2.1. Anglais.

H.1.2.2. Écossais.

H.1.2.3. Irlandais.

H.1.3. Langues arabes et judéo-araméennes.

H.1.3.1. Amharique (Éthiopie, Erythrée, Soudan).

H.1.3.2. Arabe.

H.1.3.3. Hébreu.

H.1.3.4. Judéo-arabe.

H.1.3.5. Kurde.

H.1.3.6. Persan/Farsi (Iran).

H.1.3.7. Syriaque (Irak, Liban, Syrie).

H.1.4. Langues asiatiques.

H.1.4.1. Azéri.

H.1.4.2. Baloutchi (Iran, Pakistan).

H.1.4.3. Birman.

H.1.4.4. Cantonais.

H.1.4.5. Chinois/Mandarin.

H.1.4.6. Coréen.

H.1.4.7. Dari (Afghanistan).

H.1.4.8. Indonésien.

H.1.4.9. Japonais.

H.1.4.10. Kazakh.

H.1.4.11. Khmer.

H.1.4.12. Laotien.

H.1.4.13. Malais (Malaka-Archipel indonésien).

H.1.4.14. Mongol.

H.1.4.15. Ourdou (Pakistan, Inde).

H.1.4.16. Pachto (Afghanistan).

H.1.4.17. Pendjabi (Pakistan, Inde).

H.1.4.18. Tagalog (Langue philippine).

H.1.4.19. Thaïlandais.

H.1.4.20. Tibétain.

H.1.4.21. Turc.

H.1.4.22. Vietnamien.

H.1.5. Langue française, langues régionales et dialectes.

H.1.6. Langues germaniques et scandinaves.

H.1.6.1. Allemand.

H.1.6.2. Danois.

H.1.6.3. Finnois.

H.1.6.4. Islandais.

H.1.6.5. Néerlandais.

H.1.6.6. Norvégien.

H.1.6.7. Suédois.

H.1.7. Langues indiennes.

H.1.7.1. Cinghalais (Sri Lanka).

H.1.7.2. Bengali.

H.1.7.3. Hindi.

H.1.7.4. Sindhi (Inde, Pakistan).

H.1.7.5. Tamoul (Sri Lanka).

H.1.8. Langues romanes : espagnol, italien, portugais, autres langues romanes – Langues balkaniques.

H.1.8.1. Albanais.

H.1.8.2. Catalan.

H.1.8.3. Espagnol.

H.1.8.4. Espéranto.

H.1.8.5. Grec moderne.

H.1.8.6. Italien.

H.1.8.7. Moldave.

H.1.8.8. Portugais.

H.1.8.9. Roumain.

H.1.8.10. Romani-Tzigane.

H.1.9. Langues slaves, baltes, finno-ougriennes et caucasiennes.

H.1.9.1. Arménien.

H.1.9.2. Biélorusse.

H.1.9.3. Bosnien.

H.1.9.4. Bulgare.

H.1.9.5. Croate.

H.1.9.6. Estonien.

H.1.9.7. Géorgien.

H.1.9.8. Hongrois.

H.1.9.9. Lituanien.

H.1.9.10. Letton.

H.1.9.11. Macédonien.

H.1.9.12. Monténégrin.

H.1.9.13. Polonais.

H.1.9.14. Russe.

H.1.9.15. Serbo-croate.

H.1.9.16. Slovaque.

H.1.9.17. Slovène.

H.1.9.18. Tchèque.

H.1.9.19. Tchétchène.

H.1.9.20. Ukrainien.

H.1.10. Langue des signes et langage parlé (mal entendants).

H.1.10.1. Langue des signes française.

H.1.10.2. Langage parlé complété.

H.2. Traduction (écrit).

H.2.1. Langues africaines.

H.2.1.1. Adja (Bénin, Togo).

H.2.1.2. Bambara (Burkina-Faso, Guinée, Mali, Sénégal).

H.2.1.3. Bassari (Guinée, Sénégal).

H.2.1.4. Berbère.

H.2.1.5. Comorien.

H.2.1.6. Diola-kasa (Guinée, Sénégal).

H.2.1.7. Fon (Bénin, Nigéria, Togo).

H.2.1.8. Gungbe (Bénin, Nigéria).

H.2.1.9. Haoussa (Cameroun, Gabon, Ghana, Niger, Nigéria, Soudan, Togo).

H.2.1.10. Igbo (Nigéria).

H.2.1.11. Kabyle.

H.2.1.12. Kinyarwanda (Ouganda, Rwanda, Tanzanie).

H.2.1.13. Kirundi (Burundi, République démocratique du Congo, Rwanda, Tanzanie).

H.2.1.14. Malgache.

H.2.1.15. Peul (Burkina Faso, Cameroun, Ghana, Guinée, Mali, Mauritanie, Niger,

Nigéria, Mali, Sénégal, Sierra Leone, Tchad).

H.2.1.16. Sango (République centrafricaine, République démocratique du Congo).

H.2.1.17. Swahili/Souhaélie (Kenya, Ouganda, Tanzanie).

H.2.1.18. Tigrigna (Erythrée, Éthiopie, État régional du Tigré).

H.2.1.19. Yorouba (Bénin, Nigéria, Togo).

H.2.2. Langues anglaises - anglo-saxonnes - celtes.

H.2.2.1. Anglais.

H.2.2.2. Écossais.

H.2.2.3. Irlandais.

H.2.3. Langues arabes et judéo-araméennes.

H.2.3.1. Amharique (Éthiopie, Erythrée, Soudan).

H.2.3.2. Arabe.

H.2.3.3. Araméen.

H.2.3.4. Hébreu.

H.2.3.5. Judéo-arabe.

H.2.3.6. Kurde.

H.2.3.7. Persan/Farsi (Iran).

H.2.3.8. Syriaque (Irak, Liban, Syrie).

H.2.4. Langues asiatiques.

H.2.4.1. Azéri.

H.2.4.2. Baloutchi (Iran, Pakistan).

H.2.4.3. Birman.

H.2.4.4. Cantonais.

H.2.4.5. Chinois/Mandarin.

H.2.4.6. Coréen.

H.2.4.7. Dari (Afghanistan).

H.2.4.8. Indonésien.

H.2.4.9. Japonais.

H.2.4.10. Kazakh.

H.2.4.11. Khmer.

H.2.4.12. Laotien.

H.2.4.13. Malais (Malaka-Archipel indonésien).

H.2.4.14. Mongol.

H.2.4.15. Ourdou (Pakistan, Inde).

H.2.4.16. Pachto (Afghanistan).

H.2.4.17. Pendjabi (Pakistan, Inde).

H.2.4.18. Tagalog (Langue philippine).

H.2.4.19. Thaïlandais.

H.2.4.20. Tibétain.

H.2.4.21. Turc.

H.2.4.22. Vietnamien.

H.2.5. Langue française, langues régionales et dialectes.

H.2.6. Langues germaniques et scandinaves.

H.2.6.1. Allemand.

H.2.6.2. Danois.

H.2.6.3. Finnois.

H.2.6.4. Islandais.

H.2.6.5. Néerlandais.

H.2.6.6. Norvégien.

H.2.6.7. Suédois.

H.2.7. Langues indiennes.

H.2.7.1. Cinghalais (Sri Lanka).

H.2.7.2. Bengali.

H.2.7.3. Hindi.

H.2.7.4. Sindhi (Inde, Pakistan).

H.2.7.5. Tamoul (Sri Lanka).

H.2.8. Langues romanes : espagnol, italien, portugais, autres langues romanes - Langues balkaniques.

H.2.8.1. Albanais.

H.2.8.2. Catalan.

H.2.8.3. Espagnol.

H.2.8.4. Espéranto.

H.2.8.5. Grec moderne.

H.2.8.6. Italien.

H.2.8.7. Latin.

H.2.8.8. Macédonien.

H.2.8.9. Moldave.

H.2.8.10. Portugais.

H.2.8.11. Roumain.

H.2.8.12. Romani-Tzigane.

H.2.9. Langues slaves, baltes, finno-ougriennes et caucasiennes.

H.2.9.1. Arménien.

H.2.9.2. Biélorusse.

H.2.9.3. Bosnien.

H.2.9.4. Bulgare.

H.2.9.5. Croate.

H.2.9.6. Estonien.

H.2.9.7. Géorgien.

H.2.9.8. Hongrois.

H.2.9.9. Lituanien.

H.2.9.10. Letton.

H.2.9.11. Macédonien.

H.2.9.12. Monténégrin.

H.2.9.13. Polonais.

H.2.9.14. Russe.

H.2.9.15. Serbo-croate.

H.2.9.16. Slovaque.

H.2.9.17. Slovène.

H.2.9.18. Tchèque.

H.2.9.19. Tchétchène.

H.2.9.20. Ukrainien.

I. - Environnement

Pour être plus amplement informés, les magistrats peuvent se référer à l'annuaire national des experts développé par le Conseil national des compagnies d'experts de justice (CNCEJ) qui répertorie des informations plus précises sur le profil, l'expérience et les spécialités de l'expert.

I.1. Air.

I.1.1. Pollution atmosphérique.

I.1.2. Odeurs extérieures au bâtiment.

I.2. Eau.

I.2.1. Pollution de l'eau.

I.2.2. Eaux continentales.

I.2.2.1. Milieux (nappe, lac-étang, rivière-fleuve, zone-humide).

I.2.2.2. Epuration et traitement des eaux usées.

I.2.3. Mers et océans.

I.2.3.1. Ressources.

I.2.3.2. Milieux.

I.3. Déchets - Économie circulaire.

I.3.1. Déchets ménagers et recyclage.

I.3.2. Déchets industriels et recyclage.

I.3.3. Déchets agricoles et recyclage.

I.3.4. Déchets d'activité de soins à risques infectieux (DASRI).

I.3.5. Déchets radioactifs.

I.3.6. Déchets miniers.

I.3.7. Restauration des sites de traitement des déchets.

I.4. Protection de la nature, biodiversité, paysage.

I.4.1. Dégradation des milieux naturels.

I.4.2. Biodiversité (faune et flore) et services écosystémiques.

I.4.3. Espèces invasives (faune et flore).

I.4.4. Écotoxicologie.

I.4.5. Évaluation et restauration des préjudices écologiques.

I.5. Radioactivité.

I.6. Risques technologiques.

I.6.1. Installation classée pour la protection de l'environnement.

I.6.2. Site SEVESO.

I.7. Sites et sols pollués.

I.8. Développement durable, responsabilité sociétale des entreprises.

I.9. Écotechnologies et écoconception, analyse du cycle de vie, écolabel.

I.10. Management de l'environnement, audits, qualification.

I.11. Territoire, cadre de vie, mobilité, transports.

I.12. Gouvernance environnementale, concertation, médiation.

I.13. Pollution bactériologique.

Article 2

Le présent arrêté entre en vigueur le 1er janvier 2024.

Les candidatures déposées postérieurement à la publication du présent arrêté en vue d'une inscription ou d'une réinscription sur les listes d'experts judiciaires devront s'y conformer.

L'arrêté du 22 août 2022 relatif à la nomenclature prévue à l'article 1er du décret n° 2004-1463 du 23 décembre 2004 est abrogé.

L'arrêté du 10 juin 2005 relatif à la nomenclature prévue à l'article 1er du décret n° 2004-1463 du 23 décembre 2004 est abrogé à compter du 1er janvier 2024.

Article 3

L'expert inscrit au 1er janvier 2023 sur les listes prévues à l'article 1er du décret du 23 décembre 2004 susvisé dans les spécialités mentionnées au tableau figurant en annexe 1 du présent arrêté est automatiquement reclassé dans les spécialités correspondantes de la présente nomenclature.

Article 4

L'expert inscrit au 1er janvier 2023 sur les listes prévues à l'article 1er du décret du 23 décembre 2004 susvisé dans les spécialités autres que celles mentionnées au tableau figurant en annexe 1 indique, avant le 1er mai 2023, les spécialités dans lesquelles il demande son inscription à compter du 1er janvier 2024, selon le formulaire figurant en annexe 2 du présent arrêté.

Il adresse le formulaire, par tout moyen conférant date certaine à sa réception, au procureur général près la cour d'appel de son lieu d'inscription.

S'il est inscrit sur la seule liste nationale, il adresse ce formulaire, par tout moyen conférant date certaine à sa réception, au procureur général près la Cour de cassation.

Article 5

Le directeur des affaires civiles et du sceau est chargé de l'exécution du présent arrêté, qui sera publié au Journal officiel de la République française.

052.04 Conférence de consensus – « L'expertise judiciaire civile »

Avant-propos

La Cour de cassation et la Conférence des premiers présidents de cour d'appel indiquent que les conclusions et recommandations présentées dans ce document ont été rédigées par le jury de la Conférence de consensus en toute indépendance. Elles sont proposées aux juges, sans valeur normative, pour contribuer à une meilleure qualité de la justice.

La présente « version longue » des recommandations fait l'objet d'une « version courte » qui en est la synthèse.

LA SYNTHÈSE DU JURY

Présentation du document

Les réponses aux questions posées par le promoteur à l'attention du juge constituent la première partie du document. Elles sont présentées dans l'ordre proposé par le promoteur qui les a ordonnées en quatre groupes sur :

- sur la nécessité du recours à l'expertise,
- sur le choix de l'expert,
- sur la définition de la mission de l'expertise,
- sur les délais et le coût de l'expertise.

Pour chaque groupe de questions, à l'exception du troisième, une présentation synthétique, renvoyant aux documents de référence, précède les recommandations elles aussi synthétiques.

Dans de nombreux cas, il est apparu dans les groupes de travail que des mesures d'organisation et d'administration judiciaires étaient utiles voire nécessaires pour faciliter les bonnes pratiques retenues en réponses aux questions : le jury a fait sienne cette volonté de ne pas limiter ses recommandations au cadre existant.

Ce sont principalement des regroupements de moyens dépendant de l'administration judiciaire, dans les juridictions, les cours d'appel, ou à des niveaux géographiques plus larges, sur lesquelles le juge pourrait s'appuyer. Citons à titre d'exemple une référence fréquente au « service du contrôle des expertises » de la cour d'appel ou des grandes juridictions.

Ce sont aussi des recommandations ou des souhaits adressés aux auxiliaires de justice, voire aux justiciables, tant à titre particulier dans leur pratique du procès, que dans leurs instances représentatives, ordinales ou associatives. Dans certains cas, même, il est apparu utile de sortir du cadre judiciaire pour mobiliser d'autres ressources comme les sociétés savantes ou les instances de normalisation et de qualification : l'expertise en effet n'est pas que judiciaire, elle est aussi une « démarche fréquemment utilisée pour élaborer des avis, des interprétations, des recommandations en vue de prévenir, d'innover, de construire et d'expliquer l'origine des événements ou des catastrophes, d'établir des responsabilités, d'éclairer la résolution des conflits, d'évaluer des dommages, des objets ou des services de toute nature » comme le définit la norme X50-110 et peut donc bénéficier de partage d'expérience ou de moyens avec les autres parties prenantes à l'expertise en général.

LES ANNEXES ET RÉFÉRENCES

Afin de ne pas alourdir la présente synthèse, les textes pertinents et les documents de travail sont reproduits en annexe ou cités en référence.

Un point déterminant : s'inscrire dans la durée.

Le jury souhaite que ces recommandations aident sans délai les juges, les parties et les acteurs du procès dans leur pratique quotidienne.

Il a conscience que la bonne pratique qu'il décrit est amenée à se modifier au rythme des évolutions culturelles, de l'influence du droit comparé et des possibilités technologiques, ainsi que de ses difficultés d'application.

Les bonnes pratiques judiciaires : définitions et remarques préliminaires :

Les modalités des mesures d'instruction exécutées par un technicien.

L'article 232 du code de procédure civile en distingue trois :

- la constatation, qui désigne l'acte par lequel le technicien se prononce sur la matérialité de faits qu'il décrit et dont il fait rapport au demandeur (cf. c. pr. civ., art. 249) ;
- la consultation, qui désigne l'acte par lequel le technicien énonce un avis sur une question purement technique ou sur une question de l'espèce ne demandant pas d'investigation complexe (cf. c. pr. civ., art. 256) ;
- l'expertise, qui désigne l'acte par lequel le technicien énonce un avis sur une question impliquant la mise en œuvre d'investigations complexes demandant au technicien, outre des recherches dans les bases de données accessibles ou l'exploitation de sa propre expérience, des investigations particulières (cf. c. pr. civ., art. 263).

DES DIFFICULTÉS SÉMANTIQUES

Il est courant d'employer le terme « expertise », dans le contexte judiciaire, au sens large de « mesure d'instruction confiée à un technicien », alors que l'expertise n'est que l'une des modalités de ces mesures d'instruction, la plus intensive et souvent la plus coûteuse.

Or, ce glissement sémantique peut être dommageable en ce qu'il conduit la pratique judiciaire à négliger les autres modalités et à recourir trop mécaniquement à l'expertise.

IL EST DE BONNE PRATIQUE de bien distinguer les différentes modalités d'instruction confiées à des techniciens et d'utiliser les appellations exactes.

Dans le présent document, le terme d'expertise a été le plus souvent utilisé au sens large.

LA RÉFÉRENCE AU « JUGE »

Dans de nombreux cas, les textes font référence au « juge » : ainsi l'article 153 du code de procédure civile, dans sa rédaction en vigueur depuis le 1er mars 2006, dispose que la décision qui ordonne une mesure d'instruction ne dessaisit pas le juge ; ainsi l'article 235 du code de procédure civile prévoit que si la récusation est admise, si le technicien refuse la mission, ou s'il existe un empêchement légitime, il est pourvu au remplacement du technicien par le juge qui l'a commis ou par le juge chargé du contrôle.

Il apparaît donc que « le juge » que mentionnent les textes peut être soit le juge qui a ordonné la mesure d'instruction soit un autre juge, chargé du contrôle de la mesure d'instruction.

Cette pluralité peut parfois créer difficulté, notamment aux juges eux-mêmes, ou aux parties ou au technicien, qui ignorent qui a pouvoir de statuer aux différents moments de l'exécution de la mesure d'instruction.

Le jury lui-même a souvent été confronté à cette situation. Il en a conclu que toutes les juridictions devraient organiser la fonction du « juge du contrôle » en un service structuré, doté de moyens permanents. Les « juges du contrôle » et les services de la cour d'appel ayant à connaître des experts, devraient travailler en étroite collaboration à toute étape des mesures d'instruction confiées à des techniciens : choix de l'expert, définition des missions, fixation des délais et des coûts, contrôle des opérations, notamment.

SUR LA NÉCESSITÉ DU RECOURS À L'EXPERTISE

Ce chapitre, expose, outre les développements nécessaires pour répondre aux questions du premier groupe de travail, des éléments communs aux quatre groupes.

I. Présentation synthétique

Juger procède d'une fonction régalienne et se présente comme un pouvoir confié au juge en raison de son savoir. Mais le savoir juridique peut être insuffisant et, puisque pour juger il faut comprendre, le savoir technique doit être apporté au juge, par les parties lors de l'établissement des preuves et/ou par le recours au savoir de techniciens. L'histoire montre l'avènement progressif du recours à l'expertise et donc du recours à l'expert.

L'expertise est-elle nécessaire au règlement du litige ? Telle est la question à laquelle le juge devrait répondre à l'occasion du recours à l'expertise. Cependant, l'analyse de la pratique (A) comme celle des raisons de recourir ou non à l'expertise (B) apportent des éclairages contrastés à la réponse qui peut lui être apportée et qui peut être complétée, à la lumière du droit comparé, par l'influence des garanties fondamentales du procès (CEDH), notamment à propos du rôle des parties (C).

A. La pratique : recours à l'expertise ou recours au technicien

Quand recourt-on à l'expertise ? Sur quoi porte-t-elle et dans quelle perspective est-elle utilisée ? Est-elle distinguée des procédés voisins ?

Selon les dispositions applicables, la finalité des mesures d'instruction faisant appel à un technicien consiste soit à établir la matérialité de certains éléments de preuve, soit à déterminer l'existence de faits propres à constituer autant de maillons utilisés dans le raisonnement du juge, soit encore à prolonger une première décision du juge en chiffrant ses conséquences, contribuant ainsi à l'achèvement de la décision judiciaire.

La pratique du recours à l'expertise dépasse donc par son ampleur celle qui résulte de la lettre des textes (C. pr. civ., art. 144, 147 et 263) : c'est-à-dire établir la preuve, ou la conservation de faits pour éclairer le juge sur une question factuelle, dès lors qu'il ne dispose pas d'éléments suffisants pour statuer.

Parmi l'éventail des recours aux techniciens prévus par le code civil, c'est surtout à l'expertise que la pratique recourt, sans respecter la gradation prévue par les textes entre l'enquête, la constatation, la consultation et l'expertise et, *a fortiori*, sans utiliser les possibilités de transport sur les lieux et de constatation personnelle. Il y a donc une nette distorsion entre la variété des mesures d'instructions disponibles et celle massivement utilisée : l'expertise.

La conférence insiste sur le respect des textes : le principe du recours à une mesure d'instruction doit être limité aux cas dans lesquels celle-ci est non seulement utile, mais nécessaire à la solution du litige.

S'agissant du choix de la mesure d'instruction, un glissement sémantique s'est opéré par rapport aux termes employés dans le nouveau code de procédure civile. Là où les textes envisagent de façon générique un technicien dont l'expert n'est qu'une espèce aux côtés du constatant et du consultant, la pratique utilise le terme « expert » comme synonyme de technicien, ce qui contribue à généraliser le recours à l'expertise au détriment des autres mesures d'instruction.

IL EST DE BONNE PRATIQUE d'adapter le choix du technicien au but recherché et notamment à la complexité des investigations envisagées. Il convient aussi, s'agissant du référé probatoire, de vérifier non seulement la légitimité de la mesure demandée mais aussi son objet, c'est-à-dire sa limitation à l'établissement, ou à la conservation, des preuves.

En effet, le recours à l'expertise intervient surtout avant tout procès (60 à 80 % des cas). Elle est aussi ordonnée par le juge de la mise en état ou lorsque l'affaire est plaidée. Le jury constate, en l'absence de données statistiques exploitables, qu'il ne dispose pas d'une image fidèle de la répartition des domaines dans lesquels les expertises sont ordonnées. Il résulte cependant d'une enquête partielle que les principaux domaines sont ceux du bâtiment et de la santé.

B. Les raisons de recourir ou non à « l'expertise » : Le cas général et les exceptions

Le juge est libre de décider de recourir à l'expertise ; ce principe du droit français est également commun à d'autres droits du système romano-germanique, comme le droit italien ou le droit allemand. Cette liberté s'affirme particulièrement au cours de l'instance. Certains éléments contribuent pourtant à dissuader le juge tandis que d'autres au contraire l'incitent ou l'y obligent.

L'obligation qu'a parfois le juge de recourir à l'expertise trouve sa source dans les textes : plutôt qu'une expertise judiciaire, il s'agit d'une expertise légale. Le législateur peut en effet présumer que le juge ne dispose pas des connaissances suffisantes (par ex. en matière de filiation, sauf preuve d'un motif légitime de ne pas y recourir, ou en matière d'action en rescision pour lésion, C. civ., art. 1678).

La dissuasion découle de considérations techniques ou financières.

S'agissant des considérations techniques, le juge refuse de recourir à l'expertise dans diverses hypothèses. Il peut d'abord se considérer assez éclairé (par ex. parce qu'ont été claires et non véritablement remises en cause les « expertises amiables », c'est-à-dire les avis ou recommandations de techniciens donnés à la demande d'une ou des parties, versés au débat ; cela peut résulter ensuite de son expérience, tirée de litiges similaires, ou enfin des prétentions du demandeur manquant de pertinence, insuffisamment caractérisées ou vouées à l'échec).

Les considérations financières sont plus présentes pour les parties ou leurs conseils qu'elles ne le sont pour le juge qui ne sait pas toujours si telle partie bénéficie ou non d'une protection juridique. La Conférence estime que la décision de recourir à une mesure d'instruction ne devrait pas résulter de la question de savoir qui en supportera le coût. Cependant, outre certains domaines (droit de la filiation par ex.) dans lesquels les considérations financières n'interviennent pas en raison de l'obligation imposée par le législateur de recourir à l'expertise ou de la difficulté particulière de la question, le juge aura parfois le sentiment que l'expertise n'est pas utile et surtout disproportionnée par rapport à l'enjeu, surtout s'il est saisi de litiges aux montants modestes.

L'incitation ne peut que résulter d'une stricte application des textes et en aucun cas elle ne saurait résulter d'une volonté, consciente ou non, de confier, fût-ce indirectement, à un technicien le soin de trancher un litige.

En particulier, pour ce qui est des mesures d'instructions ordonnées en référé au visa de l'article 145 du code de procédure civile, même si la jurisprudence n'applique pas de façon rigoureuse la condition prescrite par l'article 146 du code de procédure civile, on ne doit pas en conclure qu'il pourrait être ordonné des mesures d'instruction sans lien avec la nécessité d'obtenir ou de conserver une preuve.

C. L'incidence des garanties fondamentales du procès

La conférence attire l'attention sur le fait que les mesures d'instruction ne sont pas exclusivement régies par les dispositions du nouveau code de procédure civile et qu'il convient de prendre en compte les garanties fondamentales du procès équitable pour autant que leur application s'impose.

La Cour européenne des droits de l'Homme n'a pas encore complètement investi l'expertise, envisagée de manière autonome mais, parce que l'expertise se déroule sous l'autorité du juge, elle lui applique certaines des règles du procès équitable.

Il est d'ailleurs à noter que la CEDH emploie le terme « expertise » au sens large d'intervention d'un technicien au procès, même en dehors du cadre des mesures d'instruction prévues par le code de procédure civile, en France.

Cela ne modifie pas profondément les conditions du recours à l'expertise (par ex. la norme de l'indépendance et de l'impartialité de l'expert), mais l'incidence est plus grande s'agissant des modalités du recours (la durée raisonnable, le principe de la contradiction et l'égalité des armes) appliquées à l'expertise : elle diminue la liberté du juge (cf. par ex., CEDH 8 mars 1997, Mantovanelli c/ France, Rec. 1997, II, p. 436).

Il ne semble pas toutefois que la Cour européenne des droits de l'Homme ait jamais considéré qu'il existe un droit des parties à faire nommer un expert par le juge ; inversement, il ne semble pas non plus que le juge soit obligé de consulter les parties avant de nommer un expert.

Toutefois, afin de rapprocher les pratiques romano-germaniques et anglo-saxonnes, la conférence considère qu'il serait opportun que soit instauré un débat contradictoire. En effet, les droits de *Common Law* ne connaissent guère l'expertise judiciaire au sens d'expert nommé par le juge, malgré une évolution récente dans ce sens. En *Common Law*, ce sont généralement les parties qui nomment leurs experts ; le juge a pour mission, d'inciter les parties à avoir recours à un seul expert ou de les autoriser les parties à recourir à « leur » expert en vérifiant l'absence d'abus puis en contrôlant la discussion contradictoire sur leurs rapports, y compris devant lui.

La réponse : En définitive, à la question l'expertise est-elle nécessaire à la solution du litige ? C'est encore le juge qui répond, même si le législateur peut parfois la lui imposer, et si la demande des parties le conduit à en faire débattre contradictoirement, sans pour autant qu'elles partagent ce pouvoir.

II. Réponses aux questions

Question 1°-1 : Quels sont factuellement les grands types d'expertise ?

Les expertises pourraient être classées selon plusieurs distinctions : par ex., celle de la procédure utilisée (référés, requêtes, mise en état, au fond), celle de la matière traitée (bâtiment, santé, comptabilité-finance), celle de la nature juridique du litige (responsabilité, contrats, droit de la famille), ou encore celle de la finalité (recherche de preuve du fait, recherche des fautes professionnelles, chiffrage des conséquences). Mais ces classements sont peu opérants, sauf pour le choix du technicien retenu en l'espèce (groupe 2) et la recherche éventuelle d'une mission-type (groupe 3).

Aussi, en pratique, trois critères seront retenus : Critère Obligation/incitation/dissuasion.

L'obligation est prévue par un texte ou son interprétation jurisprudentielle (cf. annexe, les cas d'expertise obligatoire pour le juge). *La dissuasion* résulte de l'illégitimité de la demande (notamment s'il s'agit de pallier la carence d'une partie), de son caractère dilatoire, obstructif ou tardif – lorsqu'il s'agit d'appeler une nouvelle partie en intervention forcée –, ou encore de la disproportion entre son coût et la valeur de la demande (proportionnalité).

L'incitation résulte, dans tous les autres cas, de la volonté du juge de prendre en considération la volonté des parties demanderesses, encouragée par la convergence avec les règles de *Common Law*, de l'évolution de la pratique de « contractualisation », et des possibilités de conférence ouvertes notamment par les articles 266 et 764 du code de procédure civile.

Critère de complexité

Ce critère est utile à de nombreux stades de l'intervention du technicien, quoique les textes ne le définissent pas. La complexité peut tenir notamment au caractère de principe de la question à trancher, à la nature et à l'importance des investigations à réaliser, au nombre de parties en cause, ou encore à l'enjeu du litige.

On peut, d'ailleurs, en respectant ces critères, donner une liste, non limitative, de domaines pour lesquels les expertises ne sont pas complexes même si elles peuvent être délicates, sauf cas d'espèces : expertise de mise sous tutelle, de réparation du préjudice corporel, questions relatives à la mitoyenneté et au bornage, contestations sur le prix du bail commercial, enquête sociale, interprétariat, traductions.

Critère de proportionnalité

Ce critère tend à faire respecter le principe du « bon sens » et propose qu'une mesure soit considérée comme injustifiée si son coût est disproportionné ou s'il ne peut pas être invoqué un intérêt supérieur mettant la demande au-dessus de toute valorisation économique (ce qui pourrait par exemple être invoqué dans le cas de l'expertise demandée dans l'intérêt d'une personne vulnérable subissant une souffrance morale).

IL EST DE BONNE PRATIQUE que toute demande d'expertise soit soumise à une notation préalable sur les trois critères d'incitation, de complexité et de proportionnalité, afin de répondre notamment aux questions relatives aux cas de refus d'expertise, aux délais ou au coût de celle-ci.

Incidemment, il serait bon d'inciter les autres acteurs du procès, parties et conseils, à en faire de même avant l'introduction de l'instance.

Question 1°-2 : Quels sont les critères de choix entre la constatation, la consultation et l'expertise judiciaire ?

C'est d'abord la nature des questions techniques nécessaires à la résolution du litige qui constitue le premier critère de choix entre la consultation, l'expertise et les autres mesures d'instruction telles l'enquête, le transport, la constatation, et la consultation.

C'est ensuite la difficulté d'apprécier, dès l'origine, la complexité du problème technique posé qui conduit le juge, soucieux de disposer d'informations exhaustives et d'éviter d'avoir à ordonner des investigations complémentaires, à recourir à l'expertise plutôt qu'à la consultation.

IL EST DE BONNE PRATIQUE que dans tous les cas simples et non obligatoires, ne répondant pas au critère de « proportionnalité », le juge s'en tienne à la consultation ou à la constatation.

RELATION AVEC LA MÉDIATION JUDICIAIRE

Le recours à un médiateur judiciaire ayant des compétences techniques est de nature à permettre le règlement de certains litiges sans pour autant recourir à une mesure d'instruction. Mais la médiation judiciaire s'inscrit dans un cadre réglementaire différent, constitué par les articles 131-1 et suivants du code de procédure civile ; elle est un moyen économique et rapide de résoudre les conflits. Elle peut être préconisée dans les affaires complexes pour éviter les procès de longue durée à l'issue incertaine. Le juge a le choix de cette mesure, s'il l'estime nécessaire.

Il pourrait alors nommer comme médiateur judiciaire une personne ayant des compétences techniques et pouvant être inscrite comme expert judiciaire. Cette mesure de médiation respecterait l'article 240 du code de procédure civile, puisque la mission de médiation ne serait pas à un expert, mais à un médiateur choisi pour ses compétences techniques.

IL EST DE BONNE PRATIQUE de proposer une médiation, lorsque les conditions en sont réunies, à l'occasion d'une demande de mesure d'instruction, en la confiant alors à un technicien.

Le jury a également noté l'idée de la consultation utilisée dans les cas exceptionnels pour aider le juge à déterminer les conditions préliminaires de l'expertise, qu'on pourrait appeler le « cahier des charges », dans les cas où le juge n'a pas tous les éléments pour le faire.

Question 2°-1 : Dans quels cas, le juge est-il conduit à refuser une expertise dans une instance contentieuse au fond et en référé ?

Outre les cas où l'application des critères précédents impose ou motive le refus, il existe des cas particuliers. La conférence en retient trois :

- il y a autorité de la chose jugée,
- il y a preuve d'un motif imposant de ne pas recourir à l'expertise (en matière de filiation ou pour des motifs tirés de la protection de la vie privée d'une partie),
- le juge s'estime suffisamment éclairé ou compétent.

IL EST DE BONNE PRATIQUE, selon la conférence, de refuser l'expertise en l'absence d'intérêt légitime (ex : autorité de la chose jugée, protection de la vie privée...) ou si une autre mesure d'instruction paraît suffisante. Si aucune partie ne la demande, le juge l'ordonne, quand elle lui apparaît nécessaire au bon déroulement du procès, en la motivant.

Question 2°-2 : Dans quels cas, le juge est-il conduit à refuser une expertise au stade précontentieux (C. pr. civ., art. 145) ?

En dehors des cas où la loi la rend obligatoire, le juge des référés saisi sur le fondement de l'article 145 du code de procédure civile, ne pourra refuser l'expertise sollicitée que dans l'une des hypothèses suivantes :

- le procès est déjà engagé devant la juridiction du fond,
- l'absence de motif légitime, c'est-à-dire :
  - si le litige potentiel est insuffisamment caractérisé,
  - si la prétention est manifestement vouée à l'échec,
  - si la mesure est insusceptible de rapporter une preuve utile à la résolution du litige,
  - si les intérêts légitimes de la partie adverse peuvent être compromis (secret des affaires, de fabrication, atteinte à la vie privée, recherche illicite de moyens de preuve),

– la mesure demandée n'a pas pour objet l'établissement ou la conservation de preuves.

L'usage de l'ordonnance sur requête pour ordonner une expertise sur le fondement précité est strictement limité au cas où le respect de la procédure contradictoire du référé compromettrait la recherche de la preuve (risque de destruction ou de falsification de documents comptables par ex.).

IL EST DE BONNE PRATIQUE de refuser l'expertise sollicitée sur le fondement de l'article 145 du code de procédure civile, lorsqu'une instance est déjà engagée au fond, ou en l'absence de motif légitime (ex. : litige potentiel insuffisamment caractérisé, prétention manifestement vouée à l'échec, intérêt légitime du défendeur, etc.) ou encore si elle ne correspond pas aux prévisions de ce texte.

Question 2°-3 : À partir de quels éléments est-il légitime pour le juge d'ordonner une expertise demandée par les parties ?

L'expertise est un moyen à la disposition du juge pour l'éclairer sur une question de fait qui requiert les lumières d'un technicien ; le juge est seul à pouvoir en apprécier l'opportunité.

À défaut de précision par les textes, la « légitimité » est appréciée par le juge (C. pr. civ., art. 232).

IL EST DE BONNE PRATIQUE de considérer que, même demandée par les parties, l'expertise est à la disposition du juge qui en apprécie la légitimité.

Question 3° : Quelle est l'incidence du coût de l'expertise sur la décision d'y recourir ?

Bien qu'au terme d'un consensus fort, la décision de recourir à une mesure d'instruction ne doive pas résulter de la question de savoir qui en supportera le coût, il est des cas où, pour certaines parties, ce coût a une influence considérable lorsqu'elles financent elles-mêmes l'expertise, alors qu'il leur est indifférent lorsque la charge de celle-ci est supportée par un tiers (assureur, État, employeur...).

Le juge s'interrogera sur le fait de savoir si les inégalités de moyens parfois constatées entre les parties ne doivent pas être prises en considération afin que « l'égalité des armes » soit respectée.

IL EST DE BONNE PRATIQUE que la décision de recourir à une mesure d'instruction ne résulte pas de la question de savoir qui en supportera le coût.

SUR LE CHOIX DE L'EXPERT

I. Présentation synthétique

Une fois posé le principe de recourir à une mesure d'instruction pour procéder à des vérifications matérielles ou recueillir des avis et explications techniques permettant d'apprécier la portée d'un litige, le juge doit alors choisir la personne – physique ou morale – du technicien auquel il va confier la mission qu'il souhaite.

Selon l'article 232 du code de procédure civile, il jouit d'une totale liberté pour la choisir.

Pour autant, compte tenu de l'importance sans cesse croissante de la place des mesures d'instruction, et de l'expertise en particulier, dans l'appréhension des litiges, il est évident que le choix de la personne du technicien désigné ne peut pas relever du hasard, voire d'un principe de répartition égale du nombre de missions auprès des différents techniciens.

Ce choix est d'autant plus important que s'il est aisé d'ordonner une mesure d'instruction et de choisir un technicien, il est exceptionnel, bien que prévu par le code de procédure civile, de le remplacer, sachant qu'un technicien qui ne remplit pas, ou mal, sa mission peut conduire à un sinistre judiciaire.

La pratique des « listes noires », lorsque celles-ci existent, doit cependant être proscrite, puisque la transparence est de règle.

Le choix du technicien en France

Le juge doit laisser guider son choix du technicien par les éléments qui lui sont connus : les demandes des parties, les informations qui lui sont données par le service des expertises, son expérience de situations similaires ; à défaut, il peut s'informer auprès d'un technicien.

La réforme de 2004 confirme le dispositif sur lequel le législateur compte de façon presque exclusive pour permettre un bon choix du technicien : la tenue de listes périodiquement remises en question par les juges, constituées de professionnels assermentés, soumis à des dispositions disciplinaires rigoureuses et tenus de bien connaître les principes directeurs du procès ; ces différents points sont réaffirmés dans les textes promulgués en 2004.

Il n'est prévu en revanche ni de contrôle des connaissances techniques ni d'astreintes à l'usage de méthodes ou de protocoles définis. En France, le système de contrôle des connaissances, limitées aux principes directeurs du procès et à la procédure expertale, se caractérise par l'absence de dispositif d'agrément des organismes chargés de diffuser celles-ci et des problèmes de logistique rendent même aléatoire la mise en œuvre d'un entretien individuel, lors de l'instruction ou de renouvellement du dossier de candidature.

Les références à l'étranger

L'évolution de « l'expertise juridictionnelle » en Grande-Bretagne est très éclairante ; elle comporte des dispositions destinées à limiter les mesures d'expertise à ce qui est suffisant pour la solution, en retenant ce qui est le plus simple et le moins onéreux. La partie souhaitant appuyer sa démonstration sur une expertise devra y être autorisée, en définissant son domaine et en identifiant le technicien approprié quand c'est possible. Ce technicien n'est soumis à aucune sélection de l'autorité judiciaire ; il ne devra sa capacité à retenir l'attention des parties requérantes qu'à sa compétence et à sa réputation.

L'Allemagne a adopté une solution similaire à celle de la France par la tenue de listes d'aptitude, avec une différence notable, puisque le contrôle des aptitudes s'effectue par l'intermédiaire des professionnels eux-mêmes, après agrément des institutions ou organisations qui en sont chargées.

Aux États-Unis d'Amérique, la logique de « l'expert *witness* » a conduit la jurisprudence à exiger, à l'occasion de chaque procès et avant l'examen au fond, le contrôle et la validation de la compétence de l'expert ; au travers de ce qu'un auteur appelle « l'épistémologie jurisprudentielle », le juge ne se fiera pas à la seule expérience reconnue de l'expert, mais se fera le gardien vigilant de la validité des savoirs qu'il avance à l'appui de sa démonstration, en vérifiant que l'expertise s'est bien trouvée soumise à une méthodologie suffisamment éprouvée dans le domaine concerné.

Les autres références

Il est pris acte des pratiques contractuelles de résolution alternative des conflits (arbitrage, médiation judiciaire), où la « contractualisation » permet de mobiliser les acteurs (magistrats, avocats, « experts ») autour d'une approche négociée du processus envisagé de manière pragmatique.

La conférence a enfin retenu, pour l'évolution des bonnes pratiques à moyen terme, le développement des normes du type ISO 9001 version 2000, avec leur transposition au domaine de l'expertise, la norme Afnor NF X50-110. Il s'agit d'un outil de sélection reposant sur le processus de contrôle de la qualité de l'expertise, auquel l'expert accepterait de se soumettre.

De ce point de vue, toutes les mesures d'instruction obéissent aux mêmes règles, qu'elles soient décidées en référé, sur requête, sur le fondement de l'article 145 du code de procédure civile, ou à quelque moment de l'instance que ce soit : c'est la garantie de la qualité du processus qui importe.

II. Réponses aux questions

Question 1° : Faut-il, le cas échéant dans quels cas, dissocier la décision de recourir à l'expertise de la décision sur le choix de l'expert ?

Deux possibilités ont été envisagées par le groupe de travail :

- la mise en délibéré de l'affaire concernant la désignation de l'expert de façon que le tout fasse l'objet d'un prononcé global et simultané à une date fixée lors de l'audience ;
- un travail plus approfondi de préparation par le juge avant l'audience de référé.
- Par ailleurs, le groupe de travail s'est interrogé sur une autre voie ne pouvant se concevoir en référé (puisqu'en ordonnant un constat ou une consultation le juge des référés vide sa saisine) : la juridiction saisie au fond pourrait se limiter, dans une décision avant dire droit, à la réalisation d'une mesure de constatation ou de consultation, quitte, à l'occasion d'une nouvelle audience, à décider, s'il y a lieu, d'une mesure d'expertise au vu des résultats de la première mesure.

Le jury estime pour sa part qu'une telle dissociation n'est pas possible.

Il n'est pas de bonne pratique de dissocier la décision du choix de l'expert de la décision de recourir à l'expertise, mais le juge peut mettre l'affaire en délibéré, ou la renvoyer contradictoirement à bref délai pour statuer par une seule et même décision.

Question 2°-1 : Peut-on, et si oui comment, choisir l'expert hors liste ?

La notion de « liste » est ici entendue au sens large, qu'il s'agisse de la liste des experts agréés par la Cour de cassation, ou qu'il s'agisse de la liste de la cour d'appel du ressort, ou encore des cours d'appel voisines, en ce inclus les experts à titre probatoire.

Il faut noter également que les services des expertises dans les cours d'appel et dans les tribunaux de grande instance importants, tiennent ces listes à la disposition des juges.

La désignation d'un expert hors liste suscite une première réserve : soit le choix de l'expert hors liste procède de recommandations difficilement vérifiables, soit elle implique que le juge connaisse personnellement l'expert qu'il va désigner, puisqu'on n'imagine pas que cette désignation intervienne sans justification, ce qui renvoie alors à la question de l'indépendance de l'expert vis-à-vis du juge qui le désigne.

La désignation d'un expert hors liste impose des précautions particulières : il est nécessaire qu'il ait conscience qu'il devra respecter une « déontologie » et les règles de procédure civile visées sous les articles 233 à 248 et 273 à 285 du code de procédure civile. Il devra également pouvoir justifier d'une garantie d'assurance suffisante couvrant une éventuelle mise en cause de sa responsabilité civile résultant de la mission. Dans le silence des textes, la nécessité d'une prestation de serment est controversée en jurisprudence. Le jury recommande au juge de leur faire prêter serment. L'expert nommé hors liste sera pour le reste soumis aux obligations communes à tous les experts et en particulier à la pratique de la déclaration d'indépendance.

Le juge, de manière exceptionnelle pourra désigner un expert hors liste, par exemple si la spécialité requise n'est pas prise en compte par l'actuelle nomenclature, ou si la renommée et la compétence spécifique du technicien le justifient.

Dans le cas où il s'avérerait utile de faire appel à un homme de l'art dans une spécialité très particulière, dite « fine », il serait opportun de désigner un collège d'au moins deux experts, dont l'un sera inscrit sur une liste (ce dernier aura une expérience affirmée de l'expertise).

Il n'est pas de bonne pratique de choisir l'expert hors liste. Un tel choix doit être justifié par des raisons particulières et nécessite de la part de l'expert ainsi désigné le respect des contraintes inhérentes à l'expertise. Il est de bonne pratique de lui faire prêter serment.

Question 2°-2 : Peut-on, et si oui comment, choisir l'expert en concertation avec les parties ? Quelle serait la forme de cette concertation ?

La conférence retient que le juge n'est aucunement tenu de retenir la proposition des parties.

Toutefois, la récente convention tripartite signée le 4 mai 2006 par le président du tribunal de grande instance de Paris, l'union des compagnies des experts, et le bâtonnier de l'ordre des avocats de la cour d'appel de Paris, prévoit le principe de la concertation avec les parties dans la désignation et le choix de l'expert. Sa généralisation en France inciterait le juge à utiliser cette source d'information, à ne pas négliger une occasion de rapprocher les parties et à favoriser un démarrage consensuel des opérations expertales.

Cette solution est partagée par le droit anglais, où la jurisprudence fait expressément référence à la nécessaire « confiance que les deux parties doivent avoir dans l'expert unique » (Affaire Quarmby Électrical Ltd/Tant), dès lors qu'elles choisissent de s'en remettre à un expert commun et de ne pas commettre chacune leur expert.

La solution alternative ou complémentaire consisterait à ce que les parties et leurs conseils aient accès largement aux informations rassemblées par les services des experts des cours d'appel et que les experts puissent faire connaître sous leur propre responsabilité les informations les concernant qu'ils jugent pertinentes, par exemple en donnant l'adresse de leur site sur l'Internet.

Il est de bonne pratique que le juge prenne en considération, dans la désignation de l'expert, la proposition conjointe des parties, ou celle d'une ou plusieurs d'entre elles dès lors qu'aucune ne s'y oppose, étant observé qu'il demeure toujours libre de son choix.

Question 3° : Comment vérifier si la compétence de l'expert pressenti est en adéquation avec la mission ? Le contact préalable du juge et de l'expert est-il nécessaire ? Souhaitable ? Si, oui, dans quels cas et sous quelles formes ?

La vérification de la compétence s'effectuera systématiquement par la consultation de systèmes d'information mis à la disposition du juge et, le cas échéant, par un contact personnel entre le juge et l'expert.

Un contact préalable du juge et de l'expert.

En l'état, aucune disposition ne règle cette question.

Le contact personnel est difficile à organiser. Aussi, le premier contact (téléphonique ou par voie électronique...) est-il couramment pratiqué par souci de rapidité, tant par le juge ordonnateur que par le juge du contrôle.

Le contact entre le juge et l'expert ne devra porter que sur des questions générales telles que l'expérience du technicien, sa disponibilité, les moyens techniques dont il dispose. Il ne devra pas aborder les circonstances de l'espèce, sauf si le contact peut être ouvert à la contradiction des parties. Dans les cas complexes, le contact pourrait avoir lieu contradictoirement.

Un débat contradictoire sur la mission de l'expert lui conférerait la légitimité nécessaire à la conduite des opérations d'expertise et la confiance des parties en renforçant son autorité.

Il est de bonne pratique d'établir un contact préalable avec l'expert, portant sur des questions générales et non pas sur l'espèce. Ce contact peut être téléphonique ou par voie électronique. Dans les cas complexes, il doit être organisé contradictoirement au début de l'instruction.

Adéquation de la compétence avec la mission

La vérification de l'adéquation de la compétence de l'expert avec la mission est une question cruciale pour le bon déroulement de la mission. Pour ce faire le juge, dispose de certains outils.

Les listes

Le juge peut se référer directement aux listes tenues conformément aux textes en vigueur dans lesquelles il trouvera un classement des experts selon une nomenclature établie par décret.

Le classement d'un expert dans une spécialité est décidé au moment de son inscription, sur la base des renseignements qu'il a fournis.

Dans le cas de techniciens appartenant à des professions réglementées (médecins, experts-comptables, architectes), l'appartenance à l'une de ces professions apportera des garanties de compétence technique. Dans les autres cas, la production de diplômes et de références professionnelles, constituera l'essentiel des garanties. Dans aucun cas, il n'est prévu de contrôle d'aptitude technique spécifique à l'expertise.

Par ailleurs, afin d'apprécier leurs compétences procédurales, les experts doivent, lors de leur renouvellement quinquennal - ou septennal pour la liste nationale - faire état des formations suivies sur les principes directeurs du procès.

Les autres sources d'information

Les compagnies d'experts ont le plus souvent établi des bases de données permettant d'obtenir des informations sur les compétences techniques des experts qui en sont adhérents.

Ces compagnies, dispensent, le plus souvent en relation formelle ou informelle avec les magistrats, des formations aux principes directeurs du procès et aux techniques expertales. Elles publient l'annuaire de leurs adhérents, sous forme de document-papier ou d'accès à des sites Internet.

Il n'existe pas aujourd'hui, hormis de rares exceptions locales, d'outils permettant l'accès à d'autres informations.

La conférence a pris note de l'exemple des communautés scientifiques et universitaires qui ont élaboré des recensements de publications, complètes ou abrégées ; cette pratique systématique est la base de la réputation des professionnels concernés et sert à juger de leur compétence et de leur légitimité. Ces collections sont accessibles publiquement et le plus souvent gratuitement par le réseau Internet.

Ces bases sont hébergées en réseau sur des sites peu onéreux ; les mises à jour sont effectuées par les personnes concernées et constituent aussi leurs propres archives.

Il est de bonne pratique que dans les cas d'urgence et dans les schémas simplifiés, le contrôle de l'adéquation de la compétence de l'expert pressenti avec la mission soit fait par référence à la proposition des parties ou par l'appartenance de l'expert à une liste dans la rubrique adéquate, telle qu'elle est tenue par le service des expertises. À la demande du juge, le service des expertises peut fournir quelques noms sous forme d'une « courte liste ».

Dans les autres cas, ce contrôle d'adéquation s'effectue soit *a priori* en fonction des références de nomenclature et de spécialité figurant sur la liste des experts, et éventuellement après un appel téléphonique à l'expert, soit *a posteriori* par l'expert lui-même qui, en acceptant la mission, a vérifié que sa compétence était bien en adéquation avec le litige.

Ces deux pratiques sont acceptables faute de mieux en l'état.

Question 4° : Dans quels cas est-il utile pour le juge de disposer d'informations pour choisir un expert ? De quelles informations (ou instruments) le juge doit-il disposer pour choisir un expert (informations sur l'art exercé, son activité professionnelle actuelle, sa charge de travail, le coût moyen ou médian de ses opérations, la durée moyenne de ses missions d'expertise, les contentieux engendrés par les expertises précédentes, etc.) ?

Dans tous les cas, pour effectuer un choix pertinent, la conférence retient que le juge devrait disposer de toutes les informations nécessaires, notamment :

- la charge de travail de l'expert qu'il envisage de nommer et sa performance acquise dans le respect des délais de ses expertises,
- le niveau de compétence technique,
- les moyens d'organisation dont il dispose,
- le coût habituel de ses expertises,
- la mise à disposition d'une sélection de rapports anonymisés,
- son cursus professionnel hors expertise judiciaire, et notamment sa formation permanente,
- l'adéquation de sa formation à l'expertise judiciaire,
- son aptitude à appliquer la méthodologie de missions-types et de missions normalisées,
- les incidents éventuels liés à sa personnalité et son aptitude à gérer les situations conflictuelles.

Mais se pose alors la question de la collecte de ces informations et de leur diffusion : certaines dont le caractère personnel exigerait des précautions particulières sous réserve de l'avis de la CNIL (charge de travail, personnalité et aptitude à la confrontation, durée et coût moyens des missions) pourraient être recueillies auprès des juges.

Il est indispensable qu'une réflexion soit lancée, avec un objectif de réalisation d'un outil adéquat à moyen terme.

Il n'est pas de bonne pratique que chaque juge constitue sa propre base de données ; il est au contraire recommandé que les données soient centralisées et partagées.

Question 5° : Dans quels cas le juge doit-il désigner un collège d'experts plutôt que de laisser l'expert s'adjoindre un sapiteur, technicien d'une autre discipline ?

La nomination de plusieurs experts est une faculté offerte au juge et prévue par l'article 264 du code de procédure civile.

Un collège d'experts peut être utile, voire nécessaire, par exemple quand la nature de l'affaire nécessite des experts de plusieurs spécialités différentes, ou lorsque les contraintes de délai l'imposent, ou encore lorsqu'il y a un travail matériel trop important pour qu'un seul expert puisse l'effectuer.

Il n'est pas démontré qu'un collège soit en définitive plus coûteux qu'un expert unique, si les coûts supplémentaires de coordination sont compensés par les gains de productivité et de qualité de chaque spécialiste. C'est au contraire, en général, par la spécialisation fonctionnelle qu'on parvient à améliorer l'efficacité.

La considération du coût ne limitera pas *a priori* le recours à un collège d'experts.

Le recours à un collège d'experts ne doit concerner que les cas les plus complexes et doit donner lieu à la désignation d'un coordonnateur ou d'un président du collège expertal – pouvant aider préalablement à la définition des spécialistes à faire intervenir – pour assurer l'efficacité du déroulement de la mesure et la répartition des opérations entre les membres du collège.

Les éventuelles différences d'appréciation entre les experts désignés seront mentionnées.

La désignation d'un sapiteur par l'expert procède d'une vision différente. En effet, elle ne s'applique qu'à des opérations plus limitées voire courantes et tend à répondre au besoin exprimé par l'expert désigné de s'adjoindre un technicien d'une spécialité différente de la sienne pour une intervention réduite.

Dans cette hypothèse, c'est l'expert – et non le juge – qui, sous sa responsabilité, procède à la désignation du sapiteur de son choix, qui en assume le contrôle et prévoit les honoraires de celui-ci et les lui règle directement. Bien évidemment, le juge doit veiller à ce que cette désignation ne présente pas un caractère de convenance personnelle et corresponde bien à une nécessité qui doit être justifiée tant auprès de lui que des parties. Ce sapiteur devra de préférence être choisi parmi les experts judiciaires.

La question du coût de l'intervention du sapiteur est sans doute un problème mal posé car il faut examiner le coût de l'expertise dans sa globalité.

Le choix par l'expert de son propre technicien (le sapiteur) dans une spécialité distincte de la sienne comporte le risque d'un choix ne présentant pas toutes les garanties requises en termes d'impartialité et d'indépendance, voire de compétence. Il devrait donc être limité à un rôle circonscrit et non sujet à controverse quant à la technique ou science impliquée, limité dans son objet et dans son coût. L'expert qui confierait à un sapiteur une part trop importante de sa mission enfreindrait les dispositions de l'article 233 du code de procédure civile (interdiction de la sous-traitance).

Ces questions ne semblent pas devoir être distinguées de la faculté dont disposent désormais les experts de faire intervenir tel collaborateur de leur choix, sous leur responsabilité et leur contrôle. Une telle intervention procède d'une autre idée, celle de faire exécuter certains travaux à la charge de l'expert désigné (ce qui officialise les prestations réalisées par les collaborateurs de cabinets d'experts), notamment en matière comptable ou de construction.

IL EST DE BONNE PRATIQUE, dans les cas les plus complexes, de désigner un collège d'experts et de charger l'un d'eux d'en assurer la coordination ou la présidence.

Le recours à un tel collège ne devrait pas nécessairement être décidé lors de la première réunion, mais ordonné rapidement, après avis de l'expert désigné et des parties.

IL EST DE BONNE PRATIQUE que le juge désigne le coordonnateur ou le président du collège, chargé des tâches administratives et de la répartition des travaux techniques au sein de l'expertise.

IL EST DE BONNE PRATIQUE DE recommander à l'expert d'en référer au juge lorsque l'intervention d'un sapiteur, choisi dans les conditions prévues par le code de procédure civile, est susceptible de présenter des difficultés.

Question 6° : Comment apprécier l'indépendance de l'expert ?

L'expert prête le serment suivant : « je jure d'apporter mon concours à la justice, d'accomplir ma mission, de faire mon rapport et de donner mon avis en mon honneur et en ma conscience ». Mais il est de plus soumis aux obligations qui découlent de l'article 6-1 de la Convention européenne des droits de l'Homme, et de la jurisprudence de la Cour européenne.

Question 6°-1 : Faut-il lui demander de faire une déclaration d'indépendance ?

Question 6°-2 : Si oui, sous quelle forme ?

La conférence constate que cette pratique est de plus en plus répandue.

Par exemple, en ce qui concerne les instances de l'Union européenne ou le domaine médical, l'AFSSAPS vient de réformer sa gestion des risques de conflits d'intérêts de ses experts en les obligeant à « une déclaration d'intérêts mentionnant leurs liens directs et indirects avec les entreprises ».

On a cité aussi l'Autorité des Marchés Financiers (AMF) qui a modifié son règlement, pris en application du code de commerce et du code monétaire et financier, en imposant aux experts désignés lors des offres publiques d'achat une déclaration formelle d'indépendance ; des organismes privés internationaux pratiquent de même systématiquement cette exigence auprès de leurs experts (ex : le centre de règlement des litiges de l'organisation mondiale de la propriété intellectuelle à Genève).

Enfin, le règlement d'expertise de la Chambre de commerce internationale (CCI), entré en vigueur le 1er janvier 2003, dispose qu'« avant toute proposition, l'expert pressenti signe une déclaration d'indépendance et fait connaître par écrit au Centre les faits ou circonstances qui pourraient être de nature à mettre en cause son indépendance dans l'esprit de la personne faisant la demande de proposition. Le Centre communique ces informations par écrit à ladite personne en lui fixant un délai pour faire connaître ses observations éventuelles ».

Cette pratique est également utilisée en matière d'arbitrage.

Dans le domaine judiciaire déjà, les experts appelés dans certains actes de sauvegarde des entreprises sont soumis à une déclaration avant leur nomination dans chaque espèce.

Faut-il, pour autant, transposer cette obligation à l'ensemble des expertises civiles ?

La déclaration d'indépendance de l'expert pourrait paraître inutile car elle semble faire double emploi avec sa prestation de serment.

Cependant, outre l'obligation générale d'indépendance de l'expert contenue dans le serment qu'il a prêté, il est nécessaire de vérifier au cas par cas, qu'à sa connaissance, aucun élément ne puisse apparaître comme pouvant porter atteinte à son indépendance.

IL EST DE BONNE PRATIQUE de faire souscrire à l'expert, dans tous les cas, une déclaration d'indépendance, sous la forme d'une attestation pré-rédigée qui lui sera envoyée par le greffe avec l'avis de désignation. L'expert indiquera, ou bien qu'il renonce à la mission qui lui est proposée, ou bien qu'il l'accepte. En cas d'acceptation, l'expert déclarera, soit purement et simplement qu'il est indépendant, soit qu'il est indépendant mais que dans un souci de transparence, il souhaite porter à la connaissance du juge et des parties des éléments d'information qu'il estime ne pas remettre en cause son indépendance.

Question 6°-3 : La fidélisation des relations entre juge et expert est-elle compatible avec l'indépendance de l'expert ? Avec l'indépendance du juge ?

Le terme de « récurrence » apparaît plus adapté que celui de « fidélisation ». Le besoin de transparence, notamment vis-à-vis des parties, doit être assuré.

IL EST DE BONNE PRATIQUE que le juge agisse avec réserve à l'égard des experts.

Question 6°-4 : Quelle est la place respective des experts judiciaires et des experts de parties ?

La conférence considère que les techniciens qui assistent des parties, qualifiés « experts de partie », ont leur place dans le procès. Ils doivent être appelés, sur les questions de leur compétence exclusivement, pour éclairer les parties et leurs conseils. Ils ne peuvent les représenter. Il y a lieu, dans le cadre général du procès équitable, de se rappeler que la partie qui n'est pas assistée se trouve souvent en situation de faiblesse vis-à-vis de l'expert judiciaire, ce qui doit conduire le juge à une grande prudence.

La conférence reconnaît une spécificité des expertises médicales du fait que la plupart sont réalisées dans un cadre amiable, voulu par le législateur et que l'expertise judiciaire y fait figure d'exception (loi du 5 juillet 1985 sur les accidents de la circulation). Les médecins « de compagnies d'assurances », dont le nombre pour l'indemnisation des victimes est nettement supérieur à celui des experts judiciaires, coexistent avec ces derniers, en deux catégories plus ou moins strictement séparées selon les ressorts de cours d'appel.

Or, la démarche de l'expert judiciaire médecin le conduit à donner des informations objectives, en réponse à des questions précises incluses dans une mission-type bien définie par le juge : « l'indépendance » de l'expert, dans le cadre d'un rapport d'expertise argumenté et transparent, n'apparaît dès lors pas plus discutable que celle d'un autre expert judiciaire, sauf à être liée à une partie de l'espèce.

La conférence a connaissance de la pratique selon laquelle les experts intervenant pour des compagnies d'assurances étaient, dans certaines cours d'appel, écartés par principe de la liste des experts, et s'est interrogée sur son bien-fondé.

Le jury s'est prononcé en faveur d'une inscription contrôlée sur les listes.

IL EST DE BONNE PRATIQUE que le juge accorde une attention particulière aux procès dans lesquels des parties ne sont pas assistées par des techniciens en veillant particulièrement au respect du principe du contradictoire à leur égard.

SUR LA DÉFINITION DE LA MISSION D'EXPERTISE

Réponses aux questions

Question 1°-1 : le juge doit-il définir la mission d'expertise en concertation avec les parties et/ou en relation avec l'expert pressenti ?

Le juge, après s'être prononcé sur la nécessité de recourir à l'expertise et après avoir choisi l'expert, doit fixer les termes et l'étendue de la mission conformément aux prescriptions de l'article 265 du code de procédure civile, au moins dans les cas où l'expertise n'est pas obligatoirement prévue par les textes.

Cependant la mission d'expertise n'est pas figée ; elle peut évoluer et être modifiée, ainsi qu'il résulte des articles 236 et 279.

Le juge ne peut s'en tenir aux écritures des parties.

Il est essentiel, et plus encore dans le cas d'une demande d'expertise formulée sur le fondement de l'article 145 du code de procédure civile, que les faits invoqués soient clairement et précisément indiqués dans l'assignation et que la partie demanderesse en premier, et éventuellement la partie défenderesse, proposent une mission adaptée au cas d'espèce et ne se contente pas de se référer, selon une formule trop souvent utilisée bien que dénuée de portée, à la « mission habituelle ».

En l'absence de proposition de mission et d'éléments suffisants pour « bâtir » cette mission, il y aura lieu pour le juge de renvoyer les parties à une audience ultérieure afin d'obtenir ces éléments et une proposition de mission.

Dans ce cadre, même en l'absence de contestation, le juge ne peut toutefois se contenter de s'en remettre aux propositions des parties. Il doit contrôler leurs demandes.

Mais le juge doit-il associer l'expert à la définition de la mission ?

En pratique, il arrive fréquemment que le juge, avant de libeller définitivement la mission, prenne contact avec l'expert pressenti afin de s'assurer de sa disponibilité et de sa compétence au regard du problème posé mais aussi afin de bien « cadrer » ladite mission.

Cette pratique, souvent officieuse, présente l'inconvénient de ne pas respecter le principe de la contradiction. Faut-il pour autant organiser un véritable débat contradictoire entre le juge, les parties et l'expert ?

IL EST DE BONNE PRATIQUE que le juge :

- invite les parties à définir de manière claire et précise la mission dont elles demandent l'exécution ;
- vérifie que le projet de mission est conforme aux textes applicables à l'espèce, relève du domaine de la compétence technique de l'expert et s'assure qu'il dispose des moyens pour l'exécuter ;
- recoure, dans les cas les plus complexes, aux dispositions de l'article 266 du code de procédure civile.

Question 1°-2 : Les parties peuvent-elles contractualiser la mission à soumettre au juge ?

Le procès civil doit demeurer la « chose des parties », mais le juge le conduit : il décide de l'expertise, choisit l'expert, définit sa mission, contrôle les opérations d'expertise et fixe son coût.

Une fois saisi, l'expert dirige ses opérations ; en cas de difficulté, il en réfère au juge.

Ainsi, l'expert convoque les parties, avise leurs représentants, assure personnellement l'exécution de sa mission, effectue ses opérations en présence des parties et fait respecter en toutes circonstances le contradictoire entre les parties.

Il convient de rappeler que de nombreux pays européens, y compris la France, interdisent la délégation du pouvoir du juge à l'expert.

Se pose alors la question de savoir si l'expert doit s'engager sur la voie d'une simple concertation ou d'une véritable « contractualisation » avec les parties.

Il convient ici de prêter attention à la distorsion qui existe entre l'idée qui se dégage de l'emploi de ce terme et son sens juridique.

L'idée est séduisante ; elle figurait déjà dans le rapport Coulon. Elle repose sur une volonté d'amélioration de la procédure grâce à une plus grande implication des parties dans les décisions prises par le juge pour mener l'instance, en cherchant, autant que faire se peut, à connaître leur position et à adapter les mesures à leurs souhaits communs. En définitive, c'est de concertation qu'il s'agit entre les parties d'une part, l'expert de deuxième part, et le juge.

Le sens juridique du mot accord, ou contrat, est défini : il correspond à un acte qui entraîne des effets juridiques et en premier lieu celui de sa force obligatoire : les personnes liées sont celles qui ont souscrit cet accord. S'agissant du seul accord entre parties, ou de celui intervenu entre les parties et l'expert, il ne peut être question d'imposer au juge de manière générale de prendre une mesure pour cette seule raison que les parties le souhaitent. S'agissant même d'un accord entre parties et expert qui serait entériné par le juge, il ne peut être question de considérer que le juge est définitivement lié par celui-ci ; en effet, dans l'exercice du pouvoir de direction de l'instance qui est le sien, il doit pouvoir revenir sur cet accord si cela est nécessaire. En définitive, le juge n'est jamais partie – au sens juridique – à un accord avec les parties au cours de l'instance. L'accord entre les parties et l'expert constitue une sorte d'engagement moral vis-à-vis du juge et pousse ceux qui l'ont conclu à veiller à tenir les délais et à suivre la procédure retenue initialement.

IL EST DE BONNE PRATIQUE pour le juge d'inciter, sous son contrôle, à une concertation, parfois évoquée par le terme impropre de « contractualisation », entre les parties ou entre l'expert et les parties afin de les laisser s'entendre sur l'organisation des opérations d'expertise. Le juge ne saurait être lié par cet accord qu'il pourrait cependant avaliser tout en gardant la possibilité de le modifier ultérieurement.

Question 2°-1 : dans quels cas le juge ne doit-il pas utiliser une mission type ?

La conférence s'est interrogée sur l'utilisation des missions-types. Pour les affaires simples et répétitives, elles peuvent constituer une solution.

Mais elles peuvent aussi être utilisées dans des cas complexes s'ils sont suffisamment répétitifs : par exemple, certaines expertises médicales en matière de responsabilité ; elles semblent d'ailleurs « normalisables », aussi bien dans leurs aspects « procéduraux » que dans la méthode d'analyse.

Dans ces cas, plutôt que de mission-type, on pourrait donc parler de mission normalisée.

En effet, la normalisation est un processus d'établissement de référentiels, admis par un ensemble de professionnels qui s'y obligent ou y sont obligés ; un processus de contrôle permet en général la vérification de la bonne application de la norme.

Les missions-types sont d'ailleurs une pratique déjà courante, notamment dans le cadre des référés de l'article 145 du code de procédure civile.

On comprend que la mission-type, utilisée actuellement en référé, ne peut s'appliquer mécaniquement dans tous les cas, même simples, et dans toutes les disciplines. Cela n'en condamne pas le principe, même pour les expertises comptables et financières ou certaines expertises de responsabilité médicale, ou plus généralement en matière de responsabilité, puisqu'on peut imaginer des missions-types modifiables.

IL EST DE BONNE PRATIQUE de recourir aux missions-types dans les cas simples et répétitifs, ainsi que dans certains cas complexes. Les juges et les parties devraient s'y référer le plus souvent possible et ne choisir une mission spécifique que par défaut ou dans les autres cas complexes.

Question 2°-2 : Faut-il modéliser les missions-types ?

La modélisation des missions-types est nécessaire.

Cette modélisation n'est pas demandée au juge lui-même, mais pourrait être faite dans une concertation nationale organisée entre l'autorité judiciaire et les autres parties intéressées.

Le domaine d'application des missions-types serait ainsi élargi. Il est donc souhaitable que dans un premier temps, les missions utilisées par les juridictions du premier degré soient recensées et centralisées par les cours d'appel. Une diffusion à l'échelon national devrait par la suite être entreprise.

Il est recommandé, après recensement par les cours d'appel des pratiques de leurs juridictions, de modéliser les missions-types et de les diffuser au plan national.

Question 2°-3 : Peut-il renvoyer aux conclusions des parties pour préciser les contours de la mission ?

Le renvoi aux conclusions des parties aurait pour conséquence de ne pas fixer les limites de la mission de l'expert et serait sujet à des interprétations différentes des parties sur le contenu de la mission.

IL EST DE BONNE PRATIQUE que le juge organise une concertation entre les parties pour définir les contours de la mission.

IL EST DE BONNE PRATIQUE, quand bien même le juge aurait fait application des dispositions de l'article 455 du code de procédure civile en ne visant que les écritures des parties, que dans tous les cas, le dispositif détaille la mission confiée à l'expert ou indique comment ses contours seront définitivement arrêtés.

Question 3°-1 : la mission peut-elle préciser la méthodologie que devra employer l'expert ?

Il convient d'établir ici une distinction entre méthodologie procédurale, méthodologie expertale et méthodologie technicienne.

La *méthodologie procédurale* consiste dans la mise en œuvre des actes nécessaires aux principes directeurs du procès, au premier rang desquels le respect de la contradiction.

La *méthodologie expertale* est l'extension des principes directeurs du procès civil et la prise en compte des méthodes générales d'expertise, décrite par exemple dans la norme Afnor X50-110, pour aboutir à l'organisation de l'expertise en l'espèce ou dans les cas analogues.

La *méthodologie technicienne* relève de la vérification de l'application de règles de l'art, de normes et réglementations professionnelles, de méthodes spécifiques de recherche des causes de désordres ou de méthodes scientifiques pour la résolution des questions posées, dépendant à l'évidence du domaine et de la mission, qu'elle soit type ou spécifique.

On conviendra d'appeler méthodologie l'ensemble des méthodologies expertale et technicienne.

La méthodologie procédurale de l'expert issue du code de procédure civile ne pose aucun problème ; quant à elles, les méthodologies expertale et technicienne, quant à elles, sont du ressort de l'expert et doivent être présentées et mises en place contradictoirement avec les parties.

Il est à noter qu'à la différence du système nord-américain qui donne au juge la mission de vérifier la validité scientifique de la méthode (cf. en annexe, A. Blumrosen, « L'expertise judiciaire civile en droit américain »), les systèmes européens n'imposent pas cette charge au juge : aucune jurisprudence de la CEDH ou des cours suprêmes nationales ne va dans ce sens, même au nom du « procès équitable » ; il ne semble pas que l'assurance de la recherche de la vérité scientifique apparaisse comme nécessaire à l'équité.

Certains pensent, de plus, qu'imposer une méthodologie particulière à l'expert, lui dicter des diligences, conduirait à le priver de son libre arbitre et de son indépendance et pourrait nuire à l'objectivité de son avis.

Il ne fait toutefois guère de doute, à entendre les commentaires des communautés scientifiques et techniques, que le recours à une méthodologie est un facteur déterminant, d'abord de la qualité des expertises, ensuite de la capacité à faire comprendre et admettre leurs résultats.

La conférence estime que le choix de la méthodologie et sa validation ne sont pas du ressort du juge. Il n'en reste pas moins qu'une méthodologie, tant expertale que technicienne, s'impose.

IL EST DE BONNE PRATIQUE que le juge :

- demande à l'expert de préciser contradictoirement la méthodologie, le coût et le calendrier prévisible de ses opérations ;
- rappelle dans sa décision les termes de l'article 279, alinéa 1er, du code de procédure civile affirmant le principe selon lequel « en cas de difficultés ou de nécessité d'une extension de la mission, l'expert doit en référer au juge ».

Question 3°-2 : La mission doit-elle préciser que l'expert indiquera aux parties sa méthodologie dans un délai déterminé ?

Le choix de la méthodologie doit être soumis à la contradiction des parties. Ce débat permet d'ailleurs, le plus souvent, d'affiner la méthodologie proposée par l'expert, voire de la compléter.

Dans les cas simples d'expertise, et ceux qui devraient relever de la consultation, la mission-type contient sa propre méthodologie, tant expertale que technicienne.

Dans les cas complexes, il est nécessaire que l'expert prenne connaissance du dossier pour être en mesure de préciser sa méthodologie. Il paraît possible de lui imposer un délai pour la faire connaître.

On convient toutefois que la discussion contradictoire de la méthodologie doit intervenir le plus tôt possible, car l'estimation des coûts et des délais en dépend.

IL EST DE BONNE PRATIQUE de ne pas imposer une méthodologie à l'expert sauf le cas de missions-types ou normalisées qui contiendraient leur propre méthodologie ; mais IL EST DE BONNE PRATIQUE que la décision du juge indique comment et quand la méthodologie que devra employer l'expert sera précisée et arrêtée.

Question 4° : Est-il opportun, et si oui dans quel cadre et à quels stades, de provoquer une discussion sur les contours de la mission initialement fixée ?

L'article 266 du code de procédure civile permet cette pratique. Cela implique une décision en deux temps : tout d'abord, le juge ordonne une expertise puis invite les parties et l'expert à se présenter à une audience ultérieure pour que soient évoqués la définition de la mission et le calendrier des opérations ; ensuite, au vu des conclusions de cette concertation, il fixera en connaissance de cause le cadre de la mission.

Cette possibilité offerte par l'article 266 du code de procédure civile présente cependant l'inconvénient d'allonger les délais et d'augmenter les coûts.

Dans ces conditions, le recours à l'article 266 du code de procédure civile devrait être réservé aux affaires les plus complexes.

Dans le cas des affaires simples, il appartient au juge de fixer précisément la mission de l'expert. Le seul renvoi à l'assignation ou aux conclusions des parties, selon le moment de la demande, n'apparaît cependant ni opportun, ni efficace.

IL EST DE BONNE PRATIQUE que le juge, dans tous les cas où il apparaît des difficultés, et en particulier des retards organise une discussion contradictoire sur les contours de la mission initialement fixée. Le cas échéant, il pourra modifier le dispositif initial par une nouvelle décision.

SUR LES DÉLAIS ET LE COÛT DE L'EXPERTISE

I. Présentation synthétique : du service des expertises

Il apparaît nécessaire d'approfondir la question de la répartition des compétences entre le juge chargé du contrôle des expertises et celui ayant ordonné la mesure d'instruction.

Aux termes de l'article 155-1 du code de procédure civile, le président de la juridiction peut, dans l'intérêt d'une bonne administration de la justice, désigner un juge spécialement chargé de contrôler l'exécution des mesures d'instruction.

L'article 155 dispose que la mesure d'instruction est exécutée sous le contrôle du juge qui l'a ordonnée. Celui-ci peut avoir recours au juge désigné par le président de la juridiction.

Il apparaît opportun d'opérer une distinction entre le juge des référés et le juge du fond.

Alors que le juge du fond qui ordonne une mesure d'instruction n'est pas dessaisi, le juge des référés qui statue sur le fondement de l'article 145 épuise sa saisine, sauf s'il se réserve le contrôle de la mesure. Il pourrait sembler ainsi logique de considérer que le contrôle des mesures ordonnées en référé relève du service des expertises et que le suivi de l'expertise ordonnée au fond relève du juge du fond.

Toutefois, la conférence estime qu'il serait de bonne pratique qu'un service unique assure le suivi de toutes les procédures quel que soit le juge qui les a ordonnées, sauf si celui-ci, dans des cas particuliers (expertise complexe ou autre) s'en est réservé expressément le contrôle.

IL EST DE BONNE PRATIQUE que tant le juge des référés que le juge du fond indique toujours dans la décision s'il entend ou non se réserver le contrôle de la mesure afin que les parties et l'expert en soient informés clairement.

Il apparaît nécessaire d'organiser un service des expertises dans chaque juridiction.

Cette organisation est fondamentale : il ne sert à rien de disserter sur la nécessité de l'expertise, le choix de l'expert, la définition de la mission, les délais et le coût si les juridictions sont dans l'incapacité de gérer l'ensemble d'une manière pratique et centralisée.

Bien plus, il est indispensable d'institutionnaliser un véritable service des mesures d'instruction qui ne se limiterait pas au seul suivi des expertises.

Ses compétences seraient notamment les suivantes :

- intervenir après la saisine de l'expert pour tout ce qui concerne le suivi de la mission (provision complémentaire, prorogation des délais, extension à de nouvelles parties, réception des déclarations d'indépendance, etc.),
- fixer la rémunération de l'expert,
- adresser à l'expert la copie de la décision ayant statué sur le rapport d'expertise de sorte que celui-ci serait informé de l'exploitation qui en a été faite (envoi prévu par l'article 284-1 du code de procédure civile, mais peu exécuté).

En outre, ce service pourrait :

- contribuer à l'instruction des dossiers de candidature des experts,
- élaborer un rapport de présentation de ces dossiers en fonction notamment des besoins dans telle ou telle spécialité, la pertinence des diplômes du candidat, son expérience professionnelle avérée, etc.
- centraliser toutes les informations relatives aux experts et notamment les observations des juges du fond sur les rapports d'expertise et conseiller utilement sur le choix de l'expert,
- intervenir au niveau de la commission chargée de donner son avis sur les demandes de réinscription en regard des éléments fournis ci-dessus,
- communiquer au service des expertises de la cour d'appel toutes informations utiles sur les experts.

Le magistrat chargé des expertises doit être assisté par un greffe disponible et doté des outils nécessaires adaptés à cette mission, en particulier informatiques.

Il est recommandé que :

- le service des expertises assure le suivi de toutes les expertises, sauf quand le juge s'en est réservé expressément le contrôle dans sa décision ;
- dans toutes les juridictions, il existe un véritable service des expertises, distinct du service de la cour d'appel mais coordonné avec lui, comportant au moins un juge et un greffier dédiés à cette fonction, même à temps partiel.

De la problématique des coûts et des délais.

L'expert apparaît comme l'auxiliaire du juge qui contribue avec lui sous son autorité au fonctionnement de la justice.

Il est libre de conduire ses opérations expertales comme il l'entend et fait bénéficier l'institution judiciaire de ses connaissances techniques. Il doit pouvoir compter sur une juste rémunération de son travail pour autant qu'il rende compte scrupuleusement de ses investigations et réponde utilement aux questions qui lui sont posées dans les délais qui lui sont impartis et dans une enveloppe budgétaire encadrée.

Toute la problématique réside en réalité dans la maîtrise des opérations expertales dans la durée et dans le coût sans qu'il y ait lieu de faire un sort différent quant au mode de saisine du juge (référé ou procédure au fond) :

- dans la durée, car l'expertise ne doit pas être un frein ou un poids trop lourd dans le déroulement du procès,
- dans le coût, car le poids financier de l'expertise ne doit pas peser trop fortement sur l'intérêt du litige.

Depuis la mise en application au début de l'année 2006 des dispositions de la loi organique relative aux lois de finances (LOLF), les gestionnaires de fonds publics que sont les magistrats prescripteurs de frais de justice se sont attachés « à mieux dépenser », notamment en limitant au strict nécessaire la durée des investigations pénales, en contrôlant avec rigueur le déroulement de ces investigations, et en cherchant à obtenir un coût raisonnable grâce à la mise en concurrence des prestataires potentiels. Certes, l'expertise judiciaire civile ne met que marginalement en cause les fonds publics. Cependant, pourquoi le juge, soucieux de l'utilisation des deniers publics, n'aurait-il pas une pratique aussi rigoureuse lorsqu'il s'agit des fonds des justiciables ? Est-il alors concevable de retenir les règles applicables aux marchés publics, notamment lorsqu'il s'agit de mettre en œuvre des expertises répétitives ? De même est-il envisageable, pour les expertises complexes et coûteuses, de pratiquer une mise en concurrence ?

Les juridictions ont élaboré au cours du temps des « bonnes pratiques » qui sont destinées essentiellement à améliorer le fonctionnement de l'institution dans le souci de ne pas alourdir la charge financière du procès.

II. Réponses aux questions

Question 1° : Il sera répondu simultanément aux questions 1°-1 et 1°-2.

Question 1°-1 : Comment fixer le délai de l'expertise ?

Question 1°-2 : Faut-il interroger préalablement l'expert et lui demander de s'engager sur le délai de l'expertise ?

Dans le schéma simple, le juge fixera le délai par référence aux durées prévisibles selon les disciplines après une concertation générale qui pourrait s'organiser au niveau de la cour d'appel. Les délais peuvent être de l'ordre d'un à six mois.

L'expérience montre qu'un grand nombre d'expertises entre dans ce schéma en particulier en matière de tutelle, de réparation du préjudice corporel, les questions relatives à la mitoyenneté et au bornage ou aux contestations sur le prix du bail commercial, l'enquête sociale...

Le jury tient à rappeler que pour la consultation, sa présentation orale (C. pr. civ., art. 257, al. 2) est de nature à abréger considérablement les délais et réduire les coûts.

Dans le schéma complexe, la situation est tout à fait différente et nul ne sait d'emblée quelle sera la durée prévisible de l'expertise.

Le législateur propose une manière de procéder dans ce cas résultant des dispositions de l'article 266 du code de procédure civile, qui donne la possibilité au juge de fixer une date à laquelle l'expert et les parties se présenteront devant lui (ou devant le juge chargé du contrôle) pour que soient précisés la mission et s'il y a lieu le calendrier des opérations.

Après avoir fait cette étude préalable en respectant le droit à la contradiction des parties et, au besoin, sur les lieux, puisque beaucoup d'expertises ne nécessitent pas toujours le déplacement de l'expert hors de sa salle de réunion, celui-ci adresse au juge un rapport succinct dans lequel il établit le calendrier prévisible de ses opérations. L'expert aura profité de cette première réunion pour interroger les parties sur la nature et le volume des pièces à communiquer et sera à même de vérifier en leur présence l'importance des opérations expertales, le niveau technique requis, l'éventuel recours à un ou plusieurs sapiteurs. Les parties, à ce stade, doivent être en mesure de se rendre compte de la nécessité de nouvelles mises en cause, ce qui permettra à l'expert d'évaluer les délais supplémentaires prévisibles.

Au vu de cette information écrite, le juge va fixer la date prévisible du dépôt du rapport d'expertise. Cette façon de procéder a l'avantage de la souplesse. Elle implique l'expert qui aura défini lui-même la date limite du dépôt du rapport d'expertise en la soumettant à la contradiction des parties.

Il sera toujours possible par la suite dans le cas où des événements imprévisibles interviendraient contrariant le calendrier des opérations, de solliciter du juge une prolongation de délai.

IL EST DE BONNE PRATIQUE, dans le schéma simplifié, y compris la consultation, que le juge, souvent aidé par la référence à une mission-type, fixe le délai de dépôt du rapport en se fondant sur les durées prévisibles selon les disciplines fournies par le service des expertises. Ce délai est généralement compris dans une fourchette d'un à quatre mois et ne devrait pas être supérieur à six mois.

IL EST DE BONNE PRATIQUE, dans le schéma complexe, que le juge demande à l'expert choisi de se transporter, si besoin est, sur les lieux où doivent se dérouler les opérations expertales afin de faire, en respectant le principe de la contradiction, une évaluation des difficultés prévisibles et de lui proposer un calendrier de ses opérations, et par là-même, le délai qu'il souhaite voir fixer pour le dépôt de son rapport.

Le délai de consignation

Une attention particulière doit être accordée au délai de consignation, c'est-à-dire le temps écoulé entre la décision et l'avis de la consignation à l'expert. Ce délai est parfois très long. Dans ce domaine, le juge doit être particulièrement vigilant : il appartient au greffe d'avertir l'expert de sa désignation sans attendre l'expiration du délai de consignation. Mais le technicien ne doit pas commencer ses diligences avant d'être averti de la consignation, sauf injonction du juge d'entreprendre immédiatement ses opérations, ainsi que le prévoit l'article 267 du code de procédure civile.

Rien n'empêche le juge, sur le fondement des articles 269 et 270, de faire consigner à l'audience le montant de la provision.

Un contrôle rigoureux de cette phase de la mesure d'instruction devrait permettre de réduire considérablement sa durée d'exécution.

IL EST DE BONNE PRATIQUE, dans le schéma simplifié, que le juge, fasse consigner à l'audience, lorsque c'est possible, le montant de la provision.

IL EST DE BONNE PRATIQUE, dans le schéma complexe, que le juge fasse consigner à l'audience, lorsque c'est possible, un montant suffisant pour couvrir la rémunération d'une première étape de l'expertise destinée à évaluer, le contour de la mission, les délais et les coûts de l'expertise complète.

Question 2° : Le juge peut-il laisser les parties contractualiser le délai de l'expertise en concertation avec l'expert ?

Question 6° : Le juge peut-il laisser contractualiser le coût de l'expertise entre les parties et l'expert ?

[Les deux questions sont ici regroupées pour être examinées ensemble.]

Les observations relatives à la « contractualisation » du délai et du coût de l'expertise sont communes à celles déjà exposées dans le groupe de travail n° 3 concernant la mission de l'expert.

En cette matière comme ailleurs, une contractualisation au sens propre est incompatible avec l'imperium du juge. Toutefois, on pourra employer le terme « contractualisation » pour signifier l'accord de toutes les parties prenantes après concertation, en marquer le caractère contraignant pour les parties et les techniciens, sous les réserves d'usage.

La manière de procéder inspirée de l'article 266 du code de procédure civile, et précédemment développée peut utilement, dans les expertises complexes, résoudre dans la souplesse la double question du délai et du coût de l'expertise. Il est souhaitable en effet que dans ce type d'affaires, le juge rende une première ordonnance par laquelle l'expert désigné est nanti d'une mission qui comporte *in fine* l'obligation de se transporter, si besoin, sur les lieux pour, en respectant le principe de la contradiction et dans le délai fixé par le juge qui est nécessairement court (un à deux mois), proposer un calendrier circonstancié et un devis détaillé du coût prévisible des opérations expertales. Ainsi l'expert qui a une connaissance précise des opérations qu'il doit conduire dans un délai qu'il a déterminé après l'avoir soumis à la contradiction des parties en tenant compte de leurs propres disponibilités est en mesure d'évaluer dans le même moment le montant prévisible de sa rémunération. Il doit même en profiter pour donner aux parties la liste des documents qu'il estime nécessaires à l'accomplissement de sa mission.

On peut envisager une autre forme de « contractualisation », celle des honoraires et frais.

En effet, d'autres formes de « contractualisation » ont été relevées, en particulier une « négociation collective annuelle », entre les compagnies d'experts et les services des cours d'appel ou de la Cour de cassation, portant sur le mode de facturation au temps passé et sur le montant des « taux horaires » indicatifs, séparant les honoraires et les frais applicables par les experts jusqu'à nouvelle « contractualisation ».

Cette pratique a été jugée régulière dans la mesure où elle reste indicative et ne fait pas obstacle à une éventuelle discussion, en fonction du cas d'espèce.

Cette pratique donne satisfaction dans une grande partie des cas, car elle facilite l'évaluation des coûts puis leur contrôle. Elle ne doit pas faire obstacle, néanmoins, à la forfaitisation des coûts quand celle-ci apparaît opportune, par exemple pour certaines missions-types, ou, à l'inverse, à une justification des coûts détaillée dans des cas particuliers, complexes, ou exceptionnels.

IL EST DE BONNE PRATIQUE que dans les affaires complexes le juge demande à l'expert d'examiner les termes et conditions de l'affaire en les soumettant à la contradiction des parties afin de proposer un calendrier des opérations et d'évaluer le montant de sa rémunération. Ces éléments vont permettre au juge de l'espèce ou au juge chargé du contrôle de l'expertise de rendre une ordonnance complémentaire fixant la durée et le coût de l'expertise.

Dans les deux schémas, simple et complexe, le juge conserve la maîtrise des opérations. Néanmoins, lorsque la concertation entre l'expert et les parties sur les coûts et délais aboutit à une position commune, celle-ci constitue aux yeux du juge un engagement moral qui justifiera de sa part une vigilance accrue quant au respect des délais et coûts antérieurement acceptés.

C'est l'expert, sous le contrôle du juge, qui fixe le déroulement dans le temps de sa mission. Il ne s'agit donc pas d'une contractualisation ; cela étant, l'expert est tenu, dans tous les aspects de sa mission, au respect du principe de la contradiction, aux délais et à la motivation des choix qu'il opère. Réciproquement, les parties se doivent de faire en sorte que les conditions de délai soient respectées, en fournissant les pièces demandées et en répondant aux convocations aux opérations d'expertise.

En ce qui concerne les expertises simples, la question du coût ne se pose pas puisqu'il est possible de le forfaitiser à l'avance en concertation avec le juge chargé du contrôle ou avec la cour d'appel, sous l'autorité du premier président.

En ce qui concerne les expertises complexes, le juge veille à fixer le montant de la provision complémentaire en fonction de l'étude préalable, à laquelle l'expert se sera livré, des opérations dont il aura la charge, en respectant le droit de contradiction des parties.

IL EST DE BONNE PRATIQUE, dans le schéma complexe, d'introduire dans l'ordonnance initiale le chef de dispositif suivant :

« Dit que lors de sa première réunion laquelle devra se dérouler dans un délai maximum de deux mois à compter de l'avis donné par le greffe de la consignation de la provision, l'expert devra en concertation avec les parties dresser un programme de ses investigations et proposer d'une manière aussi précise que possible le montant prévisible de ses honoraires, de ses frais et débours, ainsi que la date de dépôt du rapport avant d'adresser ces informations au juge de l'espèce, ou au juge chargé du contrôle de l'expertise, lequel rendra une ordonnance complémentaire fixant le montant de la provision complémentaire ainsi que le délai prévu pour le dépôt du rapport. »

Question 3° : Comment, et quand, le juge procède-t-il au contrôle des délais ?

Le juge, qui a la maîtrise des opérations expertales, se doit d'assurer un contrôle effectif et efficace du délai imparti à l'expert.

L'allongement des délais constitue un problème majeur pour les expertises complexes. Il est aggravé par l'extrême technicité de certaines expertises, ainsi que par le faible nombre d'experts susceptible d'intervenir. Les parties elles-mêmes, engagées dans leurs stratégies procédurales, et les risques d'extensions successives en conséquence, contribuent aussi à l'aggravation de cette situation.

Il est permis d'espérer que pour les expertises complexes, celles qui engendrent les délais les plus longs, le mode opératoire suggéré dans les développements antérieurs aura suffisamment responsabilisé l'expert et les parties pour que les délais soient respectés ou qu'en tout cas l'expert rende compte scrupuleusement au juge des difficultés éventuelles qu'il rencontre pour solliciter son intervention.

Une procédure d'alerte, avec édition automatique par le greffe de lettres de rappel adressées à l'expert, existe dans plusieurs juridictions ; elle doit être améliorée puis généralisée.

Il est indispensable par ailleurs que le juge réagisse dans le meilleur délai en cas d'incident qui lui est signalé par l'expert ou par les parties (défaut de communication de pièces, comportement de l'expert, animosité entre l'expert et l'un des avocats, etc.) ou en cas de difficultés rencontrées par l'expert par exemple dans l'interprétation de sa mission, l'opportunité d'entendre un tiers, etc.

Il est recommandé de mettre en place un véritable système de contrôle centralisé des opérations liées à l'expertise avec à sa tête un magistrat et un greffe disponible et spécialisé, dotés d'un système informatique performant et qui sera chargé de veiller au respect des délais notamment par des relances.

Question 4° : Le juge doit-il fixer la provision en relation avec l'expert et les parties ? Quand doit-il la fixer ?

Les deux questions sont examinées simultanément.

Le développement suivant précise les recommandations concernant la consignation initiale vue plus haut.

Ici encore, la distinction entre le schéma simplifié et le schéma complexe sera éclairante.

Dans le schéma simplifié, le juge fixe le montant de la provision initiale au moment où il ordonne l'expertise. Compte tenu de la possibilité, dans ce type d'expertises, d'une forfaitisation, le juge fixe en réalité le montant de la rémunération définitive de l'expert. C'est le cas en matière d'expertise médicale sur l'évaluation du préjudice corporel ou sur la recherche de paternité (examen sanguin et ADN) ou bien encore pour les expertises dites obligatoires (évaluation du loyer commercial, etc.).

Il convient d'indiquer que, s'agissant de la consultation et de la constatation, le juge demande à la partie consignataire de verser la provision directement au technicien désigné sans passer par la régie de la juridiction, en application, suivant le cas, des dispositions de l'article 258 ou de l'article 251 du code de procédure civile.

Pour harmoniser les pratiques judiciaires et pour donner aux parties une meilleure lisibilité des enjeux financiers de l'expertise qu'elles sollicitent, la communication périodique de données chiffrées, improprement appelées « barèmes indicatifs », coordonnées entre les cours d'appel, à l'initiative des premiers présidents, apparaît souhaitable pour cette catégorie d'expertises.

Même s'il n'est pas possible de forfaitiser totalement ce type d'expertises, il faut relever que dans les faits, le juge qui a une pratique régulière et de l'expérience (spécialement en référé) est en mesure, pour telle ou telle catégorie d'expertise concernée d'estimer la fourchette applicable quant au montant prévisible compte tenu de la nature et des difficultés de la mission. L'article 269 du code de procédure civile l'invite à fixer un montant aussi proche que possible de la rémunération définitive prévisible. Pour éviter toute perte de temps provoquée par des demandes de provisions complémentaires liées à de mauvaises évaluations initiales, celles-ci devaient être égales au moins à 80 % de la valeur finale et, si possible, à la totalité de la rémunération envisagée.

La pratique montre que bien souvent les juges fixent des montants de provisions trop modestes par rapport à l'importance des diligences qui devront être engagées par l'expert. D'où les difficultés au moment de fixer la rémunération définitive.

On peut penser que ces difficultés seraient en grande partie résolues si le service des expertises fournissait en temps utile et de façon aisément accessibles les données nécessaires.

Dans le schéma complexe, ces expertises sont, par nature, plus aléatoires compte tenu notamment des enjeux techniques et, éventuellement, du nombre des parties.

On a vu que dans le système proposé qui s'inspire des dispositions de l'article 266 du code de procédure civile, le juge, en désignant l'expert, lui demande non seulement de dresser un calendrier des opérations d'expertise mais également d'établir le budget détaillé de ses opérations.

Dans cette première phase, le juge fixe le montant d'une provision initiale qui permet à l'expert d'être assuré que, pour cette phase d'évaluation, il sera dédommagé des frais qu'il va engager à cette occasion (les parties peuvent en effet renoncer à poursuivre les opérations).

Dans la seconde phase, sur la suggestion de l'expert, le juge va fixer le montant d'une provision complémentaire qui se rapprochera au mieux de la rémunération définitive. Ainsi, les parties seront informées à l'avance du probable coût final de l'expertise.

Au regard du montant de la provision complémentaire, certaines parties peuvent revoir leur stratégie initiale ou rechercher un accord. Dans ce cas de figure et à défaut de consignation complémentaire, l'expert déposera son rapport en l'état et demandera au juge le paiement de ses honoraires et frais déjà exposés, par prélèvement sur le montant de la provision initiale.

Concernant les ordonnances communes, le juge doit veiller à indiquer précisément à qui incombera le paiement de la provision complémentaire induite par l'extension de la mission de l'expert. La question des mises en cause tardives se pose réellement dans la pratique car elles retardent considérablement les opérations.

Le juge doit se montrer à cet égard particulièrement vigilant lorsqu'elles s'avèrent purement dilatoires.

IL EST DE BONNE PRATIQUE pour le juge de fixer dès la décision initiale (expertises simples), ou à l'issue de la première réunion d'expertise (expertises complexes), le montant le plus proche possible de la rémunération définitive prévisible de l'expert.

IL EST DE BONNE PRATIQUE, pour les expertises complexes, que dès la décision initiale, le juge fixe une provision suffisante pour couvrir les honoraires et frais de l'expert jusqu'à la décision complémentaire.

Question 5° : Dans quel cas le juge doit-il lancer un appel d'offres sur le coût de l'expertise ?

Il a été préféré l'expression de « mise en concurrence » à celle de « appel d'offres » qui est employée dans le cas des marchés publics de l'État et qui ne s'applique pas en l'occurrence, dans les procédures civiles.

Il n'en reste pas moins que l'autorité judiciaire a le devoir de prendre en compte l'intérêt des justiciables et qu'elle se doit d'utiliser pour ce faire les meilleures pratiques en cette matière. Les nouvelles habitudes créées par la mise en œuvre de la LOLF dans les cours d'appel, bien qu'elles aient trait à la gestion de la dépense publique, vont dans le même sens d'une gestion conforme aux principes économiques généraux.

La mise en concurrence, dans les cas simples, ne peut à l'évidence pas avoir lieu à l'audience, puisque la décision doit être prise en une fois et avec le minimum de procédure ; ne doit-elle pas être organisée en amont par le service des expertises ? Dans les cas complexes, le juge de l'espèce et le juge du contrôle peuvent-ils ensemble, avec l'aide du service des expertises, organiser une mise en concurrence ?

Il apparaît au jury que si le juge de l'espèce, qui doit gérer l'expertise au meilleur coût, a peu de moyens pour organiser une telle mise en concurrence (ex. : expertises génétiques), l'institution devrait être en capacité de gérer cette dépense au mieux des intérêts des justiciables et de l'ordre public.

Le juge ne dispose pas en l'état des moyens lui permettant d'effectuer une mise en concurrence. Dès lors, IL EST DE BONNE PRATIQUE que le juge demande, s'il le souhaite, au service des expertises de lui indiquer un nom, ou une liste d'experts, pouvant effectuer la mesure d'instruction en question.

Dans le cas des expertises simples et normalisées, une mise en concurrence au niveau de la cour d'appel pourrait être envisagée, avec toutes les précautions d'usage compte tenu du principe du libre choix de l'expert par le juge.

Question 7° : Le juge doit-il informer les parties des règles relatives à la charge définitive du coût de l'expertise, et des règles relatives à la liquidation des dépens en cas d'aide juridictionnelle ?

Dans les procédures avec représentation obligatoire l'information est supposée correctement assurée par le conseil auprès de son client que ce dernier soit ou non bénéficiaire de l'aide juridictionnelle totale ou partielle.

Par contre il n'en va pas de même dans les procédures sans représentation obligatoire ou les parties peuvent comparaître en personne (tribunal d'instance, conseil de prud'hommes, tribunal de commerce...).

Quoi qu'il en soit, cette information doit être faite le plus en amont possible de la décision d'expertise (au besoin verbalement à l'audience) parce que l'information complète sur la charge finale du coût de l'expertise et les incidences de l'aide juridictionnelle sont de nature à influer sur la décision des parties de maintenir ou non leur demande de mesure d'instruction.

On recommandera donc une formule insérée dans la décision ordonnant l'expertise laquelle fixe le délai, le montant de la provision (forfaitaire pour l'expertise simple, complémentaire pour l'expertise complexe) ainsi que l'information sur la charge définitive du paiement du coût de l'expertise en particulier en matière d'aide juridictionnelle.

Il ne paraît pas opportun de joindre une note rappelant les principales règles applicables en matière de recouvrement des frais.

Il importe en effet d'avoir recours à un mode simple d'information laquelle doit être présentée dans la décision qui fixe les « règles du jeu expertal ».

IL EST DE BONNE PRATIQUE que la formule suivante soit insérée à la fin de l'ordonnance désignant l'expert et fixant le délai, le montant de la provision et la partie qui doit en faire l'avance :

« Rappelle que :

1. le coût final des opérations d'expertise ne sera déterminé qu'à l'issue de la procédure, même si la présente décision s'est efforcée de fixer le montant de la provision à une valeur aussi proche que possible du coût prévisible de l'expertise.

2. la partie qui est invitée par cette décision à faire l'avance des honoraires de l'expert n'est pas nécessairement celle qui en supportera la charge finale, à l'issue du procès. »

Et pour les parties bénéficiant de l'aide juridictionnelle, ajouter cette formule :

« Le fait que l'une des parties bénéficie de l'aide juridictionnelle partielle ou totale n'implique pas nécessairement que cette partie soit dispensée, à l'issue du litige, de la charge totale ou partielle du coût de la mesure d'instruction ».

052.05 Révision de la charte sur les recommandations des bons usages entre avocats et experts 6 mai 2022

CONTEXTE

Le Conseil national des barreaux (CNB) et le Conseil national des compagnies d'experts de justice (CNCEJ) ont noué de longue date un partenariat, formalisé par la signature le 15 septembre 2005 d'une charte portant recommandations sur les bons usages entre avocats et experts de justice. Cette alliance dure depuis 17 années, durant lesquelles les différends ont trouvé à se résoudre et les bonnes pratiques à s'établir et se répandre.

Un groupe de travail, constitué paritairement d'avocats et d'experts, a été mis en place afin de perpétuer ce partenariat, notamment par l'organisation, dès 2011, de formations communes.

Les actes des colloques, organisés annuellement depuis le printemps 2011, composent une bibliothèque de bonnes pratiques entre avocats et experts. Les sujets des colloques répondent à des difficultés pratiques, identifiées par le groupe de travail et ci-après listées :

- L'expertise judiciaire : du bon usage des articles 275 et 276 du code de procédure civile – mars 2011
- L'expertise : espace de compréhension – mars 2012
- Le coût de l'expertise : l'utile et le vrai – mars 2013
- Le temps dans l'expertise – mars 2014
- L'expertise : la synthèse en question(s) – mars 2015
- L'expertise : mission, avis et usages – mars 2016
- La conciliation : le grand retour – mars 2017
- L'expertise : entre neutralité et partis pris – mars 2018
- La consultation, « expertise » du futur ? – Mars 2019
- L'imprévisible en expertise – mars 2021

Ce rassemblement est la vitrine d'une collaboration réussie entre le CNCEJ et le CNB qui organise sa onzième édition le 6 mai 2022 à la Maison de la Chimie sur le thème de la preuve à l'épreuve des secrets. Cet événement, chaque année, rassemble environ 800 experts de toutes professions et avocats, pour débattre autour de tables rondes animées par de grands noms de l'expertise de justice, de la magistrature et de l'avocature.

Le moment est venu d'actualiser cette charte afin de tenir compte des évolutions législatives et procédurales, des progrès technologiques et autres transformations de la société.

L'objet de ce rapport est de présenter à l'Assemblée générale la nouvelle charte qui devra sceller un partenariat aussi durable que le premier et dont la signature est prévue le 6 mai au moment de l'ouverture du colloque, en présence des hauts magistrats de la Cour de cassation.

Annexe unique : Projet de nouvelle charte portant recommandations sur les bons usages entre avocats et experts

Marie-Aimée PEYRON

Vice-Présidente du Conseil national des barreaux

Recommandations sur les bons usages entre avocats et experts

Ces recommandations visent les expertises menées dans le cadre du code de procédure civile et dans celui du code de justice administrative. Les modes alternatifs de règlement des différends et les expertises pénales pourront faire l'objet d'un texte séparé.

Dès le début des opérations d'une expertise de justice, les rapports entre l'expert désigné par le juge et le ou les avocats de chacune des parties doivent s'inscrire dans le strict respect des règles de la déontologie de l'un et de celle des autres. Sur des points essentiels, ces règles leur sont communes.

L'avocat et l'expert de justice doivent être indépendants : l'avocat du juge, de son adversaire, de l'expert qui instruit le dossier et de son propre client ; l'expert de justice doit l'être du juge, des parties et de leurs conseils.

Le problème d'un éventuel conflit d'intérêts, s'il se pose à la demande d'une partie, doit être réglé, dans la mesure du possible, avant le commencement d'une quelconque mesure d'instruction et immédiatement après toute nouvelle mise en cause.

L'avocat et l'expert de justice sont astreints tout au long de l'expertise au respect des valeurs et principes de probité, de conscience, d'honneur, de loyauté, de modération et de courtoisie.

Quelles que soient l'ardeur et la vivacité des discussions au cours de l'expertise, ce socle commun de règles et usages ne doit jamais être perdu de vue.

L'expert a le devoir de répondre à la mission confiée par la juridiction qui l'a désigné, sans se départir de son obligation d'impartialité et d'objectivité dans ses avis techniques.

Les principes du procès équitable et de la contradiction doivent être observés par tous les protagonistes de l'expertise de justice ; l'expert et les conseils des parties doivent y veiller.

1. DÉROULEMENT DES EXPERTISES DE JUSTICE

Les dispositions qui suivent tendent à l'amélioration du déroulement et de la qualité des expertises en matière civile et administrative.

Elles constituent des recommandations que les avocats et les experts s'efforceront de mettre en œuvre.

1.1 – Les réunions

1.1.1 - Lieu de réunion

Dans la mesure du possible, et selon la nature de la difficulté, la réunion d'ouverture des opérations d'expertise se tient sur les lieux du litige.

Dans tous les cas, l'expert, après avoir recherché les disponibilités des conseils fixe les lieux, dates et heures des réunions, transmet l'ordre du jour et s'assure si nécessaire de la mise à disposition d'un local adapté offrant de bonnes conditions de travail.

1.1.2 - Délai de convocation

Sauf exception, le délai de convocation pour les réunions d'expertise ne sera pas inférieur à trois semaines et supérieur à deux mois.

1.1.3 - Déroulement des opérations

L'expert dirige les opérations d'expertises avec le concours des parties.

1.2 – La règle du contradictoire : la communication et la transmission des pièces, les mises en cause

1.2.1 - La règle du contradictoire

Ainsi qu'il a été souligné dans le préambule, l'expert veille à tout moment au respect du caractère contradictoire des opérations, notamment en ce qui concerne la communication des pièces et observations.

À défaut d'indication d'envoi contradictoire, l'expert peut retourner ses pièces et observations à l'expéditeur de manière motivée.

Dans le cas où celui-ci n'a pas d'avocat, l'expert lui demande d'assurer une diffusion dans le respect des règles du contradictoire.

Dès l'acceptation de sa mission, si la décision ne l'impose pas, l'expert indique aux parties et à leurs conseils s'il envisage de recourir à la plateforme d'échange OPALEXE. Les avocats font part sans délai de leur accord.

1.2.2 - La communication et la transmission des pièces

La communication des pièces incombe aux conseils des parties, ainsi qu'aux parties non assistées, et non à l'expert.

L'avocat du demandeur adresse à l'expert désigné, spontanément ou à première demande, toutes pièces utiles à l'expertise avec bordereau. En cas d'ordonnance commune, le conseil du demandeur initial ou nouveau respecte la même procédure.

Les conseils des autres parties font parvenir leurs pièces dans les mêmes conditions.

Un bordereau d'état récapitulatif des pièces numérotées est indispensable.

Il est important de procéder à la sélection des pièces réellement utiles aux différents aspects de la mission de l'expert.

En cas de mise en cause ou d'extension de mission, l'avocat du demandeur à la mise en cause ou à l'extension de mission régularise l'ensemble des communications et productions expertales à l'égard des parties nouvellement appelées.

1.2.3 - Les mises en cause et extensions de mission

Si de nouvelles mises en cause sont envisagées par les avocats, l'expert, interrogé, indique à bref délai si elles appellent avis et/ou observations de sa part.

L'expert peut être amené lui aussi, le cas échéant, à solliciter de nouvelles mises en cause.

1.3 – Modalités pratiques

1.3.1 - Références

Les avocats transmettent à l'expert, dès sa désignation, les références complètes du dossier, et notamment celles des compagnies d'assurances concernées et des experts et conseils techniques mandatés.

1.3.2 - Programme des opérations d'expertise

L'expert établit, dès la première réunion dans la mesure du possible, un programme de ses opérations d'expertise régulièrement mis à jour.

1.3.3 - Liste des destinataires

L'expert fait systématiquement figurer sur les convocations qui peuvent être faites par voie électronique avec l'accord de l'ensemble des parties et les courriers la liste de leurs destinataires.

1.3.4 - Compte rendu de réunion

L'expert établit un compte rendu de chaque réunion et le transmet dans les meilleurs délais à l'ensemble des parties.

1.3.5 - Dires

L'expert répond, dès que possible, à toute observation d'ordre technique.

Il doit s'efforcer au fur et à mesure des opérations d'expertise de faire connaître sa position, laquelle n'est évidemment que provisoire, de sorte que chaque partie puisse présenter ses observations.

1.3.6 - *Expertises sous Opalexe*

Les avocats et les experts conviennent de proposer la dématérialisation, dans le respect du principe de la contradiction.

En cas de recours à la plateforme OPALEXE, l'expert s'engage à prendre en considération les observations des parties déposées sur la plateforme dans le délai imparti, même si elles lui parviennent ultérieurement pour des raisons techniques indépendantes de la volonté des participants à l'expertise.

1.4 – L'élaboration du rapport

1.4.1 - *Calendrier*

À l'issue de ses investigations, l'expert fixe un calendrier de fin de ses opérations d'expertise :

- note de synthèse,
- dernières observations ou réclamations,
- rapport de l'expert.

1.4.2 - *Note de synthèse*

L'avocat doit avoir transmis à l'expert toutes les pièces ou éléments nécessaires à la rédaction de la note de synthèse.

La note de synthèse ne saurait constituer le rapport définitif.

1.4.3 - *Dernières observations ou réclamations*

L'expert accordera aux parties un délai de communication des dernières réclamations ou observations compatibles avec les caractéristiques de la mission. Il évitera de solliciter cellesci entre le 15 juillet et le 15 septembre.

La partie qui demande un délai supplémentaire pour présenter ses dernières observations ou réclamations écrites doit justifier d'une cause grave et solliciter une nouvelle date. De même, si la situation de l'espèce le justifie, les avocats des parties peuvent faire part de leur accord conjoint pour renoncer audit délai.

Étant rappelé que les dispositions de l'article 276 du code de procédure civile n'ont pas pour objet d'organiser un nouveau débat entre les parties, l'expert pourra procéder à l'établissement de nouvelles pré-conclusions assorties d'un nouveau délai pour observations, dans l'hypothèse où une ou des observations de parties seraient de nature à modifier sensiblement son avis et donc les pré-conclusions soumises au débat contradictoire.

1.4.4 - *Rapport de l'expert*

Le rapport se présente sous une forme immatérielle ou matérielle facilitant sa reproduction.

L'énumération exhaustive des pièces reçues est indispensable.

Il est souhaitable que l'expert joigne sous forme numérique l'ensemble des documents utiles et

dires échangés pendant le déroulement de l'expertise.

1.5 – Usages

1.5.1 - *Comportement des parties*

L'avocat modère son client si celui-ci se départit de son calme ou manque de courtoisie.

Il rappelle au besoin le rôle technique confié à l'expert par le juge.

1.5.2 - *Honoraires et frais*

L'expert informe régulièrement les parties de l'évolution du coût de l'expertise et de sa durée prévisible, et leur tient copie de ses demandes de provision complémentaires et de report du terme.

2. Les échanges de formation

Les avocats et les experts de justice ont aujourd'hui une obligation accrue de formation initiale et continue. Au plan national, le CNB et le CNCEJ organisent chaque année un colloque commun.

Les Barreaux et les compagnies d'experts de justice dispensent, chacun pour ce qui le concerne, des formations.

Ceci exposé, le Conseil national des barreaux et le Conseil national des compagnies d'experts de justice sont convenus de l'intérêt :

a) d'assurer une information réciproque des experts et des avocats sur les actions de formation organisées par les uns et les autres, par la communication des programmes correspondants entre les centres ou autres organes de formation,

b) de faciliter l'accès réciproque à ces formations, chaque fois que cela paraît possible, et selon des modalités à définir par les organes de formation,

c) de prévoir dans la formation des avocats et des experts de justice un module exposant les obligations de chacun,

d) de rechercher les modalités selon lesquelles, lors du cursus de formation initiale, les élèves des écoles d'avocat pourraient effectuer, dans le cadre du projet pédagogique individuel, un stage auprès d'un expert de justice.

Le Conseil national des barreaux et le Conseil national des experts de justice engagent les organes de formation à établir des conventions concrétisant les principes précités.

3. Permanence des relations entre le CNB et le CNCEJ

Une commission composée de 3 avocats et de 3 experts de justice, désignés par le CNB et le CNCEJ, se réunira, à un rythme au moins semestriel ou à tout moment à la demande de l'une des parties signataires, pour échanger sur les bonnes pratiques et les difficultés rencontrées dans le cadre de l'expertise judiciaire ou administrative, formuler des propositions d'amélioration du déroulement des expertises, dans l'intérêt du justiciable, et veiller à l'application des règles et usages rappelés ci-dessus. Les ordres d'avocats et les compagnies d'experts de justice la tiendront informée des conditions d'application de la présente charte dans leur ressort.

Cette commission pourra être saisie par les ordres d'avocats et/ou les compagnies d'experts de justice des différends nés à l'occasion d'une expertise de justice et qui n'auraient pas été résolus au plan local. Elle s'efforcera de régler amiablement ceux-ci.

La commission adressera tous les deux ans un rapport au CNB et au CNCEJ sur les modifications, et/ou compléments qu'elle jugera convenable d'apporter aux règles et usages régissant les rapports entre les avocats et les experts de justice.

Dès sa constitution, elle arrêtera le projet de son règlement intérieur.

6 mai 2022

Outils

ANNEXE
053

053.10 Vérifications à effectuer

053.11 Recommandations faites aux experts quant au déroulement des expertises civiles

Vérifications à réception d'une mission d'expertise civile

- vérifier sa compétence au regard de l'essentiel de l'objet de la mission (v. s^{s} n° 023.65)
- vérifier l'absence de cause de récusation vis-à-vis des parties (v. s^{s} n° 023.162)
- vérifier que l'expertise pourra être accomplie dans un délai raisonnable quand bien même il s'agirait d'un délai supérieur à celui fixé par la décision (v. s^{s} n° 023.31)
- répondre rapidement à la juridiction mandante pour faire part de son acceptation ou de son refus (v. s^{s} n° 023.41).

Vérifications à effectuer une fois la mission acceptée

- attendre l'avis de versement de la consignation initiale (v. s^{s} n° 024.21).

Une fois reçu l'avis de consignation du greffe :

- convoquer toutes les parties dans un délai raisonnable permettant à chacun de s'organiser (v. s^{s} n°s 024.51 et 024.71)
- solliciter des avocats/parties la communication de leurs pièces respectives avant ladite réunion (v. s^{s} n° 024.82)

Vérifications à effectuer le plus rapidement possible

- vérifier à nouveau et au vu d'éléments plus précis, l'absence de toute cause de récusation ou faire part aux parties d'éventuelles difficultés (v. s^{s} n° 023.162, 023.262) ;
- évaluer le temps nécessaire à l'accomplissement de la mission et solliciter, auprès du juge, la prolongation de délai éventuellement nécessaire (v. s^{s} n°s 025.20 s.) ;
- évaluer le coût prévisible de l'expertise, en faire part aux parties et solliciter, auprès du juge, une éventuelle consignation complémentaire (v. s^{s} n°s 025.50 s.) ;
- vérifier que toutes les personnes susceptibles d'être intéressées par l'imputabilité des faits sont dans la cause et, à défaut, en informer les avocats/parties (v. s^{s} n°s 025.91 s.).

En toutes circonstances :

- s'assurer de la qualité des participants aux réunions d'expertise (v. s^{s} n°s 024.150 s.) ;
- maîtriser chaque réunion d'expertise (v. s^{s} n°s 024.90 s.) ;
- respecter et faire respecter le principe de la contradiction (v. s^{s} n°s 023.281 s.) ;
- bannir tout versement d'argent ou autres entre expert et parties/avocats (v. s^{s} n° 023.291) ;
- prendre le temps d'entendre les arguments de chacune des parties/avocats avant de donner son avis (v. s^{s} n° 024.211) ;
- faire face aux refus de communication de pièces fondés sur le caractère secret des informations contenues dans celle-ci (v. s^{s} n°s 025.190 s.) ou sur les contestations relatives à l'origine déloyale de la pièce (v. s^{s} n°s 025.250 s.) ;
- connaître les conditions dans lesquelles l'expert peut recourir aux services d'un tiers, qu'il s'agisse d'un collaborateur, d'un « sapiteur » ou d'une personne susceptible d'effectuer une analyse ponctuelle que l'expert n'est pas en mesure de réaliser faute de matériel (v. s^{s} n°s 023.70 s.) ;
- connaître les modalités d'audition des « sachants » (v. s^{s} n° 025.161 s)
- comprendre la portée de l'interdiction faite à l'expert de fournir des appréciations juridiques (v. s^{s} n°s 025.310 s.) ;
- savoir gérer les demandes de modification du périmètre de la mission (v. s^{s} n°s 025.280 s.) ;
- savoir se positionner quant à l'interdiction faite à l'expert de concilier les parties (v. s^{s} n°s 025.350 s.) ;
- connaître l'attitude à adopter en cas d'abandon de l'expertise par le demandeur (v. s^{s} n° 025.451) ;
- s'efforcer de maintenir un climat serein au cours de l'expertise et s'abstenir de toute manifestation d'hostilité ou d'agressivité (v. s^{s} n°s 023.181, 024.251 s.) ;
- gérer les relations avec le juge mandant (v. s^{s} n°s 026.00 s.) ;
- donner son avis à une date permettant aux avocats/parties de faire valoir leurs éventuelles observations (v. s^{s} n° 027.11) ;
- prendre en compte les dires des parties envoyés dans le délai imparti (v. s^{s} n°s 027.60 s.).

Vérifications à effectuer à l'issue de l'expertise

- savoir rédiger un rapport (v. ss nos 027.110 s.) ;
- déposer un rapport répondant à tous les points de la mission (v. ss nos 027.51, 027.52 et 027.53) ; et aux dires des parties (v. ss nos 027.60 s.)
- accompagner le dépôt de rapport d'une demande de rémunération détaillée des prestations accomplies, laquelle pourra faire l'objet d'observations des avocats/parties (v. ss nos 028.10 s.).

053.20 Exemples d'actes

053.21 Saisine de l'expert et formulaire d'acceptation ou de refus de mission

TRIBUNAL JUDICIAIRE DE ...

PARIS, le ...

Service des référés

Madame/Monsieur ..., expert
Adresse

N° RG : ...
N° Portalis : ...
N° MI : ...
Affaire : ...

Objet : **SAISINE DE L'EXPERT**

Madame, Monsieur l'expert,

J'ai l'honneur de vous faire connaître que vous avez été désigné(e) en qualité d'expert dans l'affaire ci-dessus référencée.

Vous trouverez, ci-joint :
- la copie de la décision vous nommant ;
- une note d'information ;
- le formulaire d'acceptation ou de refus de la mission que je vous invite à retourner dans les meilleurs délais ;
- **les documents à joindre lors du dépôt du rapport : formulaire de transmission et formulaire de demande d'évaluation de rémunération**.

Ces documents et toutes correspondances relatives à l'expertise sont à adresser au :

TRIBUNAL JUDICIAIRE DE ...
Service du Contrôle des Expertises
Adresse
Fax : ... - Tel : ...

Je vous précise que vous ne devrez débuter vos opérations qu'après réception de l'avis de consignation de la provision qui vous sera adressé par la Régie, sauf autorisation expresse du Juge dans sa décision.

Je vous rappelle que les dispositions du code de procédure civile font obligation aux parties de fournir à l'expert toutes les pièces ou documents que celui-ci estime utiles à l'accomplissement de sa mission.

Veuillez agréer, Madame, Monsieur l'expert, l'expression de ma considération distinguée.

Le Greffier

FORMULAIRE D'ACCEPTATION DE MISSION

A COMPLÉTER ET **A RENVOYER DES RÉCEPTION DE LA MISSION**
à l'adresse mail suivante : ...
ou, à défaut, à l'adresse postale ci-dessous

Expert : Mme/M. ... Adresse : N° RG : ... N° Portalis : ... N° MI : ... Affaire : **...** Date de la décision : ...	TRIBUNAL JUDICIAIRE DE ... Service du Contrôle des Expertises des Référés Adresse Tel : ... ; Fax : ...

Le : . . . .

Madame, Monsieur le Président,

Dans l'affaire citée en référence, j'ai l'honneur de vous faire connaître que :

□ j'accepte la mission qui m'a été confiée

□ je ne puis accepter la mission qui m'a été confiée ; dans ce cas :

1° merci de renvoyer ce formulaire accompagné de l'ensemble des documents qui vous ont été adressés
2° préciser les raisons de votre refus :

□ Expertise de relevant pas de mon domaine de compétence (à préciser) : . . . .
. . . .

□ Nombre d'expertises judiciaires en cours trop important :
Nombre total d'expertises judiciaires en cours (à préciser approximativement) : . . . .
Nombre d'expertises civiles du TGI de ... (à préciser approximativement) : .. . .

□ Surcharge ponctuelle de travail au plan professionnel (préciser la durée prévisionnelle de cette indisponibilité) : . . . .
. . . .

□ Autres motifs (à préciser) : . . . .
. . . .
. . . .
. . . .

□ pourrait être utilement sollicité en remplacement mon confrère/ma consoeur

□ Qui m'a confirmé être disponible

□ Que je n'ai pu interroger à ce sujet

SIGNATURE DE L'EXPERT :

053.22 Prestation de serment par écrit (pour les experts non-inscrits sur les listes)

TRIBUNAL JUDICIAIRE DE ...

Service des Expertises

PRESTATION DE SERMENT

A L'INTENTION DES SEULS EXPERTS NON INSCRITS SUR UNE LISTE DE COUR D'APPEL ET DES EXPERTS HONORAIRES

N° RG : ...
N° : ...
N° MI : ...

Nous, ..., Magistrat au Tribunal judiciaire de ...,
assisté de ..., Greffier,

Recevons la prestation de serment de Madame/Monsieur ...
Né(e) le ... à ...
Profession : ...
Demeurant ...

"Je jure d'accomplir ma mission, de faire mon rapport et de donner mon avis en mon honneur et en ma conscience".

Prestation reçue par écrit, eu égard aux obligations professionnelles de l'expert.

Le

Le Magistrat Le Greffier L'Expert

053.23 Ordonnance de relevé de caducité

TRIBUNAL JUDICIAIRE DE ...

Service Expertises des Référés

N° RG : **...**
N° Portalis : ...
N° MI : **...**
Affaire : ...

ORDONNANCE DE RELEVÉ DE CADUCITÉ POUR DÉFAUT DE CONSIGNATION DANS LES DÉLAIS PRÉVUS

Nous, ..., Vice-président, chargé du contrôle des expertises au Tribunal Judiciaire de Paris ;

Vu l'article 271 du code de procédure civile ;

Vu l'ordonnance de référé du **...** désignant **Madame/Monsieur ...** en qualité d'expert et prévoyant que cette désignation sera caduque faute de consignation de la **provision due à l'expert avant le ...** ;

Vu la requête de **Maître ...** en date du ... ;

Attendu que le requérant justifie s'être trouvé empêché de consigner dans les délais prévus ; qu'en conséquence, il y a lieu de le relever de la caducité et de dire que la décision sera exécutée ;

PAR CES MOTIFS

Relevons **Madame/Monsieur ...** de la caducité prévue par l'article 271 du code de procédure civile et **l'autorisons à consigner la somme de ... euros dans un délai d'un mois** ;

Disons qu'à la diligence du requérant, la présente décision sera notifiée aux parties en la cause, ouvrant à celle-ci la possibilité de contester devant le Magistrat chargé du contrôle dans les 15 jours de la notification ;

Prorogeons le délai de dépôt du rapport au ....

Fait à PARIS, le ...

053.24 Ordonnance de consignation complémentaire

TRIBUNAL JUDICIAIRE DE ...

ORDONNANCE DE CONSIGNATION COMPLÉMENTAIRE

Service Expertises des Référés

N° RG : **...**
N° Portalis : ...
N° MI : ...

Affaire : ...
Décision en date du : ...
Origine : référés

Expert commis : ...
Consignataire(s) : ...
Montant de la provision : ...
Reçu n° ...

Montant de la provision complémentaire sollicitée : ...

Nous, ..., Vice-président, chargé du contrôle des expertises au Tribunal Judiciaire de ...,

Vu les dispositions de l'article 280 du code de procédure civile,

Vu la décision ci-dessus,

Vu les opérations d'expertise en cours,

Fixons à la **somme de ... (***en chiffre***) le complément de la provision** à verser dans cette affaire, qui devra être consignée à la Régie (consignation-expertise) **par** :

- Madame/Monsieur ..... à hauteur de ... euros,

- Madame, Monsieur ...à hauteur de ... euros,

avant le ..., faute de quoi il nous en sera référé.

Paris, le ...

053.25 Ordonnance de remplacement d'expert

TRIBUNAL JUDICIAIRE DE ...

Service Expertises des Référés

ORDONNANCE DE REMPLACEMENT D'EXPERT

N° RG :
N° MI :
Affaire :

Nous, .., Vice-président chargé du contrôle des expertises au Tribunal Judiciaire de ... ;

Vu l'expertise ordonnée par décision du ... dans l'affaire ci-dessus visée ;

Vu l'article 235 du code de procédure civile ;

Attendu que l'expert désigné, **Madame/Monsieur ..., a refusé sa mission** en raison d'une surcharge de travail ;

Qu'il convient donc de procéder à son remplacement ;

PAR CES MOTIFS

Désignons **Madame/Monsieur ...,** expert demeurant ... (Tél : ... / Fax : ...) ;
en remplacement de Madame/Monsieur ...

et ce, avec la mission définie par décision du ... ;

Disons que l'expert nouvellement nommé devra déposer son rapport avant le ....

Fait à PARIS, le ....

053.26 Lettre autorisant l'expert à déposer son rapport en l'état

TRIBUNAL JUDICIAIRE DE ...

PARIS, le ...

Madame/Monsieur ..., expert
Adresse

Service Expertises des Référés

N° RG : **...**
N° Portalis : ...
N° MI : **...**
Affaire : ...

Madame, Monsieur l'expert,

Faisant suite à votre courrier du ... et compte tenu des circonstances décrites, j'ai l'honneur de vous faire connaître que **je vous autorise à déposer votre rapport en l'état** dans l'affaire citée en référence **le ...,** de façon à laisser aux parties un ultime délai **pour faire part de leurs éventuelles observations.**

Cela signifie que vous devez répondre aux questions posées par la décision qui vous a commis, en l'état de vos investigations.

Veuillez croire, Madame/Monsieur l'expert, en l'assurance de ma considération distinguée.

X,
Magistrat chargé du contrôle des expertises

053.27 Formulaire de demande de rémunération

DEMANDE DE REMUNERATION

A COMPLÉTER ET **A JOINDRE LORS DU DÉPÔT DU RAPPORT**
à l'adresse indiquée ci-dessous à droite

Expert : ... Adresse N° RG : ... N° Portalis : ... N° MI : ... Affaire : ... Date de la décision : ...	**TRIBUNAL JUDICIAIRE DE ...** **Service du Contrôle des Expertises** **Adresse**

Le ....

Madame, Monsieur le Président,

Dans l'affaire citée en référence, j'ai l'honneur de vous transmettre sous ce pli mon rapport, accompagné :
- des décisions concernant l'affaire (initiale, ordonnance commune, ordonnance d'extension de mission) ;
- de ma demande d'évaluation de rémunération ;
- des avis de consignation reçus de la Régie ;
- d'un relevé d'identité bancaire (RIB) **(si la Régie du Tribunal ne dispose pas encore de vos coordonnées bancaires**).

Une copie de ce rapport a été adressé à chaque partie, accompagnée de ma demande d'évaluation de rémunération avec l'indication selon laquelle chacune dispose d'un **délai de 15 jours** à compter de la réception du rapport pour faire valoir toutes observations écrites éventuelles sur cette demande auprès du Service des Expertises et de l'expert.

Récapitulatif de l'état des consignations

Date de la décision	Montant de la consignation	Partie consignataire	Date de dépôt de la consignation

Compte rendu de l'exécution de mission

Au cours de ma mission :
- ☐ je n'ai pas rencontré de difficultés particulières ;
- ☐ j'ai rencontré les difficultés suivantes :

DEMANDE D'EVALUATION DE RÉMUNÉRATION			
Cachet de l'expert	TRIBUNAL JUDICIAIRE DE ... N° RG : ... N° Portalis : ... N° MI : ... Affaire : ... Date de la décision : ...		
Date du rapport :. . . . . J'ai l'honneur de solliciter l'évaluation de ma rémunération selon le décompte suivant :			
HONORAIRES DE L'EXPERT	Nombre de vacations	Prix unitaire	Total
Réunions d'expertises en cabinet (préciser le nombre) :			
Réunions d'expertises sur site (préciser le nombre) :			
Temps de déplacement			
Temps consacré à l'étude du dossier et des pièces communiquées			
Temps consacré aux recherches			
Temps consacré à la rédaction des correspondances et notes diverses			
Temps consacré à la rédaction du rapport (et du pré-rapport éventuel)			
SOUS-TOTAL			
FRAIS			Total
Frais de secrétariat (préciser le nombre d'heures) :			
Frais de dactylographie (préciser le coût de la page) :			
Frais de reprographie (préciser le prix facturé à l'unité ou joindre la facture) :			
Frais d'expédition			
Frais de téléphone			
Rémunération du sapiteur (selon décompte joint)			
Frais de séjour et d'hébergement (sur justificatifs)			
Autres frais (préciser lesquels) :			
SOUS-TOTAL			
TOTAL DES FRAIS ET HONORAIRES			
TVA			
TOTAL GÉNÉRAL			
Copie de cette demande a été envoyée le .... aux parties qui sont informées qu'elles peuvent faire valoir leurs éventuelles observations sur le montant réclamé dans les 15 jours auprès du Service des Expertises (en cas de désignation par ordonnance de référé) ou auprès de la chambre ayant ordonné l'expertise (en cas de jugement). Fait le .... SIGNATURE DE L'EXPERT :			

053.28 Ordonnance de taxe

TRIBUNAL JUDICIAIRE DE ...

ORDONNANCE DE TAXE

Service Expertises des Référés

N° RG : ...
N° Portalis : ...
N° MI : ...
Affaire : ...
N° pièce comptable : ...
N° Minute : ...

Nous, ..., Juge taxateur ;

Vu la décision du ... ayant commis en qualité d'expert **Madame, Monsieur ...** ;

Vu les sommes consignées en vue de la rémunération de cet expert, pour un montant total de ... euros mis à la charge de ... ;

Vu le rapport déposé par l'expert et sa **demande de rémunération reçue le ... d'un montant de ... euros TTC** ;

Vu l'absence de toute contestation des parties sur le montant demandé par l'expert qui les en a avisées ;

Vu l'article 284 du code de procédure civile ;

Au vu du rapport déposé, des investigations accomplies et de l'importance de l'affaire, les frais et honoraires mis en compte par l'expert apparaissent justifiés ;

<u>PAR CES MOTIFS</u>

Fixons la rémunération de Madame/Monsieur ... à la **somme de ... euros TTC** ;

Autorisons l'expert à se faire remettre par la Régie, jusqu'à due concurrence, la ou les sommes consignées ;

Fait à PARIS, le ....

TRIBUNAL JUDICIAIRE DE ...

PARIS, le ...

Madame/Monsieur ..., expert
Adresse

Service Expertises des Référés

N° RG : ...
N° Portalis : ...
N° MI : ...

Madame, Monsieur l'expert,

J'ai l'honneur de vous transmettre la décision du ... fixant votre rémunération dans l'affaire citée en référence.

La déconsignation des provisions versées au greffe a été ordonnée.

Il vous incombe, conformément aux articles 724 et 725 du code de procédure civile, de notifier cette décision à toutes les parties.

Vous disposez, en application des textes sus-visés, d'un délai d'un mois pour former, le cas échéant, un recours auprès de Monsieur le Premier Président de la cour d'appel.

Veuillez agréer, Madame/Monsieur l'expert, l'assurance de ma considération distinguée.

Le Greffier

053.29 Accès aux dossiers de candidature à remplir par l'expert

Ils figurent sur le site de la cour d'appel de Paris, rubrique « Partenaires », puis « Experts judiciaires » (accès à l'annuaire des experts judiciaires près la cour d'appel de Paris pour l'année considérée, ainsi qu'aux dossiers de candidatures à remplir en vue d'une inscription à titre probatoire, d'une réinscription au terme de la période probatoire de 3 ans et d'une réinscription pour 5 ans ; en ligne : https://www.cours-appel.justice.fr/paris/experts-judiciaires)

053.30 Formulaire de rapport annuel d'activité

RAPPORT D'ACTIVITE ANNUEL
A retourner avant le 1er mars de chaque année, à l'adresse suivante : Cour d'appel de ..., Service des expertises, ...

ANNEE ....

NOM ET PRENOM DE L'EXPERT (Pour les femmes mariées, souligner le nom d'usage)	....
AGE	....
PROFESSION	.... Employeur : ....
COORDONNEES	Téléphone portable : .... E mail : ....
LIEU D'EXERCICE PROFESSIONNEL **PRINCIPAL**	Adresse : .... Téléphone fixe : ....
DOMICILE	Adresse : .... Téléphone fixe : ....

RUBRIQUE(S) D'INSCRIPTION DANS LA NOMENCLATURE : ....
....

DATE DE VOTRE 1RE INSCRIPTION A TITRE PROBATOIRE : ....

EXPERTISES TERMINEES AU COURS DE L'ANNEE ECOULEE
1° Préciser le nombre de rapports déposés (sans y inclure les "rapports d'étape" et en indiquant NEANT si vous n'en avez déposé aucun) :
....
2° Fournir la liste des juridictions qui vous ont désigné pour ces expertises :
....
....

EXPERTISES EN COURS AU 31 DECEMBRE DE L'ANNEE ECOULEE
(Préciser « néant » si vous n'avez aucune expertise en cours ; sinon, utiliser une ligne par expertise)

Date des décisions	Juridiction mandante	N° de dossier	Nbre de demandeurs	Nombre de défendeurs	Date d'expiration du **dernier** délai accordé (qui doit être à venir)

FORMATIONS SUR LA PRATIQUE DE L'EXPERTISE SUIVIES AU COURS DE L'ANNEE ECOULEE
(préciser "néant" si vous n'avez suivi aucune formation ou joindre les attestations de présence délivrées dans le cas contraire)

Organisme dispensant la formation	Intitulé de la formation	Date	Durée

Principales abréviations utilisées

AJ fam. *Actualité juridique - Droit de la famille*
AJ pénal *Actualité juridique - Droit pénal*
AJDA *Actualité juridique de droit administratif*
AJDI *Actualité juridique - Droit immobilier*
al. alinéa
anc. ancien(ne)(s)
ann. annexe
arr. arrêté
art. article
art. L. article, partie législative
art. R. article, partie réglementaire

Bull. civ. *Bulletin des arrêts de la Cour de cassation, chambre civile*

c/ contre (Dupond c/Durand)
C. civ code civil
C. com. code de commerce
C. pén. code pénal
C. pr. civ. code de procédure civile
C. pr. exéc. code des procédures civiles d'exécution
C. pr. pén. code de procédure pénale
CE Conseil d'État
CEDH Cour européenne des droits de l'homme
Ch. mixte Cour de cassation - Chambre mixte
chap. chapitre
chron. chronique
Civ. 1re première chambre de la Cour de cassation
Civ. 2e deuxième chambre civile de la Cour de cassation
Civ. 3e troisième chambre civile de la Cour de cassation
CJA code de justice administrative
CNCEJ Conseil national des compagnies d'experts de justice
COJ code de l'organisation judiciaire
Com. Cour de cassation, chambre commerciale
conv. convention
Crim. chambre criminelle de la Cour de cassation
CSP code de la santé publique

D. *Recueil Dalloz*
D. Actu. *Dalloz Actualités*
Décr. décret

ex. exemple

JLD *juge des libertés et de la détention*
JO *Journal officiel*

L. loi
Lebon *Recueil des décisions du Conseil d'État*

mod. par modifié par –

no(s) numéro(s)
NP non publié au Bulletin civil de la Cour de cassation ou au Recueil Lebon

obs. observation(s)
ord. ordonnance

RDI *Revue de droit immobilier*
RDP *Revue du droit public*
RDSS *Revue de droit sanitaire et social*
Req. chambre des requêtes de la Cour de cassation
req. requête
Rev. sociétés *Revue des sociétés*
RFDA *Revue de droit administratif*
RSC *Revue de droit criminelle et de droit comparé*
RTD civ. *Revue trimestrielle de droit civil*
RTD com. *Revue trimestrielle de droit commercial*
RTD eur. *Revue trimestrielle de droit européen*

s. suivants (et –)
Soc. chambre sociale de la Cour de cassation
ss sous

T. Conf. Tribunal des conflits

v. voir

Index thématique alphabétique

F

H

I

J

L

PHOTOCOMPOSITION
SCM • Toulouse

FSC
www.fsc.org
MIXTE
Papier | Pour une gestion forestière responsable
FSC® C108412

718943 (I) - OSB - Pr 60 g - SCM (JB)
Achevé d'imprimer par CPI Bussière en mai 2025
Dépôt légal : juin 2025
N° d'impression : 2084797

Imprimé en France